Albert Dichy/Pascal Fouché JEAN GENET

Albert Dichy/Pascal Fouché

JEAN GENET

Versuch einer Chronologie
1910–1944
Deutsch von Rolf Stürmer

Merlin

« à la lettre, il s'en fout. »

Zwei Jahre nach dem Tode Jean Genets

1988, dem Jahr der französischen Erstausgabe dieser Monographie

ist immer noch wenig über sein Leben bekannt. Obwohl er selbst sich von der eigenen Biographie in seinem Werk oft inspirieren ließ, bleibt es ein schwieriges Unterfangen, darin das Tatsächliche vom Imaginierten zu unterscheiden. Noch das Dossier über die Umstände seines Todes im April 1986 zeugt hiervon. Selbst über den Tod hinaus sind, wenn auch gewiß unbeabsichtigt, die angegebenen Daten verfälscht. Die offizielle Todesurkunde, die im Rathaus des dreizehnten Pariser Arrondissements ausgestellt wurde, verzeichnet als Todesdatum die Nacht vom dreizehnten auf den vierzehnten April, der Übertrag in die Geburtsurkunde allerdings den sechzehnten. Tatsächlich starb Genet am Morgen des fünfzehnten April.

Als wir im Jahre 1980 innerhalb der ›Bibliothèque de Littérature française contemporaine‹

Bibliothek für zeitgenössische französische Literatur; im folgenden BLFC. (*Anm. d. Ü.*)

eine Abteilung gründeten, die sich Jean Genet widmete, war es uns gelungen, hierzu das Einverständnis des Dichters unter der einen Bedingung zu erlangen, daß wir uns dort zu seinen Lebzeiten darauf zu beschränken hätten, uns in sein Werk zu vertiefen. In der Ausgabe der Zeitschrift ›Magazine littéraire‹, die zu seinem siebzigsten Geburtstag erschien, konnten wir zum erstenmal zwei seiner bedeutendsten Interviews auf französisch zugänglich machen. Seine schriftliche »Autorisation« hierzu bestand aus folgenden Worten:

»à la lettre, il s'en fout.«

Etwa: »buchstabengetreu: er scheißt was drauf.« (*Anm. d. Ü.*)

Die bescheidene Chronologie, die wir zu dieser Gelegenheit erstellten, mußte recht häufig überarbeitet und modifiziert werden. Im Jahre 1983 bediente sich die Kommunale Bibliothek der

Stadt Annecy unseres Dokumenten-Fundus für die erste bedeutende Ausstellung, die dem Dichter gewidmet wurde. 1984 erklärte sich Jean Genet prinzipiell mit dem Projekt mehrerer Gespräche einverstanden, die sich seiner literarischen Position widmen und ausführlich auf Autoren und Werke eingehen sollten, die den Schriftsteller nachhaltig beeinflußt hatten. Diese Gespräche sollten, unserer Absicht und dem Engagement Genets entsprechend, in gewisser Hinsicht ein »testamentarisches« Zeugnis werden. Zwei Sitzungen führten das ehrgeizige Projekt zum Erfolg. Im Jahre 1985 schloß sich uns Albert Dichy an. Er erklärte sich bereit, sich um den Fonds Genet zu kümmern, und er verstand es, diesem die von uns gewünschte Entwicklung zu geben. Mit Einverständnis des Testamentsvollstreckers Jean Genets begannen wir 1986 die zusammengetragenen Dokumente auszuwerten und die biographischen Nachforschungen voranzutreiben, um künftigen Studien solide chronologische Anhaltspunkte zu liefern. Die seit über zehn Jahren im Rahmen der BLFC erworbene Erfahrung, verbunden mit der Kompetenz eines Spezialisten, wie Albert Dichy dies für uns ist, erlaubt uns heute, die ersten greifbaren Ergebnisse vorzulegen.

Die Herausgeber

»Lauft, Zensoren, die Diebe sind weit.«
Notre-Dame-des-Fleurs, Seite 217

Über Jean Genet zu schreiben, heißt womöglich, auf besondere Weise dem Dieb nachzustellen. Und wie sollte auch dieses altbekannte Bedürfnis literaturkritischer oder biographischer Unternehmungen, nämlich *festzuhalten*, nicht noch erheblich verstärkt werden durch den »Status« eines Schriftstellers, der sich beständig auf der Flucht befand, um seinen eigenen Bildern zu entkommen, dieses literarischen Vagabunden »ohne Beruf und festen Wohnsitz«, wie es die verschiedenen Polizeiprotokolle und Gerichtsakten, die man hier noch kennenlernen wird, auf ihn bezogen so treffend verzeichnen?

Eines solchen Verdachts kann sich auch das vorliegende Buch offensichtlich nicht entledigen. Es bietet dem Leser die Ergebnisse einer mit ganz und gar benediktinischer Geduld geführten Nachforschung auf den Spuren Jean Genets an.

Dabei handelt es sich allerdings nicht um eine polizeiliche Untersuchung. Sie bläht sich in keiner Weise zu einer Wahrheit in letzter Instanz auf, unternimmt keinerlei Deutung und zieht keine Schlüsse. Begleitet von so wenigen Kommentierungen wie nur irgend möglich, präsentiert sie lediglich den Grundstock und die Versatzstücke der letzten Fiktion des Dichters: der seines Lebens.

Wir haben uns darum bemüht, den dunkelsten Teil dieses Lebens nachzuzeichnen, angefangen bei der Geburt im Jahre 1910 bis zur letzten Entlassung aus einem Gefängnis im Jahre 1944. Anschließend an dieses Datum wird Jean Genet, als anerkannter Autor von Romanen und Theaterstücken, zu einem Mann von öffentlichem Interesse.

Genet, Kind eines »nicht benannten« Vaters, wurde bekanntlich von seiner Mutter im Stich gelassen. Die Nachforschungen über seine Herkunft, die er gegen Ende seiner Jugend selbst unternahm, scheinen zu keinem Ergebnis geführt zu haben. Als man dem bereits Berühmten anbot, Einsicht in seine Zöglingsakte zu nehmen, lehnte er ab.

Mit Hilfe des Registers des Krankenhauses, in dem Genet geboren wurde, konnten wir die Spur dieser Mutter finden, die er nicht kannte und von der er dennoch schrieb, sie sei »die heißgeliebteste(n) aller Mütter«

Tagebuch eines Diebes, Seite 36.

gewesen. Ihre Geburtsurkunde klärt uns über ihre Herkunft auf. Ferner gelang es uns, das Datum ihres Todes in Paris herauszufinden, von dem Jean Genet, der zu jener Zeit in einem Dorf im Morvan lebte, nicht in Kenntnis gesetzt wurde.

Sehr früh der Öffentlichen Fürsorge überantwortet, brachte man Genet nach Alligny-en-Morvan, wo er in einer Familie von »rechtschaffenen Leuten« aufgezogen wurde. Wir kamen in diesem Ort mit Zeugen seiner Kindheit zusammen, die Licht in jene Jahre zu bringen vermochten. Als Genet das Dorf verließ, war er bis zur Erreichung seiner Volljährigkeit weiterhin der Vormundschaft der Fürsorge unterstellt. Es war uns nicht möglich, Einsicht in seine Zöglingsakte zu nehmen, da ein bestimmter Umstand darin eine allgemeine Zurkenntnisnahme – selbst für die Erben des Schriftstellers – unmöglich mache. Die wahrscheinlichste Hypothese zu dieser Verweigerung durch die zuständige Behörde wäre die Existenz eines Halbbruders oder einer Halbschwester, der oder die ein ähnliches Schicksal erlitten hätte wie Genet selbst.

Es sei denn, die Mutter habe zur Zeit der Übergabe des Kindes an die Fürsorge den Namen des Vaters angegeben, was uns jedoch wenig wahrscheinlich erscheint.

Genauer erfahren können wir dies erst im Jahre 2030, wenn die Akte öffentlich zugänglich sein wird. Dementsprechend mußten wir es unternehmen, allein mit eigener Hilfe das Leben Jean Genets nach dem Verlassen seines Dorfes nachzuzeichnen, und mit Ausnahme zweier kurzer Zeitspannen gelang es uns, die Spuren der verschiedenen Orte seiner Unterbringung vor der Einweisung in die landwirtschaftliche Erziehungsanstalt von Mettray zu lokalisieren.

Von Mettray aus meldet er sich im Alter von achtzehn Jahren freiwillig zum Militär, wo er, wie man sehen wird, sehr viel mehr Zeit zubringt, als er selbst dies jemals zugeben mochte. Seine vier aufeinanderfolgenden Engagements in der Armee ermöglichten es uns, ihm bis ins Jahr 1936 nachzufolgen, obwohl uns auch hier der Zugang zu seinen Personalakten verwehrt wurde, weswegen uns keinerlei offizielle Informationen hinsichtlich möglicher Bestrafungen, seiner Desertion und der schließlichen Entlassung aus der Armee zuteil wurden. Dennoch konnten die verschiedenen Dienstzuweisungen innerhalb der Armee in ihrer Gesamtheit genauestens rekonstruiert werden, mit Ausnahme allerdings der Bedingungen, unter denen es Genet gelang, trotz seiner vorhergehenden Strafentlassung erneut in den Militärdienst aufgenommen zu werden, ohne daß dies in seinen offiziellen Dienstbescheinigungen verzeichnet wird.

In derZwischenzeit desertierte er, übereinstimmend mit der allgemein verbreiteten Legende, tatsächlich und begann ein Wanderleben. Polizeiakten und persönliche Briefe zeugen von seinen Irrfahrten im Ausland.

Kurze Zeit nach seiner Rückkehr nach Frankreich im Jahre 1937 wird er wegen Diebstahls verhaftet. Dies bedeutet den Anfang von sieben Jahren wiederholter Verurteilungen und Aufenthalte im Gefängnis. Er wird zwölfmal gerichtlich verurteilt, und zwar stets aufgrund unbedeutender Delikte, sowie einmal wegen unerlaubter Entfernung von der Truppe. Angefangen beim Diebstahl von einem Dutzend Taschentücher, bis hin zu einem solchen von zwei Büchern im September 1943, häuft er Gefängnisstrafen von zwei Wochen bis zu zehn Monaten an, wodurch er schließlich die endgültige Sicherheitsverwahrung riskiert. Diese Verurteilungen, wie auch die Archive der Gefängnisverwaltungen verzeichnen die Abfolge der Einkerkerungen, die ihn von Gefängnis zu Gefängnis führen, von Fresnes nach Brest, bis hin zum »Camp des Tourelles«. Nach einer der verschiedenen Inhaftierungen im Zuchthaus von Fresnes veröffentlicht er im Jahre 1942 sein erstes Gedicht *Le Condamné à mort* (Der zum Tode Verurteilte) und macht Bekanntschaft mit Roland Laudenbach, Jean Cocteau, Paul Morihien, Robert Denoël und Marc Barbezat, die seinen literarischen Anfängen beistehen werden. Die letzten beiden

Jahre unserer Chronologie sind also jene, in denen er zu dem uns bekannten Schriftsteller wird, ohne daß indessen seine Schwierigkeiten mit der Justiz endgültig beseitigt wären.

Im Jahre 1949 erspart ihm ein Begnadigungsakt des Staatspräsidenten, wegen einer Diebstahlsaffäre, die ins Jahr 1939 zurückreicht, erneut ins Gefängnis gehen zu müssen. Die Dokumente, die diese Begnadigung betreffen, welche außerhalb der uns gesetzten Zeitspanne stattfand, jedoch in direktem Zusammenhang mit Genets Aktivitäten in jener Periode steht, werden im Anhang VII wiedergegeben.

Wir wollen es hier deutlich sagen: Das vorliegende Buch hat keinesfalls die Absicht, die »Legende« zu zerstören, mit der Genet sich umgab, und weniger noch, eine wie auch immer geartete »Wahrheit« wiederherzustellen, die durch das Werk des Schriftstellers verschleiert worden wäre. Denn falls es eine solche Legende gibt, die genau der Form des Werkes entspricht, welches sie ausmacht, so bleibt sie hierin unrevidierbar, ja »unverbesserlich« und entzieht sich somit jeglichen »Enthüllungen«.

Danksagungen

Diese Studie hat zunächst allen denjenigen viel zu verdanken, die in den zwei Jahren ihrer Entstehung bereit waren, uns zu empfangen und uns in unseren Nachforschungen zu beraten und zu unterstützen.
Ohne die Hilfe von Claude Gallimard als Testamentsvollstrecker Jean Genets hätten wir zu vielen in den Archiven liegenden Dokumenten, in die wir Einsicht nehmen durften, keinen Zugang gehabt. Hierfür sei ihm ebenso gedankt wie für die Erlaubnis, bisher unveröffentlichte Texte von Genet in diesem Band zu zitieren. Laurent Boyer war bereit, als Mittler zu wirken, und wir sind ihm dafür nicht weniger dankbar.
Im Dorf Alligny-en-Morvan wurden wir stets sehr entgegenkommend aufgenommen; wir möchten Herrn Joseph Bruley, einem ehemaligen Mitschüler Jean Genets, der uns überall sehr hilfreich begleitet hat, ebenso danken wie Herrn Mennetrey, dem Bürgermeister von Alligny, für seine Hilfestellung. Wir danken

ferner all denen, die Jean Genet in jener Zeit kannten und über ihn berichtet haben: Frau Renée Boucher, Frau Hélène Charles, Frau Lucie Girard und Frau Marcelle Giraud und den Herren Jean Cortet, Maurice Doisy, Camille Harcq, Marc Kouscher, Roger Neau, Jean Pouteaux und Félix Roncin.
Herr Edouard Dermit erteilte uns mit Zustimmung von Herrn André Bernard die Genehmigung, die Zeichnung von Jean Concteau zu reproduzieren und die veröffentlichten Auszüge aus dem »Journal sous l'Occupation« zu publizieren.
Zu danken haben wir auch Mmes Christine Baglione-Bouillet, Olga Barbezat, Paulette Comte, Luce Danan, Sylvie Dartois, Françoise d'Eaubonne, Catherine Gide, Anne Levèvre, Monique Lang, Catherine Law, Eliane Littner, Chantal Mennetrey, Maria-Louise Richard und Paule Thévenin und den Herren Richard Anacréon, Christian Ardouin, Marc Barbezat, Pierre Béarn, Thierry Bodin, Pierre Boulard, François Chapon, Bernard Degout, André-Louis Dubois, Louis Cullaffroy, Pierre Maurice-Garçon, François Gibault, Général Katz, Georges Kiejmann, Roland Laudenbach, Edouard Mac Avoy, Jean Marais, Alain Massuart, Jaques Nielloux, Jean-Bernard Moraly, Paul Morihien, Maurice Reynal, François Sentein, Harry E. Stewart, Satoshi Ukai und Maurice Toesca.
Ebenso danken wir auch all denen, mit deren Hilfe wir unsere Dokumentation zusammenstellen konnten:
Jean Favier, Directeur Général des Archives de France.
Jean Gattégno, Directeur du Livre et de la Lecture.
M. Raynaud, Procureur de la République.
Louis Amande, Préfet.
M. Jean Ayme, Directeur de l'Hôpital Henri-Rousselle.
Mme Martine Barbarin, Chef du Service des Etudes et de l'Organisation à la Direction de l'Administration pénitentiaire du ministère de la Justice.
Mme Catherine Bouveret, Association Henri-Rollet.
Mme Monique Brisset, Centre de Formation et de la Recherche de l'Education surveillée (Vaucresson).
Mme Andrée Chauleur, Chef du Service des Archives au ministère de la Justice.

M. Friedrich Flemming, der uns autorisiert hat, Jean Genets Briefe an Anna Bloch zu veröffentlichen.
Mme Geneviève Gille, Directeur des Services d'Archives de Paris.
M. Philippe Grand, Conservateur aux Archives de Paris.
Mme Florence Greffe, Chef du Service de la Documentation et des Archives de l'Assistance Publique (Hôpitaux de Paris).
M. Carlton Lake, Exekutive Curator, Humanities Research Center, University of Texas at Austin.
M. Rommelaere, Directeur de l'Ecole d'Alembert.
M. Yves Ruault, Responsable Administratif à la Clinique Tarnier.
Mme Françoise Tétard, Centre de Recherche interdisciplinaire (Vaucresson).
M. André Valarcher, Directeur-Adjoint chargé de l'Administration Générale de l'Hôpital Cochin.
Mmes et MM les Directeurs et Conservateurs des Archives departementales du Loiret, de la Nièvre, du Rhône, de Seine-et-Marne et de l'Yonne.

Camille Gabrielle Genet

1888–1919

»Divine von sich selbst:
›Madame, geborene Geheimnis.‹«
Notre-Dame-des-Fleurs, Seite 264

Die Mutter ist im Werk Jean Genets eine verborgene und zugleich zentrale Gestalt. Auch wenn sie nur ein einziges Mal direkt benannt

Und selbst diese Benennung stellt sich als unvollständig heraus, denn Genet erwähnt lediglich den zweiten Vornamen seiner Mutter, Gabrielle (*Tagebuch eines Diebes, S. 58*). Ihr gebräuchlicher Vorname Camille kommt, soweit wir wissen, in seinem Werk nicht vor.

und selten erwähnt wird (»Ich weiß nichts von ihr«, schreibt Genet in *Tagebuch eines Diebes, Seite 35*, »die mich, als ich in der Wiege lag, verließ.«), so existiert doch kein einziges Buch Genets, von *Notre-Dame-des-Fleurs* bis hin zu *Ein verliebter Gefangener*, das nicht von ihrem Schatten durchquert oder aber von ihrer Abwesenheit beherrscht würde.

Aus dieser Abwesenheit, in welcher Camille Genet freiwillig oder unfreiwillig verblieb, werden unsere Anmerkungen sie – und dies wollen wir von vornherein betonen – kaum herausholen können. Die folgenden Notizen skizzieren lediglich – und eher noch mit Punkten als mit Strichen – die »Geschichte« einer zu administrativer Asche reduzierten menschlichen Existenz: amtliche Urkunden und Krankenhausregister ...

Was uns heute über Jean Genets Mutter bekannt ist, beschränkt sich letzten Endes auf wenige Fakten hinsichtlich ihrer Geburt, der Geburt ihres Kindes und schließlich ihres Todes. Aber vielleicht ist dies mehr, als Genet selbst jemals erfahren konnte.

Geburt

Camille Gabrielle Genet erblickt das Licht der Welt am 18. Juli 1888, abends um sechs Uhr in der Wohnung ihrer Eltern, in der

Rue Ney 42 in Lyon. Ihr Vater, François Genet, sechsundfünfzig Jahre alt, ist von Beruf »Arbeitnehmer«; ihre Mutter, Claudine Genet, mit Rufnamen Clotilde, ist zweiundvierzig Jahre alt.
Zwei Tage später, am 20. Juli, meldet François Genet die Geburt des Kindes im Rathaus des sechsten Arrondissements von Lyon. Bei gleicher Gelegenheit hinterläßt er, zusammen mit zwei Zeugen, darunter ein Nachbar, seine Unterschrift im Personenstandsregister des Standesamtes. Diese Unterschrift stellt die bis heute einzige bekannte handschriftliche Spur eines Vorfahren Jean Genets dar.

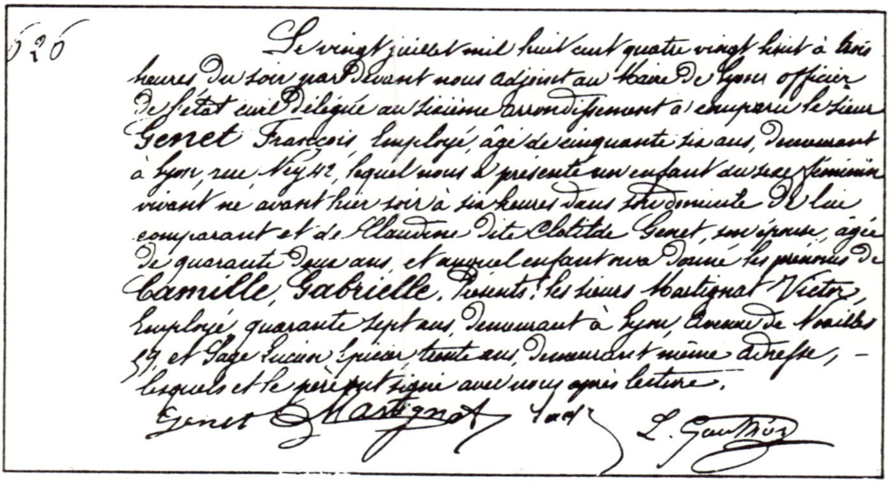
526 Le vingt juillet mil huit cent quatre vingt huit à trois heures du soir par devant nous adjoint au Maire de Lyon officier de l'état civil délégué au sixième arrondissement a comparu le sieur Genet François, employé, âgé de cinquante six ans, demeurant à Lyon, rue Ney 42, lequel nous a présenté un enfant du sexe féminin vivant né avant hier soir à six heures dans son domicile de lui comparant et de Claudine dite Clotilde Genet, son épouse, âgée de quarante deux ans, et auquel enfant on a donné les prénoms de Camille, Gabrielle. Présents: les sieurs Martignat Victor, employé, quarante sept ans, demeurant à Lyon, Avenue de Noailles 57, et Gage Lucien épicier trente ans, demeurant même adresse, lesquels et le père ont signé avec nous après lecture.

Genet Martignat Gage L. Gauthier

Faksimile der Geburtsurkunde von Camille Gabrielle Genet mit der Unterschrift des Vaters, François Genet. (Kommunalarchiv der Stadt Lyon)

Auf der im Zuge der Volkszählung des Jahres 1891 erstellten Namensliste der Bewohner der Stadt Lyon erscheint die Familie François Genets nicht mehr unter der oben genannten Adresse und ebensowenig in anderen Verzeichnissen der Stadt aus demselben Jahr. Vorläufig verlieren wir hier also ihre Spur.
Allerdings erscheint der Name Genet in den Listen einer früheren Volkszählung, die im Jahre 1886 – und somit zwei Jahre vor der Geburt Camilles – durchgeführt wurde, unter der bekannten Adresse: Rue Ney 42. In diesem Dokument wird François Genet, fünfundfünfzig Jahre alt, als »Hilfsarbeiter« aufgeführt, seine Frau, Clotilde Genet, vierzig Jahre alt, als »Näherin«. In

ihrem Haushalt leben zwei Kinder: Gabriel Genet, sechzehn Jahre alt, von Beruf »Schlosser«, und Léontine Genet, neun Jahre alt.

Dénombrement de population, 1886 (Archives départementales de Lyon, section contemporaine, 6MP356).

Soweit unsere ersten Recherchen reichen, wurde von diesen vier Mitgliedern der Familie, die 1886 von der Volkszählung erfaßt wurde, niemand in Lyon geboren. Wir nehmen also an, ohne uns dessen gewiß zu sein, daß diese Stadt im Leben der Familie eher die Bedeutung einer Etappe denn eines Ortes der Herkunft hatte.

Die Geburt Jean Genets

Tatsächlich finden wir Camille Genet im sechsten Arrondissement von Paris wieder. Am 31. Oktober 1910 wird sie dort in die Entbindungsklinik Tarnier, in der Rue d'Assas 89, aufgenommen, die verwaltungsmäßig der Öffentlichen Fürsorge untersteht. Der im »Register der Eingänge und Entlassungen« verzeichnete medizinische Grund der Aufnahme ist eine »Schwangerschaft«.
Dasselbe Register liefert uns drei Hinweise, die später auch in der Geburtsurkunde Jean Genets auftauchen. Als Wohnort Ca-

Numéro d'entrée	*Date d'entrée*	*Date de sortie*	*Nom*	*Prénom*	*Âge*	*Profession*
3 378	31 octobre	30 décembre	Genet	Camille	21	Gouvernante
3 899	19 décembre	30 décembre	Genet	Jean	Né à 7^h 3/4 soir	

Adresse	*Commune*	*État civil*	*Lieu de naissance*		*Nature de la maladie*
			Commune	*Département*	
1, rue Broca	Paris	f. François et Clotilde Genet	Lyon	Rhône	Grossesse
		f. François et Camille Genet	Naissance clinique		Naissance

Transskription des Aufnahmeregisters der Entbindungsklinik Tarnier.

milles wird die Rue Broca 1 im dreizehnten Arrondissement von Paris angegeben; Camille übt den Beruf einer »Gouvernante« aus und ist einundzwanzig Jahre alt (eine Zahl, die nicht zutrifft, da sie tatsächlich zweiundzwanzig Jahre alt ist, als sie in der Klinik aufgenommen wird).

Es ist selbstverständlich, daß alle diese Angaben mit gebotener Vorsicht aufgenommen werden müssen, da sie offensichtlich allein aus den Erklärungen der Betroffenen herrühren.

Das erwähnte Register übermittelt uns eine weitere Information hinsichtlich Camilles Vater. Unter der Rubrik »état civil«, Personenstand, wird dessen Vornamen der Buchstabe f vorangestellt.

Für »feu«, selig. (*Anm. d. Übers.*)

Zu jenem Zeitpunkt war François Genet somit bereits verstorben. In der Geburtsurkunde Jean Genets taucht eine weitere Präzisierung auf, dieses Mal Camille betreffend: sie ist ledig.

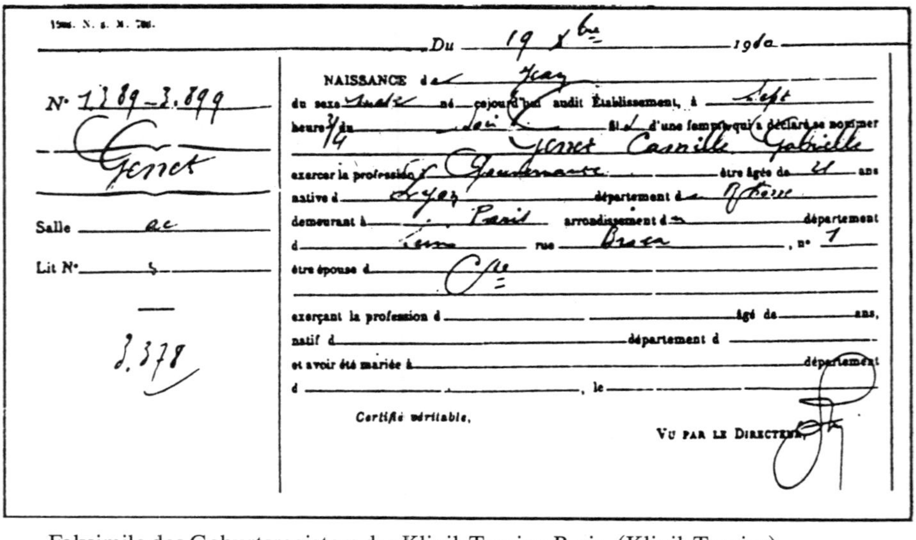
Du 19 Xbre 1910

N° 1289–3.899
Genet
Salle ac
Lit N° 5
3.378

NAISSANCE de Jean
du sexe masc né aujourd'hui audit Établissement, à Sept
heure 3/4 du soir fils d'une femme qui a déclaré se nommer
Genet Camille Gabrielle
exercer la profession de Gouvernante être âgée de 21 ans
native de Lyon département du Rhône
demeurant à Paris arrondissement de département
de rue Broca, n° 1
être épouse de Célre
exerçant la profession de âgé de ans,
natif de département de
et avoir été mariée à département
de , le
Certifié véritable,
Vu par le Directeur,

Faksimile des Geburtsregisters der Klinik Tarnier, Paris. (Klinik Tarnier)

Die Niederkunft findet schließlich erst am 19. Dezember 1910 statt, das heißt neunundvierzig Tage nach der Aufnahme Camille Genets in der Entbindungsklinik, weshalb wir auf eine komplizierte Schwangerschaft schließen können. Das Kind erhält einen einzigen Vornamen: Jean. Da Camille keinen Vater angibt, bleibt dieser, laut administrativer Formulierung, »nicht benannt«. Die Geburt wird von drei Angestellten des Krankenhauses im Rathaus des sechsten Arrondissements gemeldet und bezeugt.

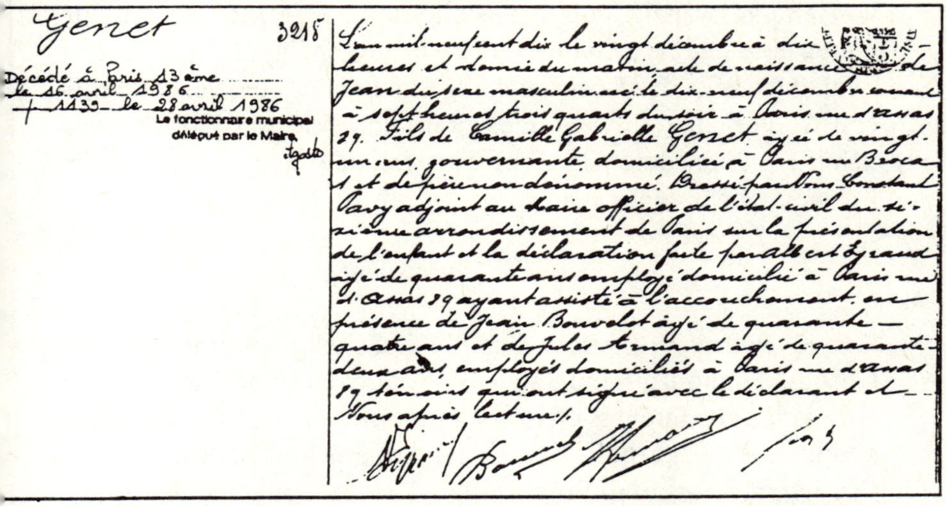

Genet 3215

Décédé à Paris 13ème le 15 avril 1986 – 1139 – le 28 avril 1986
Le fonctionnaire municipal délégué par le Maire

L'an mil neuf cent dix le vingt décembre à dix heures et demie du matin acte de naissance de Jean du sexe masculin né le dix neuf décembre courant à sept heures trois quarts du soir à Paris rue d'Assas 89. Fils de Camille Gabrielle Genet âgée de vingt un ans gouvernante domiciliée à Paris rue Bréa 1 et de père non dénommé. Dressé par Nous Constant Pavy adjoint au Maire officier de l'état civil du sixième arrondissement de Paris sur la présentation de l'enfant et la déclaration faite par Albert Lyraud âgé de quarante ans employé domicilié à Paris rue d'Assas 89 ayant assisté à l'accouchement, en présence de Jean Bouvelot âgé de quarante quatre ans et de Jules Armand âgé de quarante deux ans, employés domiciliés à Paris rue d'Assas 89 témoins qui ont signé avec le déclarant et Nous après lecture.

Faksimile der Geburtsurkunde Jean Genets mit dem irrtümlichen Todesdatum (15. April. – Bürgermeisteramt des VI. Arondissements, Paris)

Camille verbleibt mit ihrem Sohn noch elf Tage in der Klinik, die sie beide am 30. Dezember 1910 verlassen.
Sieben Monate und neun Tage nach der Geburt des Kindes findet das gemeinsame Leben von Mutter und Sohn ein Ende. Am 28. Juli 1911

Dieses Datum wird im »Livret de Pupille«, dem Zöglingsheft Jean Genets, angegeben (Archiv der »Ecole d'Alembert«, Öffentliche Fürsorge).

erscheint Camille in dem Tag und Nacht geöffneten »Bureau d'abandon«

Etwa: Aussetzungsstelle. (*Anm. d. Übers.*)

des Hospizes für Fürsorgezöglinge, in der Rue Denfert-Rochereau 74 und überläßt ihren Sohn der Vormundschaft der Öffentlichen Fürsorge.
Die Modalitäten der Übergabe sind uns weitgehend unbekannt, außer daß die Mutter, da das Kind zu jenem Zeitpunkt älter als sieben Monate war, aufgrund des Artikels 9 eines entsprechenden Gesetzes vom 27. Juni 1904 verpflichtet war, der diensthaben-

den Angestellten den Namen ihres Sohnes sowie Datum und Ort seiner Geburt anzugeben. Jean Genet behielt aus diesem Grunde den Familiennamen seiner Mutter und bekam im Alter von einundzwanzig Jahren anstelle einer »Herkunftsbescheinigung« eine reguläre Geburtsurkunde ausgehändigt. Laut Gesetz behielt Camille das Recht, sich regelmäßig über das gesundheitliche Wohlergehen ihres Sohnes zu erkundigen, was jedoch lediglich hieß, über seine physische Existenz oder aber seinen Tod informiert zu werden.

Camille Genets Tod

Am 13. Februar 1919 wird Camille Gabrielle Genet im Hôpital Cochin, Faubourg Saint-Jacques 47, aufgenommen und in den Krankensaal »Dreyfus-Brissac« eingewiesen, wo sie die Krankennummer 227 erhält. Der Behandlungsgrund ist eine Grippe. (Zu jener Zeit geht in Frankreich die große Epidemie der Spanischen Grippe um.) Elf Tage später stirbt sie, am 24. Februar 1919 um zehn Uhr morgens, im Alter von dreißig Jahren.
Noch am gleichen Tag redigiert der Leiter der Krankenabteilung einen Bericht über den Tod Camilles für das Archiv des Krankenhauses sowie für das Rathaus des vierzehnten Arrondissements.

Das Schriftstück befindet sich in den Archiven der Öffentlichen Fürsorge.

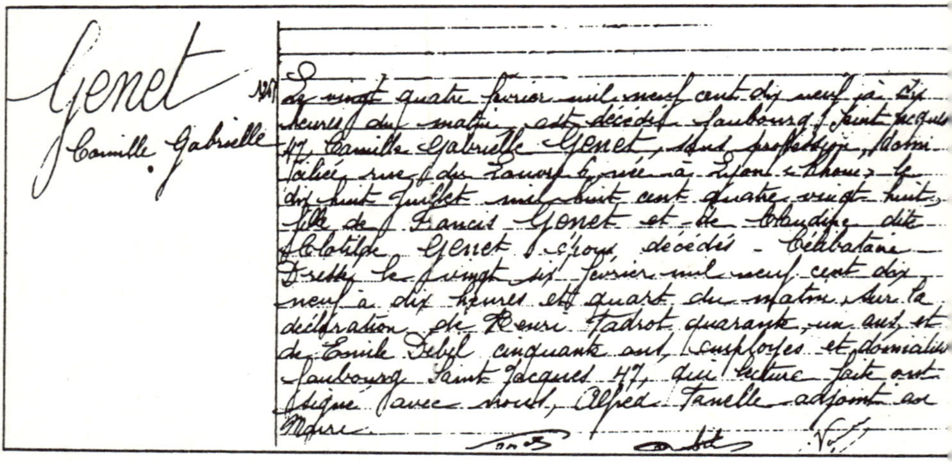
Genet
Camille Gabrielle

Le vingt quatre février mil neuf cent dix neuf à dix heures du matin est décédée faubourg Saint Jacques 47, Camille Gabrielle Genet, sans profession, domiciliée rue de Lancry 6, née à Lyon (Rhône) le dix huit juillet mil huit cent quatre vingt huit, fille de Francis Genet et de Claudine dite Clotilde Genet, époux, décédés – Célibataire – Dressé le vingt six février mil neuf cent dix neuf à dix heures et quart du matin, sur la déclaration de Henri Tadrot quarante un ans et de Emile Jebel cinquante ans, employés et domiciliés faubourg Saint Jacques 47, qui lecture faite ont signé avec nous, Alfred Tanelle adjoint au Maire

Sterbeurkunde der Mutter Genets. (Bürgermeisteramt XIV. Arr., Paris)

Laut Formulierung dieses Berichts übte die »genannte Genet, Camille, 28 Jahre alt« den Beruf eines »Zimmermädchens« aus; sie war »ledig, Tochter des f(*eu*) François und der f(*eu*) Genet Clotilde«, wohnhaft in der Rue d'Alésia 3 bis.
Die Todesurkunde, die den Personenstand Camilles (Eltern und Geburtsort, ledig) in Übereinstimmung mit den Angaben des besagten Berichts wiedergibt, weicht jedoch von diesem in zwei Punkten ab. Als Wohnort wird die Rue du Louvre 6 in Paris angegeben, und anstelle einer Berufsangabe verzeichnet man »ohne Beruf«.
Hier erschöpft sich bereits der Einblick in das Leben der Camille Gabrielle Genet; eine Annäherung, als deren Ausbeute lediglich ein Schatten zurückbleibt. Sollte die Eigenschaft näher bezeichnet werden, die diese Frau am deutlichsten charakterisiert, so wäre diese – vielleicht! – mit »Zurückhaltung« zu umschreiben. Uns liegt heute weder eine Fotografie noch ein handschriftliches Zeugnis von ihr vor. Ihre Spur ist in keiner Volkszählung zu finden.

In der Stadt Paris wurden Volkszählungen erst ab 1926 durchgeführt.

Die Straßen, in denen sie wohnte, haben die Namen gewechselt. Das Haus der Rue Broca Nummer 1 wurde zur Nummer 1 der Rue Édouard-Quenu; der Abschnitt der Rue du Louvre, in dem sich das Haus Nummer 6 befand, wurde inzwischen in Rue de l'Amiral de Coligny umbenannt. Das Haus der Rue d'Alésia Nummer 3 wurde abgerissen. Der Faubourg Saint-Jacques 47 schließlich hat verwaltungstechnisch aufgehört zu existieren. Sechzig Jahre nach ihrem Tod entkommt Camille Genet nach wie vor jedweder Aufklärung ihres Geheimnisses, und man wird sich gewiß aller leichtsinnigen Hypothesen

So gibt es keinen Anhaltspunkt, der erlauben könnte, zu behaupten, daß Jean Genets Mutter eine Prostituierte gewesen sei, wie es sich einige Journalisten und Kritiker nicht haben nehmen lassen. Bis zu einem Beweis des Gegenteils bleibt diese Spekulation ohne jedwede Grundlage.

zu einer menschlichen Existenz enthalten müssen, die mit Hilfe von fünf oder sechs Archivdokumenten nicht rekonstruiert werden kann.

Camille und Jean

Dezember 1910 – Juli 1911

Geburt Jean Genets

»Ich wurde am 19. Dezember 1910 in Paris geboren. Als Zögling der Fürsorge war es mir unmöglich, mehr über meine Herkunft zu erfahren. Mit einundzwanzig Jahren erhielt ich eine Geburtsurkunde. Meine Mutter hieß Gabrielle Genet. Mein Vater war unbekannt. Ich bin zur Welt gekommen im Hause Nummer 22 der Rue d'Assas.
›Ich werde also einige Auskünfte über meine Abstammung erhalten‹, sagte ich mir, und begab mich in die Rue d'Assas. In der Nummer 22 befand sich die Entbindungsanstalt. Man verweigerte mir jede Auskunft.«
Tagebuch eines Diebes, Seite 58

In dieser kurzen wie berühmten Passage im *Tagebuch eines Diebes* ist ohne Zweifel der ganze Roman der Herkunft Jean Genets enthalten.

Wie jeder Fürsorgezögling verfügte Genet bis zu seiner Volljährigkeit, die seinerzeit bei einundzwanzig Jahren lag, lediglich über ein Herkunftszeugnis, das von der Fürsorge ausgestellt wurde und auf dem, außer der Immatrikulierungsnummer, einzig und allein Name und Geburtsdatum verzeichnet waren.

Drei Schriftstücke, die Register der Eingänge und der Geburten in der Tarnier-Klinik sowie die Kopie der Geburtsurkunde Genets, ermöglichen uns, seine Angaben zur Biographie als zutreffend zu bestätigen sowie einige Details zu präzisieren.
Jean Genet wurde also, wie wir bereits gesehen haben, tatsächlich am 19. Dezember 1910 geboren. Die Stunde der Niederkunft wird uns gleich zweimal mitgeteilt: um »dreiviertel acht Uhr abends« erblickt er an einem Montag das Licht der Welt.
Allerdings befindet sich die Entbindungsanstalt, in der die Geburt stattfindet, nicht in der Nummer 22 der Rue d'Assas in Paris, sondern in der Nummer 89.

Die Frage, ob es sich hierbei um einen Gedächtnisfehler oder aber um einen absichtlichen Irrtum handelt, wäre nicht wesentlich, wenn sie sich nicht mit einer gewissen Regelmäßigkeit wiederholte, vor allem dann, wenn konkrete Andeutungen sich einer gewissen Präzision anzunähern scheinen. Diese nicht seltenen und zuweilen offenen Täuschungsmanöver im Werke Genets verdienten es gewiß, eines Tages näher untersucht zu werden, wenn auch hier nicht der geeignete Ort dazu ist.

Gabrielle, wie wir bereits sahen, ist lediglich der zweite Vorname der Mutter Genets. Ihr Rufname, den sämtliche offiziellen Schriftstücke als ersten, wenn nicht als einzigen Vornamen nennen, ist Camille.

Die offizielle Anerkennung des Kindes durch seine Mutter findet augenblicklich statt; es wird unter ihrem Familiennamen am Tage nach der Geburt, um zehn Uhr dreißig morgens, im Rathaus des sechsten Arrondissements angemeldet. Wir weisen darauf hin, daß Jean als einziger Vorname angegeben wird.

Das Register der Eingänge der Tarnier-Klinik verzeichnet, daß Camille und ihr Sohn zusammen die Entbindungsstation am Freitag, den 30. Dezember 1910 verlassen.

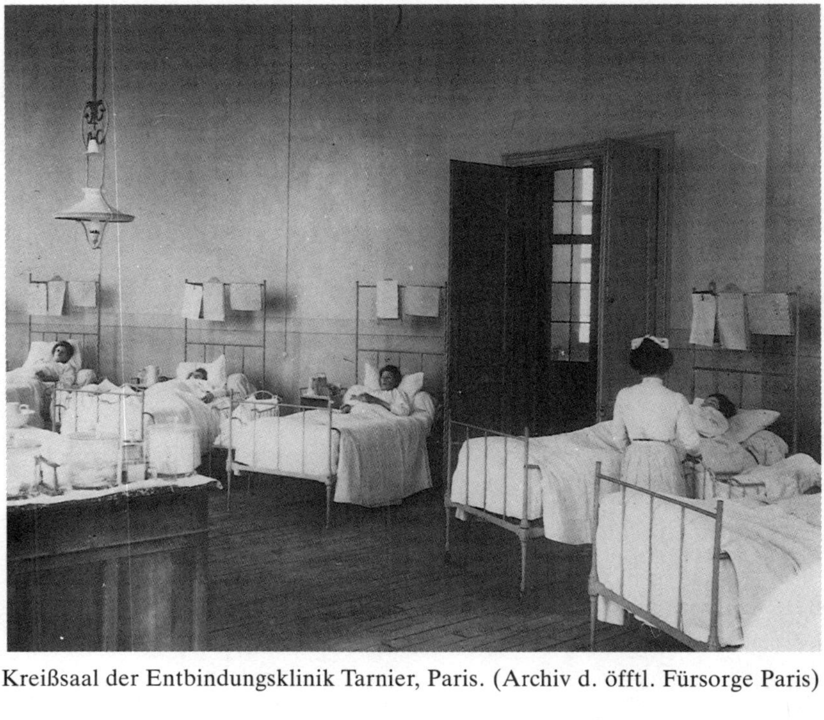

Kreißsaal der Entbindungsklinik Tarnier, Paris. (Archiv d. öfftl. Fürsorge Paris)

Entbindungsklinik Tarnier, Rue d'Assas, Paris. (Archiv d. öfftl. Fürsorge Paris)

Die Übergabe des Kindes an die Fürsorge

Genau dreißig Wochen später, am Freitag, den 28. Juli 1911 wird Jean Genet von seiner Mutter auf legale Weise im Stich gelassen. Von seinen Geschicken während der sieben Monate vor diesem Datum ist uns nichts bekannt, außer daß man annehmen kann, daß er zusammen mit seiner Mutter in der Rue Broca 1 in Paris lebte.

Die Abgabe des Kindes in der Aufnahme des Hospizes für Fürsorgezöglinge in der Rue Denfert-Rochereau 74 konnte zu jeder Tages- und Nachtzeit stattfinden, da diese rund um die Uhr geöffnet war. Der endgültige Status des Kindes als Fürsorgezögling tritt am gleichen Tage in Kraft. Jean Genet bekommt die Matrikelnummer 192102. Von diesem Moment an wird jegliche legale Bindung an seine Mutter bzw. Familie unterbrochen. Der Zög-

Hospiz für Fürsorgezöglinge, Rue Denfert-Rochereau, Paris. (Archiv d. öfftl. Fürsorge Paris)

ling wird der Vormundschaft der staatlichen Verwaltung unterstellt, die fortan über ihn »die uneingeschränkte väterliche Gewalt« ausübt.

Vgl. Émile Alcindor, *Les Enfants-Assistés*, Verlag Émile Paul, 1912, S. 118.

Noch am selben Tag wird das Kind vom diensthabenden Arzt des Hospizes, Doktor Variot, untersucht, der bei dieser Gelegenheit das »Gesundheitsheft« einweiht, das dem Zöglingsbuch Jean Genets beigefügt ist.

»Es ist die Regel ..., daß ein Kind das aufnehmende Hospiz nur verlassen darf, um aufs Land zu Pflegeeltern geschickt zu werden, wenn von einem Arzt des Hospizes ein Zeugnis ausgestellt wurde, welches zu bescheinigen hat, daß das Kind gesund ist und keinerlei Anzeichen einer ansteckenden Krankheit trägt und somit ohne Gefahr zum Ort der Unterbringung weitergeleitet werden kann.« Émile Alcindor, *Les Enfants-Assistés*, S. 138–139.

Der allgemeine Zustand des Kindes wird als »gut« befunden; der Arzt bemerkt »Impfungsnarben« und hält fest, daß der Säugling »mit der Flasche ernährt« wurde.

Die erste Nacht nach der Übergabe verbringt Jean Genet im Hospiz.

Vgl. Zöglingsbuch Jean Genets, Archiv der »École d'Alembert« (Öffentliche Fürsorge).

Die Unterbringung

Am darauffolgenden Tag wird der kleine Zögling an eine »Agentur für Unterbringungen« weitergeleitet, deren Aufgabe es ist, für das Kind geeignete Pflegeeltern auf dem Lande zu finden.

Das für die Geschicke von Zöglingen der Fürsorge bestimmte Gesetz vom 27. Juni 1904, das eine althergebrachte Praxis rechtlich festlegt, sieht im Artikel 21 vor, daß »Zöglinge, die jünger als dreizehn Jahre alt sind, von Ausnahmen abgesehen, solchen Familien anvertraut werden, die auf dem Lande leben«.

Jean Genet trifft dementsprechend am Samstag, den 29. Juli 1911 in einer Agentur in Saulieu ein, die sich um die Unterbringung von Fürsorgezöglingen in den Departements der Côte d'Or und der Nièvre kümmert. Es handelt sich bei dieser um eine der wichtigsten Agenturen im Morvan. Sofort nach seiner Ankunft wird der Zögling einer neuerlichen ärztlichen Untersuchung unterzogen. Ein gewisser Doktor Courtois, der den Jungen im folgenden für die Dauer seiner gesamten Kindheit gesundheitlich überwachen wird, bestätigt die Diagnose vom Vortage. Der allgemeine Zustand des Kindes wird als »gut« vermerkt. Allerdings entdeckt der Arzt auch die Anzeichen eines Nabelbruchs und notiert dies im Gesundheitszeugnis.

Paul Roclore, der Leiter der Agentur,

Paul Roclore (1860–1931) wird die administrative Verantwortung für Jean Genet bis zu dem Tage wahrnehmen, an dem dieser im Jahre 1924 sein Dorf verläßt. Sein Name taucht auf mehr oder weniger rätselhafte Weise in *Notre-Dame-des-Fleurs* auf, wo auf S. 73 ein gewisser »Monsieur Roquelaure (Rue de Douai 127, Angestellter der Städtischen Transportgesellschaft)« beiläufig erwähnt wird. Hinsichtlich der Orthographie des Namens scheint Genet sich seiner nicht sicher gewesen zu sein, da er in einer handschriftlichen Fassung eines Teils des Romans, den er dort einem gewissen »Nico« widmete, »Roquelore« schrieb.

entscheidet noch am selben Tag, den Zögling einer gewissen Eugénie Regnier zu überantworten, die im Dorf Alligny-en-Morvan lebt und den Antrag gestellt hat, die Pflege eines Kindes zu übernehmen, das sich nicht mehr im Stillalter befindet. Seine zweite Nacht als Zögling verbringt Jean Genet im »Schlaf-Foyer« der Öffentlichen Fürsorge am Rande von Saulieu.

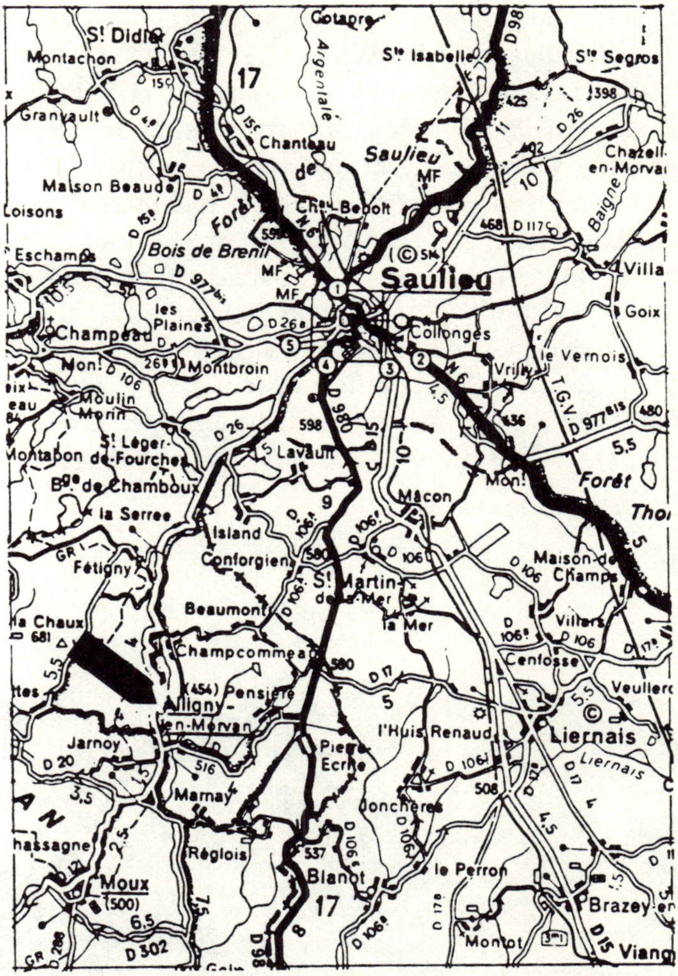

Saulieu und Alligny-en-Morvan. (Ausschnitt aus der Michelin-Karte Nr. 15)

Alligny-en-Morvan

Das Morvan – »schwarzes Land« in keltischer Sprache – erscheint selbst zu Beginn dieses Jahrhunderts noch als eine zutiefst isolierte und ärmliche Region. Die hügelige Landschaft im Nordosten des Zentralmassivs, an der einstigen Grenze zwischen dem Burgundischen und dem Nivernais, ist zwar reichlich von Wäldern und Wiesen bedeckt und von zahlreichen Seen durchsetzt, doch besitzt sie keinen besonders fruchtbaren Boden und wird von einem eher rauhen Klima beherrscht. Ihre geologische Eigenschaft als Granitmassiv stellt obendrein ein Hindernis für die großen Verbindungsstraßen zum Süden dar, die sie wohl berühren, jedoch nicht durchqueren. Und so bleibt das Morvan trotz seiner relativen Nähe zur Hauptstadt, die nur etwa 150 Kilometer entfernt ist, von den großen Umwälzungen der industriellen Welt ausgeschlossen, während seine Bevölkerung, die im we-

Gesamtansicht von Alligny-en-Morvan Anfang des Jahrhunderts. (Ansichtskarte)

sentlichen ländlich geprägt ist, sich nur langsam fortentwickelt und Gebräuche und Sitten, den Dialekt und die ureigenen Festlichkeiten im Schutze eines sozialen Gefüges bewahrt, welches zutiefst von Traditionen bestimmt wird.
Das wirtschaftliche Überleben der Region wird zum größten Teil von Forstwirtschaft und Rinderzucht bestimmt. Zu diesem hauptsächlichen Einkommen der Bevölkerung gesellt sich jedoch eine Unterstützung ganz anderer Art, die uns an dieser Stelle im besonderen interessiert. Es handelt sich dabei um die monatlichen Zuwendungen, die bemerkenswert viele Haushalte im Morvan dank der Aufnahme von ein oder zwei Zöglingen der Öffentlichen Fürsorge erhalten.

Weitere Informationen über die Region des Morvan in Joseph Bruleys: *Le Canton de Montsauche en 1900 à travers les cartes postales* (Autun, 1986) sowie vom gleichen Autor: *Le Morvan, cœur de la France* (drei Bände); ferner *Le Morvan – la terre et les hommes* von Jacqueline Bonnamour (Presses Universitaires de France, 1966).

Das Morvan und die »Petits-Paris«

Noch in jüngster Zeit war das Morvan die bevorzugte Region zur Unterbringung von Fürsorgezöglingen aus dem Bereich des Departements der Seine, wodurch die Zöglinge im ländlichen Volksmund zu den »Petits-Paris«, den kleinen Parisern, wurden. Diese Tendenz zeichnet sich seit dem Beginn des 19. Jahrhunderts vor allem in Saulieu ab

Albert Dupoux, *Sur les pas de Monsieur Vincent (300 ans d'histoire parisienne de l'enfance abandonnée)*, (Revue de l'Assistance Publique à Paris, 1958, S. 236).

und steigert sich im besonderen Maße ab 1850. In den ersten Jahren des 20. Jahrhunderts sind etwa zehn Agenturen für Zöglingsunterbringungen auszumachen, die sich auf die gesamte Region verteilen.

Revue de l'Assistance Publique à Paris, 1958, S. 271.

Für diese Anhäufung gibt es verschiedene Gründe: einerseits die natürliche Gastfreundschaft der Bevölkerung und der ausgezeichnete Ruf, den sich die Ammen des Morvan in Paris erworben haben; andererseits aber auch das Bestreben der Regierung, entsprechende Agenturen vor allem in Gebieten einzusetzen, die nur schwach besiedelt und von der allgemeinen Landflucht betroffen sind.

Revue de l'Assistance Publique à Paris, 1958, S. 267.

Auf diese Weise nahm das Morvan bereits vor dem Ersten Weltkrieg ein Drittel der Gesamtzahl der von ihren Eltern im Stich gelassenen Kinder in Frankreich auf. Die Zöglinge wurden zunächst den Agenturen anvertraut, deren Aufgabe es wiederum war, sie in den umliegenden Dörfern und Weilern unterzubringen. So verzeichnet der alljährliche Rechenschaftsbericht des obersten Leiters der Öffentlichen Fürsorge allein für das Jahr 1911 siebenhundertzweiundsiebzig Kinder, die, jünger als dreizehn Jahre, der Agentur von Saulieu anvertraut wurden.

Rapport sur le Service des Enfants-Assistés du département de la Seine pendant l'année 1911, Montévrain, École d'Alembert, 1912. Tafel 5, S. 155 (Archives de l'Assistance Publique).

Der gleiche Bericht vermerkt für dasselbe Jahr, daß die im Vergleich größte Anzahl von Zöglingen in das Departement der Nièvre geschickt wurde, nämlich 6693.
Der Pflegemutter, die sich bereit erklärte, einen Zögling in ihre Obhut zu nehmen, wurde ein monatlicher Zuschuß vom Staat zuteil, der zwar nicht ausgesprochen hoch lag, jedoch keineswegs unbedeutend war für einen Landstrich, in dem Bargeld zu den Raritäten zählte.

»Die Pensionssätze für Pflegeeltern sind folgende: 21 Francs monatlich für Kinder von ein bis zwei Jahren, 18 Francs für solche von zwei bis vier Jahren, und 17 Francs für Kinder im Alter von vier bis dreizehn Jahren. Darüber hinausgehend wird solchen Pflegeeltern eine Prämie von 50 Francs bewilligt, die einem ihnen anvertrauten Kind, welches das Alter von dreizehn Jahren erreicht hat, während 10 Jahren eine vorbildliche Behandlung haben zuteil werden lassen.« Rapport sur le Service . . ., S. 62.

Hinzu kamen zahlreiche Unkostenerstattungen für die Einkleidung der Kinder sowie deren Unterrichtsmittel, ferner Prämien für Mütter, deren Schützlinge eine zufriedenstellende Entwicklung zeigten und die schulischen Anforderungen erfüllten. Der Unterbringungsvertrag legte ebenfalls fest, daß einem Zögling

die verschiedensten Dienstleistungen abverlangt werden konnten.
Den Eltern kam es als Gegenleistung zu, sich nicht bloß um die Beherbergung und Verpflegung des ihnen anvertrauten Kindes, sondern auch um seine schulische Ausbildung zu kümmern. Der Besuch der Grundschule war Pflicht, und der jeweilige Inspekteur einer Agentur, die für die Plazierungen verantwortlich war, hatte darüber zu wachen, daß die Zöglinge regelmäßig am Unterricht der kommunalen Schulen teilnahmen.
Sobald die Zöglinge das Alter von dreizehn Jahren erreicht hatten, wurden sie der Vormundschaft ihrer Pflegeeltern entzogen und bei einem Arbeitgeber untergebracht. In der Regel wurden die Mädchen dabei zu »Dienstmägden« bei Bauern und die Jungen zu »Knechten«, wodurch der Region »die wichtigste Quelle für landwirtschaftliche Hilfskräfte« zuteil wurde.

Jacqueline Bonnamour, S. 192, Rapport sur le Service . . .

Alligny-en-Morvan

Alligny-en-Morvan, etwa zehn Kilometer von Saulieu entfernt, ist eine kleine Gemeinde im Kanton Montsauche, der seinerseits zum Departement der Nièvre gehört.

Als Name taucht das Dorf Alligny-en-Morvan weder im Werk Genets noch jemals in einem der Interviews mit dem Dichter auf. Allerdings wird der Ort Montsauche auf eher beiläufige Weise auf der ersten Seite von *Pompes funèbres* erwähnt.

Das Dorf, inmitten des Tales des Ternin gelegen, hat zur Zeit, als Genet dort seine Kindheit verbringt, etwa tausendsechshundertfünfzig Einwohner.

Eine am 24. März 1921 in Alligny durchgeführte Volkszählung listet 1640 Einwohner auf (Archives départementales de la Nièvre).

Um eine kleine romanische Kirche und die Reste eines Schlosses aus Feudalzeiten scharen sich an die sechzig Häuser. Aufgrund der zahlreichen Weiler des Umkreises ist das Dorf an Sonntagen und allgemeinen Feiertagen sowie zu Marktzeiten relativ belebt.

Das Innere der Kirche von Alligny-en-Morvan. (Ansichtskarte)
»Die Gewölbe und Mauern der Kapelle der Jungfrau sind weißgetüncht, und die Jungfrau trägt eine Schürze so blau wie der Kragen der Matrosen.«
(*Notre-Dame-Des-Fleurs,* S. 129)

Es existieren Geschäfte und Handwerksstätten, ein Hotel sowie zwei Gasthäuser, doch der größere Teil der Bewohner lebt von den Erträgen einer bescheidenen Landwirtschaft und der Ausbeutung des die Gemeinde umgebenden Waldes. In der Zeit von 1910 bis 1930 gab es außerdem ein Bergwerk, das silberhaltiges Blei förderte und einer überwiegend ärmlichen Bevölkerung einige Arbeitsplätze zusätzlich verschaffte. Im allgemeinen spricht man den Dialekt des Morvan, der dem burgundischen Dialekt Saulieus verwandt ist.

Wie in den meisten Dörfern der Nachbarschaft sind auch in Alligny die Kinder, die von der Öffentlichen Fürsorge kommen, zahlreich. Anhand der namentlichen Liste der Gemeindebewohner, die im Zuge der schon erwähnten Volkszählung im März 1921 erstellt wurde, lassen sich an die fünfzig Jungen und ebensoviele Mädchen ausmachen, die im Großraum Paris geboren und zur Pflege im Bereich des Dorfes untergebracht wurden.

In der Gemeindeschule stellen die »Petits-Paris« mehr als ein Viertel der Schüler (mehr in der unteren Klasse und deutlich weniger in der Klasse der älteren Schüler). Sie bilden somit eine kindliche Bevölkerung, die zahlenmäßig stark und in die dörfliche Gemeinschaft gut integriert ist, sich von dieser aber auch deutlich unterscheidet, da die Kinder nicht den Familiennamen ihrer Pflegeeltern tragen und sofort an der Kleidung, die von der Fürsorge gestellt wird, zu erkennen sind. Sie bleiben Pflegekinder und werden keinesfalls adoptiert.

Es muß an dieser Stelle ausdrücklich auf den Unterschied zwischen »Pflegeeltern« und »Adoptiveltern« hingewiesen werden. Die bei Pflegeeltern untergebrachten Kinder wurden in keinem Falle adoptiert. Man kümmerte sich lediglich nach vertraglich festgelegten Regeln und für die Dauer eines festumrissenen Zeitraums um sie. Zwar konnten – theoretisch – zum Ende einer Pflegezeit Schritte zur Adoption unternommen werden, doch geschah dies in der Realität nur sehr selten.

Allerdings verheiraten sich manche von ihnen, wenn sie die Volljährigkeit erreicht haben, und gründen Familien innerhalb der Region, wodurch sie dieser auch zu einer Erneuerung der eingesessenen Bevölkerung verhelfen.

Jacqueline Bonnamour, S. 215, Rapport sur le Service . . .

Ansichtskarte der alten Brücke über den Ternin in Alligny-en-Morvan. ». . . eine Brücke mit drei Steinbögen über drei Bögen klaren Wassers, über der jeden Morgen ein dichter Nebel hing, der sich endlich hob und die Scenerie freigab.« (*Notre-Dame-des-Fleurs*, S. 101)

Ankunft im Dorf

Jean Genet kommt am 30. Juli 1911 in Alligny-en-Morvan an. Es ist ein außergewöhnlich heißer Sommer.

Der Jahresbericht der Dienststelle für Fürsorgezöglinge erwähnt für das Jahr 1911 »anormale Hitzewellen im Sommer«, S. 5, Rapport sur le Service ... op. cit.

Paul Roclore, »Honorardirektor« der Öffentlichen Fürsorge in der Agentur von Saulieu, begibt sich an jenem Morgen in das »Schlaf-Foyer«, um das Kind, das dort die Nacht verbrachte, abzuholen und seiner künftigen Pflegefamilie vorzuführen.
Diese ist ihm nicht unbekannt. Neun Jahre zuvor hatte Paul Roclore Charles und Eugénie Regnier bereits ein kleines Mädchen anvertraut, das diese inzwischen vorbildlich umsorgt und aufgezogen haben, das nun aber bald das Alter erreichen würde, wo es sich von seinen Pflegeeltern würde trennen müssen.
Das besagte kleine Mädchen hieß Lucie Wirtz. Sie war zu dem damaligen Zeitpunkt nicht ganz zwölf Jahre alt. Als wir ihr begegneten, war sie achtundachtzig Jahre alt und hatte den Tag, an dem Jean Genet, damals sieben Monate alt,

Genet kam im Alter von sieben Monaten und keineswegs von sieben Jahren im Dorf an, wie es eine fälschliche Lesart des Sartreschen Essays über Genet, *Saint-Genet*, lange Zeit glauben machte. Wenn Sartre schreibt: »Genet ist sieben Jahre alt. Die öffentliche Jugendfürsorge hat ihn Bauern des Morvan anvertraut« (S. 17), so beschwört er seinen Helden im Innern einer zeitlichen Abfolge und nicht zu Beginn eines neuen Zeitabschnitts. Der Satz »Genet ist sieben Jahre alt« hätte im Zusammenhang mit anderen entsprechenden Sätzen im weiteren Text gelesen werden müssen: »Es [das Kind] ist zehn Jahre« (S. 35); »Er ist elf Jahre alt ...« (S. 38); »Er ist fünfzehn«; und so fort.

Einzug im Haus ihrer Pflegeeltern hielt, nicht vergessen:

»Es war an einem Sonntag, wenn ich mich recht entsinne. Wir hatten sehr schönes Wetter. Monsieur Roclore, der Leiter der Agentur, kam gerade an, als die Messe vorbei war ... Als meine Mutter das Kind sah,

Lucie Wirtz, Patin von Jean Genet, im Alter von 88 Jahren (BLFC).

bekam sie zuerst Angst. Es war ihr zu klein, zu zerbrechlich ... Aber es war so niedlich, ein so niedliches kleines Ding, daß sie es schließlich doch nahm.«

Siehe: Lucie Wirtz, Anhang I, S. 259.

Es ist anzunehmen, daß Paul Roclore anschließend, entsprechend der üblichen Vorgehensweise, Eugénie Regnier zwei amtliche Schriftstücke überreichte, nämlich ein Exemplar des Vertrags, mit dem sie sich persönlich verpflichtete, über Pflege, Ernährung und die schulische Ausbildung des Zöglings zu wachen, bis dieser das Alter von dreizehn Jahren erreicht haben würde, wofür sie als Gegenleistung eine monatliche Unterstützung sowie diverse Prämien erhielt; ferner das »Zöglingsbuch« Jean Genets, einschließlich des »Gesundheitsheftes«, das sie während der Dauer seines Aufenthaltes in ihrem Haushalt zu verwahren und beim Verlassen des Jungen wieder abzugeben hätte.

Dieses Zöglingsbuch begleitet in der Regel ein Kind der Öffentlichen Fürsorge durch alle aufeinander folgenden Stationen.

Zum Zeitpunkt, wo ihnen der kleine Jean anvertraut wird, sind Eugénie und Charles Regnier beide bereits über fünfzig Jahre alt. Ihre zwei leiblichen Kinder sind dem Kindheitsalter entwachsen und leben mit ihnen unter einem Dach. Berthe,

> Berthe Regnier (1887–1970) übernimmt nach deren Tod die Rolle der Pflegemutter Jean Genets, und dieser spricht auch in seinen häufigen Andeutungen von ihr als seiner Mutter. In der Episode vom Friedhofsbesuch etwa im *Tagebuch eines Diebes* (S. 235) handelt es sich bei der erwähnten »Ziehmutter« um Berthe, die in der Tat ein kleines Kind hatte, ein Mädchen, das Antonie hätte heißen sollen, aber kurz nach der Geburt, am 30. Juni 1920, starb. Es wurde auf dem Friedhof von Alligny begraben.

die älteste, ist fünfundzwanzig Jahre alt und kümmert sich von Beginn an um den kleinen Zögling, dem sie zugleich Schwester und zweite Mutter wird. Georges, der Sohn, ist gerade achtzehn Jahre alt geworden und arbeitet als Lehrling in der Werkstatt seines Vaters.

Die berufliche Tätigkeit der Regniers entspricht nicht ganz dem, was Genet auf allzu weitläufige Weise angibt, wenn er schreibt: »Ich wurde im Morvan von Bauern großgezogen« (*Tagebuch eines Diebes, Seite 58*), oder wenn er in *Ein verliebter Gefangener* auf Seite 214 eine »bei Bauern als Kuhhirte verbrachte Kindheit« erwähnt.

Auch wenn das Leben der Gesamtheit der Einwohner Allignys ohne Zweifel zutiefst von den Eigenheiten des Landlebens geprägt war, so können die Regniers dennoch nicht als Bauern im eigentlichen Sinne bezeichnet werden. Gewiß besitzen sie, wie viele andere Leute in der Region, eine Kuh und eine kleine Wiese in der Nähe des Dorfes, doch sind sie keineswegs »Landwirte« oder »Grundeigentümer«, als die sie von Sartre in *Saint-Genet* (*Seite 24*) dargestellt werden.

> Folgerichtig wirkt sich die Ungenauigkeit in diesem präzisen Sachverhalt auch abträglich für die darauf aufbauenden gedanklichen Folgerungen Sartres aus.

In Wirklichkeit übt Charles Regnier einen handwerklichen Beruf aus. Er ist Tischler. Seine Werkstatt befindet sich im Erdgeschoß seines Wohnhauses im Ortskern von Alligny, gleich neben dem Bürgermeisteramt. Ein Nebenerwerb für die Familie wird von seiner Frau Eugénie gewährleistet, die auf der anderen Seite des Hauses einen kleinen Laden mit Tabakwaren betreibt.

Bürgermeisteramt und Schule von Alligny-en-Morvan. In der Mitte der kleine Tabakladen von Eugénie Regnier, rechts ein Nebengebäude des Hauses der Regniers. (Ansichtskarte)

In sozialer Hinsicht sind die Regniers von einfacher Herkunft und führen ein bescheidenes Leben. Sie haben weder Grundbesitz noch Vermögen. Mit Abstand weniger wohlhabend als die wenigen Notabeln der Gemeinde, sind sie allerdings auch etwas weniger arm als die meisten Kleinbauern, Forstarbeiter und Landwirtschaftsgehilfen ihrer Umgebung. Mehr recht als schlecht erhöhen sie die knappen Erträge der Tischlerei durch zusätzliche Einkünfte, die ihnen das Tabakgeschäft sowie die Untervermietung der ersten Etage ihres Hauses verschaffen, und ferner durch die monatlichen Zuweisungen der Fürsorge für die beiden Zöglinge, die sie nacheinander in ihrem Haushalt aufgenommen haben. Schließlich sichern sie sich einen Teil der täglichen Nahrung, indem sie eine Kuh, Hühner und Kaninchen halten, ihr eigenes Brot backen, einen großen Gemüsegarten mit Obstbäumen unterhalten und so fort. Dank dieser diversen Hilfsquellen scheint die Familie Regnier, wenn auch kaum im Wohlstand, so doch in ordentlichen Verhältnissen gelebt zu haben.

Das Haus der Regniers im gegenwärtigen Zustand (BLFC).

Zu guter Letzt gebietet es sich, darauf hinzuweisen, daß die Eheleute Regnier in Alligny die Erinnerung an ein glückliches und allseits respektiertes Paar hinterlassen haben. Ihre Hilfsbereitschaft und Ehrbarkeit wurden von allen von uns Befragten einmütig anerkannt.

Siehe Anhang I.

Lucie Wirtz, die ihre gesamte Kindheit unter der Obhut der Eheleute verbrachte und diese noch heute als ihre »wirkliche Mutter und wirklichen Vater« betrachtet, besteht darauf, daß es »jemand Besseren als die Regniers ... im ganzen Umkreis nicht« gab.

Siehe ihre Erzählungen, Anhang I.

Auch Genet scheint sich seine Hochachtung für sie bewahrt zu haben. Als eines unter mehreren Indizien hierfür läßt sich ein kurzer Satz im Manuskript des ersten Entwurfes für *Tagebuch eines Diebes* ausmachen, der in der endgültigen Fassung nicht wieder auftaucht. Seine Pflegeeltern werden dort als »sehr anständige Menschen« bezeichnet; ein Kompliment, das unter seiner Feder doch recht selten ist.

Eugénie Regnier

Eugénie Élizabeth Héliot, die aus einer Familie von Kleinbauern stammt, wird am 16. Januar 1857 in Alligny-en-Morvan geboren, wo ihre Eltern ansässig sind. Im Alter von nahezu zwanzig Jahren macht sie sich, da sie in der Region womöglich keine Arbeit findet, nach Paris auf, wo sie als Dienstmädchen bei einem alten belgischen Fräulein eingestellt wird, das sie auch über ihrer Wohnung in der Rue de Grenelle 119 im siebten Arrondissement in einem Zimmer beherbergt. Eugénie wird dort etwa zehn Jahre verbringen. In dieser Zeit macht sie die Bekanntschaft eines jungen Soldaten, der ebenfalls aus dem Morvan stammt: Charles Regnier. Wenig später wird sie seine Frau und kommt am 29. Januar 1887 mit ihrem ersten Kind, Berthe, nieder. Nach dem Tode des belgischen Fräuleins beschließt sie, gemeinsam mit ihrem Mann ins Morvan zurückzukehren und sich in ihrem Heimatdorf niederzulassen, wo sie am 24. Mai 1893 ihr zweites und letztes Kind, Georges, zur Welt bringt.

Eugénie, von starkem Willen wie starker Konstitution, scheint gutmütig, aber entschieden über ihren kleinen Haushalt gewaltet zu haben. Laut Marie-Louise Robert

Siehe Anhang I.

war sie »eine richtige kleine Herrscherin, sehr energisch, immer in Bewegung und fröhlich«. Unter ihrer Autorität gedeiht nicht allein die Organisation der hausfraulichen Pflichten, sondern auch die moralisch-religiöse Erziehung der Kinder, der sie große Bedeutung beimißt. (Lucie Wirtz sagt scherzhaft hierüber: »Die Religion, das war heilig für sie.«) Sie ist von großer Frömmigkeit, besucht regelmäßig die Messe, wirkt bei religiösen Festivitäten mit und wacht darüber, daß ihre Kinder nicht die Katechismusstunden am Donnerstagnachmittag beim Abbé Charrault

Eugénie Regnier, die Pflegemutter Jean Genets. (Privatsammlung)

versäumen. (Genet wird später sagen: »Ich hatte eine katholische Kindheit.«

Genet I, vidéo-livre, Collection Témoins, 1982.

Der hier wesentliche Aspekt schließlich, über den sich alle von uns vernommenen Augenzeugen einig sind, ist die große Zuneigung, die Eugénie für ihren kleinen Schützling entwickelt, den sie mit Besitzerstolz »mein Jean« nennt und den sie, wenn es sein muß, mit großer Heftigkeit in Schutz nimmt.

Hierzu der Bericht Marie-Louise Roberts im Anhang I.

Solange sie lebte, scheint der kleine Jean von einer relativen – und unverdienten, wie manche meinen – Narrenfreiheit profitiert zu haben. Und so kann man wie Genets Kindheitsfreund Joseph Bruley,

Siehe Anhang I.

davon ausgehen, daß Eugénies Tod am 4. April 1922 für den Jungen, der damals erst elf Jahre alt war, »einen schweren Schock« bedeutete, selbst wenn keine einzige seiner Schriften, die doch reichlich Beerdigungszeremonien aufzuweisen haben, hiervon deutlich erkennbare Zeichen trägt.

Charles Regnier

Charles Regnier, bekannt im Dorf unter dem geheimnisvollen Spitznamen »Champon«, stammt aus Moux, einer Nachbargemeinde Allignys, wo er am 16. Mai 1855 geboren wird. Sein Vater arbeitet in einem kleinen Weiler als Tischler und weiht den Jungen früh in die Arbeit am Holz ein.
Sobald Charles seine Volljährigkeit erreicht hat, leistet er seinen Militärdienst in Versailles ab. Laut Lucie Wirtz habe er Eugénie Héliot, die, wie wir gesehen haben, seinerzeit als Dienstmädchen in Paris arbeitete, während einer Ausgangserlaubnis kennengelernt. Nach Ablauf seiner Dienstzeit heiraten die beiden, Charles nimmt seinen ursprünglichen Beruf wieder auf und arbeitet mehrere Jahre lang in einer Tischlerei im Großraum Paris.
Dank ihrer Ersparnisse können Charles und Eugénie um 1890 herum die Möglichkeit ins Auge fassen, in ihre gemeinsame Heimat zurückzukehren, um sich dort selbständig zu machen. Sie erwerben also das große Haus in Alligny-en-Morvan, in dem sie eine Tischlerei einrichten und bis an das Ende ihrer Tage leben werden.
Als einziger Tischler des Ortes, wenn auch nicht der Gemeinde, erwirbt sich Charles sehr schnell einen guten Ruf. Er ist ehrlich, liebt seinen Beruf und arbeitet gewissenhaft. In Zusammenarbeit mit seinem Sohn und zeitweilig einem weiteren Lehrling verbringt er den größten Teil des Tages in seiner Werkstatt. Vornehmlich stellt er dort Möbel her (die Anrichten »aus dem Hause Champon« erfreuen sich heute noch im Dorf eines gewissen

Charles Regnier. (Privatsammlung)

Rufs), allerdings auch, im Zuge des Krieges und der großen Epidemie der Spanischen Grippe, eine große Anzahl von Särgen. Charles, von stiller und zurückhaltender Natur, ist dennoch keineswegs, was man einen »abwesenden« Vater nennt. Den Kindern, die häufig bei ihm in der Werkstatt spielen, bringt er eine große Zuneigung entgegen. »Bei ihm«, so erinnert sich Marie-Louise Robert, »durften wir machen, was wir wollten. Er verbot uns nie etwas.« Lucie Wirtz bestätigt dies: »Während meiner ganzen Kindheit habe ich ihn nicht einmal herumschreien hören oder auch nur wütend gesehen.«

Siehe Anhang I.

Dieser stille Mensch, dessen Ausgeglichenheit die häusliche Atmosphäre bestimmt und den lebhafteren Charakter seiner Frau temperiert, imponiert ebenso durch seine körperliche Größe wie durch seine Kaltblütigkeit; er ist dabei keineswegs humorlos, eher ein geselliger Mensch, der zu den Dorfbewohnern in bester Beziehung steht und sich lieber im Wirtshaus sehen läßt als in der Kirche.

Nach dem Tode seiner Frau und dem Fortgang seines Sohnes Georges nach Paris im Jahre 1930 kümmert sich seine im Ort lebende Tochter Berthe täglich um ihn. Er bewohnt zu jener Zeit allein das große Haus, wo er am 6. Juli 1939 stirbt.

Die Taufe Jean Genets

Die Taufe Jean Genets wird einige Wochen nach seiner Ankunft im Dorf, am 10. September 1911, einem Sonntag, vollzogen. Den Taufakt nimmt Abbé Charrault vor, seines Zeichens Gemeindepfarrer in Alligny-en-Morvan, von dessen Persönlichkeit Genet einige Jahrzehnte später ein nicht gerade respektvolles Porträt zeichnen wird.

> Lucien Charrault (1870–1953) war Pfarrer in Alligny von 1907 bis 1929 und Autor eines Essays über das Morvan, *Dans l'ombre du Morvan* (Im Schatten des Morvan), der 1933 publiziert wurde und demnächst im Verlag ›Lai Puelée‹ in Château-Chinon mit einem Vorwort François Mitterands neu herausgebracht werden soll.
> In einem Gespräch mit Bertrand Poirot-Delpech (Genet II, vidéo-livre, Collection Témoins, 1986) äußerte sich Jean Genet folgendermaßen über ihn: »Nun ist es so, daß man mir den Katechismus beigebracht hat. Der Pfarrer des kleinen Dorfes, in dem ich aufgewachsen bin – ich war da acht oder neun Jahre alt –, hatte den Ruf, sämtliche Soldatenfrauen durchgenommen zu haben. Ja, alle Frauen, die während des Krieges allein im Dorf zurückgeblieben waren. Wir haben den nun nicht gerade ernst genommen; der reizte eher zum Lachen. Der Katechismus wurde uns von dem auf eine derart schwachsinnige Weise erzählt, daß das Ganze eher einem Witz ähnelte.«

Dieser Pfarrer wachte von Anfang bis Ende seines Aufenthaltes im Dorf über die religiöse Erziehung des Kindes.

Als Pate für den kleinen Zögling wird ein zehnjähriger Junge gewählt: Marcel Chemelat.

> Marcel Chemelat (1901–1929). Ein zweimaliges Auftauchen des Namen Chemelat (dort »Chemelats«) ist in *Pompes funèbres* festzustellen. Ein

erster Satz spielt auf einen Einbruch »in der Wohnung der Chemelats« an, der durch einen gewissen »Paul Cramaille« während des Krieges begangen wurde; allerdings erscheint dieser lediglich in der Erstausgabe des Buches, deren Text 1978 in der Reihe »L'Imaginaire« neu zugänglich gemacht wurde. Ein weiterer Satz (S. 157) erwähnt eine »Gruft der Chemelats-Rateau«, die wir auf dem Friedhof Allignys allerdings nicht haben ausmachen können.

Marcel Chemelat ist der Sohn entfernter Verwandter von Charles Regnier, Charles und Joséphine Chemelat, die regelmäßig ihre Ferien in Alligny verbringen. Im Register der Kirchengemeinde wird als zweiter Vorname Jean Genets der Vorname seines Paten, Marcel, verzeichnet, der jedoch später in offiziellen Schriftstücken nicht mehr auftaucht. Den Familiennamen schreibt der Abbé Charrault, irrtümlicherweise oder aufgrund übertriebener Gelehrsamkeit, »Genest«.
Taufpatin wird Lucie Wirtz. Zur Zeit der Taufe verbringt diese ihr letztes Jahr im Haushalt der Regniers. Der Säugling schläft in ihrem Zimmer, das ihm nach ihrem Abschied allein gehören wird.

Lucie Wirtz

Lucie Wirtz, Taufpatin Jean Genets und wichtigste Zeugin seiner frühen Kindheit, wurde am 17. Oktober 1899 in Montreux im Großraum Paris geboren. Von ihren Eltern 1902 im Alter von zweieinhalb Jahren im Stich gelassen, wird sie von der Öffentlichen Fürsorge Eugénie Regnier anvertraut, in deren Obhut sie bis 1912 verbleibt. Anschließend wird sie Dienstmagd bei Bauern, einige Kilometer vom Dorf entfernt. Demnach verbrachte sie nur etwas mehr als ein Jahr mit ihrem Patenkind unter einem Dach.
Da sie jedoch auch nach ihrem Weggang ihren Pflegeeltern äußerst verbunden bleibt, besucht sie diese häufig und sieht bei solchen Gelegenheiten den kleinen Jungen heranwachsen. Im Jahre 1920 folgt sie allerdings der Anziehungskraft der Hauptstadt und verläßt das Morvan. In Paris wird sie von der Familie des Taufpaten Genets, den Chemelats, aufgenommen, in deren Wohnung sie wohnt und als Hausmädchen tätig wird. Nach zwei Jahren be-

schließt Lucie Wirtz jedoch, ins Morvan zurückzukehren, wo sie im Dezember 1922 einen Bauern aus der Umgebung heiratet. Danach sieht sie Genet höchstens zwei- oder dreimal wieder. Am Tag, als dieser endgültig das Dorf verläßt, begibt er sich zu seiner Taufpatin, um sich von ihr zu verabschieden und bei dieser Gelegenheit einen Koffer auszuleihen. Lucie Wirtz ist jedoch gerade nicht zu Haus und hat seit dieser verhinderten Begegnung den, der für sie immer noch »der kleine Jeannot« ist, niemals wiedergesehen.

Das Haus der Regniers

Das Haus der Pflegeeltern Genets ist ein großes, aus Granitstein bestehendes und mit Schiefer bedecktes Gebäude mitten im Zentrum des Dorfes, gleich neben dem Bürgermeisteramt, das gleichzeitig als Schulhaus dient. Man betritt es durch ein Tor, das sich auf einen kleinen Innenhof öffnet, den die bescheidenen Nebengebäude des Hauses bilden, ein Holzschuppen sowie ein niedriger Bau, der sowohl den Brotofen als auch den Tabakladen beherbergt. Hinter dem Haus und seitlich davon befindet sich, etwas erhöht im Verhältnis zum Hof, ein großer Gemüsegarten, der von einer hüfthohen Mauer aus grauem Stein umgrenzt wird. Das Parterre des Wohnhauses wird im wesentlichen von einer großen Küche ausgefüllt, an die eine Art Alkoven anschließt, in dem Charles und Eugénie die Nacht verbringen. Von dort aus führt ein langer Flur zu zwei Schlafzimmern, von denen eines Georges, dem Sohn der Familie, gehört, das andere dem kleinen Genet. Das letztere, das relativ eng ist und dessen Wände von einigen Bildern geschmückt werden, ist mit einem Bett, einem Tisch und einem Stuhl möbliert und geht direkt auf den Garten hinaus. Mit Ausnahme des Schlafzimmers von Berthe, das sie sich von April 1913 an mit ihrem Mann Antonin Renault teilt, wird die obere Etage des Hauses von der Familie Robert bewohnt, die dort drei Zimmer gemietet hat. Philippe Robert, Vorarbeiter im Bergwerk von Alligny, und seine Frau Amélie leben dort von November 1913 bis Juli 1921 zusammen mit ihren Kin-

dern Gabriel, 1906 geboren, und Marie-Louise, geboren 1909. Die letztere, nur um ein Jahr älter als Genet, wird mehrere Jahre lang dessen Spielgefährtin sein.
Die letzte Tür der oberen Etage führt zum Dachboden des Hauses, auf dem Marie-Louise Robert, wie sie sich erinnert, zusammen mit dem kleinen Jean so manchen Nachmittag verbrachte, und wo sie zusammen in »große(n) rote(n) Bücher(n) mit schönen Illustrationen« blätterten, die in einer Kiste gestapelt lagen.

Siehe Anhang I.

An der hinteren Seite des Hauses, seitlich des Chemin de Jarnoy, befinden sich schließlich, Tür an Tür, die Tischlereiwerkstatt und

Vor dem Tabakladen Eugénie Regniers um 1918; im Türrahmen von links nach rechts: hinten im Türrahmen Aurélie und Philippe Robert, Charles Regnier; davor der achtjährige Jean Genet, ein unbekanntes Kind, Berthe und Eugénie Regnier. (Privatsammlg.)

der kleine Stall, in dem jeden Abend die Kuh der Regniers untergebracht wird.
Die Einrichtung des Hauses ist ortsgemäß eher rustikal gehalten, hat jedoch auch einige schöne Möbelstücke aufzuweisen (»aus Mahagoni«, wie Lucie Wirtz präzisiert), die Eugénie von dem alten Fräulein geerbt habe, bei dem sie in Paris im Dienst stand. Des weiteren können, von gleicher Herkunft, ein oder zwei Spiegel genannt werden, sowie verschiedenartigste Dekorationsobjekte, darunter, laut Lucie Wirtz, »die weiße Gipsbüste einer Frau aus alten Zeiten«, die »auf einem Möbelstück ... thronte«.
Man wird nicht umhin kommen, festzustellen, daß das hier beschriebene Haus in jeder Hinsicht die Merkmale des berüchtigten »Schieferhauses« jenes Dorfes aufweist, in dem sich die Kindheit Divines, des Helden von *Notre-Dame-des-Fleurs* abspielt. Die literarische Transposition ist unbezweifelbar. Das »Schieferhaus« ist, ebenso wie jenes der Familie Regnier, »das der Schule zunächstgelegene Haus« (Seite 97); zu ihm gehört ein »Holzplatz«; es gibt in seinem Bereich einen »kleinen Stall« (Seite 124) sowie einen »Speicher«, auf dem der kleine Louis Culafroy eines Tages ein Geschichtsbuch entdeckt.

> »... eines Tages entdeckte er zwischen dem Plunder auf dem Speicher eine alte Geschichte von Capefigue.« (*Notre-Dame-des-Fleurs*, S. 158).

Das Zimmer Culafroys, »ausgeschmückt mit farbigen Stichen« (Seite 98), liegt »auf gleicher Höhe mit dem Garten« (Seite 96). Selbst die Toiletten, die Genet auf unvergleichliche Weise in *Notre-Dame-des-Fleurs* beschwor, gleichen in jeder Hinsicht den Toiletten des Hauses Regnier.

> »Die Erinnerung, die mich am stärksten peinigt, ist die der Toiletten im Schieferhaus. Sie waren meine Zuflucht. Das Leben, das ich fern und verworren durch ihren Schatten und ihren Geruch wahrnahm – ein anheimelnder Geruch, in dem der Duft von Holunder und fetter Erde vorherrschte, denn die Aborte waren ganz am Ende des Gartens, in der Nähe der Hecke – das Leben gelangte seltsam sanft zu mir, schmeichlerisch, leicht, oder vielmehr erleichtert, der Schwerkraft enthoben.« (*Notre-Dame-des-Fleurs*, S. 56).

Ebenso enthält das »Schieferhaus« »Mahagonimöbel(n)«, »vergoldete(n) Spiegel« (Seite 191) sowie eine weiße Gipsbüste der Königin Marie-Antoinette.

»Zu Hause befand sich eine Gipsbüste der Königin Marie-Antoinette. Fünf oder sechs Jahre lange lebte ich in ihrer Nähe, ohne sie zu bemerken, bis zu dem Tage, wo ihr Nacken auf wunderbare Weise abbrach und ich sah, daß die Büste hohl war.« (*Notre-Dame-des-Fleurs*, S. 130).

Allerdings scheinen sich die beiden Häuser in einem Punkt doch zu unterscheiden. Die Wohnstatt der Familie Regnier sonnte sich keineswegs in jenem besonderen »Glanz« (Seite 103), welcher dem »Schieferhaus« des Romans zugesprochen wird. Ebensowenig war es »das einzige Haus im Dorf, das wie die Kirche mit Schiefern bedeckt war« (Seite 101). Und wenn man den ältesten Einwohnern Allignys Glauben schenken mag, so besaßen seine Bewohner keine wie auch immer gearteten Privilegien, die sie von der Allgemeinheit der Dorfbewohner unterschieden; eine realistische Einschätzung, die selbstverständlich der Einbildungskraft eines Kindes, das sich als »Wieder-Schöpfer von Himmel und Erde« sieht, kaum Abbruch zu leisten vermag.

Der Erste Weltkrieg

Der Krieg, der im Sommer des Jahres 1914 ausbricht, erschüttert das Dasein der Dorfbewohner. Von einem Tag auf den anderen verläßt die Mehrzahl der Männer den Ort, die zumeist für die Artillerie und Infanterie an der östlichen Front mobilisiert werden. Georges Regnier und Antonin Renault brechen als erste auf; Philippe Robert, ihr Nachbar aus der oberen Etage, folgt ihnen bald nach. Abgesehen von Charles Regnier, der zu alt ist, um noch einberufen werden zu können, bleiben von den Erwachsenen im Hause lediglich Eugénie und Berthe sowie Aurélie Robert zurück. Und so wächst der kleine Jean, als jüngstes Kind im Hause, in der Zeit von 1914 bis 1918 in einer vornehmlich von Frauen geprägten Atmosphäre auf.

Die ersten Schuljahre

Während dieser Kriegsjahre beginnt Jean Genets Leben als Schüler. Im Herbst 1916 wird er in die »Klasse der Kleinen« aufgenommen und bekommt Joséphine Choppart zur Lehrerin, an die der Erzähler von *Notre-Dame-des-Fleurs* möglicherweise gedacht hat, wenn er (auf Seite 98) von der »schwindsüchtige(n) Lehrerin« als einer der »Feen« seiner Kindheit spricht. Die gleiche Ehrenbezeichnung wird übrigens auch dem »Apotheker« und dem »schlanke(n) Metzger mit dem gezwirbelten Schnurrbart« zuteil.

Bei diesen handelt es sich um Paul Cortet und Joseph Guilleminot. Der Name des letzteren taucht auch in einem von Genet verfaßten Drehbuch für den Film *Mademoiselle* auf, was als weitere Bestätigung der Annahme aufgefaßt werden kann, daß die Beschwörung des Dorfes, in dem sich die Geschichte ereignet, auf der Erinnerung an Alligny aufbaut.

Der Marktplatz von Alligny-en-Morvan an einem Markttag. (Ansichtskarte)

Die Schule der Jungen, die sich, wie bereits erwähnt, direkt neben dem Haus der Regniers befand, hatte in der Regel drei Klassen mit jeweils vierzig bis fünfzig Schülern. Infolge des Krieges war sie jedoch auf zwei dementsprechend überfüllte Klassen eingeschränkt worden, in denen der Unterricht mehr schlecht als recht durchgeführt werden konnte. Die Zahl der Kinder und deren erheblicher Altersunterschied untereinander komplizierte die Unterweisung erheblich, und so war die Klasse der Kleinen wohl eher ein Aufbewahrungsort für Kinder, als ein solcher, wo diese etwas lernten. Dennoch scheint Jean Genet in diesem Punkt eher privilegiert gewesen zu sein, da der Schulmeister Pierre Choppart, der eine Dienstwohnung im oberen Stockwerk des Schulhauses bewohnte, sich des Jungen, der einerseits Nachbarskind und andererseits Schüler seiner Frau war, angenommen und ihm zeitweilig zusätzlichen Unterricht gegeben hat.

Siehe die Aussagen Louis Cullaffroys im Anhang I.

Gewiß ist, daß Jean Genet, im Gegensatz zu zahlreichen anderen Zöglingen der Fürsorge, gegen Ende des Krieges einwandfrei zu lesen vermochte und in der Schulbibliothek seine ersten Bücher auslieh. Lucie Wirtz erinnert sich, daß er »schon als Kind dauernd die Nase in Bücher steckte«.
In diesem Alter unterscheidet sich der kleine Jean äußerlich offenbar kaum von seinen Mitschülern. Man scheint sich keine Erinnerung von ihm bewahrt zu haben, die in irgendeiner Weise aus dem Rahmen gefallen wäre. »Er war ein Kind wie jedes andere«, sagt Marc Kouscher. Im hinteren Teil des Klassenzimmers sitzend, sei er ein »stiller« Schüler gewesen, »eher schüchtern« und »nicht sehr gesprächig«. Zu Hause blüht er hingegen auf. »Er war im Hause so etwas wie ein kleiner Fürst«, sagt Marie-Louise Robert, die sich auch daran erinnert, daß er das Spiel mit Puppen durchaus nicht verachtete. Seine bevorzugten Spiele bestanden indes aus der Organisation von »Taufen von Puppen, Hunden und Katzen« oder auch »Beerdigungen von Vögeln«. Eugénie und Berthe lassen ihm alle Freiheiten. Seine ehemalige Nachbarin sagt: »Er hatte wirklich eine Kindheit aus Gold. ... Er machte, was er wollte. Niemand verbot ihm etwas. Er war im Hause so etwas wie ein kleiner Fürst.«

Aussagen Marc Kouschers, Jean Pouteaux' und Marie-Louise Roberts im Anhang I.

Die Rückkehr der Männer

Als der Krieg zu Ende geht, ist Jean Genet acht Jahre alt. Das große Ereignis im Dorf ist natürlich die Rückkehr der Männer. Im Laufe des Monats November 1918 nehmen Georges Regnier, Antonin Renault und Philippe Robert als Demobilisierte in ihren Haushalten den ursprünglichen Platz wieder ein. Wie alle Heimkehrer werden sie mit Jubel empfangen. Vor allem Georges, der aufgrund einer Schußverletzung am Knie sich lange Zeit nur mit Hilfe eines Stocks bewegen kann, wird alle Aufmerksamkeit zuteil. Gegenüber der Kirche errichtet man bald ein Mahnmal, um an die zahlreichen Gefallenen zu erinnern. Genet nimmt, wie alle Kinder des Dorfes, an der Einweihung teil, die mit großem Aufwand von statten geht.

Genet wird später stets sehr empfänglich für derlei Mahnmäler sein, die etwa im ersten Teil seines Drehbuches *La nuit venue* einen nicht zu übersehenden Platz einnehmen. Aus ähnlichem Grunde, wenn auch auf mehr anekdotischer Ebene, sind die Aussagen der Schauspielerin Chantal Darget in der Zeitschrift Masques zu erwähnen (No. 12, Winter 1981–82, S. 50).

Es ist nicht einfach, nachzuzeichnen, wie die Rückkehr der Männer, die im Dorf den normalen Lauf der Dinge und in den Familien die herkömmliche Rangordnung wiederherstellte, von dem kleinen Jean erlebt wurde. Es läßt sich allerdings unschwer feststellen, daß die Unbefangenheit gegenüber seiner Umgebung sich von jenem Jahr an zu trüben beginnt.

Zwei Sätze können als Echo dieser ersten Krise aufgefaßt werden. In *Ein verliebter Gefangener* heißt es auf S. 476: »Frankreich, wo ich mich im Alter zwischen sechs und acht Jahren als Fremder fühlte. . . .«; und im Interview mit Hubert Fichte (Qumran, 1981, S. 27): ». . . ich habe sehr früh erfahren, daß ich kein Franzose bin, daß ich nicht zum Dorf gehöre . . .«.

Bezeichnenderweise entwickeln sich die ersten Anzeichen von Zwietracht im Verhältnis zu Antonin, dem Ehemann Berthes, und vor allem im Verhältnis zu Georges. War der leibliche Sohn der Regniers auf die große Zuneigung eifersüchtig, die seine Mutter dem kleinen Fürsorgezögling entgegenbrachte, oder war es umgekehrt? Die jeweiligen Eindrücke der Augenzeugen sind in dieser Hinsicht geteilt.

Siehe die unterschiedlichen Aussagen Joseph Bruleys und Félix Roncins im Anhang I.

Jean Genet im Alter von etwa 2 Jahren auf dem Arm seiner Pflegemutter Eugénie Regnier vor der Werkstatt von Charles Regnier (rechts neben ihr – Privatsammlung).

Gewiß ist, daß das Verhältnis zwischen Georges und Jean ein gespanntes ist und bleiben wird. »Man sah schon recht deutlich, daß Georges und Jeannot sich nicht sehr mochten«, bemerkt hierzu Lucie Wirtz, die sich darüber hinaus an eine Unterhaltung mit ihrem Patenkind aus jener Zeit erinnert: »... und dann –

das werde ich nie vergessen! – sagt er: ›Da ist etwas, das werde ich nie verstehen: Warum hat mich meine Mutter im Stich gelassen?‹«.

Siehe Anhang I.

Außerdem liefert uns das »Gesundheitsheft« des Zöglings einige Aufschlüsse in bezug auf dessen körperliche Entwicklung und seinen gesundheitlichen Zustand. Am 8. Oktober 1919 führt der Arzt der Fürsorge, Doktor Courtois, die alljährlich stattfindende Untersuchung der Zöglinge in Alligny durch. Für Jean handelt es sich dabei um die Untersuchung »im neunten Jahre«. Im gesundheitlichen Zeugnis vermerkt der Arzt die folgenden Beobachtungen:

Allgemeiner Zustand: schwächlich.
Körpergröße: groß.
Temperament: schwerfällig.
Konstitution: mittelmäßig.
Mund und Zähne: mittelmäßig.

Archiv der École d'Alembert (Assistance Publique).

Der Meßknabe

Im Jahre 1920 wird Jean Genet, der bereits im Chor Allignys (namens »La Morvandelle«) mitwirkt, Meßdiener. Das ist kein außergewöhnliches Ereignis. Die Mehrzahl der Kinder des Ortes, und vor allem des Dorfes selbst, wurden das, sobald sie das notwendige Alter erreicht hatten. Allerdings hebt sich Jean gegenüber seinen Kameraden insofern hervor, als er, laut Joseph Bruley,

Siehe Anhang I.

»von allen am besten Latein lesen und aussprechen konnte« und daraufhin zum »Ersten Ministranten« ernannt wurde, dem es in diesem Rang ausgesprochen häufig zukam, dem Priester während der Messe zu assistieren.

Seine Ziehmutter ist ob dieser Neigungen, die ihr Schützling an den Tag zu legen scheint, ausgesprochen stolz. Eines Tages erzählt sie ihrer Freundin Claudine Bruley, die es wiederum ihrem Sohn Joseph zuträgt, als großes Geheimnis, daß sie den Jungen dabei überrascht habe, wie er, allein in seinem Zimmer, im Spiel eine Messe vor einem selbstgebastelten Altar zelebriert habe.

Siehe Anhang I.

So wird es kaum überraschen, daß sie sich im folgenden hinsichtlich seines künftigen Werdegangs große Hoffnungen machte. Die Aussagen Joseph Bruleys und Lucie Wirtz' stimmen darin überein, daß Eugénie Regnier davon träumte, aus ihrem kleinen Jean einen Priester zu machen.
Paradoxerweise geschieht es jedoch auch im Rahmen dieser seiner frommen Aktivitäten, daß Jean Genet ein Verhalten an den Tag legt, das historisch gewiß als seine erste Geste des Aufbegehrens zu interpretieren ist. Da der Abbé Charrault allzu oft die kleine Belohnung vergißt, die er den Kindern verspricht, welche ihm während der Messe zur Seite stehen (»eine kleine Münze«, laut Joseph Bruley), ruft Jean, der »davon aus(ging), daß es sich dabei um ein Anrecht der Ministranten handele«, einen Streik der Meßknaben aus.

Siehe Anhang I.

Ernestine

»Ernestine weinte vor Wut darüber,
ihren Sohn nicht töten zu können.«
Notre-Dame-des-Fleurs, Seite 99

Georges Regnier, der gegenüber Jean, wie wir gesehen haben, die ambivalente Rolle eines Onkels und großen Bruders innehatte, verheiratet sich am 10. April 1920 mit Marie Ernestine Barbotte, einem jungen Mädchen aus der Umgebung, geboren im Januar 1898, und Tochter von Landwirten, die sozial etwas besser gestellt sind als die Regniers. Am Tage ihrer Hochzeit zieht sie in den Haushalt ihrer Schwiegereltern ein, wo sie sich mit ihrem Mann ein Zimmer teilt, das an dasjenige Jeans grenzt. Von allen im Hause lebenden Frauen wird Ernestine die einzige blei-

ben, zu der das Kind ein lediglich distanziertes Verhältnis bewahren wird.
Die Frau von Georges würde in unserer Chronologie letzten Endes nur eine untergeordnete Rolle spielen, wäre da nicht ein Detail, das unsere Aufmerksamkeit auf sich zieht. Denn sie, deren regulärer Vorname Marie war, ließ sich im täglichen Leben Ernestine rufen. Dieser Name ist aber derselbe, den in *Notre-Dame-des-Fleurs* die wenig liebenswürdige, doch zentrale Gestalt der Mutter trägt.
Gewiß: zwischen der einen und der anderen besteht ein großer und bereits im Verwandtschaftsverhältnis eindeutiger Unterschied.

Die Übereinstimmung der beiden Namen läßt die Frage zu, ob Genet, der seine Figuren niemals zufällig benennt, nicht die negative Beziehung, die er zum Bild der Mutter unterhielt, auf eine Nebenfigur seines häuslichen Zusammenhangs zu übertragen und zu verdichten vorzog, um weder die Namen Eugénie oder Berthe, noch Camille damit zu belasten.

Dennoch ist die Übereinstimmung vielleicht nicht völlig zufällig. Über den gemeinsamen Namen hinaus läßt sich eine weitere Eigenart Ernestines feststellen, die womöglich der Schaffung der Romanfigur dienlich war. Aus Gründen, die uns nicht ersichtlich sind, soll Ernestine Barbotte überaus stolz auf den Namen ihrer Familie gewesen sein, den sie anläßlich ihrer Verehelichung zweifellos nur ungern aufgab. Allerdings erlangte sie ihn einige Jahre später wieder, nachdem sie sich hatte scheiden lassen. Lucie Wirtz erinnert sich, daß Ernestine anschließend alles tat, was in ihrer Macht stand, damit auch ihr einziger Sohn den Namen Barbotte tragen konnte. Zugegeben, keine außergewöhnliche Geschichte, von der man dennoch auf eine Beziehung zwischen den beiden Figuren, die Ernestine heißen, rückschließen kann. Ebenso wie die Frau Georges Regniers, legt auch die Mutter Divines eine besondere Verbundenheit mit ihrem Mädchennamen, dort Picquigny, an den Tag, den der junge Culafroy des Romans eines Tages in einem alten Geschichtsbuch entdeckt.

Notre-Dame-des-Fleurs, S. 158–159.

Vielleicht erscheint diese Beziehung etwas herbeigeholt; sie bleibt uns jedoch erwähnenswert.

Ernestine Barbotte verstarb im Jahre 1935. Das Haus der Regniers wurde nach dem Tode Georges Regniers im Jahre 1951 von ihrer Schwester gekauft, die es wiederum einige Jahre später an seine jetzigen Besitzer verkaufte.

Jean und seine Schulgefährten

> »Mit Tagesanbruch wurde er wieder der blasse, schüchterne Schüler, der sich unter der Last der Bücher biegt.«
>
> *Notre-Dame-des-Fleurs, Seite 97*

Im Alter von zehn Jahren befindet sich Jean in der sogenannten »mittleren« Klasse. Nach wie vor ist er ein guter Schüler und zählt zu den vier oder fünf Klassenbesten. Besonders hebt er sich im Fach Französisch hervor. Seine Lehrer, Mademoiselle Machecour und später Léon Jacob, lesen der übrigen Klasse häufig seine Aufsätze vor.

> Während diese Tatsache von allen ehemaligen Mitschülern bestätigt wird, so kann sich dagegen niemand an die Szene erinnern, die Genet in seinem Gespräch mit Hubert Fichte (s.o., S. 27) im Jahre 1976 erwähnt: »Der Lehrer hatte uns aufgegeben, einen kleinen Aufsatz zu schreiben. Jeder Schüler sollte sein Haus beschreiben, (und ich habe also das meine beschrieben). Der Lehrer fand, daß meine Beschreibung die hübscheste sei, und er hat sie vorgelesen, und alle machten sich lustig über mich; sie sagten: ›Aber das ist nicht sein Elternhaus! Er ist ein Findling.‹ Und da entstand eine solche Leere, eine solche Erniedrigung. Ich fühlte mich sofort derart als Fremder ...«. (Übers. H. Fichte).

Jean, eher hochgewachsen für sein Alter, war doch noch ein zartes Kind, relativ mager und, wie oben beschrieben, von eher schwacher Konstitution. Wir dürfen vermuten, daß er mit seinen gelockten Haaren, die manche als »kraus« bezeichnen, jenem »blasse(n) Schüler ... in seiner schwarzen Schürze« (*Notre-Dame-des-Fleurs*, S. 124) ähnelt, dessen Kindheit der Autor in *Notre-Dame-des-Fleurs* beschwört. Der Roman liefert auch eine genaue Beschreibung seiner üblichen Bekleidung: »Ernestine kleidete ihn mit einer kleinen, sehr kurzen Hose, über der er eine schwarze Schülerkluft trug, die im Rücken mit weißen Porzellanknöpfen zu schließen war; sie gab ihm geschwärzte Holzschuhe an die Füße und Strümpfe aus schwarzer Baumwolle, die seine kaum geformten Waden verbargen.« (Seite 97). Jean Genet scheint, wie die ihn im genannten Roman verkörpernde Figur ein einzelgängerisches Kind gewesen zu sein. Nach Beendigung des Unterrichts geht er, ebenso wie sein Held, sofort nach Hause, denn »auf diese Weise wurde ihm die Teilnahme an den ketzerischen Spielen der um vier Uhr von Eltern und Lehrern befreiten Schüler erspart« (Seite 97–98). Seine damalige Nachbarin Marie-Louise Robert kann sich nicht entsinnen, jemals einen Spielkameraden gesehen zu haben, der ihm zu Hause einen Besuch abgestattet hätte. Aber auch da wird es sich kaum um die »fabelhafte(n) Reichtümer« (Seite 103) des Hauses Regnier gehandelt haben, die den Jungen von seinen potentiellen Kumpanen isolier-

Die Schulklasse von Alligny 1923. Ganz links der Lehrer Léon Noël, in der mittleren Reihe neben ihm der zwölfjährige Jean Genet. (Privatsammlung)

ten. Diese schreiben sein mehr oder weniger ausgeprägtes Einzelgängertum schlicht seiner charakterlichen Natur zu. Der kleine Jean, der weder sportlich noch rauflustig ist und die wilden Spiele verabscheut, zieht es vor, für sich zu bleiben. Selbst Joseph Bruley, der ihm noch am nächsten gestanden zu haben scheint, räumt ein, daß er keinen »wirklich engen Freund« gehabt habe. Andere beschreiben ihn als »zurückhaltenden und verschlossenen Jungen« (Camille Harcq), als »wenig umgänglich« (Jean Cortet), ja, als »nicht sehr freundschaftlich veranlagt« (Marc Kouscher) und »ohne jeden Kameradschaftssinn« (Félix Roncin). Fast alle Befragten sind sich hingegen, unabhängig vom Grade der Sympathie, die sie ihm entgegengebracht haben mochten, einig darin, daß er, so die etwas sibyllinische Klassifizierung, »etwas Besonderes« an sich gehabt habe.

Siehe Anhang I.

Eine dieser »Besonderheiten« mag etwa der Geschmack des damaligen Kindes an weiblicher Gesellschaft gewesen sein, denn später wird Genet schreiben: »Ich fühlte mich unter Mädchen und Frauen wohl.«

Jean Genet, *Journal du Voleur (Extraits)*, in der Zeitschrift Les Temps modernes, No. 10, 1er juillet 1946, S. 41. Diese Auszüge wurden in der späteren Buchausgabe nicht übernommen.

Seine tatsächlichen Kameraden waren die kleinen Nachbarinnen im Dorf.

Zusammen mit einer dieser Gefährtinnen, Andrée Cortet, zeichnet er Garderoben, tauscht Kochrezepte aus und backt Kuchen. Mit Marie-Louise Robert veranstaltet er Kaffeeklatsch, zu denen die kleinen Nachbarinnen eingeladen werden.

Ohne Zweifel ist es die Erinnerung an diesen wenig männlichen Zeitvertreib, wenn nicht eine eher nachträgliche Einschätzung, die einige seiner ehemaligen Mitschüler heute veranlaßt, ihm eine »weibliche Mentalität« zuzuschreiben, wie dies Jean Cortet und Félix Roncin tun, ja eine, wie Marc Kouscher sagt, »effeminierte Natur«.

Anhang I.

»... als Divine, die Sittenlose, noch ein kleiner Dorfjunge war und Louis Culafroy hieß.«
Notre-Dame-des-Fleurs, Seite 17

Während des Jahres 1921 befindet sich ein Junge in der Klasse Jean Genets, dessen Namen er in seiner Erinnerung hüten wird, um ihn später einer seiner wichtigsten Romanfiguren zu geben.

Louis Cullaffroy in Alligny, etwa 1921. (Privatsammlg.) »Durch die Decke der Dorfschule hindurch entfloh Culafroy wie ein gehetzter Dieb ... Wenn der Unterricht zu Ende war, so kehrte er in das der Schule zunächst gelegene Haus heim; auf diese Weise wurde ihm die Teilnahme an den ketzerischen Spielen der um vier Uhr von Eltern und Lehrern befreiten Schüler erspart.« (*Notre-Dame-des-Fleurs,* S. 96/97)

Dieser Junge ist Louis Cullaffroy. Wie man weiß, wird unter diesem Namen dem Leser die ursprüngliche Identität Divines, des Helden in *Notre-Dame-des-Fleurs*, präsentiert.

Genet modifizierte kaum merklich die Schreibweise des Namens, der bei ihm zu Culafroy wird. Anzumerken ist ferner, daß die Anspielung auf eine »Fregatte Culafroy« auf S. 208 des Romans alle Anzeichen einer falschen Fährte trägt.

Louis Cullaffroy war allerdings weder der beste Freund Genets, noch einer seiner mehr oder weniger engeren Spielgefährten. Louis Cullaffroy selbst behauptet, kaum etwas mit Genet zu tun gehabt zu haben.

Siehe Anhang I.

Er war, da im Januar 1909 geboren, um fast zwei Jahre älter und wohnte außerdem in einem Weiler, der fast zwei Kilometer vom Dorf entfernt liegt. Darüber hinaus hatten die beiden Kinder, wenn man ihren einstigen Mitschülern Glauben schenken will, ganz und gar entgegengesetzte Temperamente. Anders als Jean, der ein in sich gekehrter und fleißiger Schüler war, wird Louis Cullaffroy als »lebhafter und wilder Junge« beschrieben, der sich gern prügelte, wenig Spaß am Lernen hatte und nichts lieber tat, als »in der Natur herumzuspringen und die Vögel aus ihren Nestern zu holen«. Kurz: »Genet und Cullaffroy hatten nichts miteinander gemein, weder den Charakter, noch die Vorlieben«.

Siehe die Aussagen Joseph Bruleys und Jean Cortets im Anhang I.

Eine Eigenschaft teilen sie dennoch. Beide sind sie Zöglinge der Öffentlichen Fürsorge und wurden sogar, was sie voneinander nicht wissen, am selben Ort, der Tarnier-Klinik in der Pariser Rue d'Assas geboren. Wenn auch die »Petits-Paris« zahlreich in der mittleren Klasse vertreten sind und etwas mehr als ein Viertel der Schüler stellen, so unterscheidet sich der kleine Cullaffroy von ihnen in besonderer Weise. Allem Anschein nach gehört er zu den benachteiligsten Zöglingen des Ortes. Seine Pflegeeltern sind arme Bauern, der Ziehvater behandelt ihn grob, während die ganze Familie ihn als Handlanger betrachtet. Jean Genet wußte das. Wenn er seine Nachbarin Marie-Louise Robert begleitete, die regelmäßig zu diesen Bauern ging, um landwirtschaftliche Produkte zu kaufen, so hatte er Gelegenheit, den Jungen unentwegt arbeiten oder für sich allein, in der Nähe des Ofens hockend, essen zu sehen, da ihm der familiäre Tisch verboten war.

Anhang I, Marie-Louise Robert.

Und so offenbarte Genet ihm später, wenn er ihn in der Schule sah, stets, trotz seiner üblichen Zurückhaltung, eine gewisse Zuneigung. Louis Cullaffroy sagt heute: »Ich glaube, daß er mich gern hatte«, und fügt hinzu: »Wir waren einander nicht ähnlich, aber wir standen doch auf gleicher Stufe. ... Vielleicht hat er sich deshalb an mich erinnert.«

Anhang I, Louis Cullaffroy.

Lefranc und Querelle

War es der Umstand, daß Louis Cullaffroy ein Zögling der Fürsorge war, die den Schriftsteller bestimmte, seinen Namen zu benutzen? Wenn auch gewiß anzunehmen ist, daß der eigenartige Klang des Namens Cullaffroy zu seiner Wahl beigetragen haben mag,

Cullaffroy = cul-à-froid = etwa: Kaltarsch o. ä. (*Anm. d. Übers.*)

so ist das Beispiel zweier weiterer literarischer Aneignungen von Familiennamen, die allerdings die Vornamen nicht einschließen, dazu geeignet, unsere Hypothese zu untermauern.

Das erste Beispiel mag nicht unbedingt zwingend sein. Es handelt sich um einen Klassenkameraden Genets der Jahre 1920 und 1921, Raymond Lefranc.

Raymond Lefranc wurde 1909 in Paris geboren und verließ Alligny-en-Morvan, sobald er die Volljährigkeit erreicht hatte. Laut einem seiner engsten Freunde, Roger Néau, ist er 1945 in einem Krankenhaus des Großraums Paris verstorben.

Lefranc, als Faulpelz und Dickkopf berüchtigt, könnte den Namen für die Hauptfigur des Theaterstücks *Unter Aufsicht* geliefert haben. Allerdings ist Lefranc auch ein weitverbreiteter Name. Doch Raymond Lefranc war ebenfalls ein Zögling der Fürsorge.

Das zweite Beispiel berührt stärker und gibt zu weniger Zweifel Anlaß. Querelle, der Name des Helden in Genets viertem Roman *Querelle de Brest*, ist aller Wahrscheinlichkeit nach auf einen jungen Landarbeiter zurückzuführen, der, im Jahre 1920 achtzehn Jahre alt, in der Gemeinde Alligny lebte und Jean Querelle hieß.

Jean Querelle wurde 1902 in Paris geboren und verbrachte nahezu sein gesamtes Leben in Alligny-en-Morvan, wo er abwechselnd als Hausbursche, Stallknecht oder Landarbeiter auf verschiedenen Höfen der Gemeinde diente. Als Junggeselle und ohne eigenen Wohnsitz lebt er seit einigen Jahren unter der Obhut des Hospizes von Saulieu, wo er bettlägerig ist. Als wir ihn befragten, gab er vor, sich nicht an den Namen Jean Genet erinnern zu können, und schien auch sonst jegliche Erinnerung an seine Kindheit und Jugend verloren zu haben.

Dieser dritte Familienname, den sich der Autor auslieh, um mit ihm seiner eine zentrale Gestalt seines Werkes zu benennen, ist ebenfalls, wie die beiden erstgenannten, einem Zögling der Öffentlichen Fürsorge zuzuordnen.

Wie auch die Gestalt Lefrancs in *Unter Aufsicht*, trägt Querelle im gleichnamigen Roman den Vornamen Georges.

Das diebische Kind

»Eine Stimme erklärt öffentlich: ›Du bist ein Dieb.‹ Es (das Kind) ist zehn Jahre (alt).«
Saint-Genet, Seite 35

Wie man weiß, kommt dem ersten Vorwurf des Diebstahls in der Sartreschen Legende über Jean Genet die Bedeutung des fundamentalen Ereignisses zu; ein Schlüsselerlebnis, in dem sich das baldige Schicksal des Diebes entscheidet und das sich das Epos von *Saint-Genet, Komödiant und Märtyrer* als Ausgangspunkt nimmt.
Sartre ortet dieses Ereignis mit Präzision: es findet im Dorf statt, und zwar während des zehnten Jahres, das Genet dort verbringt, also um 1920–21.

»Machen wir uns zunächst klar, daß das erbarmungslose und absurde Urteil über ein Kind nur von einer fest etablierten Gruppe mit einem System einfacher und strenger Verbote ausgehen kann: nur eine solche Gemeinschaft kann durch Skandal – das heißt durch eine repressive und diffuse Sanktion – auf die belanglosen Diebstähle eines Jungen von zehn Jahren reagieren.« (*Saint-Genet*, S. 89).

Bevor wir die Realität der Fakten, besser gesagt: die Erinnerung an diese, hinterfragen wollen, sei angemerkt, daß diese Diebstähle nicht nur von Sartre erwähnt werden. Es gibt auch einen

Text von Genet selbst, der direkt darauf eingeht. »Ich kann nicht wissen«, schreibt er, »wo der Ursprung meines Geschmacks am Diebstahl liegt. Als Kind bestahl ich meine Pflegeeltern ... Im Alter von zehn Jahren bestahl ich ohne Gewissensbisse Menschen, die ich liebte und deren Armut mir bekannt war. Dies blieb nicht verborgen. Ich glaube, daß mich das Wort ›Dieb‹ zutiefst verletzte.«

Journal du Voleur (Extraits), op.cit., S. 41, vgl. Anm. S. 56.

Nach Durchsicht aller Zeugenaussagen, die wir gesammelt haben, fällt es trotz einiger voneinander abweichender Sichtweisen schwer, die Realität der Diebstähle in Zweifel zu ziehen. Auf jeden Fall müssen sie so häufig gewesen sein oder auf genügend spektakuläre Weise stattgefunden haben, daß sich mehr als fünfundsechzig Jahre später noch sechs von neun Zeugen ihrer erinnern.

Anhang I.

Gewiß: Es handelte sich dabei, wie einer der Befragten sagt, um »Kleinigkeiten«. So ließ der Junge in der Schule etwa Lineale, Hefte und Stifte mitgehen und einmal sogar, laut Marc Kouscher, ein Wörterbuch. Aber die Tatsache war doch notorisch. Louis Cullaffroy sagt: »Wenn irgend etwas in der Klasse verschwand, wußten wir alle, wer dahintersteckte.« Allerdings machte der kleine Genet auch kaum ein Geheimnis daraus. Häufig verteilte er seine Beutestücke an die bevorzugten Kameraden. Und so erinnert sich etwa Louis Cullaffroy, eines Tages die Hälfte des Inhaltes einer schönen Schachtel mit Buntstiften bekommen zu haben, die aus den Vorräten der Schule stammte und die sich der kleine Jean »unter den Nagel gerissen« hatte. Das geschah im Jahre 1921, als Genet sich in dem von Sartre genannten Alter befand.

Diese Diebstähle beschränkten sich indes nicht allein auf Gegenstände. Marie-Louise Robert erinnert sich, daß der kleine Jean stets Geld bei sich hatte. Dieses stahl er, so ihre von Félix Roncin und Marc Kouscher bestätigte Präzisierung, aus der Ladenkasse des Tabakgeschäfts seiner Ziehmutter. Marie-Louise Robert fügt hinzu: »Wir profitierten übrigens alle davon. Alles, was er sich kaufte, verteilte er auch an uns.« Sie berichtet weiterhin, daß ihre Mutter, Aurélie Robert, eines Tages versucht habe, Eugénie Regnier über das Verhalten ihres Pflegesohnes aufzuklären, doch diese habe davon nichts wissen wollen. Ihr Jean war für sie »außerstande, etwas Derartiges zu tun«.

Anhang I, Marie-Louise Robert.

Wenn also der Ruf Genets als »diebisches Kind« im Dorf durchaus verbreitet gewesen sein mag, so erinnert sich doch niemand daran, daß eine seiner harmlosen Klauereien zu einem größeren Skandal Anlaß gegeben hätte. Auf jeden Fall scheint keinerlei offizielle Beschwerde gegen ihn stattgefunden zu haben, und sei es auch nur gegenüber der Fürsorge, denn der Zögling verblieb im Dorf bis zu dem für ihn ohnehin vorgesehenen Tag des Abschieds.

Somit wurde Genet keinesfalls »aus seinem Dorf vertrieben«, wie Sartre es unterstellt (*Saint-Genet*, S. 222); er kam auch nicht direkt von seinem Dorf aus in die Erziehungsanstalt, wie es zahlreiche biographische Anmerkungen über Genet behaupten.

Der Tod Eugénies

Am 4. April 1922 stirbt Eugénie Regnier eines plötzlichen Todes. Wohl ändert sich hierdurch verwaltungsmäßig seine Situation, doch verbleibt er praktisch im Schutze derselben Familie. Berthe, die Tochter Eugénies, und ihr Mann Antonin Renault werden nun zu seinen Pflegeeltern, die hierfür auch die monatlichen Zuschüsse für seinen Unterhalt beziehen. Sicherlich aus praktischen Gründen wird der offizielle Familienwechsel auf den 1. April 1922 vordatiert.

»Livret de Pupille« Jean Genets, Archiv der École d'Alembert (Assistance Publique).

Da Berthe und Antonin zu jener Zeit noch im Haus der Regniers wohnen, erfährt das Leben Jean Genets äußerlich keine Erschütterung, doch verliert er mit Eugénie gewiß seine wichtigste Beschützerin, und er wird noch zwei Jahre ohne sie im Dorf zu verbringen haben. Berthe, die ihn nun unter ihre Fittiche nimmt, ist

Anton Renault und Berthe Regnier, die Zieheltern Jean Genets nach dem Tod von Eugénie Regnier, 1913 bei ihrer Hochzeit. (Privatbesitz)

ihm gewiß stark verbunden, doch hat sie selbst gerade erst ein eigenes Kind bekommen

Marcelle Renault, geboren am 16. Januar 1922 in Saulieu.

und verfügt außerdem nicht über die gleiche Autorität wie ihre Mutter. Sanfter und schüchterner von Natur als diese, gelingt es ihr nur mäßig, ihren Platz zwischen dem kleinen Jungen und dessen neuem Pflegevater zu behaupten, der zweifellos »ein anständiger Mensch« ist, aber auch »etwas grob veranlagt« und strenger als Charles Regnier.

Anhang I, Joseph Bruley und Marie-Louise Robert.

Zu dieser Wende im Leben Jean Genets sind zwei Aspekte anzumerken. Zum einen scheinen die Diebstähle gegen Ende des Jahres 1922 wirklich nachzulassen, wenn nicht ganz aufzuhören. Die Chronologie der Ereignisse kann hier kaum Gewißheiten liefern, doch läßt sich feststellen, daß die Aussagen, in denen Diebstähle erwähnt werden, sich alle vornehmlich auf die Jahre 1920–22 beziehen. Zudem betont auch eine Bemerkung Sartres (dessen Analysen bezüglich der ersten Klauereien des Kindes im großen und ganzen als zutreffend angesehen werden können), daß es eine Pause zwischen den Diebstählen gegeben habe.

> »Drei, vier Jahre werden verstreichen, in denen er keinen Diebstahl mehr begehen wird.« (*Saint-Genet*, S. 65).

Zum anderen scheint Genet, wie wir sehen werden, an der Schwelle zur Pubertät seine Persönlichkeit stärker entwickelt und in der Konsequenz weniger Schutz erfahren zu haben. Dennoch waren wohl seine beiden letzten Jahre im Dorf, alles in allem, keineswegs die unglücklichsten.

Die feierliche Kommunion

Am Sonntag, den 4. Juni 1922, also drei Monate nach dem Tod seiner Pflegemutter, empfängt Jean Genet in der Kirche von Alligny-en-Morvan seine Erste Kommunion. Die Messe wird von Abbé Charrault zelebriert. Bei dieser Gelegenheit wird den kleinen Kommunikanten ein religiöses Bild überreicht: Christus, der den Jüngern das Abendmahl reicht; dazu der Spruch *Ego Sum Panus Vivus* (Ich bin das Brot des Lebens). Unterhalb des Exemplars, das Jean Genet erhält, ist sein Name auf gleiche Weise wie auf seinem Taufschein geschrieben: Jean Marcel Genest.

Die Klasse der Großen

In den Jahren 1922 und 1923 leistet Jean Genet seine letzten beiden Schuljahre in der Schule von Alligny ab. Er wurde in die »Klasse der Großen« aufgenommen, wo die Anzahl der Fürsorgezöglinge erheblich niedriger ist als in den beiden unteren Klassen, da die meisten unter ihnen für unfähig erklärt wurden, sich auf die Prüfungen für das ›Certificat d'Études‹ vorzubereiten,

Eine Art Hauptschulabschluß, der zu weiterführenden Studien berechtigt. (*Anm. d. Übers.*)

oder aber, weil sie schlicht das schicksalsträchtige dreizehnte Lebensjahr erreicht haben. Genet ist dort ganz in seinem Element. Aus dem guten Schüler ist ein hervorragender Schüler geworden. Nach und nach erobert er sich sogar die Position des Klassenbesten, wobei ihm Joseph Bruley dicht auf den Fersen folgt.
Gleichzeitig legt er offenbar mehr Selbstsicherheit gegenüber seinen Mitschülern an den Tag und verliert seine ursprüngliche Schüchternheit. Jean Pouteaux kommentiert hierzu: »Vor allem

Jean Genet am 4. Juni 1922 als Erstkommunikant. (Sammlg. Guillaume Hanoteau)

im letzten Jahr wurde er jemand; vorher fiel er nicht auf. Da war er so unscheinbar wie alle anderen auch.«

Anhang I.

Dennoch ändert der Junge nichts an seiner Distanz gegenüber seinen Mitschülern, im Gegenteil: selbst wenn ihm alle »Intelligenz« zusprechen, so beurteilen ihn doch einige als »unnahbar und fast hochmütig«.

Maurice Doisy (geboren 1912) konnte uns aus gesundheitlichen Gründen leider nicht zu einem Gespräch empfangen. Er übermittelte uns jedoch in einigen Worten seine Erinnerungen an den einstigen Klassenkameraden:
»Jean Genet war zwei Jahre älter als ich. Wir waren nicht oft zusammen in der gleichen Klasse. Ich habe ihn etwas näher gekannt, als er zwölf oder dreizehn Jahre alt war. Er war ein fleißiger Schüler und sehr intelligent. Aber er hatte keinen großen Freundschaftssinn. Er war ein eher verschlossener Junge, unnahbar und fast hochmütig.«

Joseph Bruley allerdings erinnert sich an ausgedehnte gemeinsame Spaziergänge auf den Feldwegen der Umgebung Allignys, wo sie »miteinander schwatzten und über Gott und die Welt redeten«, bis ihnen »der Atem ausging«.
Ein jüngerer Mitschüler, Camille Harcq, weist darauf hin, daß sich Jean Genet zu jener Zeit durch eine gewisse »Eleganz« von den anderen Kindern unterschieden habe. Er meint, sich ebenfalls daran erinnern zu können, daß sich Genet, im Gegensatz zur überwiegenden Mehrheit der Dorfbevölkerung, niemals des ortsüblichen Dialekts bediente: »Er sprach immer nur Französisch.«

Anhang I, Camille Harcq.

Und wenn der Zögling offenbar auch keine Diebstähle mehr begeht, so verhärtet er jedoch paradoxerweise seine Revolte, indem er den Diebstahl propagiert. »Hier im Morvan«, habe er eines Tages erklärt, »halten sich viele Leute die Kinder der Fürsorge wie Dienstboten und zwingen sie zur Arbeit. Darum muß man sie bestehlen, wo man nur kann.«

Anhang I, Jean Pouteaux.

Die Festigung der Persönlichkeit des jungen Genet geht einher mit einer deutlichen körperlichen Entwicklung. In keiner Weise sieht er mehr dem mageren und bleichen Kind ähnlich, das er einst war. Um sich hiervon zu überzeugen, genügt es, die beiden Fotografien zu vergleichen, die ihn im Alter von acht und zwölf Jahren zeigen. Eine tiefgehende Veränderung hat stattgefunden, von der am objektivsten der Bericht der medizinischen Untersuchung »im dreizehnten Jahr« zeugt. Ausgestellt von Doktor Courtois, datiert auf den 9. September 1923, macht dieser folgende Angaben:

> Allgemeiner Zustand: sehr gut.
> Körpergröße: 1m56.
> Temperament: gut.
> Konstitution: kräftig.
> Mund und Zähne: gut.
>
> Gesundheitsheft Jean Genets, Archiv der École d'Alembert (Assistance Publique).

Das Certificat d'Études

> Wie jener Fliegerleutnant, der in seiner Galauniform zu kämpfen pflegte, damit der fliegende Tod, wenn er im Flugzeug auftaucht, in ihm den Offizier und nicht den Mechaniker erkenne und betrachte, trug Divine stets ihr fettiges, graues Hochschulzeugnis bei sich.«
>
> *Notre-Dame-des-Fleurs, Seite 59*

Die Prüfungen für den weiterführenden Hauptschulabschluß finden am 30. Juni 1923 im Schulkomplex von Montsauche, dem Hauptort des Kantons, statt. Ein kleiner Bus kommt am Morgen ins Dorf, um die Prüflinge abzuholen, und wird sie am Abend wieder zurückbringen. Von den drei kommunalen Schulen, welche die Gemeinde Alligny aufzuweisen hat, sind lediglich fünf Schüler für geeignet befunden worden, an den Prüfungen teilzunehmen. Unter ihnen ist Genet der einzige Fürsorgezögling.
Die Ergebnisse der Prüfungen werden zwei Wochen später, am 15. Juli 1923, bekanntgegeben. Jean Genet hat mit der Bemerkung »gut« bestanden. Er ist damit bester Schüler der gesamten Gemeinde und gehört zu den lediglich vier Prozent der Fürsorge-

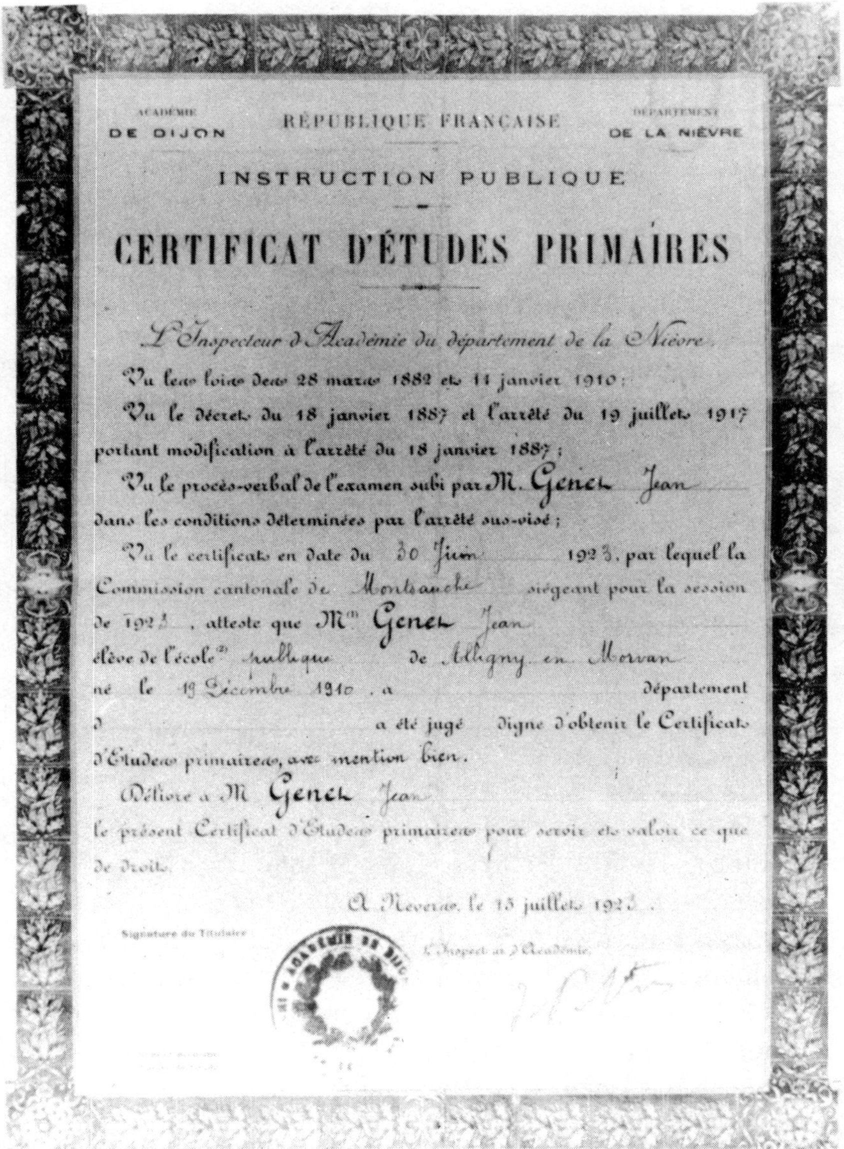
ACADÉMIE DE DIJON — RÉPUBLIQUE FRANÇAISE — DÉPARTEMENT DE LA NIÈVRE

INSTRUCTION PUBLIQUE

CERTIFICAT D'ÉTUDES PRIMAIRES

L'Inspecteur d'Académie du département de la Nièvre

Vu les lois des 28 mars 1882 et 11 janvier 1910;

Vu le décret du 18 janvier 1887 et l'arrêté du 19 juillet 1917 portant modification à l'arrêté du 18 janvier 1887;

Vu le procès-verbal de l'examen subi par M. Genel Jean dans les conditions déterminées par l'arrêté sus-visé;

Vu le certificat en date du 30 Juin 1923, par lequel la Commission cantonale de Montsauche siégeant pour la session de 1923, atteste que M. Genel Jean élève de l'école publique de Alligny en Morvan né le 19 Décembre 1910, à département d a été jugé digne d'obtenir le Certificat d'Études primaires, avec mention bien.

Délivre à M. Genel Jean le présent Certificat d'Études primaires pour servir et valoir ce que de droit.

A Nevers, le 15 juillet 1923.

Signature du Titulaire

L'Inspect. d'Académie,

Die Urkunde des Hauptschul-Abgangszeugnisses. (Sammlg. Sylvie Dartois)

zöglinge, die anteilsmäßig die Prüfungen zum ›Certificat‹ in jenem Jahr bestanden haben.

»Im Jahre 1923 wurden von 12 260 schulpflichtigen Kindern 664 zur weiterführenden Prüfung zugelassen. Von diesen bestanden 500 die Prüfung.« (Rechenschaftsbericht des Jahres 1923, op.cit., S. 63).

Der Schulkomplex in Montsauche, in dem Jean Genet am 30. Juni 1923 die Prüfung zum »Weiterführenden Hauptschulabschluß« ablegte. (Privatsammlung)

Die Pflegeeltern erhalten hierfür als Anerkennung eine Prämie von fünfzig Francs, der Lehrer eine Prämie von vierzig Francs und der Schüler eine Belohnung von zehn Francs.

Gleichzeitig mit diesem Examen endet Jean Genets schulische Ausbildung. Während der Dauer seines Heranwachsens nimmt er an keinerlei weiterführendem Unterricht teil, noch erfährt er irgendeine schulische Unterweisung, die auf einem höheren Niveau läge als jenem, das er bereits erreicht hat.

Solange Comte

»... die ganze Frau war verkörpert in einem kleinen Mädchen, das Culafroy im Dorf gekannt hatte. Sie hieß Solange.«
Notre-Dame-des-Fleurs, Seite 189

Während der Sommermonate der letzten Jahre, die Genet im Dorf verbringt, ist ein kleines Mädchen, das mit zwei Wochen Unterschied ebenso alt ist wie er und den Jungen bereits seit vielen Jahren kennt, seine wichtigste Spielgefährtin und Freundin: Solange Comte.

Solange lebt, ziemlich weit entfernt von Alligny, in Chevenon, einem größeren Marktflecken im Departement der Nièvre, wo ihr Vater als Lehrer wirkt. Sie kommt jedoch, zusammen mit ihren zwei Schwestern, jeden Sommer im Juni nach Alligny, um die Ferien bei ihren Großeltern mütterlicherseits, dem Ehepaar Baptiste und Joséphine Dorange, zu verbringen. Diese bewohnen direkt gegenüber dem Hause der Regniers ein kleines Haus, das zu jener Zeit noch mit Stroh gedeckt ist. Marie-Louise Robert erinnert sich noch gut an das »ruhige und gescheite« kleine Mädchen, das bereits während der Kriegsjahre zu ihr und dem kleinen Jean zum Spielen in den Garten kam.

Marie, die Mutter Solanges, eine Hutmacherin, stirbt 1921 im Alter von dreiunddreißig Jahren. Sie war häufig zu Besuch im Dorf gewesen, wo man sich noch heute an ihre Schönheit und elegante Erscheinung erinnert.

Zwischen der kleinen Solange Comte, in deren Begleitung Jean Genet ausgedehnte Spaziergänge auf dem »Weg des Crotto« (heute unbegehbar) zu den großen, die Ebene überragenden Granitfelsen hin unternimmt, und jener Figur in *Notre-Dame-des-Fleurs*, die ebenfalls Solange heißt, ist eine Verbindung unschwer herzustellen. Und diese drängt sich schließlich geradezu auf, wenn der Schriftsteller den Namen der Mutter des kleinen Mädchen enthüllt, nämlich Marie (deren »Schönheit ... eine Auszeichnung (war) für den Marktflecken«, wie es in *Notre-Dame-des-Fleurs* auf Seite 251 heißt), sowie den Namen der Großmutter, Josephine.

Solange Comte mit ihrer älteren Schwester Paulette im Wald von Alligny. (Sammlg. Paulette Comte)

Ebenso erlaubt ist es, zu vermuten, daß die nicht weiter ausgeführte Anspielung auf eine »Gräfin Solange« (Seite 66) eine Art ironisches Wortspiel mit ihrem Familiennamen darstellt.

Comte = Graf; Comtesse = Gräfin. (*Anm. d. Übers.*)

Darüber hinaus kann es als Hommage an die einstige Spielgefährtin aufgefaßt werden, daß eine der beiden Schwestern in *Die Zofen* den Vornamen Solange trägt.
Wir wissen nicht, ob Genet Solange nach seinem Weggang aus Alligny jemals wiedersah oder ob er zumindest mit ihr in Briefkontakt blieb. Solange, die in Chevenon den Beruf einer Friseuse erlernt, erkrankt dort an Tuberkulose und stirbt am 4. Januar 1930 im Alter von neunzehn Jahren. Ihre persönlichen Habseligkeiten und Papiere wurden zerstreut. Als Genet Sartre anvertraute, sein erstes Gedicht im Alter von zwanzig Jahren auf den Todestag eines jungen Mädchens geschrieben zu haben, welches er zehn Jahre zuvor geliebt habe (*Saint-Genet*, Seiten 662 u. 663), handelte es sich aller Wahrscheinlichkeit nach um Solange Comte.

Marie Comte, die Mutter von Solange und Paulette. (Foto von E. Lenoble in Privatbesitz) »Maria ... die in der Hütte geborene Göttin, die auf ihrem Körper mehr Wappen trug als Mimosa auf seinen Hinterbacken und in seinen Gebärden, – die adliger war als ein Chambure ... Marias Schönheit war eine Auszeichnung für den Marktflecken.« (*Notre-Dame-des-Fleurs*, S. 251)

Mademoiselle Adeline

Es soll hier zu guter Letzt auf eine weitere Gestalt Allignys hingewiesen werden, deren literarische Transposition uns eindeutig erscheint. Es handelt sich um »jene alte Adeline aus dem Dorf«, von der es in *Notre-Dame-des-Fleurs* heißt, daß sie Culafroy und Solange »Geschichten über die Neger« erzählte (Seite 271) und Zeitungsartikel über Mord und Totschlag mit Leidenschaft verfolgte.

In der ersten gedruckten Fassung von *Notre-Dame-des-Fleurs* (1943) handelt es sich um Adeline und nicht, wie in den späteren Ausgaben des Romans, um Ernestine, die begierig jene Rubrik in den Zeitungen verfolgt (siehe S. 227 der französischen Erstausgabe).

Bei diesem späten Fräulein, das von allen Bewohnern des Dorfes »Mademoiselle Adeline« genannt wurde (wie auch von Genet auf Seite 127, und in der französischen Erstausgabe von *Notre-Dame-des-Fleurs*, 1943, auf Seite 176), handelte es sich, laut Joseph Bruley, um »eine liebenswürdige kleine Alte, äußerst fromm, stets in Schwarz gekleidet«, die »in der Nähe des Krämerladens« wohnte, »etwa fünfzig Meter vom Hause der Regniers

entfernt«. Bevor sie in Rente ging, hatte sie in der Mädchenschule als unabhängige Lehrerin gewirkt. Claudine Émilie Adélaïde Balivet mit vollständigem Namen (der Rufname »Adeline« entstand möglicherweise aus einer Vermengung des ersten und des letzten Vornamens) wurde am 16. Dezember 1836 in Alligny geboren. Sie war eine Verwandte Eugénie Regniers.
Die letzten Seiten von *Notre-Dame-des-Fleurs* (Seiten 271 bis 273) evozieren ausführlich den Tod der Gestalt der alten Adeline sowie die Totenwache für sie. Das Ableben des Vorbilds ereignete sich während der letzten Zeit, die Genet in Alligny verbrachte. Adeline Balivet starb am 30. September 1923 im Alter von siebenundachtzig Jahren.

Das letzte Jahr in Alligny

Dank seines guten Prüfungsergebnisses zum ›Certificat d'Études‹ entkommt Jean Genet dem üblichen Schicksal der Fürsorgezöglinge, die in der Regel, sobald sie das dreizehnte Lebensjahr erreicht haben, als Hilfskräfte bei Landwirten untergebracht werden.

Die Statistiken des Jahres 1926 geben an, daß 88 Prozent der Fürsorgezöglinge, die das Alter von dreizehn Jahren überschritten haben, landwirtschaftliche Tätigkeiten ausübten. Nach Albert Dupoux, *Sur les pas de Monsieur Vincent*, S. 385.

Es steht ihm die Möglichkeit offen, in einem der Ausbildungszentren, die der Öffentlichen Fürsorge unterstellt sind, ein Handwerk zu erlernen.
Allerdings hat Genet im Oktober 1923 noch nicht das notwendige Alter erreicht, das für die Aufnahme in einer solchen Schule Voraussetzung ist. Folglich wird beschlossen, daß er bis zum nächsten vorgesehenen Ausbildungsbeginn in seiner gewohnten Umgebung im Dorf verbleiben soll.
Während eines ganzen Jahres bleibt der junge Genet somit sich selbst überlassen. Seine ehemaligen Klassenkameraden, die wie er die Prüfungen zur weiteren schulischen Ausbildung bestanden haben, besuchen den Unterricht im Kolleg von Corbigny. Genets

offizieller sozialer Status ist von Dezember 1923 an der eines »Domestiken«.

So lautet die offizielle Bezeichnung der Fürsorgezöglinge, die älter als dreizehn Jahre sind, in der 1921 erstellten Namensliste der Gemeinde.

Antonin Renault unternimmt den Versuch, den Jungen zum Arbeiten zu veranlassen. Zunächst nimmt er ihn mit zur Waldarbeit, wo er Eichenstämme entschälen soll, und versucht dann, ihm den Ackerbau nahezubringen. Das Ergebnis scheint aber in beiden Fällen nicht sehr ermutigend gewesen zu sein. Jean Cortet, der sich zu jener Zeit noch im Dorf aufhielt, sagt: »Er war von Natur eher faul. ... er mochte nichts tun.« Antonin gibt seine Anstrengungen letzten Endes auf und läßt den Jungen in Ruhe. Der bleibt also im Haus, entkrautet den Gemüsegarten oder hilft Berthe im Haushalt. Jeden Morgen holt er die Kuh aus dem Stall und treibt sie zum Grasen auf eine kleine Wiese, etwa anderthalb Kilometer nordöstlich vom Dorf auf einem Hügel, wo er, lesend und vor sich hin träumend, seine Tage verbringt.

Eine Passage beziehungsweise eine Fußnote in *Tagebuch eines Diebes*, in welcher der Erzähler einen Traum wiedergibt, beschwört diese Wiese: »... eine Lokomotive verfolgte mich. Ich lief die Schienen entlang. Dicht hinter mir hörte ich das Fauchen der Maschine. Ich verließ den Gleiskörper, lief querfeldein. Bösartig verfolgte mich die Lokomotive noch immer, doch artig, höflich blieb sie vor einer schwachen kleinen Holzschranke stehen, in der ich eines der Gatter auf den Weiden meiner Pflegeeltern wiedererkannte. Als Kind hatte ich dort die Kühe gehütet. Zu einem Freund, dem ich den Traum erzählte, sagte ich: ›... der Zug machte halt vor den Schranken meiner Kindheit.‹«

Tagebuch, Seite 217.

Irgendwann im Laufe des Jahres beschließt Jean Genet, Englisch zu lernen. Er ersteht eine englische Grammatik und macht sich ganz allein ans Studium. Joseph Bruley erinnert sich, von seinem Kameraden Postkarten erhalten zu haben, die in einer Sprache verfaßt gewesen seien, von der er kein Wort verstand.

Am 11. Oktober 1924 wird Genet zum letzten Mal, bevor er Alligny verläßt, ärztlich untersucht. Der Befund gleicht jenem des

Vorjahres. Sein allgemeiner Zustand wird wiederum als »sehr gut« bezeichnet.

»Gesundheitsbuch« Jean Genets.

Am 17. Oktober 1924 verläßt er schließlich für immer das Dorf seiner Kindheit, um sich zur École d'Alembert zu begeben, einem Ausbildungszentrum in Montévrain im Großraum Paris, wo er den Beruf eines Schriftsetzers erlernen soll.

Jean Genet verläßt also das Dorf und trennt sich von seiner Pflegemutter Berthe an einem 17. Oktober. Ohne einen Zufall ausschließen zu wollen, wird man dennoch diese unscheinbare Tatsachen in Verbindung mit jenen Worten setzen wollen, die, so der Autor, »scheußlich klangen in ihrer Genauigkeit« und während der berüchtigten Gerichtsverhandlung in *Notre-Dame-des-Fleurs* ausgesprochen werden: »Er wohnte rue Berthe Nummer 8«; und: »Ich habe ihn am 17. Oktober zum letzten Mal getroffen.« (*NDF, S. 249*).

L'École d'Alembert

17. Oktober – 10. November 1924

Die Alembert-Schule, mitten auf dem Lande, in der Nähe der Gemeinde Montévrain im Departement Seine-et-Marne, ist im Jahre 1924 eines der besten Ausbildungszentren, die der Öffentlichen Fürsorge unterstehen. Das 1882 in den Räumen einer ehemaligen Strafanstalt gegründete Etablissement bietet seinen Zöglingen eine vollständige Ausbildung in zwei Berufszweigen: Kunsttischlerei und Druckereihandwerk.

Die Aufnahme der Auszubildenden erfolgt nach rigoroser Auswahl. Nur solche Zöglinge werden akzeptiert, die das ›Certificat d'Études‹ vorweisen können und »einen deutlichen Lerneifer« bewiesen haben.

> In der von der Schule herausgegebenen Broschüre ›École d'Alembert à Montévrain‹ (5. März 1931, Seite 7) heißt es: »Die Schüler werden von den Leitern der Agenturen für Fürsorgezöglinge vorgeschlagen ...; diese werden unter jenen Schülern ausgewählt, die einen deutlichen Lerneifer bewiesen haben und die notwendigen Eigenschaften besitzen, um einer vollständige berufliche Ausbildung folgen zu können.«

In dieser Schule aufgenommen zu werden, bedeutet für die betroffenen Fürsorgezöglinge ein außerordentliches Privileg und großes Glück. Sie müssen hierzu ein Mindestalter von dreizehn Jahren erreicht haben. Die Dauer der Ausbildung liegt bei vier Jahren. Die Schüler wohnen im inneren Bereich der Schule, wo sie auch verpflegt werden und jeden Morgen, bevor sie sich in die Werkstätten begeben, von sechs bis sieben Uhr allgemeinen Unterricht erhalten. Die Anstaltsdisziplin ist, wie es in der Selbstdarstellung der Schule in der weiter oben zitierten Broschüre heißt, »väterlich abschreckend«.

Zum Ausbildungsbeginn im Oktober 1924 hat die Anstalt insgesamt 152 Schüler, von denen 71 als Tischler und 81 als Buchdrukker ausgebildet werden.

> In der genannten Broschüre heißt es auf S. 11: »Im Bereich des Buchdrucks werden drei Berufsausbildungen geboten: 1. Schriftsatz, 2. Buchdruck, 3. Stereotypie-Galvanoplastik.«

Freitag, 17. Oktober

An diesem Tag kommt Jean Genet in der Alembert-Schule an. Zusammen mit sechzehn weiteren Neulingen wird er dem Bereich der Druckerei zugeteilt. Seiner Eingangskarteikarte

Archiv der École d'Alembert (Öffentl. Fürsorge).

ist zu entnehmen, daß er direkt von Alligny-en-Morvan angereist ist; sie vermerkt ferner den Namen einer Person, die als »Korrespondent« bezeichnet wird. Es handelt sich dabei um seinen Taufpaten Marcel Chemelat, wohnhaft in der Rue Saint-Lazare 93 in Paris.

Samstag und Sonntag, 18. und 19. Oktober

Seit seiner Ankunft in der Schule leidet Genet an einer leichten körperlichen Verstimmung. Während einiger Tage wird er in der Krankenabteilung gepflegt.

Donnerstag, 23. Oktober

Die Mutter Marcel Chemelats, Joséphine, schreibt einen Brief an Jean Genet, in dem sie ihm mitteilt, daß ihr Mann, Charles Chemelat, am voraufgegangenen Sonntag eine Freundin der Familie und deren Tochter, die in Lagny wohnen, gebeten habe, ihn zu besuchen, doch daß diese ihn nicht haben antreffen können, da er krank gewesen sei. Sie sorgt sich um sein Befinden (»Was hat dich denn nur krank gemacht?«) und teilt ihm ferner mit, daß »der Cousin und Marcel verreist« seien und sie selbst am kommenden Sonntag nicht zu Hause sein werde. Er könne jedoch, falls es ihm möglich sein sollte, den Sonntag, also den 2. November, bei ihnen in Paris verbringen. Sie würden ihn dann am Ost-Bahnhof vom Zug abholen.

Archiv der École d'Alembert.

Aus einem späteren, am 13. November erstellten Bericht des Anstaltsleiters erfahren wir, daß Jean Genet erlaubt wurde, den Sonntag, 2. November, bei der Familie Marcel Chemelats, seinem »Pflegepaten«, zu verbringen, um, wie es heißt, »dem Kinde eine Abwechslung zu bieten und ihm, dem Brauch gemäß, den Kontakt zur Pflegefamilie zu belassen«. Diese Bewilligung »erfolgte aufgrund eines Briefes und einer anschließenden Nachforschung über die soziale Situation des M(onsieur) Chemelat, der als Geschäftsmann in Paris wirkt«.

Die Schule d'Alembert in Montévrain. (Archiv der »Assistance Publique«)

Allerdings vermerkt der Anstaltsleiter auch, daß der Junge, »trotz aller Empfehlungen des Vortages« und der Anwesenheit des Aufsehers, den Moment ausgenutzt habe, wo »die Nachtwache das Frühstück zubereitete, um sich heimlich aus dem Staube zu machen und eine Stunde eher als seine Mitschüler nach Paris zu fahren«. Dessen ungeachtet sei er jedoch am Sonntagabend zur vorgeschriebenen Stunde, das heißt um sechs Uhr dreißig, in die Schule zurückgekehrt.

Montag, 3. November

Am nächsten Morgen zwischen sieben Uhr dreißig und acht Uhr stellt man das Verschwinden Jean Genets fest.

Es werden augenblicklich Nachforschungen angestellt und ein »Protokoll« aufgesetzt, in dem festgehalten wird, daß Jean Ge-

École d'Alembert, à Montévrain (Seine-et-Marne)

1° État de la population pendant l'année 1924

		Ébénisterie		Imprimerie		Total
		Assistés	Temporairement recueillis	Assistés	Temporairement recueillis	
Existant au 1er janvier 1924		56	»	64	»	120
Pour ordre : Élèves ayant changé de profession		»	»	»	»	»
Entrées	Octobre	15	»	17	»	32
	Novembre	»	»	»	»	»
	Décembre	»	»	»	»	»
Totaux		71	»	81	»	152
Sorties	Fin d'apprentissage	20	»	20	»	40
	Renvoyés à l'hospice dépositaire	1	»	1	»	2
	Engagement volontaire	»	»	»	»	»
	Service militaire	»	»	»	»	»
	Rendus à la famille	»	»	»	»	»
	Évadés	»	»	1	»	1
	Décédés	»	»	»	»	»
Total des sortis et décédés		21	»	22	»	43
Restants au 31 décembre 1924		50	»	59	»	109

»Rapport sur le Service des Enfants-Assistés du Departement de la Seine pendant l'année 1924«, S. 95. Jean Genet ist offensichtlich der einzige im Jahr 1924 entlaufene Zögling; für die Jahre 1922, 1923 und 1925 verzeichnet die Rubrik »Entlaufene« keine Eintragung.

net »ausgebrochen« sei, »indem er auf der hinteren Seite des Schlafsaals an der Nationalstraße Paris–Meaux davonlief«, und daß die Flucht durchaus nicht im Anschluß an eine Bestrafung stattgefunden habe. Ebenso weist man darauf hin, daß der Schüler »eine gewisse und deutlich erkennbare psychische Labilität« an den Tag gelegt habe. Ferner führt das Protokoll folgende persönliche Erkennungszeichen auf:

»Beschreibung des Kindes:

Größe: 1m56.
Nase: mittelgroß.
Mund: mittelgroß.
Kinn: lang und abgerundet.
Augen: dunkel.

Besondere Merkmale:

Blasser Teint.
Effeminiertes Verhalten.

Kleidung während des Ausbruchs:

Grauer Stoffhut.
Blauer Kapuzenumhang.
Blaue Hose.
Weißes Hemd.
Blaue Wolljacke.
Strümpfe und Schuhe.«

Das Protokoll ist auf den 3. November 1924 datiert und gezeichnet von einem M(onsieur) Sourdoire.

Archiv der École d'Alembert (Öffentl. Fürsorge).

Noch am selben Abend verfaßt der Leiter der École d'Alembert einen »Bericht an Herrn Generalinspekteur der Öffentlichen Fürsorge«. Der Bericht rekapituliert zunächst, daß Jean Genets »Aufnahme am 17. Oktober 1924« stattfand und daß »sein Verschwinden« am 2. November »während des Appells um acht Uhr (morgens) bemerkt wurde«. Er gibt ferner an, daß Suchaktionen in der Umgebung der Schule sowie am Bahnhof von Lagny stattgefunden haben; darüber hinaus habe sich ein Erzieher zum Domizil des »Pflegepaten« in der Pariser Rue Saint-Lazare 96 begeben. Diese Schritte haben keinerlei Ergebnisse nach sich gezogen, doch sei – so fügt der Bericht hinzu – der Leiter der Agentur

in Saulieu verständigt worden, für den Fall, daß Genet versuchen sollte, in sein Dorf zurückzukehren.
Der Schulleiter besteht darauf, »daß die Flucht Jean Genets nicht durch eine Bestrafung provoziert wurde«, und folgert, daß »der Zwischenfall nicht anders erklärt werden kann als mit der unsicheren Mentalität dieses Kindes, das durch die Lektüre von Abenteuerromanen verführt wurde, auf die es offenbar sehr begierig war«. Er weist abschließend darauf hin, daß »Jean Genet, von delikater Konstitution, den sehr deutlichen Eindruck einer relativen Willensschwäche hinterließ«.

Archiv der École d'Alembert.

Sonntag, 9. November (?)

An einem nicht näher bezeichneten Datum, das jedoch mit aller Wahrscheinlichkeit auf den 9. oder 10. November festgelegt werden kann, offensichtlich *vor* dem Aufgreifen Jean Genets am 10. November in Nizza, entwirft der Anstaltsleiter der École d'Alembert einen Brief, dessen Empfänger auf der Skizze nicht näher genannt wird, doch möglicherweise ein Mitglied der Verwaltung der Öffentlichen Fürsorge ist.

Archiv der École d'Alembert.

Der Ausbruch des »jungen Genet« wird dort als »außergewöhnlich« qualifiziert, denn – so der Direktor – »den jungen Zöglingen wird bereits bei der Ankunft der Eindruck vermittelt, daß sie nicht mit Gewalt festgehalten werden; wenn es ihnen nach Ablauf eines Monats in der Schule nicht gefallen sollte, könnten sie darum bitten, zu ihren Pflegeeltern zurückgeschickt zu werden«.
Dasselbe Schriftstück erwähnt eine »telefonische Intervention Monsieur Tourtels«, hinter der Charles Chemelat gestanden zu haben scheint, da dieser am 9. November in der Schule vorsprach. Er habe, »aggressiv, erregt und anmaßend«, dem Schulleiter heftige Vorwürfe gemacht »über den Umstand, daß die Zöglinge die Schule betreten und verlassen könnten, wie es ihnen paßt«, und damit gedroht, »sich an geeigneter Stelle zu beschweren«. Der Direktor gibt vor, entgegnet zu haben, daß »die

beste Umzäunung sei, sich um das Wohlbefinden der Schüler zu kümmern«. Charles Chemelat habe des weiteren darauf hingewiesen, daß er an anderer Stelle angeboten habe, Genet die Abmusterungsprämie seines Sohnes zu schenken und ihm darüber hinaus seine Zukunft zu sichern (ohne ihn allerdings, so präzisiert der Anstaltsleiter, kurzfristig oder längerfristig in seinem Haushalt aufnehmen zu wollen), doch daß diese seine Angebote ohne Reaktion geblieben seien.

Ohne Zweifel war es Charles Chemelat, der in der Lokalzeitung ›Le Briard‹ (38. Jgg., Nr. 89, S. 3a) folgendes Inserat mit dem Titel ›Kind verschwunden‹ aufgab:
»Es wird aus Montévrain auf das Verschwinden des jungen Jean Genet, dreizehn Jahre alt, Internatsschüler im gleichen Ort, seit dem 3. November hingewiesen. Seine äußeren Erkennungszeichen: dunkles kurzgeschnittenes Haar, graublaue Augen, für sein Alter relativ hochgewachsen. Gekleidet war er mit kurzen Hosen, einem langen Cape und einer alpinen Kappe. Der Verschwundene war mütter- und väterlicherseits Waise. Es wird gebeten, alle nützlichen Hinweise an seinen Paten, Monsieur Chemelat, weiterzuleiten. Adresse: Rue Saint-Lazare 96, Paris.«
Seltsamerweise erscheint diese Meldung jedoch erst am 19. November in der Zeitung, das heißt neun Tage, nachdem Jean Genet in Nizza aufgegriffen wurde.

Abschließend vermerkt der Anstaltsleiter, daß der Ausbruch aus der Schule als ein »Akt ohne Logik« betrachtet werden müsse, der »durch eine mentale Gleichgewichtsstörung ausgelöst« worden sei.

Montag, 10. November

Jean Genet wird in Nizza aufgegriffen. Seine Personalkarte in der Aufnahmekartei der École d'Alembert, die diesen Umstand erwähnt, vermerkt am gleichen Tag, daß er »aus dem Bereich der Anstalt ausgeschlossen« wurde.
Am 12. November berichtet eine Meldung der regionalen Tageszeitung ›Le Petit Niçois‹ unter der Überschrift *Ausgerissen* von dem Ereignis:
»Ein Zögling der Fürsorge des Departements Seine, Jean Genet, dreizehn Jahre alt, der am 3. November die École d'Alembert (Seine-et-Marne), wo er Schüler war, verlassen hatte, wurde am

Montag im Bahnhofsgebäude von Nizza wiedergefunden. Er wurde von dem Sonderkommissar Monsieur Poyaud der Inspektion der Öffentlichen Fürsorge Nizza zum Zwecke der Heimführung übergeben.«

›Le Petit Niçois‹, 45. Jgg., Nr. 317, 12. Nov. 1924, S. 3f.

Donnerstag, 13. November

Der Leiter der École d'Alembert adressiert einen »Bericht über den Ausbruch« an den Verwaltungsdirektor der Öffentlichen Fürsorge.

Archiv der École d'Alembert.

Der Bericht, datiert auf den 13. November, legt Rechenschaft ab über den Aufenthalt Jean Genets im Ausbildungszentrum. Der Schüler Genet, so der Direktor, »vermittelte den deutlichen Eindruck eines von der Lektüre von Abenteuerromanen verwirrten Bewußtseins sowie einer manifesten Überbewertung der eigenen Bedeutung«. Er weist darauf hin, daß die Neuankömmlinge in der Schule während eines Monats von jeglichem Strafdienst befreit sind und daß es »keinerlei Schikane gibt«, um hinzuzufügen: »Er erhielt keinerlei Verweis und beklagte sich nie ... Doch seit dem Tag seiner Ankunft in der Schule machte er keinen Hehl aus seinem Verlangen, wegzulaufen, um mehr oder minder ausgeprägte Pläne zu verwirklichen, sei es in Amerika oder in Ägypten, wo er sich Arbeit in Lichtspielhäusern suchen wollte«.
In den Augen des Schulleiters war »die Flucht also vorgeplant. Am Morgen seines Verschwindens versteckte er unter dem Bett eines seiner Mitschüler ein Bündel mit seinen Habseligkeiten«.
Jean Genet, fährt der Direktor fort, »kam aus seinem Dorf mit überlangen Haaren an, aus denen man einen Knoten hätte binden können, und er legte von diesem Zeitpunkt an ein Benehmen an den Tag, das den Eindruck, den er insgesamt in der Schule hinterließ, stets nur verstärkte. Allerdings konnten sein mädchenhaftes Erscheinungsbild, das etwas künstlerhafte Gebaren sowie die Herablassung, die er gegenüber seinen Mitschülern an den Tag legte, nicht ahnen lassen, daß er mit dem Beruf eines

Schriftsetzers nicht zufrieden sein würde, eine Tätigkeit, die ihm, von ihren künstlerischen Aspekten her, hätte zusagen müssen«. Es wird schließlich eine kurzgefaßte Bilanz seines Aufenthaltes in der Schule gegeben und an »die leichte gesundheitliche Verstimmung« erinnert, an der er vom Moment der Ankunft an gelitten hatte, sowie an seine Extratour vom 2. November und an die Umstände seiner Flucht.

Rückkehr nach Paris

10. November 1924 – April 1925

Jean Genet wird eine Woche nach seiner Flucht in Nizza aufgegriffen und der Verantwortung der Öffentlichen Fürsorge des Bereiches Alpes-Maritimes übergeben, wo man ihn für einige Zeit im für die Aufnahmen zuständigen Hospiz unterbringt, bevor seine Heimführung in die Wege geleitet wird. Zu einem derzeit nicht bestimmbaren Zeitpunkt zwischen Mitte des November 1924 und Ende März 1925 wird der Junge in den für ihn zuständigen Bereich der Fürsorge des Departements der Seine zurückgeschickt. Einige Wochen vergehen, über die uns keine Informationen zur Verfügung stehen. (Einzig die Zöglingsakte Jean Genets, die sich derzeit in den Archiven der Direktion der ›Action Sanitaire et Sociale‹, D.A.S.S.,

Die heutige Bezeichnung der Öffentlichen Fürsorge in Frankreich. (*Anm. d. Übers.*)

unter Verschluß befindet, würde uns zweifellos erlauben, den Weg Genets durch die Institutionen der Fürsorge in seiner Gesamtheit zu rekonstruieren.) Was den Beginn des Jahres 1925 betrifft, d. h. des ersten der beiden kurzen Zeiträume in der Kindheit Genets, die während unserer Nachforschungen im dunkeln blieben, so können zwei Hypothesen als wahrscheinlich angenommen werden: entweder wurde noch einmal versucht, den Jungen in einem anderen Ausbildungszentrum, einem Erziehungsheim oder bei einer Einzelperson unterzubringen, oder man hat ihn provisorisch im Hospiz für Fürsorgezöglinge in der Rue Denfert-Rochereau in Paris beherbergt.

Émile Alcindor, op.cit., S. 137: »Ist der Zögling nirgendwo plaziert, so kehrt er in das Etablissement der Aufnahme zurück, die sich üblicherweise im Bereich eines Hospizes befindet ... Das aufnehmende Hospiz kann für den Zögling lediglich im Ausnahmefall ein Aufenthaltsort sein. Allein im Falle einer Krankheit oder im Zeitraum zwischen zwei Plazierungen kann er sich dort aufhalten.«

René de Buxeuil

April – November 1925

April – Oktober 1925

Anfang April 1925 vertraut Monsieur Lahille, Leiter der Pariser Agentur für Fürsorgezöglinge, Jean Genet für eine Probezeit dem Komponisten René de Buxeuil an. Dieser bewohnt zusammen mit seiner zweiten Frau eine kleine Wohnung in der Passage des Petites-Écuries 20 im zehnten Pariser Arrondissement. Der Komponist, der blind ist, hatte sich mit der Bitte an die Verwaltung der Öffentlichen Fürsorge gewandt, einen jungen Burschen für ihn freizustellen, der ihm als Blindenführer und »Sekretär« dienen könne.

Am 10. April 1925 richtet Monsieur Lahille ein kurzes Schreiben an René de Buxeuil, um ihn über einen Besuch in Kenntnis zu setzen, den er am Vortage geplant hatte, aber nicht ausführen konnte, da der Komponist in seiner Wohnung nicht anzutreffen war. Er erkundigt sich, ob der junge Genet Anlaß zur Zufriedenheit gebe und ob, wenn dies der Fall sei, der reguläre Einstellungsvertrag aufgesetzt werden könne.

Am 17. April schreibt der Leiter der Pariser Agentur dem Komponisten ein zweites Mal.

Dieser scheint zum Zeitpunkt der Vertragsunterzeichnung, die demnach zwischen dem 10. und dem 17. April stattgefunden haben muß, nachgefragt zu haben, ob der junge Zögling von seiten der Fürsorge mit Wäsche ausgestattet werden könne. Monsieur Lahille teilt mit, daß die Verwaltung der Fürsorge sich bereit erklärt habe, diesem Antrag stattzugeben und daß die Aussteuer im Hospiz für Fürsorgezöglinge abgeholt werden könne.

So lebt Jean Genet also von April bis Oktober 1925 im Haushalt von René de Buxeuil, bei dem er, wie Sartre schreibt, »sich mit der Prosodie und den Gesetzen des Reimes vertraut« gemacht habe (*Saint-Genet*, Seite 662). Der Komponist selbst berichtete etwa zwanzig Jahre später, was die ersten literarischen Versuche

RÉPUBLIQUE FRANÇAISE
LIBERTÉ—ÉGALITÉ—FRATERNITÉ

A—3

Administration générale de l'Assistance publique à Paris

SERVICE
DES
ENFANTS ASSISTÉS
DE LA SEINE

~~Agence de Paris~~

Paris, le 10 AVR 1925 192

Monsieur,

Je me suis rendu chez vous hier, 9 courant, dans l'après midi pour vous demander si le jeune Genet Jean, – que nous vous avons confié, – vous donnait satisfaction et, le cas échéant, pour établir le contrat d'engagement réglementaire. Je n'ai pas eu le plaisir de vous rencontrer.

Je vous serai obligé de me faire connaître quand je pourrai vous voir à ce sujet.

Et je vous prie d'agréer, Monsieur, l'expression de mes sentiments les plus distingués.

Le Directeur
de l'Agence de Paris

Lahille

Prière d'adresser la correspondance à
Mr LAHILLE Directeur des agences de Paris
8, Avenue Victoria
PARIS 4e

Der erste Brief des Leiters der Pariser Agentur für Fürsorgezöglinge an René de Buxeuil vom 10. April 1925. (Privatbesitz)

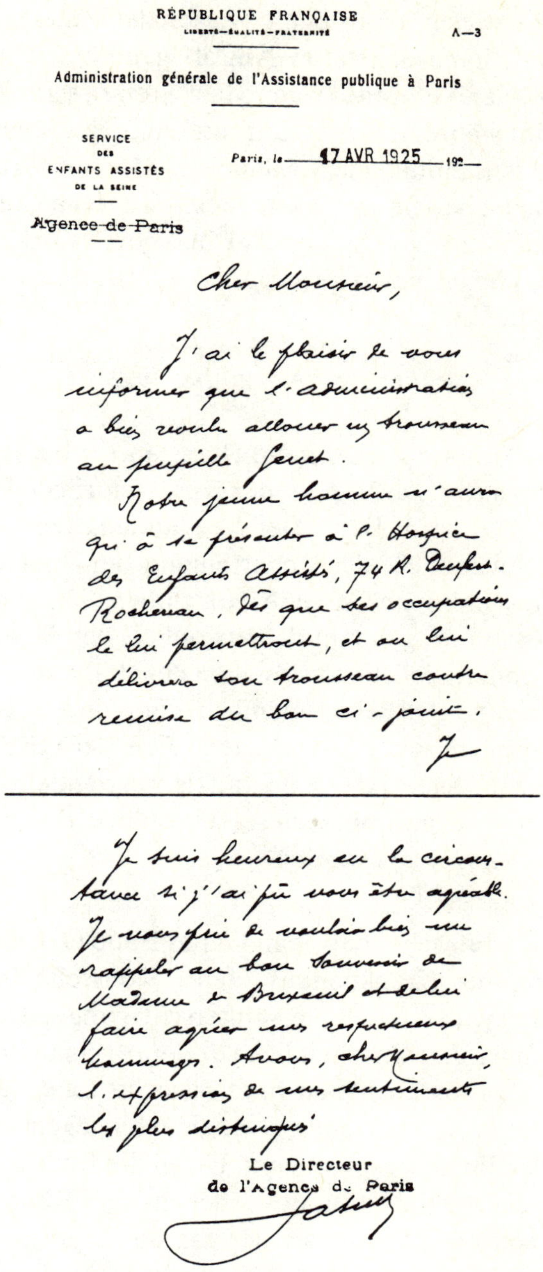

RÉPUBLIQUE FRANÇAISE
LIBERTÉ—ÉGALITÉ—FRATERNITÉ

A—3

Administration générale de l'Assistance publique à Paris

SERVICE
DES
ENFANTS ASSISTÉS
DE LA SEINE

~~Agence de Paris~~

Paris, le 17 AVR 1925

Cher Monsieur,

J'ai le plaisir de vous informer que l'administration a bien voulu allouer un trousseau au pupille Genet.

Notre jeune homme n'aura qu'à se présenter à l'Hospice des Enfants Assistés, 74 R. Denfert-Rochereau, dès que ses occupations le lui permettront, et on lui délivrera son trousseau contre remise du bon ci-joint.

T

Je suis heureux de la circonstance si j'ai pu vous être agréable. Je vous prie de vouloir bien me rappeler au bon souvenir de Madame de Buxeuil et de lui faire agréer mes respectueux hommages. Agréez, cher Monsieur, l'expression de mes sentiments les plus distingués

Le Directeur
de l'Agence de Paris

Zweiter Brief des Direktors Lahille an René de Buxeuil vom 17. April 1925. (Privatbesitz)

Jean Genets gewesen sein mögen: Dieser, der seinerzeit vierzehn Jahre alt war, habe damals in Angriff genommen, unter dem Pseudonym »Nano Florane« seine Memoiren zu schreiben.
Genet scheint während dieser Zeit, im Laufe des Sommers 1925, auch mindestens einmal nach Alligny-en-Morvan zurückgekehrt zu sein. Er habe bei dieser Gelegenheit – wie Jean Cortet berichtet hat – seiner einstigen Spielgefährtin Andrée Cortet, die zu jener Zeit das Geigespielen lernte, Liederpartituren von René de Buxeuil geschenkt.

Oktober – November 1925

Etwa sieben Monate nach seinem Dienstantritt bei René de Buxeuil ereignet sich jener Vorfall, der Genets dortigen Hinauswurf zur Folge haben wird. Die Urteilsverkündung des Gerichts für Kinder und Jugendliche des Departements der Seine vom 1. Juni 1926 führt aus, daß Jean Genet im November 1925 »zum Nachteil des Herrn Chevrier, genannt de Buxeuil ... den Betrag von 180 Francs, der ihm lediglich zum Zwecke der stellvertretenden und uneigennützigen Ausgabe, nämlich zu einem bestimmten Zwecke und einer zuvor festgelegten Dienstleistung anvertraut wurde, unterschlagen bzw. eigennützig verwendet« habe. Der junge Genet wird aufgrund dieser Umstände des »Vertrauensmißbrauches« angeklagt werden.

Siehe Anhang II.

Aufgrund der Tatsache, daß Jean Genet Ende Oktober 1925 zur Beobachtung ins Krankenhaus Henri Rousselle eingewiesen wurde, stellen wir fest, daß die »Unterschlagung«, derer er angeklagt werden wird, wahrscheinlich *vor* der psychiatrischen Untersuchung stattgefunden haben muß, also im Laufe des Monats Oktober. Der Monat November, von dem hingegen im sechs Monate nach der Tat ausgesprochenen Urteil die Rede ist, gibt möglicherweise eher den Zeitpunkt wieder, zu dem René de Buxeuil Anzeige erstattete. Wenn auch der Tag des Diebstahls nicht exakt festgelegt werden kann, so dürfen wir doch mit großer Wahrscheinlichkeit davon ausgehen, daß dieser Vorfall dem Dienstverhältnis Jean Genets bei dem Komponisten ein Ende setzte.

Der Komponist René de Buxeuil, geboren am 4. Juni 1881, gestorben am 16. Juli 1959, hieß in Wirklichkeit Jean-Baptiste Chevrier. Für sein Pseudonym hatte er sich des Namens seines

René Buxeuil und die Sängerin Eugénie Buffet um 1925. (Privatbesitz)

Geburtsortes, der Gemeinde Buxeuil im Departement der Vienne bedient. Der Vorname René ist als Hommage an »die beiden berühmten Renés« seiner Heimat zu verstehen: René Descartes und René Boylesve.

René de Buxeuil, *Un Demi-siècle en chantant* (Ein halbes Jahrhundert voller Gesang), Éditions René de Buxeuil, Paris (1957), S. 16–18.

René de Buxeuil, der im Alter von vierzehn Jahren infolge eines durch einen Gewehrschuß verursachten Unfalls erblindet, entwickelt früh ein musikalisches Talent und wird bereits als junger

Mensch zum gefragten Komponisten populärer Weisen, patriotischer und militärischer Lieder. Diese Lieder, deren Texte er zuweilen auch selbst verfaßt, werden berühmt dank der Interpretation von Publikumslieblingen jener Zeit wie Damia, Eugénie Buffet oder Maryse Martin. René de Buxeuil, der überaus schaffensfreudig war, soll mehr als fünftausend Chansons komponiert haben, darunter *L'âme des roses* (Die Seele der Rosen), *La Prière des ruines* (Das Gebet der Ruinen), *Vous n'aurez pas toujours vingt ans* (Ihr werdet nicht immer zwanzig sein), oder auch die *Royale*, die Hymne der damaligen Monarchisten.

Laut »Kalender des Chansons« aus dem Jahre 1956, herausgegeben vom Postministerium.

René de Buxeuil scheint durch die vielfältigen Beziehungen, die er zu den Blindenhilfsvereinen unterhielt, in Kontakt mit der Öffentlichen Fürsorge gekommen zu sein. Er habe den Antrag gestellt, daß ihm ein aufgeweckter und intelligenter Junge anvertraut werde, der lesen und schreiben könne, um ihm bei seiner Arbeit und seinen Gängen behilflich zu sein.
Jean Genet blieb der einzige Fürsorgezögling, der bei René de Buxeuil untergebracht wurde. Nach dessen Hinauswurf engagierte der Komponist einen jungen Verwandten, der bis zu seinem Tode im Juli 1959 in Paris an seiner Seite blieb. Den Aufenthalt Genets in seinem Haushalt vergaß er indes nicht. 1948 erschien in einer Pariser Tageszeitung unter dem Titel »René de Buxeuil erzählt uns von Jean Genet ... um dessen Begnadigung Sartre und Cocteau nachsuchen« ein Bericht des Komponisten, der zwar von einem Journalisten erfragt und nachgezeichnet wurde

A.F. in ›Le Populaire de Paris‹, 26. Jgg., Nr. 7578, 1. u. 2. August 1948, S. 4.

und daher mit der gebotenen Vorsicht zu betrachten ist, dessen einzelne Aussagen uns dennoch nicht uninteressant erscheinen.

»... Und so wurde Jean Genet, vor nunmehr zwanzig Jahren, von jemandem beurteilt«, in der Feder des Journalisten, »der ihn auf Anraten der Fürsorge in seine Dienste genommen hatte: René de Buxeuil. Wir müssen wohl kaum an das Werk René de Buxeuils erinnern, an *Seele der Geigen*, *Schließ deine schönen Augen*, an *Ich habe das Licht verloren*, *Veilchen*, *Zaza* oder an *Rosen von Kytharos*.

Der Komponist ohne Augen nahm Jean Genet einst als Begleiter und Sekretär bei sich auf. Der Autor des Romans *Miracle de la Rose* war damals vierzehneinhalb Jahre alt. René de Buxeuil und seine Gattin könnten heute versucht sein, in der Erinnerung an ihn ähnliche Gefühle zu hegen, wie sie von literarischen Nachschlagewerken gern den ersten Beschützern Jean-Jacques Rousseaus nachgesagt werden. Aber lassen wir sie selbst zu Worte kommen:

Die Geburt Nano Floranes

Jean Genet sprach damals ein wenig wie ein Bauer aus dem Morvan. Als Findelkind hatte er dort unten Adoptiveltern. Für alles Künstlerische zeigte er schon damals großes Interesse. Eines Tages eröffnete er uns: ›Ich werde meine Memoiren schreiben‹ und begann dann, ein kleines Heft vollzuschreiben, unter das er den Namen Nano Florane setzte.

Abends nach Tisch kam es vor, daß er zu Madame de Buxeuil sagte: ›Ich werde mich um den Abwasch kümmern. Ruinieren Sie sich nicht Ihre Hände. Spielen Sie mir lieber etwas auf dem Klavier vor.‹

Er hörte dann mit Entzücken zu. Er selbst hatte sehr zarte Hände ...

Er zeigte auch großes Interesse für die Bibliothek seiner Beschützer. Eines Tages fiel ihnen ein verstümmeltes Exemplar der *Blumen des Bösen* auf. Genet hatte die Seiten herausgerissen, auf denen seine Lieblingsgedichte gedruckt waren.

René de Buxeuil berichtet des weiteren, daß Jean Genet seinerzeit weder prahlerisch veranlagt noch sonstwie unangenehm gewesen sei: ›Dennoch mußten wir uns nach einigen Monaten von ihm trennen. Er blieb nachts außer Haus, und wir hatten auch den Eindruck, daß er sich schminkte ...‹

Später sollten Monsieur und Madame de Buxeuil Jean Genet noch dreimal begegnen. Einmal in Salon in der Provence, wo er ihnen erklärte (er mochte damals etwa achtzehn Jahre alt gewesen sein), sich alles zu versagen, um in Montpellier studieren zu können. Dann sehr viel später auf dem Boulevard Saint-Michel, zu der Zeit, als er Sekretär Georges Simenons geworden war. Und das erste Mal sahen sie ihn bereits zwei Jahre, nachdem er sie verlassen hatte, wieder. Da waren sie aufgrund einer Affäre vorgeladen worden, in die der Autor der *Zofen* wegen unerlaubter Zugbenutzung ohne Fahrschein verwikkelt worden war. Genet eröffnete ihnen schlicht: ›Ich habe kein Geld. Zum Reisen braucht man welches, und ich liebe es, zu reisen ...«

Der Name René de Buxeuils taucht in keinem einzigen Werk Jean Genets auf; ebensowenig hat er diesen Abschnitt seines Lebens in einem Interview erwähnt. Allerdings kommt dem Komponisten – auf eher unerwartete Weise – eine Hommage in *Pompes funèbres* zu. Gegen Ende des Buches, zu einem besonders kritischen Moment des sich auf seinen Höhepunkt zubewegenden Dramas, hört Riton, der junge Milizionär, von der Straße ein Lied heraufklingen, von dem es heißt, daß seine »Melodie ihm strahlend erschien« (*Totenfest*, Seite 224), und dessen Autor niemand anderer als – hierauf wies uns freundlicherweise die Schriftstellerin Françoise d'Eaubonne hin – René de Buxeuil ist. Genet gibt eine Strophe dieses (erbaulichen) Liedes wieder:

»Sie haben meine Geige zerbrochen
Denn sie hatte eine französische Seele
Ohne Furcht vor dem Echo im Tal
Ließ sie die Marseillaise erklingen.«

Totenfest, S. 224–225.

Hôpital Henri-Rousselle
Oktober – November 1925

Infolge der mehrfach gescheiterten Unterbringungen beschließt die Verwaltung der Öffentlichen Fürsorge, Jean Genet einer psychiatrischen Untersuchung zu unterwerfen. Er wird deshalb in die »Offene Abteilung für mentale Prophylaxe« eingewiesen, die erst kurz zuvor im Hospital Henri-Rousselle eingerichtet wurde und sich im Bereich der Psychiatrischen Klinik Sainte-Anne in Paris befindet.
Obwohl ein am 19. Juni 1943

Siehe Anhang III.

abgefaßter Bericht des Doktor Henri Claude rekapitulierend einen »Aufenthalt von etwa drei Monaten« erwähnt, den Jean Genet im Hospital Henri-Rousselle absolviert habe, bleiben die reale Dauer seines Aufenthaltes und die Umstände seiner Einweisung insofern unbestimmt, als die Abteilung für Prophylaxe im Rahmen von Sprechstunden auch nicht-hospitalisierte Patienten empfing. Der Zeitraum zwischen den medizinischen Untersuchungen, denen Genet unterworfen wurde, und der Erstellung eines schriftlichen Gutachtens über seinen Fall läßt dennoch die Annahme zu, daß eine kurzfristige Hospitalisierung stattgefunden haben dürfte.
Die psychiatrische Untersuchung Genets wird von Doktor Jacques Roubinovitch durchgeführt, seines Zeichens Arzt für Psychiatrie in Bicêtre und Leiter der »Abteilung für anormale und zurückgebliebene Kinder« im Hôpital Henri-Rousselle.
Am 31. Oktober 1925 nimmt man zwei verschiedene Laboruntersuchungen an Genet vor, die auf zwei erhaltenen Karteikarten der Abteilung für Prophylaxe verzeichnet werden.

Archiv des Hôpital Henri-Rousselle im Klinikum Sainte-Anne, Dossier Nr. 10543.

Die erste hält folgende Beobachtung fest: »B.W.: negativ«, was bedeutet, daß im Blut des Patienten keine Spuren einer Syphilis-Infektion enthalten sind. Der Zustand der zweiten Karteikarte, die von gleichem Format, aber unleserlich ist, läßt keine Identifi-

zierung von Untersuchungsart und Ergebnissen zu. Aller Wahrscheinlichkeit nach handelt es sich jedoch, wie im vorhergehenden Fall, um die Ergebnisse einer Blutuntersuchung. Beide Schriftstücke weisen schließlich darauf hin, daß die Untersuchungen in der Abteilung Doktor Roubinovitchs stattfanden.
Am 5. November 1925 verfaßt Doktor Roubinovitch ein kurzes Gutachten über Jean Genets psychisches Befinden. Das Manuskript dieses Gutachtens blieb auf Mikrofilm in den Archiven erhalten. Der vollständige Text lautet wie folgt:

> »5. November 1925
>
> Der junge Jean Genet, 15 Jahre alt, weist tatsächlich einen gewissen Grad von Debilität und geistiger Labilität auf, der eine spezielle Überwachung erforderlich macht. Vor einer so weittragenden Entscheidung wie der Einweisung in eine geschlossene Anstalt gehe ich jedoch davon aus, daß eine vorläufige Überantwortung des Jungen an ein Heim, wie etwa jenes in der Rue Vaugirard 379, XV. Arr., versucht werden kann.«

Darüber hinaus existiert ein weiteres handschriftliches Gutachten in Sachen Jean Genet, dessen Text jedoch leider – abgesehen von der Unterschrift Doktor Roubinovitchs – nicht zu entziffern ist.

Links im Bild das Hospital Henri-Rousselle in der Klinischen Anstalt Sainte-Anne in Paris um 1920. (Archiv der Öffentlichen Fürsorge)

Diese Anregung wird befolgt und Jean Genet tatsächlich dem vorgeschlagenen Heim anvertraut. Allerdings geschieht dies erst mehr als einen Monat später. Der Tag seiner dortigen Aufnahme ist der 11. Dezember.

Was den vorangehenden Zeitraum betrifft, so ist es möglich, wenn auch wenig wahrscheinlich, daß Genet im Bereich der Abteilung für Prophylaxe verblieb. Eher schon können wir davon ausgehen, daß er aufgrund einer Kinderkrankheit ins Hospiz für Fürsorgezöglinge, das eine bedeutende Krankenabteilung in seinen Mauern beherbergt, eingewiesen wurde. In einem von A. Bourseiller im Jahre 1982 gefilmten Interview weist Genet selbst auf einen längeren Aufenthalt im Krankenhaus der Öffentlichen Fürsorge hin, der stattfand, als er »ungefähr fünfzehn Jahre alt« war:

> »Und ich war ungefähr fünfzehn Jahre alt, vierzehn, fünfzehn Jahre, und hatte da so eine Krankheit ..., vielleicht recht schlimm oder weniger schlimm, womöglich bloß eine Kinderkrankheit, auf jeden Fall jeden Tag in der Fürsorge, der Öffentlichen Fürsorge. Im Krankenhaus der Öffentlichen Fürsorge brachte mir eine Krankenschwester jeden Tag einen Bonbon und sagte dazu: ›Der kleine Patient aus dem Nebenzimmer schickt ihn dir.‹ Nach einer Weile ging es mir besser, nach zwei Wochen ungefähr, und ich wollte den Jungen sehen, der mir da Bonbons schickte, und mich auch bei ihm bedanken. Und ich sah da einen sechzehn- oder siebzehnjährigen Jungen, der dermaßen schön war, daß alles, was zuvor für mich Bedeutung gehabt hatte, nicht mehr zählte ... Er hieß Divers ...«
>
> *Jean Genet I*, Vidéo-livre, collection ›Témoins‹; Auszüge daraus in ›Nouvel Observateur‹, Nr. 934, 2.–8. Oktober 1982, S. 92–94.

Das Heim für Kinder und Jugendliche

11. Dezember 1925 – Februar 1926

Zur Zeit, als Jean Genet im ›Patronage de l'Enfance et de l'Adolescence‹ untergebracht wird, ist diese private »Wohltätigkeitsgesellschaft zum Schutze moralisch gefährdeter Kinder« das bedeutendste Etablissement seiner Art in Paris.

A. Mourruau, *Visite au Patronage de l'Enfance, 379 rue de Vaugirard*, in der Zeitschrift ›La Revue philanthropique‹, Nr. 404, 15. April 1931, S. 244–247.

Die Institution, die im Jahre 1890 von einer herausragenden Persönlichkeit der damaligen Reformbewegungen und Wegbereiter des Gesetzes von 1912, das die Gründung der Gerichte für Kinder und Jugendliche nach sich zog, dem Richter Henri Rollet,

Henri Rollet (1860–1934), Jugendrichter, Leiter von Wohltätigkeitsverbänden, aktives Mitglied der »Gesellschaft für Kriminologie«. Laut Henri Gaillac verkörperte er »das Prinzip der Patronate«.

gegründet wurde und deren erster Präsident der Schriftsteller Jean Aicard war, existierte bis ins Jahr 1948, nachdem sie zuletzt den Namen ihres Begründers getragen hatte.
Im Jahre 1926 bestand das Heim aus drei Gebäuden (die inzwischen abgerissen wurden) auf einem Grundstück in der Rue Vaugirard 379 im fünfzehnten Arrondissement. Hauptsächlich waren dort Jungen untergebracht, die im Rufe standen, »schwierig« zu sein und in den meisten Fällen von den Gerichten für Kinder eingewiesen wurden. Nach einer Beobachtungszeit, die darauf hinauslief, »zu entscheiden«, so die Terminologie Henri Rollets, »ob Aussicht auf seine baldige Resozialisierung«

Zitiert von Gaillac in *Les Maisons de Correction 1830–1945*, Editions Cujas, 1971, S. 267.

bestünde, wurde das jeweilige Kind bis zur Erreichung der Volljährigkeit in eine überwachte Freiheit entlassen und bei Bauern auf dem Land oder in professionellen Lehrwerkstätten untergebracht.
Von den insgesamt 1390 Jungen unter achtzehn, die in diesem Jahr unter Kontrolle des Patronats standen, wohnten lediglich neunzig im Innern der Anstalt und arbeiteten in den hauseigenen

Werkstätten, weil sie entweder noch unter Beobachtung standen oder aber medizinisch behandelt wurden.
Dem Patronat war eine Klinik für kindliche Neuropsychiatrie angeschlossen, die ihre Untersuchungen in denselben Räumlichkeiten durchführte und erst kurz zuvor, im Jahre 1925, aufgrund einer Übereinkunft zwischen der Medizinischen Fakultät Paris und dem Etablissement Henri Rollets von dem Arzt Georges Heuyer gegründet worden war.

Georges Heuyer (1884–1977), Arzt in verschiedenen Pariser Krankenhäusern, Spezialist für Probleme der Jugendkriminalität, wichtige Persönlichkeit des französischen Psychiatriemilieus.

Jean Genet, der von der Behörde für Fürsorgezöglinge des Departements der Seine dem Heim für Kinder und Jugendliche anvertraut wird, trifft in der Anstalt am 11. Dezember 1925 ein. Am selben Tag wird er in das Register des Jahres 1925 unter dem Namen »Jean Genest« eingetragen.

Archiv des ›Patronage de l'Enfance et de l'Adolescence‹.

Die Rubrik, in welcher üblicherweise Namen und Adresse der Eltern vermerkt werden, wurde nicht ausgefüllt, hingegen ist vermerkt: »Fürsorgezögling der Seine«. Als Geburtsdatum wird der »19. Mai 1910« notiert. Ein dem Register beigelegter kleiner rosa Zettel führt unter dem Namen »Jean Genest« ein ebenso falsches Geburtsdatum an, nämlich den »19. November 1910«.
Während der zwei Monate, die Jean Genet in der Anstalt zubringt, wohnt er auch dort und ist nicht außerhalb untergebracht. Er wird während dieser Zeit aller Wahrscheinlichkeit nach einer Psychiatrischen Behandlung unterzogen (womöglich als Weiterführung der Konsultierung im Hôpital Henri-Rousselle), die in den Räumen der genannten Klinik für kindliche Neuropsychiatrie stattfindet.

Im Januar 1942 wird Genet, zu jenem Zeitpunkt Strafgefangener im Santé-Gefängnis in Paris, beim Patronat Rollet um eine Kopie seines »medizinischen Dossiers« nachfragen. In der Antwort bittet man ihn, sich direkt an Dr. Heuyer zu wenden.

Am 9. Februar 1926 stellt man das Verschwinden Jean Genets aus dem Bereich der Anstalt fest. Die Nachforschungen in der Umgebung bleiben ohne Ergebnis.

Am 11. Februar 1926 greift die Polizei den Ausreißer in Marseille auf. Man reicht ihn unverzüglich an die örtliche Behörde für Fürsorgezöglinge weiter, die ihn bis zur Rückführung nach Paris einsperrt. Das Patronat für Kinder und Jugendliche, das hiervon in Kenntnis gesetzt wird, schließt Jean Genet unverzüglich und nachträglich vom Datum seiner Flucht an aus dem Bereich seiner Fürsorge aus.
Einige Tage später wendet sich die Verwaltung der Öffentlichen Fürsorge des Departements der Seine an die Agentur des Departements der Bouches-du-Rhône und fragt nach, ob Jean Genet nicht den dortigen Behörden der Fürsorge überantwortet werden könne, um die Kosten seiner Rückführung, zu der eine Begleitperson vonnöten ist, zu sparen. Nach einigem Zögern lehnt die Agentur der Bouches-du-Rhône den Vorschlag ab und läßt wissen, daß sie das Kind nicht in ihrer Obhut zu halten, sondern so schnell wie möglich nach Paris zurückzuschicken wünsche.

Das Gefängnis ›La Petite Roquette‹

März – Juni 1926

Jean Genet, der an einem uns nicht bekannten Datum von Marseille nach Paris in den Zuständigkeitsbereich der Behörden für Fürsorgezöglinge des Departements Seine zurückgebracht wird, reißt weniger als einen Monat nach seiner Flucht aus dem Patronat für Kinder erneut aus.

Am 6. März 1926 wird er wieder eingefangen, dieses Mal in Paris, und zwar ohne Fahrkarte in einem »Wagen dritter Klasse der Eisenbahngesellschaft Paris–Orléans vor der Abfahrt nach Bordeaux«. Siehe Anhang II.

Man bringt ihn aufs Polizeirevier und führt ihn noch am selben Tag dem Untersuchungsrichter am Gericht Erster Instanz, Monsieur Glord, vor. Am Ende dieser Zusammenkunft erläßt der Richter einen vorläufigen Haftbefehl, der anweist, »den namentlich aufgeführten Genest, Jean, fünfzehn Jahre alt, beschuldigt der Landstreicherei, bis hin zu neuen Anweisungen in Haft zu belassen«.

Da der 6. März ein Samstag ist, verbringt der Junge die Nächte des sechsten und siebten März höchstwahrscheinlich in einer Zelle des betreffenden Polizeireviers.

Am Montag, den 8. März 1926 wird Jean Genet von einem Wachmann in die Jugendstrafanstalt ›La Petite Roquette‹ überstellt. Er wird dort unter dem Namen »GENEST Jean«, »ohne festen Wohnsitz«, sowie »ohne Beruf« in Haft genommen. Der Anstaltsschreiber vermerkt den Grad seiner Schulausbildung, nämlich »Certificat d'Études«, des weiteren das Glaubensbekenntnis: »katholisch«. Unter der Rubrik der äußeren Merkmale wird die Körpergröße des Jungen notiert: 1m63, und als »besonderes Kennzeichen« wird unterstrichen: »knabbert an den Fingernägeln«.

Der offizielle Haftbefehl gegen Jean Genet, der sich wie bisher in Verwahrung befindet, ergeht am 29. April 1926.

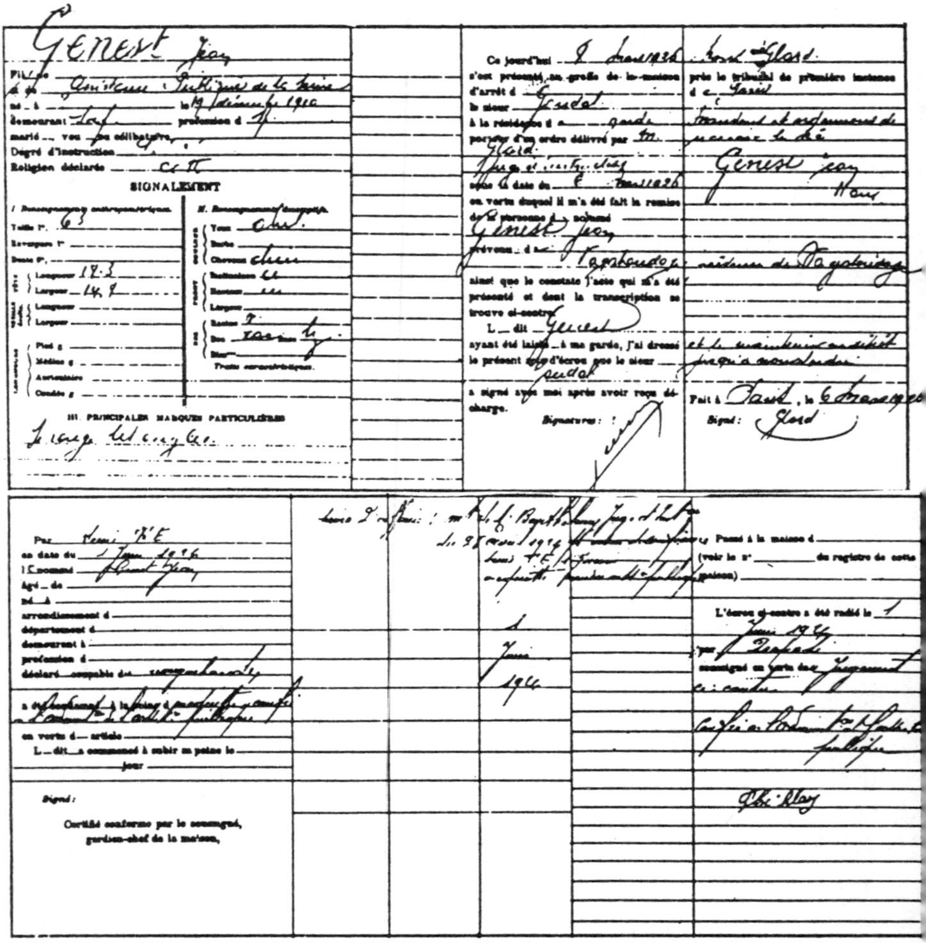

Gefangenenregister des Gefängnisses La Petite Roquette vom 8. März 1926. (Archiv der Stadt Paris)

Am 1. Juni, also beinahe drei Monate nach seiner Verhaftung, verläßt der Junge die ›Petite Roquette‹, um vor dem Kinder- und Jugendgericht des Departments der Seine zu erscheinen. Außer »Landstreicherei« und »Verstoß gegen das Eisenbahngesetz« wird ihm »Vertrauensmißbrauch« vorgeworfen, den er zum Nachteil René de Buxeuils begangen habe.

Vor dem Gericht vernimmt er ohne Zweifel zum ersten Mal in seinem Leben – da der Richter diesen erwähnt – den Vornamen seiner Mutter, Camille, den er eigentlich wegen seines Alters noch nicht hätte erfahren dürfen. Ebenso erfährt er bei der Verle-

sung seines Personenstands, daß er »Sohn eines unbekannten Vaters« sei und im sechsten Arrondissement von Paris geboren wurde.
Das Gericht geht davon aus, daß der Angeklagte »ohne Überlegung gehandelt« habe, und spricht ihn, »in Anbetracht der Tatsache, daß er sich reuig zeigt und zu bessern verspricht«, frei. Es ordnet an, ihn unverzüglich auf freien Fuß zu setzen und den Behörden der Öffentlichen Fürsorge zu übergeben.
Die Begleichung der Gerichtskosten wird ihm allerdings auferlegt.

Siehe Urteilsschrift Anhang II.

La Petite Roquette

»La Roquette ist heute ein Frauengefängnis. Früher war es ein Kloster. Wenn wir darauf warteten, vor das Jugendgericht gerufen zu werden, wurden wir dort behalten, – je in einer engen Zelle, die wir nur für eine Stunde am Tag verließen, um unseren Spaziergang zu machen. Auf dem Hof der Abteilung marschierten wir schweigend im Kreise wie in Mettray und wie hier im Strafsaal.«

Wunder der Rose, Seiten 117–118

Das Gefängnis der Petite Roquette wurde im Jahre 1836 von dem Architekten Abel Blouet nach dem »panoptischen Prinzip«

Michel Foucault, *Überwachen und Strafen – Die Geburt des Gefängnisses*, Frankfurt/M., 1976.

geplant und erbaut, das von einem einzigen zentralen Beobachtungsposten aus die beständige und gleichzeitige Überwachung sämtlicher Häftlinge ermöglichte. Es faßte in seinen Mauern 588 Einzelzellen, die gleichermaßen als Werkstatt, Speise- und Schlafraum für die jungen Häftlinge dienten. 2 Meter 27 hoch, 2 Meter 25 tief und 2 Meter 80 breit,

O. du Mesnil, *Les Jeunes détenus à la Roquette et dans les Colonies agricoles*, Baillière, 1866, S. 14.

waren die Zellen, so wie sich Genet in *Miracle de la Rose* an sie erinnert, tatsächlich bis auf Brusthöhe schwarz gestrichen.

Luftbild des Gefängnisses La Petite Roquette. (Aus Foucault, Surveiller et punir, Gallimard, 1975)

»Und wer hatte sich ausgedacht, die Mauern der Zellen von Petite-Roquette, durch die wir fast alle hindurchgegangen sind, bevor wir nach Mettray kamen, zur Hälfte weiß und zur Hälfte schwarz zu streichen?« (*Wunder der Rose*, S. 64).

Als erstes Gefängnis, das ausschließlich Jugendliche beherbergte, praktizierte die Petite Roquette eine Therapie der totalen Isolationshaft, die seinerzeit in den Kreisen der Reformbewegung sehr »en vogue« war und die Probleme der Gruppenhaft lösen sowie die Delinquenten zum Nachdenken und zur Reue führen sollte.

Den ganzen Tag verbrachten die Sträflinge allein in ihren Zellen. Lediglich während einer Stunde pro Tag durften sie im Gefängnishof spazierengehen, d.h. im Kreis und schweigend. Jeden Morgen hatten sie an der Messe teilzunehmen. Anschließend verteilte ein Lehrer Schulaufgaben, die später abgeliefert werden mußten und korrigiert wurden.

Das Ausmaß an körperlicher und geistiger Zerrüttung der jungen Häftlinge, die sich nach ihrer Entlassung im Alter von einundzwanzig Jahren als untauglich für jedwede Tätigkeit, einschließlich des Militärdienstes, erwiesen, war einer der Gründe, die zur Bildung der landwirtschaftlichen Erziehungsanstalten führte. Von dieser Zeit an wurde die Petite Roquette in erster Linie ein – übrigens arg verwahrloster – Durchgangsort für Minderjährige, die sich in Vorbeugehaft befanden oder darauf warteten, an Erziehungsanstalten weitergeleitet zu werden. Und in diesem Sinne war die Petite Roquette tatsächlich, wie Genet schreibt, »die große Kupplerin für Mettray«.

In *Notre-Dame-des-Fleurs* und *Miracle de la Rose* sind die Passagen zahlreich, die sich auf La Petite Roquette beziehen. Was den letzteren Titel betrifft, so wird man mit größerem Gewinn die Originalausgabe des Romans bei l'Arbalète (1946) konsultieren, da dort die Angaben über das Gefängnis expliziter sind.

In den Jahren 1926–27 beherbergte die Petite Roquette, die ab 1932 zu einem Gefängnis für Frauen umgewandelt wurde, etwa vierhundert jugendliche Vagabunden, die auf ein Gerichtsverfahren warteten.

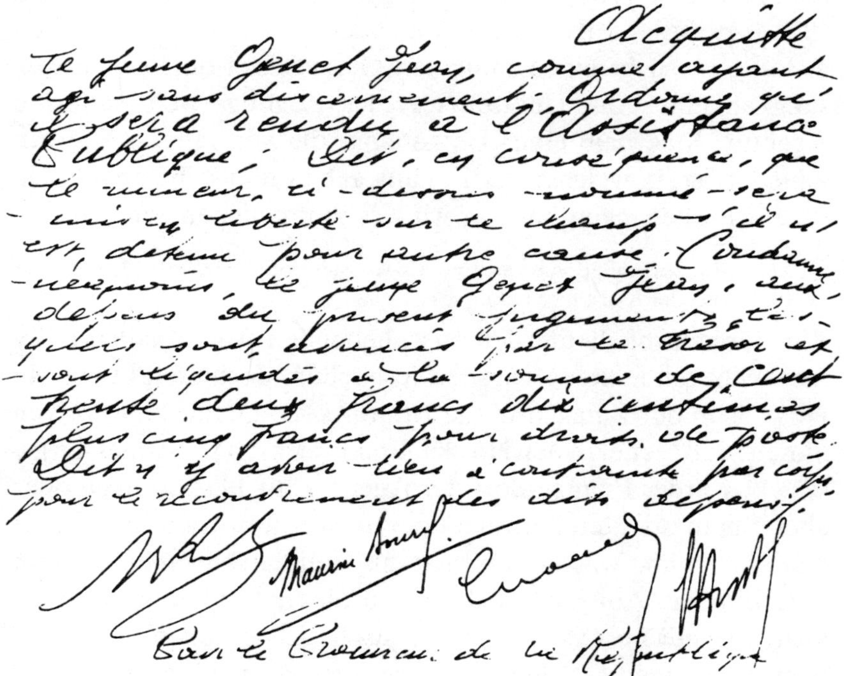
Acquitte
Le jeune Genet Jean, comme ayant agi sans discernement. Ordonne qu'il sera rendu à l'Assistance Publique; Dit, en conséquence, que le mineur ci-dessus nommé sera mis en liberté sur le champ s'il n'est détenu pour autre cause. Condamne néanmoins le jeune Genet Jean aux dépens du présent jugement, lesquels sont avancés par le Trésor et sont liquidés à la somme de cent trente deux francs dix centimes plus cinq francs pour droits de poste. Dit n'y avoir lieu à contrainte par corps pour le recouvrement des dits dépens.
Pour le Procureur de la République

Letzter Absatz der Urschrift des Genet freisprechenden Urteils vom 1. Juni 1926. (Archiv der Stadt Paris)

Abbeville

Juni – Juli 1926

Nach Jean Genets Entlassung aus der Petite Roquette nimmt sich die Öffentliche Fürsorge der Seine wieder seiner an. Wohl schreibt man ihn noch nicht der Kategorie der »bösartigen Zöglinge« zu (wie sie ein Gesetz vom 28. Juni 1904 festlegt), doch rechnet man ihn jetzt gewiß zu jener der »schwer erziehbaren Zöglinge«, für die die Verwaltung der Fürsorge gesonderte Maßnahmen vorgesehen hat.

Und so wird wohl für ihn das letzte übliche Behandlungsregister gezogen, das man sich für undisziplinierte Zöglinge vorbehält, bevor sie in geschlossene Erziehungsanstalten oder Strafkolonien geschickt werden. Der Rechenschaftsbericht aus dem Jahre 1926 legt dieses letzte Mittel folgendermaßen dar: »... die Verwaltung versucht einen radikalen Ortswechsel durch Überweisung an eine vom Herkunftsort des Zöglings weit entfernte Agentur. Innerhalb einer Umgebung, die von jener völlig verschieden ist, in welcher der Zögling gelebt und seine ersten Verfehlungen begangen hat ..., wird es ihm gelingen, sich zu bessern«.

Rapport du Service des Enfants-Assistés pour l'année 1926, S. 94 (Archiv der Assistance Publique).

Wir konnten bis heute den anschließenden Aufenthaltsort Genets nicht mit letzter Sicherheit feststellen, doch erlaubt uns ein Hinweis in der Zeitschrift ›Le Briard‹ vom 23. Juli 1926, zu vermuten, daß Genet in den Norden Frankreichs, nach Abbeville geschickt wurde. Er mag dort der Agentur für Plazierungen oder aber einem privaten Patronat überantwortet worden sein, bevor man ihn, in überwachter Freiheit, als Gehilfen bei einem Bauern unterbrachte. Auf jeden Fall scheint dieser Umgebungswechsel nicht die gewünschte Besserung nach sich gezogen zu haben, denn etwa einen Monat nach dieser neuerlichen Unterbringung läuft Genet von dem betreffenden Bauernhof davon und verschwindet abermals von der Bildfläche.

Meaux

19. Juli – 2. September 1926

Am 19. Juli 1926 wird Genet von einem Fahrkartenkontrolleur in einem Zug von Paris nach Meaux aufgegriffen. Da er weder im Besitz einer Fahrkarte ist, noch Geld hat, übergibt man ihn der Polizei von Meaux. Dort wird vom zuständigen Beamten zunächst ein Protokoll aufgenommen, bevor man den Jungen dem Untersuchungsrichter am Gericht Erster Instanz, Monsieur de la Chesnay, vorführt. Dieser verfügt im Anschluß an das Verhör gegen Genet – »angeklagt der Landstreicherei sowie des Vergehens gegen die Eisenbahnordnung« – einen vorläufigen Haftbefehl.
Im Laufe desselben Tages überstellt ihn ein Polizeibeamter der Strafanstalt von Meaux. Im Aufnahmeprotokoll führt der Gefängnisschreiber den Personenstand des Häftlings wie folgt auf: »Sohn des X und der X«, »Zögling der Öffentlichen Fürsorge«, »ohne festen Wohnsitz«, »ohne Beruf«, »ledig«, »des Lesens und Schreibens kundig«, »Religion: katholisch«. Es folgt eine vollständige anthroprometrische Auflistung: Körpergröße, Kopfmaße, Dimensionen des linken Fußes, des linken Mittelfingers, des linken Ellenbogens, sowie Stirn, Nase und rechtes Ohr, ferner die Beschreibung der Gesichtskonturen und der Augenbrauen, der linken Iris, Haare und so fort. Ebenso wird eine Bestandsaufnahme der Kleidung des Häftlings bei seiner Ankunft vorgenommen:

- 1 khakifarbenes Baumwollhemd,
- 1 graue Drillichjacke,
- 1 graue Hose,
- 1 graue Schirmmütze,
- 1 marineblaue Baskenmütze,
- 1 Paar gelbe Stiefel,
- 1 Paar graue Wollstrümpfe.

Am 23. Juli 1926 erscheint in der Tageszeitung ›Le Briard‹, Ausgabe Meaux, auf der zweiten Seite unter dem Titel »Kleiner Landstreicher« folgende Information:

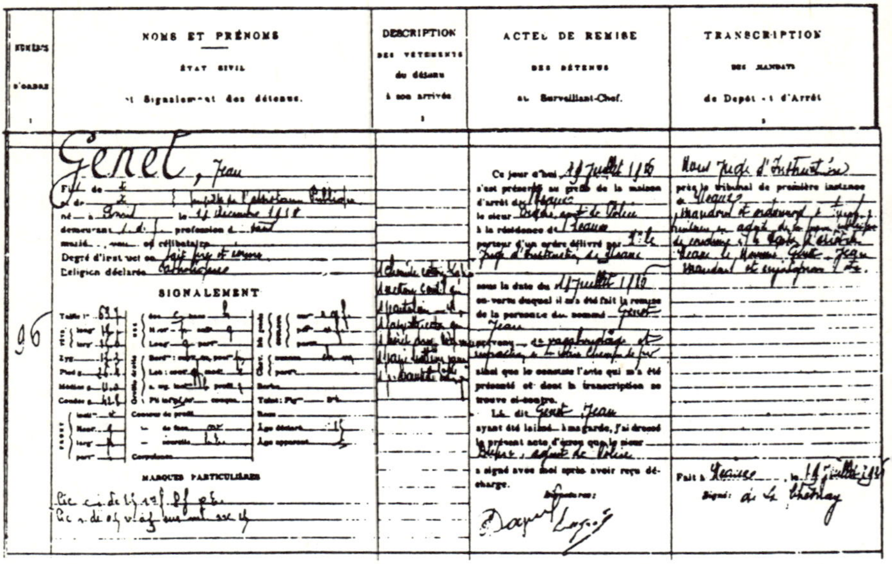

Numéros d'ordre	NOMS ET PRÉNOMS — ÉTAT CIVIL et Signalement des détenus.	DESCRIPTION des vêtements du détenu à son arrivée	ACTES DE REMISE des détenus au Surveillant-Chef.	TRANSCRIPTION des mandats de Dépôt et d'Arrêt
96	Genet, Jean		Ce jour d'hui 19 juillet 1926 s'est présenté au greffe de la maison d'arrêt de Meaux … porteur d'un ordre délivré par M. le Juge d'Instruction de Meaux sous la date du 19 juillet 1926 en vertu duquel il a été fait la remise de la personne du nommé Genet Jean prévenu de vagabondage … ainsi que le constate l'acte qui m'a été présenté et dont la transcription se trouve ci-contre. Le dit Genet Jean ayant été laissé à ma garde, j'ai dressé le présent acte d'écrou … a signé avec moi après avoir reçu décharge.	Nous Juge d'Instruction près le tribunal de première instance de Meaux … Fait à Meaux le 19 juillet 1926 Signé: …

Gefangenenregister der Haftanstalt Meaux vom 19. Juli 1926. (Strafjustizverwaltung, Justizministerium)

»Ein junger Fürsorgezögling, Jean Genet, fünfzehn Jahre alt, der aus dem Patronat von Abbeville, wo man ihn untergebracht hatte, entlaufen war, wurde in einem von Paris kommenden Zug aufgegriffen, natürlich ohne Fahrkarte und Geld.
Bevor über sein weiteres Schicksal entschieden wird, überstellte man den Jungen der Strafanstalt Meaux.«

›Petit Vagabond‹, in ›Le Briard‹, Ausgabe Meaux, 40. Jgg., Nr. 56, 23. Juli 1926, S. 2. Urschrift des Urteils s. Anhang II.

Am 25. August 1926 verläßt Jean Genet die Strafanstalt, um vor dem Gericht für Kinder und Jugendliche zu erscheinen, das »bei beschränkter Zulassung der Öffentlichkeit« tagt. Es werden zwei Anklagepunkte gegen ihn vorgebracht: »Landstreicherei« und »Vergehen gegen die Eisenbahnordnung«. Die Urteilsbegründung erwähnt den Umstand, daß der Angeklagte aufgrund des gleichen Motivs »bereits verfolgt« wurde.
Das Gericht beschließt nach Beratung, »Genet freizusprechen, da er ohne Einsichtsfähigkeit gehandelt« habe. Es verfügt allerdings auch, daß er »bis zum Erreichen der Volljährigkeit in überwachter Freiheit in die landwirtschaftliche Erziehungsanstalt von Mettray eingewiesen« werde.

Von diesem Urteil berichtet am 27. August 1926 unter der Rubrik *Police Correctionelle de Meaux* die Zeitschrift ›Le Briard‹, Ausgabe Meaux:

»Termin in Feriensachen am 25. August 1926. Im Anschluß an eine Verhandlung unter Ausschluß der Öffentlichkeit beschließt das Gericht die Einweisung zweier Kinder im Alter von fünfzehn Jahren, Gabriel V. und Jean G., wegen des Delikts der Landstreicherei in die Erziehungsanstalt von Mettray. Der erstere war von dem Bauernhof, auf dem ihn die Fürsorge untergebracht hatte, weggelaufen, während der zweite lediglich aus dem Haushalt seiner Mutter, einer Witwe, entwichen war, und diese ihn, aufgrund seines ständigen Ungehorsams, nicht mehr bei sich aufnehmen will.« (Es ist deutlich ersichtlich, daß der Journalist die Fälle der beiden Kinder, die am gleichen Tage verhandelt wurden, untereinander verwechselte.)

Police Correctionelle de Meaux – Audience de vacation du mercredi 25 août 1926, in ›Le Briard‹, Ausgabe Meaux, 40. Jgg., Nr. 66, 27. August 1926, S. 3.

Am 2. September 1926 verläßt Jean Genet nach fünfundvierzigtägiger Haft das Gefängnis von Meaux. Das Anstaltsregister verzeichnet seine Überstellung ins »Patronat von Mettray«.

Der Junge wird einem Aufseher der Erziehungsanstalt, Monsieur Levêque, anvertraut, dessen Aufgabe es ist, ihn während der Fahrt nach Mettray zu überwachen, damit er sicher an seinen künftigen Verwahrungsort gelange.

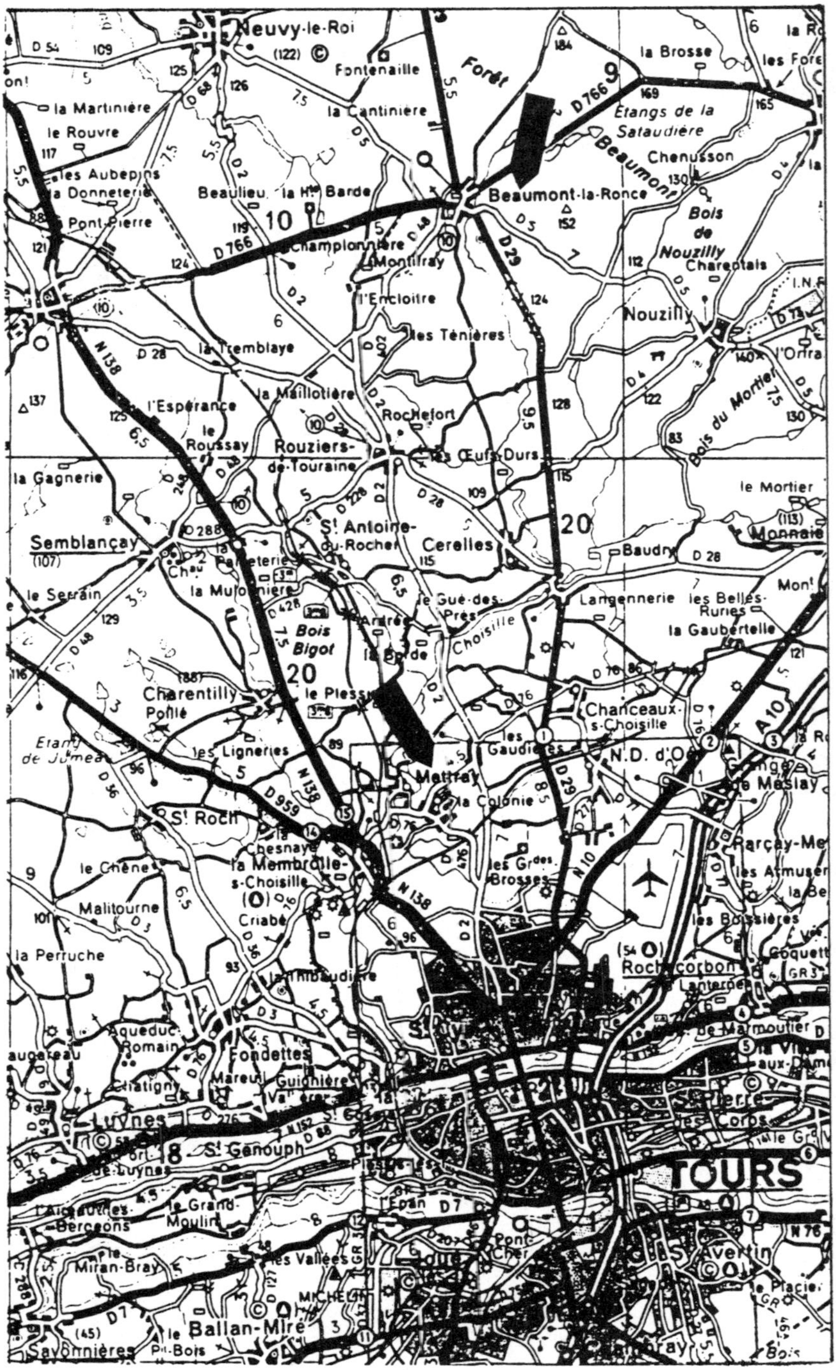
Neuvy-le-Roi
Fontenaille
la Cantinière
Forêt
la Brosse
Étangs de la Sataudière
la Martinière
le Rouvre
les Aubépins
la Donneterie
Pont-Pierre
Beaulieu
la Hte Barde
Beaumont-la-Ronce
Chenusson
Bois de Nouzilly
Charentais
Nouzilly
la Championnière
Montifray
l'Encloître
les Ténières
la Tremblaye
l'Espérance
le Roussay
la Maillotière
Rochefort
Rouziers-de-Touraine
les Œufs Durs
Bois du Mortier
l'Orfra
la Gagnerie
le Mortier
Monnaie
Semblançay
St Antoine-du-Rocher
Cerelles
Baudry
la Parqueterie
la Mulotière
le Serrain
Langennerie
les Belles-Ruries
la Gaubertelle
Bois Bigot
la Borde
le Gué-des-Prés
Choisille
Charentilly
Poillé
le Plessis
Chanceaux-s-Choisille
les Gaudières
N.D. d'Oé
Étang de Jumeau
les Ligneries
Mettray
la Colonie
Meslay
St Roch
la Chesnaye
la Membrolle-s-Choisille
le Chêne
les Grdes Brosses
Parçay-Meslay
Malitourne
Criabé
les Bossières
la Perruche
la Thibaudière
Rochecorbon
Aqueduc Romain
Fondettes
Guignière
Lanterne
Marmoutier
Chatigny
Luynes
St Genouph
St Pierre-des-Corps
TOURS
Bergeons
Grand Moulin
l'Épan
Pont-Cher
Miran-Bray
les Vallées
St Avertin
Savonnières
le Ballan-Miré
Pt Bois
MICHELIN

Die landwirtschaftliche Strafkolonie von Mettray

»Mettray . . ., das meine Kindheit war.«
Wunder der Rose, Seite 16

Die Strafkolonie von Mettray, in die Jean Genet im Herbst 1926 eingeliefert und in der er zwei Jahre und sechs Monate seines Lebens verbringen wird, ist, wie man weiß, einer der zentralen Orte seines Werkes und seiner Lebensgeschichte. Über den Roman *Miracle de la Rose*, der diesem Ort fast gänzlich gewidmet ist, sowie über den Essay *Das kriminelle Kind* hinaus, der sich weitgehend aus der Kenntnis desselben inspiriert, lastet die Erinnerung an Mettray auf den meisten der Bücher Genets und wird immer wieder in den Interviews heraufbeschworen, die der Autor im Laufe seines Lebens gab, – zuletzt ein Jahr vor seinem Tod in einer von der BBC produzierten Fernsehsendung, *Saint-Genet*, die am 16. April 1985 in England ausgestrahlt wurde. Ja, Genet hatte sogar im Januar 1982 begonnen, die ersten Aufnahmen für einen geplanten Film zu drehen, der die Geschichte der Kolonie von Mettray seit ihrer Gründung skizzieren sollte. Ein Jahr zuvor hatte er für diesen Film ein umfangreiches Drehbuch mit dem Titel *Le Langage de la Muraille*, die Sprache der Mauern geschrieben.

Dieses Drehbuch ist bisher unveröffentlicht. Die Arbeit am Film wurde kurz nach Beginn der Dreharbeiten abgebrochen; einige Sequenzen, die im Innern der Kolonie aufgenommen worden waren, blieben jedoch erhalten. Für die Vorarbeiten zum Drehbuch stellte Genet eine ausführliche Dokumentation zusammen, in der die Werke *Les maisons de corrections* (s. o.) von Henri Gaillac und *Surveiller et punir* von Michel Foucault (s. o.) auffallen, die von Genet durchgearbeitet und mit Randbemerkungen versehen wurden.

Durch die Sprache des Dichters verherrlicht und so zu literarischer Würde erhoben, scheint Mettray heute auf dem besten Wege, ein quasi mythischer Ort zu werden und in einer semi-imaginären Geographie Frankreichs seinen Platz neben Combourg und Balbec einzunehmen. Die Geschichte der Kolonie – und sei es nur aufgrund des engen Verhältnisses, das diese mit dem Werk Genets verbindet – verdient es, daß wir uns hier gesondert mit ihr befassen. Daher wollen wir, bevor der Faden der Chronologie wieder aufgenommen wird, die Strafanstalt im einzelnen genauer vorstellen.

Acht Kilometer vor den Toren der Stadt Tours gelegen, im Departement Indre-et-Loire, »in der schönsten Gegend der schönen Tourraine«, wie Genet schreibt,

Wunder der Rose, Seite 16.

war die landwirtschaftliche Strafkolonie von Mettray beinahe ein ganzes Jahrhundert lang, von 1840 bis 1939, die prestigeträchtigste der Anstalten zur Wiedereingliederung von, wie es heißt, auf die schiefe Bahn geratenen Kindern – und vor allem die erste ihrer Art –. Ihre Gründung, die sich aus den reformerischen und philanthropischen Geistesbewegungen zur Zeit Louis-Philippes herleitet, erregte großes Aufsehen und wurde von den besten Köpfen jener Epoche, von Tocqueville bis Lamartine, als herausragendes Ereignis gefeiert.

A. de Tocqueville und A. de Lamartine gehörten, seit dessen erstem Zusammentreten im Jahre 1839, dem Verwaltungsrat der Kolonie an. Der Auflistung der Besucher und Wohltäter Mettrays, die auf den Mauern der Anstaltskapelle zu lesen ist, lassen sich Namen wie Arago, Saint-Hilaire, Girardin, Gladstone, Guizot, Hachette, La Fayette, Ledru-Rollin u. a. entnehmen.

Der Erfolg und der ihm nachfolgende Ruhm der Kolonie verbreitete sich so rasch, daß schon bald nach ihrem Vorbild und zuweilen unter ihrem Namen in ganz Europa und selbst in Amerika zahlreiche andere Anstalten gegründet wurden.

Mehrere Kolonien haben so, als hommage an ihr Vorbild, den Namen Mettray getragen. Eine von ihnen existiert heute noch in den Vereinigten Staaten.

Als unbestreitbar bahnbrechende Wohltätigkeitseinrichtung ihrer Zeit bleibt Mettray noch lange – auch hinsichtlich ihrer landwirtschaftlichen Bebauungstechniken – ein Vorbild für gelungene Ordnung und Organisation, bevor die Anstalt schließlich mehr und mehr herunterkommt und zu Beginn dieses Jahrhunderts dermaßen abgewirtschaftet ist, daß sie in den verheerenden Ruf eines »Kinderbagnos« gelangt, das in breit angelegten Pressekampagnen wiederholt angeprangert wird. Ein Diffamierungsprozeß, der im Jahre 1937 von den Verwaltern Mettrays

Ansicht der Strafkolonie Mettray zur Zeit ihrer Gründung (Zeitgenössischer Kupferstich).

gegen einen berühmten Journalisten jener Zeit, Alexis Danan (den Genet anläßlich dieser Gelegenheit kennenlernte), angestrengt und alsbald verloren wird, läutet die letzte Stunde der Institution ein.

Genet erwähnt diese Episode in der Erstausgabe von *Miracle de la Rose* (Décines 1946, L'Arbalète, S. 457). Das Zusammentreffen Genets mit Danan wurde uns auch von der Tochter des letzteren bestätigt. Der besagte Prozeß war nicht frei von politischen Hintergedanken. Um 1936/37 war Mettray eine Art ideologischer Kampfplatz geworden, auf dem sich die damalige neue Regierung der Volksfront, vertreten durch den sozialistisch eingestellten Journalisten Alexis Danan, mit dem äußerst konservativen Verwaltungsrat der Kolonie maß, dessen Vorstand seinerzeit Joseph Barthélémy war, Alterspräsident der Juristischen Fakultät von Paris und späterer Justizminister der Vichy-Regierung.

Infolge einer von der öffentlichen Hand verordneten Untersuchung entzogen das Justizministerium wie auch die Öffentliche Fürsorge der Kolonie ihr Vertrauen, woraufhin diese im März 1939 ihren wirtschaftlichen Bankrott erklären und sämtliche Tätigkeiten einstellen mußte.

Die Kolonie von Mettray, von der »Paternelle«, der »Väterlichen«, verwaltet und unter staatlicher Kontrolle stehend, war genau ein Jahrhundert vor ihrer Schließung, im Jahre 1839, gegründet worden. Ihrem ersten Verwaltungsrat stand der Comte de Gasparin vor, ein ehemaliger Innenminister und »Pair de

Frédéric-Auguste Demetz. (Zeitgenössischer Kupferstich)

France«. Die offizielle Einweihung der Kolonie (der im Drehbuch Genets übrigens eine der einleitenden Szenen gewidmet ist) fand am 22. Januar 1840 statt. Künftige Insassen nahmen allerdings nicht daran teil, da der erste Konvoi mit acht jungen Häftlingen, die aus der fünfzig Kilometer entfernten Strafanstalt von Fontevrault nach Mettray verlegt wurden, erst am nächsten Tag ankam.

Wie man weiß, macht die Beziehung, in der Mettray und Fontevrault miteinander stehen, eines der wesentlichen Kräftefelder in *Wunder der Rose* aus. Wie man also an dieser Stelle feststellen kann, unterhielt die Kolonie seit ihrer Gründung tatsächlich eine enge Verbindung mit der Strafanstalt. (So kamen etwa die grauen Sonntagsuniformen der Insassen von Mettray aus den Schneiderwerkstätten des Zuchthauses in Fontevrault.) Genet vermindert allerdings die geographische Entfernung zwischen den beiden Anstalten, denn diese beträgt keineswegs »zwanzig oder fünfundzwanzig Kilometer«, wie er in *Wunder der Rose* auf S. 103 verlauten läßt, sondern etwas mehr als fünfzig Kilometer.

Als erste Leiter der Anstalt wirkten gemeinschaftlich ihre beiden wichtigsten Gründer, Demetz und Courteilles. Sie werden häufig von Genet erwähnt

So etwa in *Wunder der Rose* auf den S. 181, 182, 216 ff.; ebenfalls in *Genet I*, vidéo-livre, Collection ›Témoin‹.

Vicomte Louis Hermann de Brétignières de Courteilles. (Zeitgenössischer Kupferstich)

und tauchen ebenfalls unter den wesentlichen Figuren des Filmprojekts *Le Langage de la Muraille* auf.

Frédéric-Auguste Demetz (1796–1873), Berater am königlichen Hof in Paris, kann als der eigentliche Ziehvater der Kolonie betrachtet werden. Er konzipierte sein Projekt im Anschluß an eine im Auftrag der Regierung durchgeführte Mission in den Vereinigten Staaten, England und Deutschland, wo das System der landwirtschaftlichen Strafanstalten seit neuestem vermehrt zur Anwendung kam. Sein ehemaliger Schulkamerad, der Vicomte Louis Hermann de Brétignières de Courteilles (1797–1852), Offizier des »Étoile Polaire« und Großgrundbesitzer, stiftete das siebenhundert Hektar große Gebiet, auf dem die Kolonie eingerichtet wurde.

Die beiden Begründer stellten ihr Leben in den Dienst der Verwaltung der Anstalt, deren Leiter Demetz vierunddreißig Jahre lang blieb. Courteilles, der relativ früh starb, wurde seinem Wunsch gemäß auf dem kleinen Friedhof der Kolonie bestattet.

Wunder der Rose, Seite 216.

Es gebietet sich schließlich, außer den beiden Schirmherren noch den Regierungsarchitekten und Generalinspektor der Strafanstalten Abel Blouet zu erwähnen, der die Pläne der Kolonie erstellte und die Bauarbeiten überwachte (und dessen Talente Genet bereits einige Monate vor seinem Eintreffen in Mettray bewundern konnte, nämlich im Gefängnis der Petite Roquette).

Anspruch

Der offizielle Anspruch der Anstalt, welcher im Jahre 1853 durch ein Dekret Napoleons III der Status der Gemeinnützigkeit zuerkannt wurde, wird im Artikel 1 ihrer Statuten deutlich ausgeführt.

Die ›Paternalistische Gesellschaft für moralische, landwirtschaftliche und berufliche Erziehung junger Häftlinge‹ hatte zum Ziel:

»1. Eine wohlwollende Vormundschaft über Kinder auszuüben, die aufgrund mangelnder Urteilsfähigkeit von den Gerichten freigesprochen und ihr gemäß ministerieller Verfügung von 1832 von der Administration anvertraut wurden; diesen in beaufsichtigte Freiheit entlassenen und in einer Agrarkolonie aufgenommenen Kindern zu einer moralischen und religiösen Erziehung sowie zu einer elementaren Grundschulausbildung zu verhelfen; ihnen eine berufliche Ausbildung zu geben, sie an landwirtschaftliche Arbeit zu gewöhnen und sie anschließend auf dem Lande, bei Handwerkern oder Landwirten unterzubringen.

2. Das Verhalten dieser Kinder zu überwachen und ihnen durch Schirmherrschaft alle mögliche Hilfe, solange sie ihrer bedürfen, zuteil werden zu lassen.«

Bulletin de la Colonie agricole, Generalversammlung der Gründungsmitglieder in Paris am 20. Mai 1841 (Tours, 1841), S. 1.

Darüber hinaus bestimmten weitere, allgemeiner gehaltene Mo-

tive die Gründung der Kolonie, von denen wir hier drei besonders hervorheben wollen.
Das erste ist zweifellos humanitärer Natur. Es handelte sich anfangs darum, so schnell wie möglich jene katastrophalen Auswirkungen wieder gutzumachen, welche die Einkerkerung jugendlicher Straftäter in isolierter Einzelhaft oder in allgemeinen Zuchthäusern auf deren moralische wie physische Gesundheit hinterlassen hatte. Die Kolonie proklamierte die wesentlichen Prinzipien des modernen Jugendstrafvollzugs und führte sie durch, nämlich die räumliche Trennung von Erwachsenen und Minderjährigen, das Leben an der frischen Luft sowie eine berufsmäßige Ausbildung der Häftlinge.
Das zweite Motiv ist, unter der Feder der Geschichtsschreiber des neunzehnten Jahrhunderts, bereits ambivalenterer Natur und mag folgendermaßen interpretiert werden:

Siehe: Louis Chevalier, *Classes laborieuses et classes dangereuses à Paris pendant la première moitié du 19e siècle*, Plon, 1958.

Das System der Strafkolonien lieferte, in juristischer wie verwaltungstechnischer Hinsicht, eine unerhoffte Lösung für das heikle Problem der Freisprüche »aufgrund mangelnder Urteilsfähigkeit« der kleinen Landstreicher und Bettler, die sich als Produkte der beginnenden Industrialisierung in den Städten auf gefährliche Weise vermehrten und deren legale Internierung in den herkömmlichen Gefängnissen immer mehr Probleme aufwarf. Die Kolonien mit ihrem System der »beaufsichtigten Freiheit« machten hingegen eine Art Sicherheitsverwahrung möglich, die sich in manchen Fällen bis über zehn Jahre hinziehen konnte.

Hieraus resultierte auch der paradoxe Zustand, daß von den Gerichten verurteilte Kinder in den Strafkolonien ihre Haft verbrachten, die in keinem Falle eine Dauer von zwei Jahren überschreiten durfte, während solche Kinder, die »aufgrund mangelnder Urteilsfähigkeit« freigesprochen worden waren, dort bis zu ihrem einundzwanzigsten Lebensjahr festgehalten werden konnten. Die Rechnung ist schnell gemacht, wenn man weiß, daß sich in Mettray, im Widerspruch zur offiziellen Rechtsprechung, auch siebenjährige Kinder befanden.

Zu guter Letzt war die ›Paternalistische Gesellschaft‹ als Privatunternehmen, das nur zum Teil vom Staat subventioniert wurde, wie jedes Unternehmen darauf aus, für seine Besitzer Gewinn zu schaffen. Die Behauptung Genets, derzufolge »Demetz und seine Nachfolger sich ein enormes Vermögen erwirtschaftet« hätten, bedarf selbstverständlich der Nachprüfung.

Genet I, vidéo-livre.

Ein Brief des Gründers von Mettray an den Marquis de Gouvello anläßlich der Eröffnung der neuen Kolonie, der durchblicken läßt, daß »immens viel Geld zu verdienen« sei, wenn das Projekt gelänge, erlaubt allerdings auch den Rückschluß, daß das System der Kolonien tatsächlich auch vom finanziellen Aspekt her interessant gewesen sein dürfte. Diese Vermutung scheint durch die Aussage eines späteren Leiters der Anstalt bestätigt zu werden; dieser, Louis Nicolas Blanchard, merkte an, daß die Gründung einer Strafkolonie »die Genugtuung verschaffe, zur gleichen Zeit ein gutes Werk zu tun und ein gutes Geschäft zu machen, da die Arbeit der Kinder hinreichend gewinnträchtig« sei.

Die Zitate stammen aus der bisher unveröffentlichten Arbeit *Étude sur la Colonie Agricole de Mettray* von Jean-Michel Dubois (September 1985), von der sich eine Kopie im Fonds Genet in der BLFC befindet.

Methoden

Die Gründung der Kolonie kann vor allem deshalb der großen Bewegung für eine allumfassende Strafrechtsreform, die in der Mitte des 19. Jahrhunderts ihren Ausgang nahm, zugeordnet werden, weil ihr erklärtes Ziel eher die moralische Besserung der Straftäter war, als ihre Bestrafung. Zu diesem Zwecke hatten die Gründungsväter in Mettray ein Regelsystem konzipiert, dessen Anwendung und Methodik im Laufe des hundertjährigen Bestehens der Anstalt relativ wenig Veränderungen erfuhr.
Zunächst die *Arbeit in der Landwirtschaft*: an erster Stelle aller Mittel der Umerziehung stand Arbeit, und als solche vor allem »die kräftigende Arbeit des Ackerbaus«, die, laut Demetz, »am geeignetsten ist, die Unordnung des Geistes zu beruhigen«.

Zitiert in: *Dossier – La Colonie pénitentiaire agricole de Mettray*, in der Zeitschrift ›Le Magazine de la Touraine‹, Nr. 8, Oktober 1983, S. 3.

Pavillons der Kolonie Mettray im heutigen Zustand. (Foto: BLFC)

Der Leitspruch der Kolonie gibt vorzüglich die Lebensphilosophie wieder, aus der sich ihre pädagogischen Grundsätze herleiteten: ›Den Menschen mittels der Erde veredeln wie die Erde mittels des Menschen‹.

Zitiert aus der gleichen Quelle.

Dementsprechend war der ganze Lebensbereich der Anstaltsinsasssen auf die landwirtschaftliche Tätigkeit hin ausgerichtet, welche die doppelte Tugend in sich barg, gleichzeitig moralisch aufbauend und materiell ertragreich zu sein. Zwei Drittel der Kolonisten waren ihr unterworfen, während die übrigen in den Werkstätten ein Handwerk erlernten und Produkte herstellten wie Stricke, Bürsten oder landwirtschaftliche Geräte, die außerhalb der Anstalt verkauft wurden. Die schulische Ausbildung nahm, da als weniger nützlich erachtet, nur einen zweitrangigen Platz ein. Etwa eine Stunde pro Tag wurden Grundschulkenntnisse vermittelt, was sich zu jener Zeit, in der Genet sich in Mettray aufhielt, auf eine beaufsichtigte Lesestunde in einem großen Gemeinschaftssaal reduziert hatte.

Nach J. M. Dubois, s. o.

Der Familiensinn. Da die Mehrzahl der Kolonisten von ihren Eltern im Stich gelassen worden oder Waisenkinder waren (»In Mettray hat niemand Verwandte« heißt es in *Wunder der Rose*, Seite 221), unternahm die Kolonie den Versuch, diesen Mangel »der allerersten sozialen Bindung« zu ersetzen, indem sie sich selbst eine quasi stellvertretende Struktur gab.

Auguste Cochin, *Mettray en 1846*, Plon, 1847, S. 7.

Die Kinder wurden in »Familien« genannte Gruppen von dreißig bis vierzig etwa gleichaltrigen Kolonisten eingeteilt und als »Brüder« bezeichnet. Eine solche Gruppe war in einem »Familienhaus« untergebracht, das sich von den anderen Familienhäusern jeweils unterschied und sich unter der Aufsicht eines Vorstehers befand, der als »Oberhaupt der Familie« galt. Diesem wurde ein

Eine Zöglings-»Familie« in Mettray, Postkarte. (Aus: *Le Magazine de Touraine*, Nr. 8, Oktober 1983)

junger Kolonist beigestellt, der von seinen Kameraden gewählt wurde und den Rang eines »ältesten Bruders« besaß.
Religion und Ehrenkult. »Nichts anderes als die Kraft der Religion kann zur Besserung der Kriminellen führen.«

Zitiert nach ›Le Magazine de la Touraine‹ (s. o.), S. 7.

Mit diesem Leitsatz, der von einem der geistigen Väter der Kolonie, Alexandre de Tocqueville, stammt, wurde in Mettray streng über die religiöse Erziehung der Kolonisten gewacht. Diese hatten regelmäßig an der Messe teilzunehmen und wurden darüber hinaus im Katechismus unterrichtet. Genet erinnert sich: »In Mettray betete man genau achtmal am Tage« (*Wunder der Rose*, Seite 127). Die Kirche mit ihrem hohen Glockenturm, der, wie ›Le Magazine de la Touraine‹ schreibt, »weithin sichtbar« war, »vergleichbar einem Leuchtturm der Heilsbringung«, war im Zentrum der Kolonie errichtet worden, »in jedermanns Blickfeld, so daß niemand einen Zweifel über den religiösen Charakter der Stiftung hegen« konnte.

Le Magazine de la Touraine, S. 7.

Gleichermaßen hatte der Ehrbegriff seinen besonderen Platz in Mettray. »Rechtschaffenheit bricht Bahnen« war eine der bevorzugten Maximen des Baron Demetz.

Zitiert nach *Mettray. Colonie pénitentiaire. Maison paternelle*, Plon, 1866, S. 18.

Den Versprechungen und feierlichen Eiden, welche die Kolonisten leisten mußten, wurde eine außergewöhnliche Bedeutung beigemessen. Daher wurden auch Lügen, stärker noch als Diebstahl, mit äußerster Strenge bestraft.

In dem Artikel *Une Visite à Mettray* von Charles Sauvestre in ›Le Magazine de la Touraine‹ (s. o.) heißt es: »Die Lüge wird in Mettray als das schlimmste aller Vergehen betrachtet, als ein noch größerer Frevel als der Diebstahl, da der Diebstahl durch äußere Umstände bedingt sein kann, was bei der Lüge nicht der Fall ist.«

Permanente Beaufsichtigung. Entsprechend der räumlichen Struktur der Anstalt, die so konzipiert worden war, daß keinerlei Bewegung im Innern der Kolonie den Blicken der Aufseher entgehen konnte, wurde die zeitliche Beschäftigung der Insassen so organisiert, daß ihnen weder Freiraum noch Freizeit blieb. Müßiggang wurde als das Schlimmste aller Laster betrachtet, als Ursprung und Grund aller Straffälligkeit, und daher in allen seinen Formen gnadenlos bekämpft. Erholungspausen waren kurz, Spiele gab es so gut wie keine. Untätigkeit wurde bestraft. Über die Sonntage in Mettray schrieb Auguste Cochin: »Es gibt keine einzige Stunde dieses Tages, die nicht auf nützliche Weise angefüllt wäre«.

Auguste Cochin (s. o.), S. 21.

Dementsprechend wurde die Kolonie zu einem perfekt geregelten Organismus, der dermaßen wirksam in sich selbst geschlossen funktionierte, daß ein äußerer Abschluß überflüssig wurde. Mettray hatte keine Außenmauern: »Kein bewaffnetes Wachpersonal, keine Außenmauer, keine Schlösser und somit keinen anderen Schlüssel, wie auf spirituelle Weise formuliert wurde, als jenen der Felder.«

Auguste Cochin, s. o.

Die Disziplin. Laut Demetz sollte die Disziplin in Mettray »väterlich und streng« sein. Sie durchdrang jeden denkbaren Lebensbereich der Kolonisten; sie wurden einem Regelsystem unterworfen, welches »ohne das der Klöster, der Gefängnisse, der Internate oder der Kasernen zu sein, doch von allen diesen inspiriert war«.

Auguste Cochin, s. o.

Bis zum Ersten Weltkrieg, und insbesondere während der Amtszeit des Anstaltsleiters und ehemaligen Fregattenhauptmanns Cluze, diente vor allem die Marineschule als Modell für die Erziehung der Zöglinge. Diese verbringen die Nacht in Hängematten, führen im großen Innenhof der Anstalt Bordmanöver aus und takeln jeden Morgen einen dort in die Erde gepflanzten Schiffsmast auf, bis sie schließlich von nichts anderem träumen, als sich nach ihrer Entlassung aus der Erziehungsanstalt bei der Kriegsmarine zu verpflichten. Diese lehnte es allerdings, und vor allem nach 1918 ab, ehemalige Zöglinge der Strafkolonien in ihre Dienste aufzunehmen.
Im Laufe der Zeit macht diese aus der Marine inspirierte Disziplin mehr und mehr einer rein militärisch orientierten Zuchtordnung Platz.

Der Pavillon der Familie B. in Mettray, in dem Jean Genet wohnte. (Foto: BLFC)

Regelverstöße werden mit aller Strenge bestraft. Am härtesten werden dabei Vergehen gegen die sittliche Ordnung geahndet, insbesondere Onanie und homosexuelle Handlungen, sowie jeglicher Fluchtversuch. Gleich darauf folgen Gehorsamsverweigerung, Lüge und Diebstahl, und schließlich alle Vergehen, die auf Nachlässigkeit und Faulheit zurückzuführen sind.

Siehe hierzu: Frédéric Chauvaud, *Les Jeunes délinquants de Seine-et-Oise et la Colonie agricole et pénitentiaire de Mettray*, unveröffentlichter Beitrag zum ›Colloque de Paris‹ im März 1985. (Kopie BLFC.)

Die Strafzumessung wird vom Anstaltsleiter bestimmt, was jeden Mittag um halb eins, während einer sogenannten »Justizversammlung«, in einem eigens dafür vorgesehenen Gerichtssaal stattfindet. Die gängigsten Strafen sind dabei Verurteilungen zu »trocken Brot« für die Dauer eines Tages bis hin zu zwei Wochen, sowie zu Gymnastikübungen im Hof, den sogenannten ›piquets‹. Die größeren Vergehen werden mit einem bis zu dreißig Tage währenden ›peloton‹ bestraft, einem den ganzen Tag andauernden Rundgang in Holzschuhen über den Hof der Strafabteilung; abends trocken Brot; oder aber Isolierungshaft in einer Einzelzelle, die von einem Tag bis zu zwei Monaten, oder sogar auf unbestimmte Zeit bis hin zu »neuen Anweisungen« dauern kann. Die Sanktionierung schließlich der schlimmsten Vergehen ist die »große Zelle«, auch »Dunkelzelle« genannt, eine Art Verlies mit schwarz gestrichenen Mauern, tiefliegender Decke, lichtlos und lediglich durch einen Schornstein belüftet. Über der niedrigen und gewölbten Zellentür befindet sich eine Inschrift aus weißen Lettern (an die sich Genet im Drehbuch *Le Langage de la Muraille* erinnerte): ›GOTT SIEHT DICH‹.

Henri Gaillac (s. o.), S. 81.

Die Ernährung in dieser Zelle bestand aus »trocken Brot« und zusätzlich einer Suppe jeden vierten Tag. Die so bestraften Zöglinge konnten dort bis zu drei Monate in eisernen Fußfesseln festgehalten werden; es verwundert daher nicht, daß die medizinischen Register der Kolonie – vor allem in den zwanziger Jahren – einige Todesfälle derart eingesperrter Kolonisten – »infolge Blutandrangs«, wie es da heißt – verzeichnen.

J. M. Dubois (s. o.), S. 20.

Als Jean Genet nach Mettray kommt, gehören die glorreichen Anfänge der Anstalt längst der Vergangenheit an. Die Kolonie, die erst kurz zuvor, nämlich am 20. August 1926, der ›Direction des Affaires criminelles‹, der ›Behörde für kriminelle Angelegenheiten‹,

Siehe Henri Gaillac (s. o.), S. 262.

unterstellt worden war, erlebt schwierige Zeiten. Seit der Schließung ihrer Abteilung ›Maison Paternelle‹

Diese Sektion der Anstalt war unter der Bezeichnung »collège de repression« eigens für schwererziehbare Söhne »aus gutem Hause« geschaffen worden und diesen vorbehalten. Der Pensionspreis für diese Abteilung hatte sehr hoch gelegen.

im Jahre 1910 und durch die Auswirkungen eines Gesetzes verarmt, das aufgrund der beengten räumlichen Verhältnisse die Zahl der Zöglinge verminderte, die sich inzwischen auf nur noch dreihundert beläuft, kann sich die Kolonie nur unter den größten Schwierigkeiten finanzieren.

Trotz der Erhöhung des von der Öffentlichen Fürsorge für ihre Zöglinge gezahlten Ernährungsgeldes auf 3 Francs 50 pro Tag zuzüglich einer Pauschale von 250 Francs für Wäscheausstattung bei Eintritt in die Kolonie,

Rapport sur les Enfants-Assistés pendant l'année 1926, Montévrain, 1927, S. 94. (Archiv de Assistance Publique)

bleibt die materielle Situation der Anstalt prekär. Im Jahre 1927 legt sie ein Defizit von einer Million Francs offen.

Le Magazine de la Touraine (s. o.), S. 13.

Zu der zunehmenden Verwahrlosung der Räumlichkeiten gesellt sich die Untergrabung des ursprünglichen Erziehungsprinzips der ersten Leiter der Anstalt. Die Schule für Aufseher, die Demetz gegründet hatte, um die Erziehungsanstalten mit kompetentem Personal zu versorgen, hatte ihren Betrieb eingestellt. Um Personalkosten zu reduzieren, rekrutiert die Kolonie ihre »Erzieher« unter ehemaligen Gefängnisaufsehern und Unteroffizieren im Ruhestand. So werden etwa im Jahre 1925 fünf ehemalige Feldwebel eingestellt.

Le Magazine de la Touraine (s. o.), S. 13.

Und trotz der 1927 erfolgenden Umbenennung der Kolonie in ›Maison d'Éducation Surveillée‹, Haus für erzieherische Überwachung, existiert Mettray in einem Zustand fortschreitenden Verfalls und bleibt einer Verwaltung ausgeliefert, der es mehr um Kerkerfunktionen als um eine pädagogische Berufung geht.

»Als ich an einem sehr milden Septemberabend in der Erziehungsanstalt ankam . . .«
Wunder der Rose, Seite 115

Die Ankunft in Mettray

Die Überstellung Jean Genets von der Strafanstalt Meaux in die landwirtschaftliche Strafkolonie von Mettray erfolgt am 2. September 1926. Monsieur Levêque, ein Beauftragter der Kolonie, begleitet ihn, um ihn während der Reise zu bewachen. Da die Häftlingsverlegungen in der Regel per Eisenbahn vonstatten gehen, ist anzunehmen, daß der Junge und sein Begleiter sich zunächst nach Paris begeben, um von dort aus den Zug in Richtung Tours zu nehmen. Dort angekommen, benutzen sie den Schienenbus, der Tours mit Le Mans verbindet, und steigen am Bahnhof von La Membrolle-sur-Choisille aus, in dessen Nähe sich die kleine Gemeinde von Mettray (1200 Einwohner im Jahre 1926) befindet. Sie begeben sich zu Fuß zum Anwesen der Kolonie. Wie es den Vorschriften der Strafvollzugsordnung entspricht, bleibt der junge Häftling während der gesamten Dauer der Reise mit seinem Bewacher durch Handschellen verbunden.

Solche Handschellen, ebenso wie die Fußeisen der Dunkelzelle, befinden sich heute noch unter den Reliquien der ehemaligen Anstalt.

Die Ankunft in der Kolonie findet allem Anschein nach am späten Nachmittag statt. Der Neuankömmling wird zunächst in die Strafabteilung gleich neben der Kirche gebracht, wo man seine Personalakte anlegt. Nachdem der Oberaufseher der Abteilung, dessen Name tatsächlich, entsprechend der Angabe Genets in *Wunder der Rose* (Seite 279–280), Bienveau war, ihm die Haare geschoren und ihn einer ausführlichen Körperkontrolle unterzogen hat, schickt man den Jungen unter die Dusche und von dort aus ins Wäschemagazin, wo er seine Habseligkeiten abgeben

muß und an deren Stelle die Kleidung zugeteilt bekommt, derer er sich künftig ausschließlich zu bedienen hat.
Nunmehr der Vorschrift entsprechend gekleidet, wird der neue Kolonist in den Gerichtssaal gebracht und dort dem Anstaltsleiter vorgeführt. Im Jahre 1926 handelt es sich hierbei um Monsieur Lardet, der während der gesamten Haftzeit Genets in Mettray diesen Posten innehat. Im Anschluß an diese Begegnung führt man den Jungen in die Disziplinarabteilung zurück, wo er die Nacht in einer der Strafzellen verbringt, bevor er am folgenden Tag einer Werkstatt und einer »Familie« zugeteilt wird.

Der Tagesablauf für Neuankömmlinge wurde anhand von Zeugenaussagen ehemaliger Häftlinge rekonstruiert. Hierzu dienten insbesondere die Briefe ehemaliger Zöglinge Mettrays, die von Alexis Danan in *Maisons de supplices* (Denoël & Steele, 1936, S. 131–181) veröffentlicht wurden; ferner die Erinnerungen Alan Kerdavids, *Bagne de Gosses* (La Pensée Universelle, 1978), sowie die S. 102 und 115–118 in *Wunder der Rose*.

Erster Zeitabschnitt
2. September – 6. November 1927

Bis heute konnten weder die Personalakte Genets, noch irgendein anderes Verzeichnis, das seinen Namen aufführt, in den Archiven der Kolonie von Mettray aufgefunden werden. Dennoch ermöglichen uns gewisse Kombinationen, den allgemeinen Rahmen seiner Haftzeit in der Kolonie zu skizzieren.
Es kann davon ausgegangen werden, daß Genet in die Familie B eingegliedert wurde. Diese Familie, von der in *Wunder der Rose* wiederholt die Rede ist (auf den Seiten 81, 84, 140, 206 und folgende), vereinte nämlich tatsächlich Zöglinge, deren Alter jenem Genets im Jahre 1926 entsprach. Etwas anderes scheint ebenfalls die literarische Version zu bestätigen. Der Aufseher bzw. das »Familienoberhaupt« der Familie B hieß tatsächlich Gabillé (siehe *Wunder der Rose*, Seiten 206–207).

Laut Personalverzeichnis, das sich im Archiv der Kolonie von Mettray befindet.

Während der ersten Zeit seines Aufenthaltes wird Jean Genet als Lehrling in der Bürstenbinderei beschäftigt. Bei seiner Verhaf-

Jean Genet in Mettray. (Sammlg. Paul Morihien)

tung nach einem Fluchtversuch im Dezember 1927 (siehe unter diesem Datum) gibt er dementsprechend als Beruf »Bürstenbinder« an. Gleiches vermerkt auch der Roman. Anläßlich einer Beschwörung der Figur Divers' erwähnt Genet: »... er war bei den Holzschuhen und ich bei den Bürsten ...« (Seite 140); an anderer Stelle (Seite 256): »... ich (durchlebte) erneut die Zeit in der Erziehungsanstalt, im Staub der Bürstenmacherei unter den blühenden Kastanienbäumen.«
Es ist zu vermuten, daß das Verhalten Genets bis zum Ende des Jahres 1927 als zufriedenstellend erachtet wird, da die Anstaltsleitung ihm nach vierzehn Monaten Haftzeit eine Begünstigung gewährt, die prinzipiell nur für solche Zöglinge als Gelegenheit zur Bewährung vorgesehen ist, die sich am deutlichsten verdient gemacht und gebessert zu haben scheinen, und zwar die provisorische Rückkehr in eine individuelle Unterbringung außerhalb der Kolonie bei Bauern in der Umgebung.

Unterbringung, erneute Flucht und Verhaftung

Am 6. November 1927 wird Jean Genet »auf eigenen Antrag«

Siehe Urteilsschrift im Anhang II.

auf dem Gehöft ›La Sévandrière‹ des Landwirts Désiré Hérissé in Beaumont-la-Ronce (Departement Indre-et-Loire), etwa fünfzehn Kilometer nördlich von Mettray, untergebracht. Er bleibt dort nicht ganz einen Monat lang als Landwirtschaftsgehilfe.

Sein kurzer Aufenthalt dort hat keinerlei Spuren hinterlassen. Auf der ›Sévandrière‹ erinnert sich heute niemand mehr an Jean Genet.

Am 3. Dezember 1927 läuft Genet weg. Auf seiner Flucht, die ihn zweifellos nach Paris führen soll, gelangt er in die Nähe von Blois, wo er, um sich gegen die Kälte zu schützen, eine Decke stiehlt. Obwohl sich der Eigentümer dieser Decke niemals gemeldet hat, wird Genet später wegen dieses Diebstahls angeklagt werden. Das Manuskript von *Tagebuch eines Diebes* erwähnt den Vorfall in drei Sätzen, die in der Druckfassung nicht mehr auftauchen:

»An der Landstraße stand ein Auto. Die Insassen hatten sich entfernt. Ich stahl eine Decke, die auf der Heizung lag und in die ich mich nachts würde einrollen können, wenn ich in einem Chausseegraben schliefe.«
Zwei Tage nach seinem Verschwinden wird Jean Genet am 5. Dezember 1927 in der Rue Nationale von Beaugency, wo er »umherirrend angetroffen« wird, von zwei Gendarmen aufgegriffen und aufs Polizeirevier gebracht, wo er die Nacht in Gewahrsam verbringt.
Am 6. Dezember überstellt man ihn nach Orléans und führt ihn dort dem Untersuchungsrichter vor. »Angeklagt der Landstreicherei und des Diebstahls«, wird ein einstweiliger Haftbefehl gegen ihn erlassen, woraufhin er in die Strafanstalt von Orléans verbracht wird. Das dortige Aufnahmeprotokoll macht folgende Angaben: der Beschuldigte ist »Zögling der Öffentlichen Fürsorge« und gibt als Beruf »Bürstenbinder« an, wird allerdings »ohne festen Wohnsitz« erklärt. Ebenfalls listet der Anstaltsschreiber seine Kleidung auf: »1 Arbeitsjacke, 1 graue Hose, 1 Paar Schuhe, 1 graue Schirmmütze, 1 farbiges Hemd.«
Am 8. Dezember erwähnen die lokalen Zeitungen kurz die Verhaftung Genets. Unter der Rubrik »Vermischte Nachrichten« für Beaugency vermerkt ›La France du Centre‹ unter dem Titel »Ein flüchtiger und diebischer Kolonist« folgendes: »Jean G ..., 16 Jahre alt, der aus der Kolonie von Mettray entwichen war, wurde in der Rue Nationale aufgegriffen und des Diebstahls einer Decke beschuldigt, die er einem Landwirt gestohlen hatte. Er wurde den Gerichten übergeben.«

La France du Centre, 30. Jgg. des ›Progrès du Loiret‹, 8. Dezember 1927, S. 3d. Die Information wird im gleichen Wortlaut, doch unter dem Titel »Gegen die Kälte« in der Zeitschrift ›Le Républicain Orléanais et du Centre‹ (44. Jgg., Nr. 16.644, 8. Dezember 1927, S. 4) abgedruckt.

Am 28. Dezember erscheint Jean Genet vor dem Gericht Erster Instanz für Kinder und Jugendliche in Orléans. Ein Rechtsanwalt, Maître Bergeron, ist ihm beigestellt. Angeklagt des »Verstoßes gegen das System der überwachten Freiheit« sowie des »Diebstahls«, wird er für schuldig befunden, doch spricht das Gericht den Jungen frei, da es der Auffassung ist, daß er »ohne

Schuldbewußtsein« gehandelt habe; es bestimmt seine Wiedereingliederung in Mettray, da der dortige Anstaltsleiter habe »wissen lassen, daß er bereit sei, ihn wieder aufzunehmen«.

Zweiter Zeitabschnitt
28. Dezember 1927 – 1. März 1929

Genet, der noch am selben Tag auf freien Fuß gesetzt wird, kehrt also nach Mettray zurück, wo er wegen des Fluchtversuchs zweifellos mit Isolationshaft bestraft wird.

In der Zeit von Dezember 1927 bis März 1929 scheint er die Erziehungsanstalt nicht mehr verlassen zu haben. Es liegen uns über diesen Zeitabschnitt nur wenige Informationen vor. Sicher scheint, daß Genet nicht mehr in der Bürstenbinderei beschäftigt wurde, sondern daß er wie die meisten älteren Zöglinge auf dem Feld arbeitete. Die Tatsache, daß er nach dem Verlassen Mettrays bei seinem Eintritt in die Armee als Beruf »Landwirt« angibt, läßt zumindest diesen Rückschluß zu.

Wenn man sich an die von Genet gegebenen Interviews hält, so fallen in diese Zeit nicht nur die erste große Lektüre (vor allem jene Ronsards, die ihn »hingerissen« habe), sondern auch die ersten homosexuellen Erfahrungen.

> *Jean Genet II*, vidéo-livre, Collection ›Témoin‹ (Gespräch mit Bertrand Poirot-Delpech); sowie *Fichte-Genet*, Qumran, 1981, S. 72–73.

Ferner wollen wir auf einen Zwischenfall hinweisen, den Sartre in *Saint-Genet* wiedergibt, und den er womöglich von Genet selbst erfahren hat:

»... im Speisesaal von Mettray verharrt er mit der Gabel in der Luft, blickt ins Leere und vergißt zu essen. Das geht so weit, daß der Direktor der Anstalt es aufgrund des Berichts der Aufseher für geraten hält, ihn von einem Psychiater untersuchen zu lassen.« (*Saint Genet*, Seite 400).

Es ist davon auszugehen, daß Genets Betragen während dieser Zeit im ganzen gesehen zur Zufriedenheit Anlaß gab, denn es gelingt ihm, seine Haftzeit, die normalerweise bis zur Erreichung der Volljährigkeit vorgesehen ist, zu verkürzen; man erlaubt

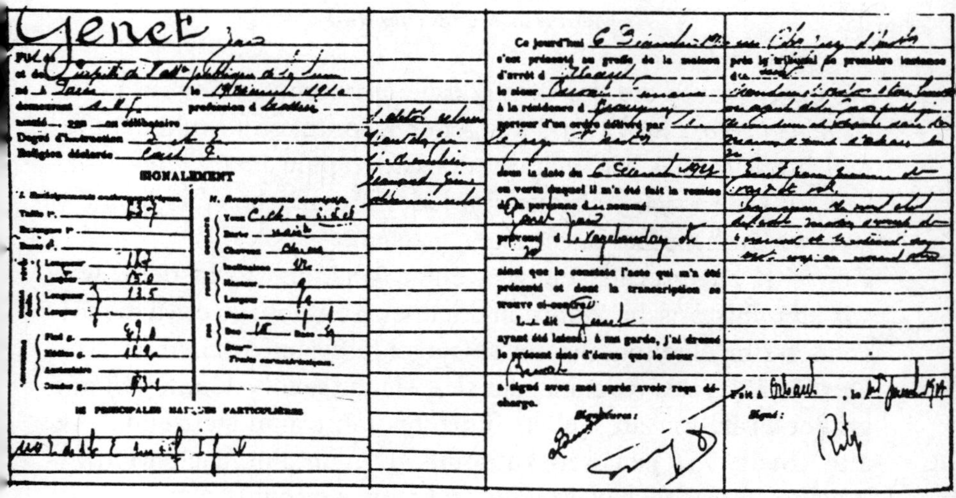

Genet

SIGNALEMENT

Ce jourd'hui ... s'est présenté au greffe de la maison d'arrêt d' ... le sieur ... à la résidence d' ... porteur d'un ordre délivré par ... en date du ... en vertu duquel il m'a été fait la remise de la personne du nommé ... prévenu d ... ainsi que le constate l'acte qui m'a été présenté et dont la transcription se trouve ci-contre. Le dit ... ayant été laissé à ma garde, j'ai dressé le présent acte d'écrou que le sieur ... a signé avec moi après avoir reçu décharge.

Fait à ... le ...

Signatures:

Signé:

Gefangenenregister der Haftanstalt Orleans vom 6. Dezember 1927. (Strafjustizverwaltung, Justizministerium)

ihm, sich mit achtzehn Jahren bei der Armee zu verpflichten. Allerdings muß er zunächst auf das Ende des Verwaltungsjahres warten, das, wie bei der Öffentlichen Fürsorge üblich, erst am ersten März beginnt. Und so verläßt Genet, ohne auch nur einen zusätzlichen Tag verstreichen zu lassen, ausgerüstet mit der Billigung des Obersten Leiters der Fürsorge und seines gesetzlichen Vormunds, des Präfekten des Departements Indre-et-Loire, die Kolonie von Mettray am 1. März 1929.

Wenn wir heute die der Strafkolonie gewidmeten Seiten in *Miracle de la Rose* ins Licht der eigenen Kenntnisse sowohl der Geschichte Mettrays als auch der der Biographie Jean Genets rükken, so lassen sich – abseits von jeder literarischen Erwägung – zwei wesentliche Beobachtungen machen.
Zunächst entsprechen einige wenige »Fakten« nicht dem, was wir hier »historische Wahrheit« nennen könnten; so etwa die folgenden Einzelheiten, die uns am augenfälligsten erscheinen.
Der Erzähler des Romans, der sich »Jean Genet« nennt, gibt mit großer Präzision an, »eben fünfzehn Jahre und siebzehn Tage alt« (Seite 75) gewesen zu sein, als man ihn nach Mettray brachte. Tatsächlich war Genet zu jenem Zeitpunkt acht Monate älter. Doch scheint dieser »Irrtum« durchaus beabsichtigt gewesen zu sein, da der Autor einige Seiten später seine Ankunft mit absoluter Genauigkeit auf den Monat September datiert (Seiten 115–116).
Ebenfalls auf Seite 75 schreibt er: ». . . ich . . . kam gerade aus Petite-Roquette.« Wir haben weiter oben feststellen können, daß dies für den realen Genet nicht ganz zutraf. Er wurde von der Strafanstalt Meaux aus nach Mettray überstellt. Auch hier kann keineswegs davon ausgegangen werden, daß es sich um eine Verwechslung oder um schlichtes Vergessen handelt, denn als er im Jahre 1985 zum letzten Mal in seinem Leben vor Fernsehkameras erschien, erwähnte Genet, ohne sich dieses Mal zu irren, seine Verhaftung im Zug von Paris nach Meaux.

Saint-Genet, BBC (s. o.).

In *Miracle de la Rose* behauptet der Erzähler des weiteren, in die Erziehungsanstalt gekommen zu sein, weil er »das linke Auge eines Kindes« ausgestochen habe (Seite 246). Wir wissen heute, daß es sich hierbei um pure Fiktion handelt, die sich übrigens leicht mit einem häufig wiederkehrenden Motiv in der imaginären Welt Genets verbinden läßt. Wenn der Schriftsteller dagegen im *Tagebuch eines Diebes* als tatsächliche Gründe seiner Einweisung »Faulheit und Träumerei« (Seiten 47–48) angibt, so befand er sich damit gewiß in größerer Nähe zur Autobiographie.

Der Roman erwähnt »drei Julimonate« (Seite 289), die der Erzähler in Mettray verbracht habe. Das wäre, im Vergleich mit dem biographischen Zeitablauf, einer zuviel. (In *Ein verliebter Gefangener* spielt der Autor auf Seite 471 wiederum auf einen Aufenthalt von »fast vier Jahre(n)« an.)
Die Flucht aus Mettray, wie sie in *Wunder der Rose* der Figur Divers' zugeschrieben wird, das Ende der Flucht in Beaugency und die Inhaftierung im Gefängnis von Orléans (Seite 81) geben tatsächlich die Ereignisse eines Fluchtversuchs wieder, den Genet, wie wir weiter oben ausgeführt haben, selbst unternahm.
Die Namen der Hauptfiguren des Romans schließlich – Divers, Bulkaen und Harcamone – entsprechen offenbar in keinem Fall irgendeinem Familiennamen von Zöglingen der Anstalt und müssen daher ebenfalls der Fiktion zugerechnet werden.
Parallel zu diesen fiktiven Aspekten wird man in *Wunder der Rose* eine nicht unbedeutende Anzahl von Einzelheiten feststellen können, die sich in völliger Übereinstimmung mit der Realität befinden, auf die sie sich beziehen.
Zum einen betreffen diese das Leben Genets. Zu der im Roman angegebenen Zeitspanne befand er sich tatsächlich als Zögling in Mettray und hatte in etwa das angegebene Alter. Er kam ebenso an einem Septemberabend an, wurde der Familie B zugeteilt, in der Bürstenbinderei beschäftigt und so fort.
Vor allem aber fördert der Roman hinsichtlich der Beschreibung der Kolonie von Mettray eine bis ins kleinste Detail gehende Genauigkeit zutage, so daß die Erwähnungen oder Beschreibungen der folgenden Einrichtungen als rigoros der Wirklichkeit entsprechend betrachtet werden können:
– Der architektonische Aufbau der gesamten Anstalt und ihrer verschiedenen Abteilungen: die Familienhäuser, der zentrale Innenhof, Schlafsaal wie Speisesaal, die Strafabteilung, Zellen und Karzer, der Friedhof, die Latrinen, die Krankenabteilung, der Gerichtssaal, die Kapelle, das Nichtvorhandensein von Mauern, die benachbarten Bauernhöfe, etc.
– Die landschaftliche Umgebung der Kolonie: die verschiedenen Bäume und Pflanzenarten, die Blumen, das Klima, die Felder, schließlich die Region der Touraine.

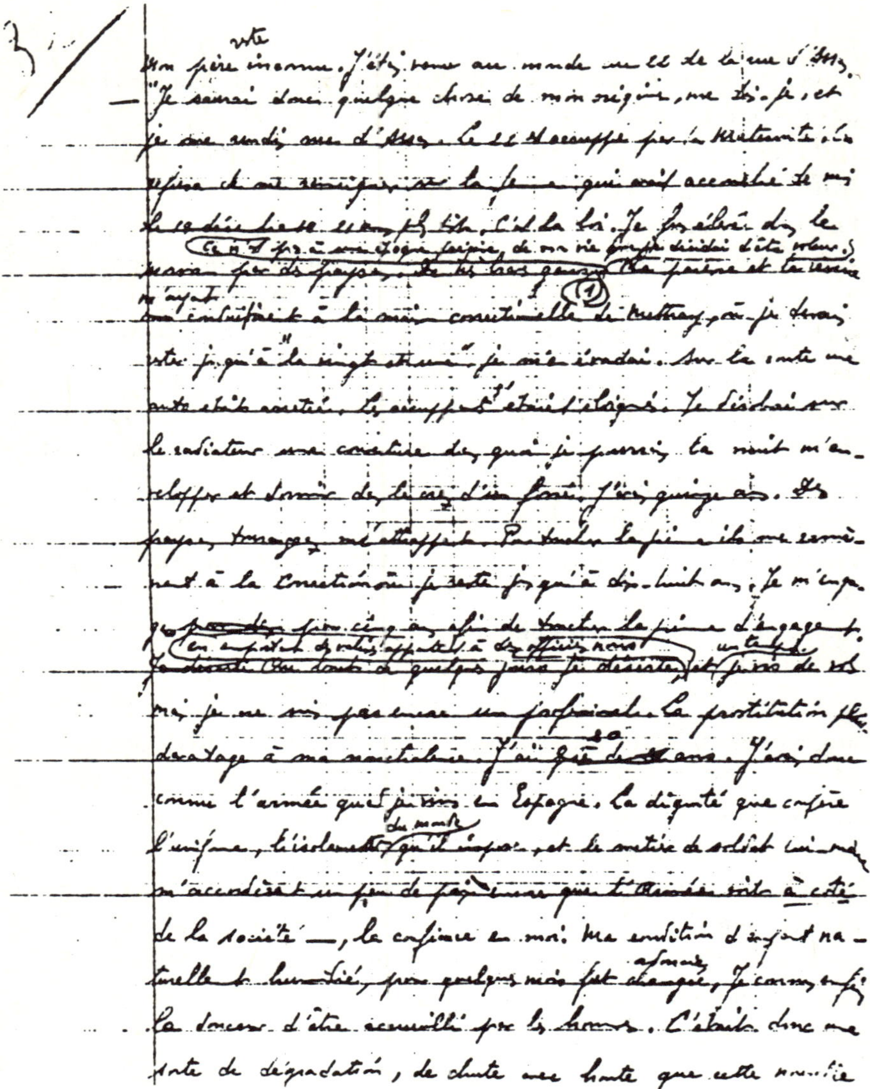

Die Flucht aus Mettray memorierende Manuskriptseite aus dem Entwurf zum *Tagebuch eines Diebes*, datiert Oktober 1947. (Katalog Hôtel Druot, Versteigerung vom 4. Juni 1986)

– Die Geschichte der Kolonie: ihre Gründer und Wohltäter, die Feiern und alten Bräuche, der Mythos der Marine, die gebräuchliche Umgangssprache.
– Das tägliche Leben der Zöglinge: der allgemeine Zeitplan, die Kleidung, die Arbeit auf dem Feld und in den Werkstätten, das

Sprachsystem, die Zwistigkeiten und Bestrafungen, die Sonntage und feierlichen Umzüge, die Riten des Schlafengehens, die homosexuellen Liebschaften.

– Die Funktion der Aufseher sowie deren Namen, die Genet zitiert: »Vater Guépin«, der Gymnastiklehrer und gleichzeitig Oberaufseher; Bienveau, der Verantwortliche der Strafabteilung; »Dudule«, der Stellvertreter des Anstaltsleiters, bürgerlich Monsieur Delducé; Perdroux, der Werkstattleiter, etc.

Alle diese Namen werden auch in den Briefen ehemaliger Zöglinge der Kolonie erwähnt, die in *Maisons de supplices* (s. o.) veröffentlicht wurden.

Zusammenfassend können wir feststellen, daß alles, was in *Wunder der Rose Beschreibung* ist, sich nach Überprüfung als fundiert und mit dem Objekt der Beschreibung in Übereinstimmung erweist. Und in diesem Sinne kann der Roman auch als ein regelrechtes *Dokument* über Mettray betrachtet werden, das sichtbar bemüht ist, allen Aspekten der Anstalt und des Lebens ihrer Zöglinge auf möglichst erschöpfende Weise gerecht zu werden. Dementgegen zeugen die faktischen Elemente des *erzählenden Teils* des Buches von einer sehr bewußt gesteuerten Ambivalenz, denn sie sind, setzt man sie ins Verhältnis zur tatsächlichen Biographie des Autors, zuweilen zutreffend und zuweilen falsch, ohne indes das eine oder andere ganz und gar zu sein.

Dementsprechend müssen die Passagen des Romans, deren Handlung sich im Zentralgefängnis von Fontevrault abspielt, zweifellos als Träume und Fantasien des Zöglings in Mettray gelesen werden. Die Nachforschungen über den karzeralen Werdegang Jean Genets konnten uns bis heute keine definitive Antwort auf die Frage geben, ob der Autor dort tatsächlich inhaftiert gewesen ist. Trotz aller Einzelheiten, die in *Miracle de la Rose* aufgeführt werden, bleibt dies jedoch unwahrscheinlich.

Erste Verpflichtung bei der Armee

1. März 1929 – 31. Dezember 1930

»Die Würde, die die Uniform verleiht, die Trennung von der übrigen Welt, die sie ihrem Träger auferlegt, ja das Soldatenhandwerk selbst hatten mir ein wenig Frieden – obgleich die Armee *neben* der Gesellschaft steht – und Selbstvertrauen gegeben. Mein Leben als ein von der Natur gedemütigtes Kind hatte sich für einige Monate aufgehellt. Endlich kannte ich das süße Gefühl, unter Männern als ihresgleichen aufgenommen zu werden.«

Tagebuch eines Diebes, Seiten 59–60

». . . er . . . ging, so wie man Selbstmord begeht, zur . . . Armee.«

Ein verliebter Gefangener, Seiten 290–291

Montpellier, Avignon, Damas

Am 1. März 1929 spricht Jean Genet im Rekrutierungsbüro der Armee in Tours vor und verpflichtet sich freiwillig zu einer Dienstzeit von zwei Jahren.

Es ist vielleicht nicht uninteressant, an dieser Stelle anzumerken, daß gleich nach den landwirtschaftlichen Berufen an zweiter Stelle das Berufssoldatentum die größte Anzahl ehemaliger Fürsorgezöglinge in ihren Reihen aufzuweisen hat. In Genets Fall war der vorzeitige Eintritt in die Armee die einzige Möglichkeit, Mettray *vor* dem Erreichen des einundzwanzigsten Lebensjahres zu verlassen.

Auf dem Formular seines Verpflichtungsvertrages (Nr. 98 im Register) setzt er in die Rubrik für Beruf »Landwirt« ein; als Wohnsitz gibt er lediglich »Mettray« an. Er erhält die Kennummer 3297.

Er wird dem Zweiten Pionierregiment in Montpellier zugeteilt und begibt sich zwei Tage später, am 3. März 1929, dorthin, wo er noch am gleichen Tag in seine künftige Einheit integriert wird.

Er bleibt allerdings nicht lange in Montpellier. Zu jener Zeit ist eine Umstrukturierung der französischen Armee im Gange, aufgrund derer vom Frühjahr 1929 an die Stationierung der Truppenteile einige grundlegende Veränderungen erfährt. In diesem Zuge wird auch das Zweite Pionierregiment Montpelliers aufgelöst und seine Numerierung an ein anderes Regiment vergeben, das in Metz stationiert ist.

Nach *Emplacement des Troupes de l'Armée française*, Charles-Lavauzelle & Cie., 1929, S. 239.

Genet wird infolgedessen am 1. Mai 1929 zum Siebten Pionierregiment nach Avignon versetzt.

Am 18. Oktober 1929 wird Genet, der sich nach wie vor in Avignon aufhält, zum Gefreiten befördert. Höher wird er in der Hierarchie im Laufe seiner Militärzeit nicht kommen. Sei es aufgrund von Reiselust oder um die Prämie von zwanzig Francs zu erhalten, die der ›Conseil général‹ für Fürsorgezöglinge bewilligt hat, die sich freiwillig als Soldaten nach Syrien und Marokko melden, beantragt Genet die Versetzung zu einer neugegründeten Einheit des Pionierregiments, das den Truppen der ›Levante‹ beigestellt ist.

Nach: *Rapport sur le Service des Enfants-Assistés du dèpartement de la Seine pour l'année 1929*, Montévrain, 1930, S. 106. (Archiv der Assistance Publique)
Man wird unschwer feststellen, daß Syrien und Marokko die einzigen Länder außerhalb Frankreichs sind, in denen sich Genet während seiner Militärzeit aufhalten wird.

Es handelt sich um das 33. Übersee-Bataillon, dessen Hauptquartier sich in Beirut befindet.

Am 28. Januar 1930 verläßt Genet per Schiff Marseille und erreicht Beirut am 4. Februar. Das 33. Bataillon setzt sich aus vier Kompanien von Pionieren zusammen, die in Beirut, Aleppo und Damaskus stationiert sind. Am 8. Februar 1930 wird Genet der Zweiten Kompanie der Minengräber in Beirut zugeteilt und bleibt dort bis zum Ende des Jahres. Diese Veränderung seiner Lebensumstände beschert ihm zum einen die erste große Reise und zum anderen die erste »Kontaktaufnahme« mit einem Land der arabischen Welt.

Zu Serge Sobczynski wird er später sagen: »Mein erster Kontakt mit den Arabern fand in Damaskus statt. Ich war achtzehn Jahre alt und leistete da meinen Militärdienst ab ... Ich habe mich den Syrern sehr verbunden gefühlt und bin oft dorthin zurückgekehrt. Syrien ist das Land, dem ich mich am stärksten verbunden fühle.« (In *Rencontre au pays d'Azzedine* in der Beilage ›Le Monde aujourd'hui‹ der Tageszeitung ›Le Monde‹ vom 20./21. April 1986, Nr. 12.823, S. X)

Wie man hier sofort bemerken wird, nahm die Militärzeit im Leben Genets einen weitaus größeren Platz ein, als bisher angenommen wurde und als es »einige Tage«, von denen in *Tagebuch eines Diebes* die Rede ist (Seite 59), glauben machen wollen. Über seine Zeit in Damaskus hat sich Genet im Alter allerdings genauer geäußert. *Ein verliebter Gefangener*, dessen autobiographischer Charakter, wenn nicht deutlicher, so doch immerhin gewollter ist,

Ein verliebter Gefangener ist – von den Gedichten und Theaterstücken einmal abgesehen – das einzige Werk Genets, dem eine literarische Gattungsbezeichnung zugefügt ist. Die Untertitel der beiden Teile des Buches sind *Erinnerungen I* und *Erinnerungen II*.

gibt sogar die genaue Dauer des dortigen Aufenthalts an, nämlich »elf Monate« (Seite 473).

Der Autor erzählt, wie er die Abende in den Cafés der syrischen Hauptstadt verbrachte:

»... so verbrachte ich meine Nächte damit, Karten zu spielen und etwas Arabisch zu lernen. Erst heute begreife ich meine Rolle in diesem nächtlichen Spiel ... das Kartenspiel (war) damals durch die französische Armee verboten worden; die Syrer mußten sich dafür verstecken, und ich durfte mich zu ihnen setzen und mitspielen; da ich nicht mehr besaß als den Sold eines Einberufenen, hätte ich bei einem richtigen Spiel um Geld – das sichtbar am Teppichrand lag – kaum mithalten können. Zwischen zwei und drei Uhr früh säuberte jeder Spieler seinen Platz von den Pistazienschalen. Ich kehrte spät, das heißt zu früher Stunde zum Fort zurück. Der Lebemann, der im Morgengrauen todmüde vom Spielkasino nach Hause geht, – das war ich 1929 in Damaskus.« (Seite 473).

Wie man sieht, unterläuft Genet hinsichtlich der Daten ein geringfügiger Irrtum. Er befand sich im Jahre 1930 in Damaskus und war demnach neunzehn Jahre alt und nicht achtzehn. Seinen zwanzigsten Geburtstag erlebt er höchstwahrscheinlich im dortigen Militärkrankenhaus und wenige Tage vor seiner Abreise.

Historisch gesehen fällt der Aufenthalt Genets in Syrien in die Zeit der sogenannten »Befriedung der Levante« durch die fran-

zösischen Truppen, einige Jahre nach den »Ereignissen von Damaskus« und dem Aufstand des Djebel Druze gegen Ende des Jahres 1925 und zu Beginn des Jahres 1926, der von General Gamelin dadurch niedergeschlagen wurde, daß er die Stadt bombardieren ließ. Das Pionierkorps, das in aller Eile nach Syrien expediert wurde, hatte die Aufgabe, die militärischen Anlagen wiederaufzubauen und die provisorischen Lager in Damaskus, Aleppo und Beirut durch befestigte Kasernen zu ersetzen.
Die herausragende militärische Figur der Levante war seinerzeit der General Henri Gouraud (1867–1946), den Genet häufig erwähnt.

So in den Gesprächen mit Hubert Fichte (s. o.) und ebenfalls im Gespräch mit B. Poirot-Delpech (s. o.).

Er kommandierte als Hochkommissar in Syrien von Oktober 1919 bis Mai 1923 die französischen Truppen der Levante. Als Genet in Damaskus eintrifft, bekleidete er diesen Posten also seit über sechs Jahren nicht mehr, wenn auch sein legendärer Ruf immer noch lebendig war. Im Jahre 1930 ist der Kommandeur der Truppen der Levante der General Bigault de Granrut.

Nach *Histoire des Troupes du Levant*, Paris, Imprimerie Nationale, 1931.

Genet erinnert sich, in jenem Jahr »mit dem Bau eines Bunkers aus Stahlbeton beauftragt« gewesen zu sein. *Ein verliebter Gefangener* gibt diese – für die militärische Karriere des jungen Gefreiten der Minengräber entscheidende – Episode wieder:

> »Als ich eintraf, waren die Ausschachtungsarbeiten für das Fundament auf dem Hügel, von dem aus man Damaskus beherrschte, schon abgeschlossen. Die tunesischen Turkos waren ebenso unkundig wie ich, doch ein ferner, unsichtbarer Hauptmann hatte mich im Namen Frankreichs zum Verantwortlichen für diese Baustelle und für die ordnungsgemäße Arbeit der Soldaten bestimmt, die alle älter waren als ich ... In der Mitte des Forts sollte ein kleiner sechseckiger Turm stehen, und zwar für ein Geschütz, dessen Kaliber ich vergessen habe. In dem Maße, in dem das Fort in die Höhe wuchs, entwickelte sich auch meine Lehre als Maurer ...

Der Hauptmann der Pioniere kam, um den von der Einschalung befreiten Turm zu begutachten, und wie Gott sein Werk, fand er gut, was er gemacht hatte. Er spendierte mir aus der Feldflasche, die an seinem Koppel hing, ein Viertel Rum ... So hielt das ... zerlegte Geschütz auf dem Rücken zweier Maultiere seinen Einzug in das Fort, zwischen zwei Reihen von friedlichen, aber bewaffneten Soldaten hindurch. Ich spüre noch heute den wohligen Schauer, der den Beton des empfangsbereiten Turms durchrieselte. Das Geschütz wurde ausgerichtet ...

›Schützen, einen einzigen Schuß!‹

... Der Befehl wurde ausgeführt. Es gab einen eher dumpfen Knall, und ein Geruch von Schießpulver hing in der Luft. Ich öffnete wieder die Augen ... Hier und da zeigten sich Risse im Geschützturm, der mir zu beben schien und unzweifelhaft einstürzte, zu Schutt zerfiel ... Das Geschütz ging unter im Stahlbeton. Das Militärlazarett, das die Syrer später ein wenig umbauten – ich habe es dieser Tage wiedergesehen –, war ein stiller Ort. Die Ärzte kurierten meine Gelbsucht, die ich meiner Schande verdankte. Ich wurde nach Frankreich repatriiert, bekam noch einen Monat Genesungsurlaub, aber meine Militärkarriere war ruiniert.« (Seiten 471 bis 476).

Die Repatriierung Genets beginnt am 25. Dezember 1930 per Schiff. In Frankreich teilt man ihn erneut dem Siebten Pionierregiment in Avignon zu.

Zwischenspiel im Zivilleben

1. Januar – 15. Juni 1931

Vom 1. Januar 1931 an stehen Genet siebenundfünfzig Tage Urlaub zu. Er ist also praktisch von diesem Tag an von seinen militärischen Obligationen befreit, auch wenn sein Engagement offiziell erst am 1. März 1931 beendet ist.

Die Zeit zwischen dem Ende seines ersten und dem Beginn seines zweiten Engagements bei der Armee beläuft sich auf fünfeinhalb Monate, während derer sich seine Spur für uns verliert. Es ist nicht ausgeschlossen, daß er während dieser Zeitspanne seine erste Spanienreise unternimmt, wenn auch die entsprechenden Angaben im *Tagebuch eines Diebes*, die sehr vage bleiben, eher auf die Jahre 1932 bis 1934 hinweisen. Doch mag sein Wiederauftauchen in einer der spanischen Grenze nahegelegenen französischen Stadt als Indiz dafür genommen werden, daß unsere Überlegung nicht ganz unbegründet ist.

Zweite Verpflichtung

16. Juni 1931 – 15. Juni 1933

Midelt, Meknès, Toul

Genet erscheint für uns in Bayonne wieder auf der Bildfläche. Am 16. Juni 1931 unterschreibt er im militärischen Rekrutierungsbüro dieser Stadt einen neuen Vertrag für die Dauer von zwei Jahren. Dieses Mal wird er dem Siebten marokkanischen Schützenregiment zugeteilt, dessen Garnisonsort Meknès in Marokko ist.

Am 23. Juni 1931 verläßt er mit dem Schiff Bordeaux und erreicht drei Tage später, am 26. Juni 1931, Casablanca. Er wird zunächst zu einer Regimentseinheit abgestellt, die unter dem Kommando des Generals Goudot in Midelt stationiert ist. Der General unterstellt Genet für die Dauer von drei Monaten seinen persönlichen Diensten als Sekretär.

> Der Name dieses Generals wird einmal, und hier merkwürdigerweise nur aufgrund eines Lapsus, von Genet erwähnt. Im Gespräch mit Hubert Fichte (Seiten 90–91) sagt er: »Ich war in Damaskus kurz nach den Bombardements, die nach der Revolte der Drusen angeordnet worden waren, durch den General Goudot . . . General Gouraud . . .«

Nach Ablauf dieser drei Monate begibt sich Genet am 26. September 1931 nach Meknès, wo er am 7. Oktober in die ursprünglich für ihn vorgesehene Einheit eingegliedert wird. Bis zum 30. Januar 1933 verbleibt er nun bei seinem Regiment in Garnison. Auf diese Zeit in Meknès, die immerhin sechzehn Monate dauerte und von der Genet so gut wie nie gesprochen hat, weist eine kurze Passage im *Tagebuch eines Diebes* hin: »Vor den Mauern der Moschee, an die vom Sturm gebeugte Palme gelehnt, hatte oft in der Abenddämmerung ein Legionär in ebenderselben teilnahmslosen und überlegenen Haltung auf mich gewartet . . . Er war älter als ich. Zum Rendezvous in den Gärten von Meknès stellte er sich immer als erster ein.« (Seite 214).

Am 30. Januar 1933 wird Genet, der inzwischen als »entlaßbar« eingestuft ist, zum 22. Algerischen Schützenregiment versetzt, dessen Hauptquartier sich in der Stadt Toul im Departement Meurthe-et-Moselle befindet. Genet verläßt Casablanca am 7. Februar 1933 per Schiff, erreicht Bordeaux am 10. Februar und begibt sich von dort augenblicklich zu seiner Garnison in Toul, wo er bis zum Tag seiner Entlassung, dem 15. Juni 1933, verbleibt.

Zweites Zwischenspiel im Zivilleben

16. Juni 1933 – 24. April 1934

Paris – Gide – Spanien

Es folgt eine zweite zivile Episode, die sich in den militärischen Werdegang Genets schiebt und länger dauern wird als die erste, und zwar etwas mehr als zehn Monate, vom 16. Juni 1933 bis zum 24. April 1934.

Nach seiner Abmusterung verläßt Genet ohne Umschweife Toul und begibt sich nach Paris. Es ist mit Sicherheit das erste Mal, daß er sich – seit dem Erreichen der Volljährigkeit – in der Hauptstadt aufhält, und wir vermuten, daß sein Versuch, in der Tarnier-Klinik oder bei der Öffentlichen Fürsorge Auskunft über seine Herkunft zu erhalten, ebenfalls in diese Zeit fällt. Wie wir wissen, bleibt das Unterfangen ohne Ergebnis. In *Tagebuch eines Diebes* heißt es (Seite 58): »Man verweigerte mir jede Auskunft.«

Kurze Zeit nach seiner Ankunft in Paris, entweder Ende Juni oder Anfang Juli 1933, stattet Genet André Gide einen Besuch ab, dessen Bücher er offensichtlich gelesen hat, insbesondere *L'Immoraliste* und *Les Nourritures Terrestres*, wie aus dem späte-

ren Brief vom 12. Dezember hervorgeht. Jean Genet, damals zweiundzwanzig Jahre alt, vertraut dem Schriftsteller unter anderem an, daß er eine große Reise zu unternehmen gedenke. Er spricht von einer kurz bevorstehenden Abreise »nach Tripolitanien«, also dem heutigen Libyen. Der junge Mann erwirkt das Wohlwollen Gides, der ihn sogar lebhaft zu seinem Vorhaben ermutigt zu haben scheint.
Und Genet reist tatsächlich ab. Er durchquert Frankreich – aller Wahrscheinlichkeit nach zu Fuß – und gelangt nach Spanien, wo die Reise ihr frühzeitiges Ende findet. Am 12. Dezember hält er sich in Barcelona auf, von wo er den folgenden Brief an Gide adressiert:

»Barcelona 12-12-33

Maître,
Womöglich erinnern Sie sich kaum noch an einen Jungen, der Ihnen, von Reisefieber befallen, vor sechs Monaten einen Besuch abstattete. Seinerzeit wollten Sie sich gern für die Reise interessieren, die er plante, und begnügten sich keineswegs damit, ihm zuzustimmen, sondern sprachen ihm selbst Mut zu, einfach loszuwandern, ohne zu wissen, was der nächste Tag bringen würde.
Mein Ziel war Tripolitanien. Meine Reise, Maître, ist nicht beendet, denn ich hoffe, daß sie mein ganzes Leben andauern wird. Doch diese erste Etappe, die es vermocht hat, mich anderswo hinzuführen als dorthin, wovon ich geträumt (beinahe hätte ich geschrieben: gewollt) hatte, wird nicht die armseligste gewesen sein. Aber ›das unersetzbarste aller Menschenwesen‹ zu werden, ist recht ernüchternd, und Sie, Maître, der Sie das LEBEN besungen haben, besser: der Sie es mit derart viel Leidenschaft geflüstert haben, der Sie Ihrem Nathanaël seine Geheimnisse mit solcher Glut anvertraut haben, Sie werden nicht verstehen, daß man tot sein kann. Im *Immoralist* hatte »Ich« ein Gespräch mit Ménalque, in dessen Verlauf er zugibt, daß sein Glück, »das maßgeschneidert sein muß«, ihm nicht mehr groß genug sei. Sehen Sie denn nicht, daß für jemand anderen das Glück zu

Barcelona 12.12.33

Maître,

Peut être ne vous souvient-il guère d'un garçon atteint de bougeotte et qui vous fut voir il y a 6 mois. Alors, vous voulûtes bien vous intéresser au voyage qu'il entreprenait et non content de l'approuver vous l'encouragiez à marcher ainsi, ignorant du lendemain.

Je partais pour la Tripolitaine. Mon voyage, Maître, n'est pas terminé, car j'espère qu'il durera toute ma vie. Mais cette première partie, qui m'aura joué le tour de me conduire ailleurs que là où j'eus rêvé (j'allais écrire voulu) d'aller, n'aura pas été la moins riche. Mais devenir le plus irremplaçable des êtres, est bien décevant et, Maître, vous qui avez chanté la Vie, qui plutôt, l'avez chuchotée avec tant de passion, en avez dit les mystères avec tant d'ardeur, à votre Nathanaël, ne comprendz pas qu'on puisse être mort. Dans l'Immoralité, "Je" avait avec Ménalque un entretient au cours duquel il avouait que son bonheur, "qui doit être fait sur mesure" n'était plus assez grand. Voyez-vous pas que pour un autre le bonheur soit ! ste pour qu'il le puisse sentir? Ah! ce qui manque c'est la Vie, et le plus douloureux c'est savoir qu'on est à sec. Pas le plus mince jet, rien qui vous pousse en avant : on voudrait le clôture.

Il y a bien des gens, des personnalités qui s'occuppent d'André Gide : l'accaparent-ils? Et quelle importance accordera-t-il à la lettre d'un inconnu sans ... (car, encore un mal : croire à son génie)?

Et enfin, toute cette lettre n'aura été que pour aboutir à une demande d'argent. C'est au début de la lettre que j'aurai voulu vous dire mon embarras; je craignai d'être brutal. Je suis sans un sou à Barcelone, le consul est ours, je suis orphelin et je traîne de bouges en bouges. Me pouvez vous sortir de là, me rendre — non, me donner un regain de vitalité, et s'il vous répugne de m'aider (j'ai trop lu André Gide

groß sein kann, als daß er es noch empfinden könnte? Ach! Was wirklich fehlt, ist das LEBEN, und am schmerzlichsten ist es, wenn man weiß, daß man auf dem trockenen sitzt. Nicht das geringste Rinnsal, nichts, das einen vorwärts triebe; man wünschte sich im Kloster.

Gewiß gibt es nicht wenige Leute, ja Persönlichkeiten, die sich um André Gide bekümmern. Nimmt er sie auch für sich in Anspruch? Und welche Bedeutung wird er dem Brief eines Unbekannten beimessen mögen ohne ... (denn obendrein *dieses* Unglück: an sein Genie zu glauben)?

Und schließlich dieser ganze Brief nur, um auf eine Bitte um Geld hinauszulaufen. Eigentlich hatte ich Ihnen gleich am Anfang des Briefes von meinen Unannehmlichkeiten berichten wollen; dann fürchtete ich, ungehobelt zu sein. Ich bin hier in Barcelona ohne einen Sou, der Konsul stellt sich taub, ich bin Waise und ziehe von einer schmutzigen Spelunke zur nächsten. Könnten Sie mich da herausholen und mir etwas zurückgeben – nein, geben, das meine Kräfte wieder aufleben ließe? Und falls es Ihnen widerstreben sollte, mir finanziell zu helfen (denn ich habe zu sehr André Gide gelesen, um mich nicht an seine Begegnung mit einem Deutschen zu erinnern, der extra nach Paris gekommen war, um ihn zu sehen: ›Sie würden mich sehr viel weniger interessieren, wenn ich Ihnen helfen würde.‹), darf ich immerhin auf einen Brief hoffen?

Ich mache mir große Sorgen darüber, welchen Eindruck von mir dieser Brief bei Ihnen hinterlassen wird; und wie ich ihn ›konstruiert‹ habe, ist er überhaupt nicht so geworden, wie ich ihn gewollt hätte. Nein, es ist wirklich nicht leicht, einfach zu sein, geschweige denn natürlich.

Bis zum 16. werde ich in Barcelona auf eine Antwort warten.

Und nun, da ich Sie derart bedrängt habe, weiß ich nicht mehr, Maître, wie ich eine abschließende Formulierung finden soll. Klagen Sie mich bitte nicht der Geschmack-

(si je ne puis pas me pas souvenir de ma rencontre avec un Allemand venu à Paris exprès pour le voir "Vous m'intéresseriez beaucoup moins si je vous aidais") matériellement, puis-je espérer une lettre ?

Je me soucie fort de l'opinion que, de moi, vous donnera cette lettre, et comme je l'ai "composée" elle n'est pas du tout ce que j'eus voulu qu'elle fût. Non, il n'est vraiment pas facile d'être simple, ni même naturel.

Jusqu'au 16 j'attendrai une réponse à Barcelone.

Et voici que, vous ayant sollicité, je ne sais plus trouver, Maître, une formule finale. N'en accusez pas ma grossièreté, elle n'est pas, mais pensez plutôt que je suis un de ceux que vous aurez le plus touché — j'aurais voulu dire frappé.

Jean Genet
Poste restante
Barcelona

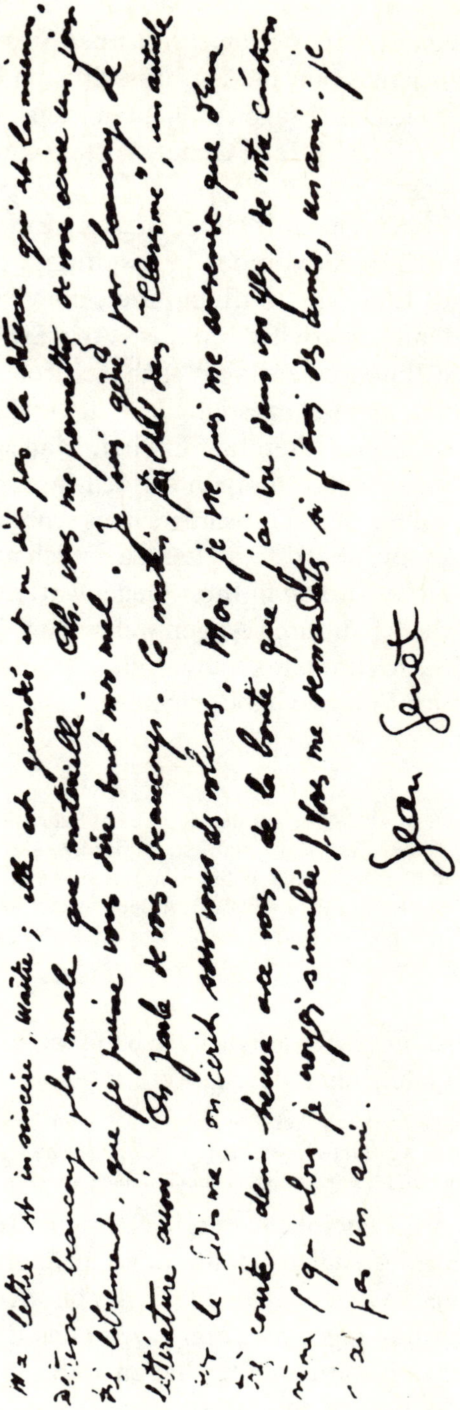
Ma lettre est insincère, Maître ; elle est guindée et ne dit pas la détresse qui est la mienne, détresse beaucoup plus morale que matérielle. Ah ! vous me permettrez de vous écrire un jour très librement, que je puisse vous dire tout mon mal. Je suis gêné par beaucoup de littérature aussi. On parle de vous, beaucoup. Ce matin, j'ai lu dans "Classisme", un article sur le Gidisme ; on écrit sur vous des volumes. Moi, je ne puis me souvenir que d'une très courte demi heure avec vous, de la bonté que j'ai vu dans vos yeux, de votre émotion même (qu'alors je croyais simulée). Vous me demandiez si j'avais des amis, un ami : je n'ai pas un ami.

Jean Genet

Faksimile des dreiseitigen Briefes mit Postscriptum an André Gide aus Barcelona.

losigkeit an, sie besteht nicht, denken Sie eher, daß ich einer von jenen bin, die Sie am stärksten berührt haben werden – ich hätte sagen mögen: in Bann geschlagen.

Jean Genet, Poste restante, Barcelona

Mein Brief ist unaufrichtig, Maître. Er klingt gespreizt und spricht nicht von der Verzweiflung, in der ich mich befinde. Eine Verzweiflung, die sehr viel mehr moralischer denn finanzieller Natur ist. Ach! Sie werden mir gestatten, Ihnen eines Tages sehr viel freier zu schreiben, um Ihnen mein ganzes Unglück zu erzählen. Ich werde auch von zuviel Literatur verwirrt. Man spricht sehr viel von Ihnen. Heute morgen sah ich in ›Charisme‹ einen Artikel über den ›Gidismus‹; man schreibt Bände über Sie. Was mich betrifft, so kann ich mich nur an eine sehr kurze halbe Stunde in Ihrer Gegenwart erinnern, an die Güte, die ich in Ihren Augen wahrnahm, ja an Ihre Rührung (die ich damals simuliert glaubte). Sie fragten mich da, ob ich Freunde habe, einen Freund. Ich habe keinen Freund.

Jean Genet«

Es scheint so, daß Gide auf den Brief nicht hat antworten können. Da er sich gerade in Lausanne aufhielt, als der Brief in Paris ankam, kann er erst am 19. Dezember von ihm Kenntnis genommen haben, zu einem Zeitpunkt also, an dem Genet Barcelona zweifellos bereits verlassen hatte. Hierzu: *Cahiers de la Petite Dame 1929–1937*, in ›Cahiers André Gide No. 5‹ (dt. Ausgabe bei dtv), S. 355–364.

Wie bereits erwähnt, ist es möglich, daß Genet Spanien schon zu einer anderen Gelegenheit durchquerte.

Es ist auch denkbar, daß er während der neunzehn Monate, die er in Marokko als Soldat stationiert war, gelegentliche Urlaubsgenehmigungen dazu nutzte, kurzzeitige Abstecher nach Spanien zu unternehmen.

Es ist jedoch wahrscheinlich – und sei es nur wegen der Stimmung dieses Briefes (der bis heute den einzig greifbaren Beleg für Genets Reise darstellt) –, daß die große Wanderung durch Spanien, zu der das *Tagebuch eines Diebes* das Epos des Elends liefert, zu jener Zeit stattgefunden haben muß.

Dritte und vierte Verpflichtung

24. April 1934 – 18. Juni 1936

Toul – Aix-en-Provence

Am 24. April 1934 verpflichtet sich Genet im Rekrutierungsbüro von Montpellier erneut zum Militärdienst, dieses Mal für eine Spanne von drei Jahren. Er wird seinem alten Regiment, dem 22. Algerischen Schützenregiment in Toul zugeteilt, wohin er sich alsbald begibt. Mit Ausnahme einiger eventueller Urlaubsbewilligungen verbleibt er in Toul ein Jahr und sechs Monate lang.
Die Militärzeit war im Leben Genets offensichtlich auch eine Zeit, in der die Lektüre einen großen Platz einnahm. Wie er selbst später angab, las er in dieser Zeit Dostojewski.

Im Gespräch mit Hubert Fichte (s. o.), S. 100–101.

Der folgende Brief, den er über die Zeitschrift ›Nouvelle Revue Française‹ an den Dichter André Suarès richtete (laut Poststempel am 3. Januar 1935), zeugt von seinem Eklektizismus und seinem Lesehunger.

»Maître,
Werden Sie so freundlich sein, meine Dreistigkeit zu entschuldigen? Ich las jedoch in einer Ausgabe der N.R.F. Ihre Gedichte unter dem Titel *L'oiseau quetzal.*

Etwa: der buntgefiederte Vogel. (*Anm. d. Übers.*)

Das Gedicht: ›Si tu veux follement souffrir, aime follement la vie.‹

Etwa: ›Wenn du wie verrückt leiden willst, mußt du wie verrückt das Leben lieben‹. (*Anm. d. Übers.*)

Und auf dem Umschlag eines kleinen Buches bei Stok (richtig: Stock), eines ganz kleinen Buches, sehe ich auf der Rückseite Ihren Namen, zusammen mit dem Titel: ›Voici l'Homme‹.

Hier ist der Mensch. (*Anm. d. Übers.*)

Man sagt mir, daß die Reihe vergriffen sei.

Ist es notwendig, Ihnen zu sagen, daß ich Sie allein aufgrund dieser einzigen Nummer der N.R.F. bewundere und daß ich gern dieses schwer zu findende Buch wie auch Ihre anderen Werke besitzen würde, Maître.
Ich bin sehr ungeschickt und ich weiß nicht, ob Sie mich verstanden haben. Doch erlauben Sie mir bitte noch, Ihnen zu sagen, daß Sie mich zutiefst berührt haben. Ich habe doch das Recht, Ihnen dies zu sagen, nicht wahr?

Jean Genet
Gefreiter
2e Cie.
22e R.T.A.
Meurthe-et-Moselle«

Der handschriftliche und unterzeichnete Brief Jean Genets an André Suarès (zwei Seiten) befindet sich in der Sammlung Richard Anacréon.

Am 15. Oktober 1935 verpflichtet sich Jean Genet für eine weitere Dienstzeit von vier Jahren bei seinem Regiment in Toul, obwohl sein laufendes Engagement noch nicht beendet ist. Dies geschieht augenscheinlich aufgrund der bedeutenden Prämie, die für eine solche neue Dienstverpflichtung ausgezahlt wird. Das neue Engagement hätte normalerweise erst am 24. April 1937 in Kraft treten müssen.
Einige Monate später, am 18. Oktober 1935, wird Genet jedoch zu einem anderen Truppenkörper, einem Regiment in Aix-en-Provence versetzt. Es handelt sich um das ›Regiment d'Infanterie Coloniale du Maroc‹, kurz: R.I.C.M., das Marokkanisch-Koloniale Infanterie-Regiment, dessen 3. Bataillon er zugeteilt wird.
Das R.I.C.M., ursprünglich der Marine-Infanterie verbunden, dessen Ehrenzeichen es beibehielt, ist zu jener Zeit eines der prestigeträchtigsten Regimenter Frankreichs. Es handelt sich um eine Elitetruppe, in der eine harte Disziplin herrscht. Sie setzt sich aus Sturmkampfgruppen zusammen, die für »Sondereinsätze« ausgebildet sind. Während des Ersten Weltkrieges erreicht das R.I.C.M. den Höhepunkt seines Ruhms. An dessen Ende

kann es die höchste Anzahl von Dekorierungen vorweisen und überrundet in dieser Hinsicht seine ärgste Rivalin, die Fremdenlegion.

Die Legende, die Sartre in *Saint-Genet* verbreitete (siehe Seite 513) und an der Genet selbst nicht ganz unschuldig war, nach der nämlich letzterer in die Fremdenlegion eingetreten sei, um wenig später zu desertieren, kann somit zumindest als *Annäherung* an die Wahrheit betrachtet werden, denn das R.I.C.M. ähnelte der Fremdenlegion hinsichtlich seiner Bräuche und Traditionen, verglichen mit allen anderen Regimentern, tatsächlich am meisten.

> Zu einem ehemaligen Fremdenlegionär sagt »Jean Genet«, der Erzähler im *Tagebuch eines Diebes* (S. 48): »Ich war auch in der Legion. Und bin desertiert.«

Was die Desertion betrifft, so hat sie tatsächlich stattgefunden. Am 18. Juni 1936 fehlt Jean Genet beim »appel de Diane«, dem Morgenappell. Am darauffolgenden Tag wird er als »illegal abwesend« gemeldet und eine Woche später, am 25. Juni, zum »Deserteur« erklärt. Offiziell endet zu diesem Datum sein militärischer Lebensabschnitt, der, von Unterbrechungen abgesehen, somit im ganzen beinahe sechs Jahre umfaßt.

Reisen

Juli 1936 – Juli 1937

»... diese nie endenden Wanderungen quer durch Europa, im Reisekleid meiner Lumpen, begleitet vom Hunger, von der Verachtung, von der Entkräftung und von meinen lasterhaften Liebschaften.«

Tagebuch eines Diebes, Seite 177

Möglicherweise um den Nachstellungen der Militärbehörden zu entgehen, beschließt Jean Genet nach seiner Desertion, Frankreich zu verlassen. Es beginnt daraufhin jene Irrfahrt quer durch ganz Europa, die genau ein Jahr, nämlich von Juli 1936 bis Juli 1937 dauern wird und deren Spuren das *Tagebuch eines Diebes* in der Art eines Gedichts oder auch eines metaphysischen Abenteuers nachzeichnen wird. Die Nachforschungen über diesen Abschnitt im Leben Genets, der gewiß einer der undurchsichtigsten war, sind nicht ohne weiteres mit der gebotenen Zuverlässigkeit zu bewerkstelligen. Dennoch ist es möglich, mit Hilfe einiger Zeugenaussagen und Dokumente hiervon einen vorläufigen Eindruck zu vermitteln und der Realität des Romans einen historischen Kontrapunkt gegenüberzustellen.

Hinsichtlich der Route dieser »Reisen« scheinen die vertrauenswürdigsten Informationen von seiten Maurice Toescas zu kommen, der diese, als Beamter der Pariser Polizeipräfektur während der deutschen Besatzungszeit, in seinem Tagebuch verzeichnete.

Dieses Tagebuch aus der Zeit von 1939 bis 1944 wurde unter dem Titel *Cinq Ans de Patience* (Fünf Jahre Geduld) 1975 vom Verlag Émile-Paul ediert, gelangte jedoch aus obskuren Gründen, die zum Teil mit der Schließung des Verlags zu erklären sein werden, nicht in den Handel. Allerdings befindet sich ein Exemplar in der Nationalbibliothek.

Wie Maurice Toesca uns in einem Gespräch erklärte, das wir 1986 mit ihm führten, habe er diese Informationen aus der Polizeiakte Jean Genets entnommen, die er im Jahre 1944 einsehen konnte, als er auf Bitten Cocteaus intervenierte, um zu versuchen, Jean Genets Entlassung aus dem »Camp de Tourelles« in die Wege zu leiten.

Nach Auskunft der Polizeipräfektur von Paris wurde diese Akte aufgrund höherer Weisung vernichtet.

Unter dem Datum des 28. Februar 1944 stellt Maurice Toesca eine Bestandsaufnahme dessen zusammen, was er den »Fall Genet« nennt, und rekonstruiert anhand der ihm vorliegenden Polizeiakte dessen wesentliche Merkmale. Stichwortartig listet er bei dieser Gelegenheit die verschiedenen Etappen und Ereignisse der Reisen des Deserteurs auf, und man wird feststellen können, daß die hier skizzierte Marschroute sich bis auf einige wenige Details im wesentlichen kaum von jener unterscheidet, die das *Tagebuch eines Diebes*, in einer geschickt angelegten Unordnung, wiedergibt.

Der wesentliche Unterschied liegt in der Tat weniger in der Route, welche die Reise nimmt, als in ihrer Dauer, die sich im *Tagebuch* über mehrere Jahre hinzuziehen scheint.

Nizza

Der Ausgangsort der großen Fahrt Genets, in deren Verlauf er innerhalb eines einzigen Jahres mehr als 8500 Kilometer zurücklegt, ist die Stadt Nizza, wohin er sich offenbar sofort nach seinem Verschwinden aus Aix-en-Provence am 18. Juni 1936 begeben hat. Er arbeitet dort zunächst, wie wir von Maurice Toesca erfahren, »in einem Transportunternehmen«, bevor er »vom italienischen Konsul einen regulären Passierschein« erhält, um über die Grenze zu kommen.

Alle Zitate und Informationen sind den Seiten 210 bis 211 des Tagebuches Toescas, *Clinq Ans de Patience*, entnommen.

Allem Anschein nach wurde ihm das Visum aufgrund gefälschter Papiere ausgestellt, denn wie wir aus einer späteren Gerichtsurschrift erfahren, fälschte Genet seinen Ausweis »im Laufe des Monats Juli 1936«, also zu einem Zeitpunkt, wo er sich noch auf französischem Territorium befand, »indem er den Namen GENET

durch GEJIETTI ersetzte«. Er bediente sich dieses Papiers während der gesamten Dauer seiner folgenden Reisen.
Nach seiner Rückkehr nach Frankreich wird er dieses Vergehens angeklagt und im November 1937 verurteilt werden.

Italien

Die erste Etappe der Reise ist Italien, dessen Grenze Genet also ohne Schwierigkeiten überschreiten konnte. Da es offenbar seine Absicht ist, sich noch sehr viel weiter von Frankreich entfernt zu verbergen, reist er augenblicklich in den äußersten Süden des Landes. Maurice Toesca notiert: »Fünf Tage, um Italien zu durchqueren.« Er fügt hinzu: »Er begibt sich nach Brindisi«, einem adriatischen Hafen am Stiefelabsatz der italienischen Halbinsel, »und schifft sich nach Albanien ein.«

Albanien

In Albanien beginnen die ersten Schwierigkeiten mit den Behörden. Nach einer relativ kurzen Überfahrt (250 Kilometer zwischen Brindisi und dem Hafen von Durrës) kommt er im damaligen Königreich Albanien an und begibt sich in dessen Hauptstadt Tirana. Der dortige Aufenthalt dauert nicht lange. Er wird verhaftet und des Landes verwiesen, »da er«, wie Maurice Toesca angibt, »keine Papiere besitzt«. (Im *Tagebuch eines Diebes* wird diese Reiseetappe zwar erwähnt, jedoch ohne Details zu berichten.)

Jugoslawien

Nach einem vergeblichen Versuch (der für uns hypothetisch bleibt, da von ihm nur im *Tagebuch eines Diebes* die Rede ist, der aber durchaus plausibel scheint), die Insel Korfu zu erreichen, wo ihm die griechischen Behörden indessen den Aufenthalt ver-

weigern, wendet sich Genet, der nun gezwungen ist, in Richtung Norden weiterzureisen, nach Jugoslawien. Offenbar konnte er auch hier die Grenze ohne weitere Schwierigkeiten überschreiten, denn er wird, wie wir wiederum von Toesca erfahren, erst in der Hauptstadt Belgrad verhaftet, wo seine Papiere Mißtrauen erregen und eine polizeiliche Untersuchung auf sich ziehen. Er wird »zu einem Monat Gefängnis wegen illegaler Grenzüberschreitung« verurteilt und darüber hinaus von den Militärbehörden verhört: »Warum ist er desertiert? Man will seine Aussagen überprüfen; man läßt ihn unter Aufsicht in einem Dorf wohnen, bis man die angeforderten Auskünfte über ihn aus Paris erhalten hat.«
Laut Olga Barbezat, mit der wir darüber 1987 ein Gespräch führten und in deren Gegenwart der Dichter einmal seine jugoslawischen Abenteuer erwähnte, könnte das fragliche Dorf Uziéka-Pozeka gewesen sein.
Nachdem die Polizeibehörden zum Abschluß ihrer Untersuchungen zu dem Ergebnis gekommen sind, es keinesfalls mit einem Spion zu tun zu haben, verweisen sie ihn des Landes.

Italien (II)

»Ausgewiesen aus Jugoslawien, taucht er in Palermo wieder auf«, erfahren wir wiederum von Maurice Toesca. Dies bedeutet, daß Genet, der in der Nähe von Triest nach Italien gelangte, das Land ein weiteres Mal in seiner ganzen Länge durchquerte, um den südlichen Teil zu erreichen. Wir können annehmen, daß er dieses Mal, um die bereits begangenen Wege zu vermeiden, entschlossen war, sein Glück auf der anderen Seite des Mittelmeeres zu versuchen und sich von Sizilien aus einzuschiffen, um zweifellos nach Afrika zu gelangen.
Er wird jedoch in Palermo verhaftet und für die Zeit, die man braucht, seine Papiere zu überprüfen, eingesperrt. Das Ergebnis: »Italien weist ihn über die österreichische Grenze aus.«

Österreich

So wie dies auch vom *Tagebuch* auf Seite 129 angemerkt wird, gelangt Jean Genet höchstwahrscheinlich über die Grenzstadt Villach nach Österreich. Zu Beginn des Winters 1936 erreicht er Wien. Das *Tagebuch* erwähnt die Durchreise durch die Hauptstadt, die sich zwangsläufig auf der Strecke zwischen Italien und der Stadt Brünn, der nächsten Station der Reise befindet, nicht. Siebenundvierzig Jahre später wird der Dichter jedoch gegenüber einem österreichischen Journalisten während eines Interviews in dieser Stadt, seinen damaligen Aufenthalt in Wien erwähnen: »Man hat mich hier in einen Palast eingeladen, den ich nienals zuvor betreten habe, aber von dem ich träumte, als ich jung war. Ich war zwanzig Jahre alt, als ich mich hier in Wien aufhielt. Ich habe da immer davon geträumt, im Hotel Imperial zu wohnen, aber ich war halt ein Landstreicher.«

In: Rüdiger Wischenbart / Layla Shahid Barada, *Une Rencontre avec Jean Genet*; ›Revue d'Études Palestiniennes‹, Nr. 21, Herbst 1986, und ›*Jean Genets Haus*‹, Merlin Verlag 1991.

Auf jeden Fall scheint die Wiener Etappe nur von kurzer Dauer gewesen zu sein, denn Maurice Toesca schreibt: »Österreich weist ihn augenblicklich wieder aus, woraufhin er in Brünn Zuflucht sucht.«

Tschechoslowakei

Brno oder Brünn, Hauptstadt der Provinz Mähren, ist seinerzeit eine Industriestadt mit 265 000 Einwohnern, 120 Kilometer nördlich von Wien. Genet kommt dort gegen Ende des Jahres 1936 an. Eine neuerliche Verhaftung läßt nicht lange auf sich warten. Er gibt an, aus der französischen Armee desertiert zu sein. Die tschechischen Behörden, die seinem Fall offenbar ratlos gegenüberstehen, entledigen sich seiner, indem sie ihn der ›Liga für Menschenrechte‹ anvertrauen. Der Gründer der lokalen Sektion dieser Vereinigung, der Arzt Otto Schütz, der nach dem Krieg eine führende Persönlichkeit humanistischer Organisationen werden wird, interessiert sich für Genets Geschichte, entwickelt

Sympathien für ihn und sichert ihm schließlich seine Unterstützung zu. Dadurch gelingt es Genet, für einige Zeit im Land zu verbleiben. Ein anderes Mitglied der Liga, die deutsche Schriftstellerin und Journalistin Lilly Pringsheim, deren Französischkenntnisse dazu beitrugen, daß Genet sich verständlich machen konnte, unterstellt ihn ihrem persönlichen Schutz. Als ehemalige sozialdemokratische Abgeordnete und Aktivistin der antifaschistischen Bewegung war Lilly Pringsheim, zusammen mit ihrer Familie, selbst nach Brünn geflohen, als in Deutschland die nationalsozialistische Partei an die Macht gekommen war. Später wird sie während eines Vortrages, den sie im Jahre 1951 in Darmstadt hielt, darüber berichten, wie sehr sie beeindruckt war von »dem Auftreten dieses kleinen Vagabunden mit seinen beinahe feinen Manieren«, und wie sehr überrascht »von dem Ausmaß seiner literarischen Kenntnisse«.

Der Text dieses Vortrages wurde dank des Arztes Friedrich Flemming wiedergefunden, ins Englische übersetzt und von Richard N. Coe unter dem Titel *Toward the end of 1937*... (Gegen Ende des Jahres 1937...) in seiner Studie *The Theater of Jean Genet, a case-book* veröffentlicht (Grove Press, New York, 1970).

Lilly Pringsheim fügt hinzu: »Es wurde uns sofort klar, daß wir es mit einem erstaunlich intelligenten Menschen zu tun hatten, der mit einem bemerkenswerten Talent ausgestattet war.«

Während seines ganzen Aufenthalts in Brünn, der etwa fünf Monate dauerte, bleibt Genet in engem Kontakt mit der Familie Pringsheim, die ihm einen Schlafplatz auf dem Balkon ihrer winzigen Wohnung im dritten Stock eines Hauses in der Dlouhà 10A (›Große Straße‹) einräumt.

Ebenso erinnert sich Therese Brøndum-Pringsheim, die Tochter seiner Beschützerin, noch gut an den gelegentlichen Gast ihrer Familie. In ihren Briefen an Dr. Flemming schreibt sie: »Genet trug damals einen braunen Anzug und einen schwarzen Rollkragenpullover und wechselte während der ganzen drei Monate nicht einmal die Kleidung. Sein ganzes Gepäck bestand aus einer ledernen Aktentasche mit Manuskripten und Schreibmaterial.«

Die Briefe von Therese Brøndum-Pringsheim an Dr. Flemming wurden in dem genannten Buch *The Theater of Jean Genet, a case-book* veröffentlicht.

Um Genet zu einem kleinen Einkommen zu verhelfen, stellt Lilly Pringsheim ihn der Tochter eines ebenfalls als Flüchtling in Brünn lebenden deutsch-jüdischen Arztes vor, da diese Französisch lernen will. Anna Bloch ist vierunddreißig Jahre alt und mit einem reichen Industriellen verheiratet. Der Unterricht findet jeden Dienstagnachmittag statt. Die junge Frau ist derart zufrieden mit ihrem Sprachlehrer, daß sich den beiden bald ihr Mann und ihre Mutter hinzugesellen.
Zwischen Jean Genet und Anna Bloch entwickelt sich ein tiefgehendes Freundschaftsverhältnis. Nach seinem Abschied aus Brünn schreibt er ihr mehrere Briefe voller Zärtlichkeit und Respekt, aber auch voller kultureller Referenzen und literarischer Anspielungen, wobei er sowohl Verlaine und Voltaire als auch Lautréamont und Gabriele d'Annunzio erwähnt.

Die Briefe wurden unter dem Titel *Chère Madame ... 6 Briefe nach Brünn* von Willy Dähnhardt übersetzt und 1988 im Merlin Verlag publiziert.

Er schickt ihr eines Tages von Paris aus sogar Rimbauds Gedicht *Das trunkene Schiff*, auf Seiten, die er aus einem Buch herausgerissen hat.
Vor allem ein Brief, den er im September 1937 von Paris aus an die Mutter Anna Blochs, Frau Scherbach, schickt, macht die Gefühle deutlich, die er für seine ehemalige Schülerin hegt. Er schreibt: »... lassen Sie mich Ihnen im Namen dieser Freundschaft gestehen, was Sie vielleicht schon gemerkt haben: ich liebe Madame Bloch sehr. Selbstverständlich werde ich nicht groß darüber sprechen, weil es sich nicht um ein einfaches Gefühl handelt und ich nicht so einfach darüber reden kann. Es war ja zu der Zeit, als ich eben aus den Gefängnissen kam, in denen ich so lange unter Männern gelebt hatte, als bei der Liga, bei dieser schmutzigen Liga, eine elegante und sehr weibliche Frau mir die Hand reichte.«
Gegen Mitte des Frühjahrs kündigt Genet an, daß er weiterzureisen gedenke. Laut Lilly Pringsheim habe er ihr damals »eine gewisse Anzahl von Manuskripten« anvertraut, die »im Laufe seiner vorhergehenden Haft entstanden« seien.

Toward the end of 1937 ... (s. o.)

Diese Manuskripte konnten jedoch bis heute nicht wieder aufgefunden werden, ja selbst ihre Existenz wurde bisher nicht anderweitig bestätigt.
Lilly Pringsheim gab Genet ihrerseits die Berliner Adresse eines ihrer politischen Freunde, Wilhelm Leuschner, den er in Berlin treffen sollte, um ihm im Namen der Liga »Ratschläge« zu übermitteln. Diese habe er auswendig gelernt, um dem Fall vorzubeugen, daß er an der Grenze mit schriftlichen Dokumenten ergriffen werde.

Wilhelm Leuschner wurde als Gegner des Naziregimes und Beteiligter an der Verschwörung des 20. Juli 1944 verhaftet und zum Tode durch den Strang verurteilt.

Polen

Bevor Genet nach Deutschland reist, begibt er sich zunächst nach Polen. Er verläßt Brünn gegen Ende des Monats Mai 1937 und erreicht nach dem Übertritt der Grenze zunächst die Stadt Kattowitz im Süden des Landes, die nicht sehr weit entfernt von Krakau liegt, von dem im *Tagebuch* des öfteren die Rede ist.
Aus Gründen, die uns nicht bekannt sind (es sei denn, er war tatsächlich in einen »Falschgeldhandel« verwickelt, wie es auf Seite 108 im *Tagebuch eines Diebes* heißt), wird Genet einige Tage nach seiner Ankunft von der polnischen Polizei verhaftet. In seinem ersten Brief an Anna Bloch, den er etwa am 22. oder 23. Juni 1937 an diese richtet,

Der Brief kann aufgrund einer Anspielung Genets auf den Sturz der Regierung Léon Blums, die am 21. Juni 1937 stattfand, ungefähr datiert werden.

spricht er von einer Gefängnisstrafe von vierzehn Tagen, die er in Kattowitz abgegessen habe.
Die ersten Zeilen seines poetischen Briefes an die Frau, die er stets »Madame« nannte, lauten folgendermaßen:
»Ein trüber Tag, verfinstert noch durch den Rauch aus hundert Fabrikschornsteinen, etliche Polizisten, die irgendein vermeintlich schreckliches Geheimnis aufspüren wollen, ein Gefängnisbau aus roten Ziegeln, endloses Warten in den Zellen, Verhöre,

und inmitten all dieser wirren Eindrücke war es die Erinnerung an Sie, die mich besänftigend heimsuche – sehen Sie, Madame und liebe Freundin, so war mein erster Eindruck von Polen.«

Deutschland

Mit der folgenden Etappe seiner Reise durch Deutschland beginnt Genets Rückkehr nach Frankreich. Zunächst unternimmt er jedoch einen Umweg in Richtung Norden und gelangt nach Berlin, wo er, laut Lilly Pringsheim, tatsächlich Wilhelm Leuschner getroffen und diesem die auswendig gelernten Botschaften von dessen Mitstreitern aus Brünn übermittelt habe.
Im April 1983, wiederum in Berlin, wird er gegenüber dem Schauspieler und Produzenten des Films *Querelle*, Dieter Schidor, seinen ersten Besuch in dieser Stadt erwähnen (den er dort um zwei Jahre vordatiert): »1935 war Berlin wie eine Stadt der Dritten Welt. Die Menschen waren alle ausgemergelt, nur Göring nicht.«

In: Dieter Schidor, *Ma rencontre avec Jean Genet*, in der Zeitschrift ›Masques‹, Nr. 22, Sommer 1984, S. 151–158.

Belgien

Die letzte Station seiner Reiseroute ist schließlich Belgien. Genet durchquert das Land höchstwahrscheinlich sehr rasch und hält sich lediglich einige Tage in Antwerpen und Brüssel auf. (Die Seiten, die sich im *Tagebuch* auf seinen Aufenthalt in Antwerpen beziehen, vermischen allem Anschein nach Erinnerungen an verschiedene Reisen.)

Paris

Wie die Notizen Maurice Toescas verzeichnen, kehrt Jean Genet im Laufe des Juli 1937 nach Frankreich zurück. Beim Übertreten

der Grenze zeigt er seinen gefälschten Ausweis vor, dessen er sich seit Beginn seiner Reisen bedient, und erreicht Paris mitten im Sommer zu einem Zeitpunkt, wo die Internationale Ausstellung der Technik und Künste, die von Mai bis November 1937 stattfindet, ihren Höhepunkt erlebt.
Genet scheint glücklich zu sein, in die Hauptstadt zurückzukehren. In einem in der Brasserie ›La Coupole‹ am Boulevard Montparnasse verfaßten Brief vom 28. August 1937 vertraut er Anna Bloch an, wie sehr es ihn freut, Paris sowie seine Freunde und die Stadtteile, die er liebt, wiederzusehen. Allerdings spricht er auch von dem unangenehmen Gefühl, eben erst angekommen, schon wieder an einen erneuten Aufbruch denken zu müssen, um der Polizei und einer Gefängnisstrafe wegen Desertation zu entgehen, die er auf »zehn Jahre« schätzt. Er bittet seine Korrespondentin um Antwort auf sein Schreiben, weist sie jedoch auch auf folgende Schwierigkeit hin: »Meinen Namen habe ich ändern müssen. Sie wissen ja, warum. Meine Anschrift lautet also: Jean Gejietti. Poste restante. Hauptpost Paris.«

Chère Madame ... s. o., S. 14.

Im Laufe des Sommers schreibt Genet, bevor er verhaftet wird, noch mehrere Briefe an seine Freunde in Brünn. Ein Brief an Frau Scherbach, die Mutter Anna Blochs, erwähnt die Internationale Ausstellung, von der Genet sagt, daß sie nicht nach seinem Geschmack sei, jedoch »eine ganze Menge sonderbarer Dinge aufzuweisen« habe. Er erzählt auch von sowjetrussischen Theateraufführungen, die zu jener Zeit in Paris stattfinden, von der Revue der Sängerin Mistinguett sowie von der »Deutschen Woche« (*Chère Madame*, Seite 30). In einem anderen Brief an Anna Bloch kündigt er seine Abreise an und scheint darüber wenig begeistert zu sein: »In einigen Tagen reise ich ab. Nach welchem sandigen Süden, nach welchem Timbuktu ohne Geheimnisse? Wissen Sie auch, daß das große Geheimnis eben darin besteht, daß es gar kein Geheimnis gibt?«
Im gleichen Brief teilt er seiner Vertrauten schließlich die mögliche Reiseroute mit: »Ich muß aber wohl oder übel nach Algerien, zum Niger, in den Kongo und schließlich nach beiden Amerika reisen.«

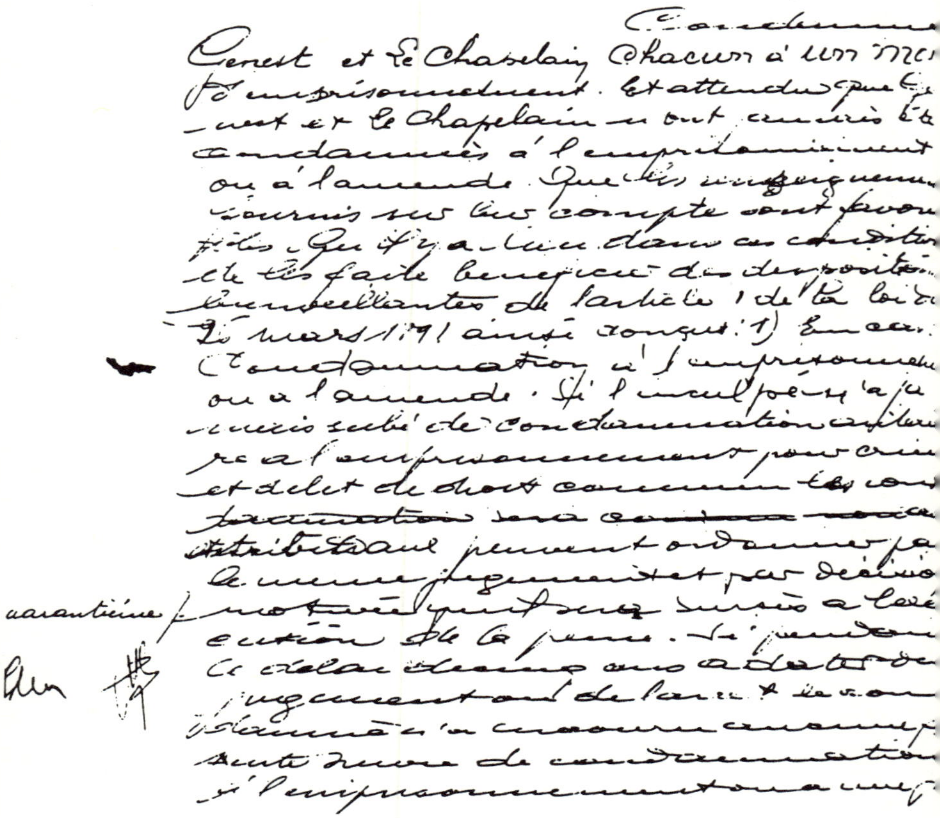

Condamne
Genest et Le Chaselain chacun à un mois
d'emprisonnement. Et attendu que Ge-
-nest et Le Chapelain n'ont encouru de
condamnation à l'emprisonnement
ou à l'amende. Que les renseignements
fournis sur leur compte sont favora-
bles. Qu'il y a lieu dans ces conditions
de les faire bénéficier des dispositions
bienveillantes de l'article 1 de la loi du
26 mars 1891 ainsi conçu: 1) En cas
de condamnation à l'emprisonnement
ou à l'amende. Si l'inculpé n'a pas
encore subi de condamnation antérieu-
re à l'emprisonnement pour crime
et délit de droit commun les cours
[illegible]
et tribunaux peuvent ordonner par
le même jugement et par décision
motivée qu'il sera sursis à l'exé-
cution de la peine. Si pendant
le délai de cinq ans à dater du
jugement ou de l'arrêt le condamné
n'a encouru aucune pour-
suite suivie de condamnation
à l'emprisonnement ou à une p

quarantième

Auszug aus der Urschrift des Urteils vom 18. September 1937, das die erste Verurteilung Jean Genets ausspricht. (Archiv der Stadt Paris)

Erste gerichtliche Verurteilung

16. – 18. September 1937

> »Das Gefängnis bot mir den ersten Trost, den ersten Frieden, das erste freundschaftliche Verschmelzen: im Schmutz.«
>
> *Tagebuch eines Diebes, Seite 98*

Am 16. September 1937 wird Jean Genet infolge eines versuchten Diebstahles im Pariser Kaufhaus ›La Samaritaine‹ ergriffen und festgenommen. Zusammen mit einem Komplizen namens Jean Le Chapelain war er im Begriff, »auf betrügerische Weise ein Dutzend Taschentücher im Wert von 35 Francs« zu unterschlagen. Am folgenden Tag wird gegen die beiden Männer ein vorläufiger Haftbefehl erlassen.

Vollständige Urteilsschrift vom 18. September 1937 im Anhang II.

Am 18. September werden Jean Genet und Jean Le Chapelain, die beide die für das sogenannte »flagrant délit« vorgesehene juristische Prozedur akzeptiert haben, vor die 13. Strafkammer des Tribunal Correctionnel der Seine zitiert.

Genet – der in den Urteilsschriften »Genest« genannt und als »Sohn des Paul und der Marcel Gabrielle« aufgeführt wird – muß sich des »Diebstahls« verantworten. Sein Begleiter hingegen wird der »Komplizenschaft« beschuldigt, da er »vorgetäuscht« habe, »Taschentücher auszuwählen, nur aus dem einzigen Grund, die Aufmerksamkeit der Verkäuferinnen von den Absichten und Handlungen Genests abzulenken«.

Das Gericht verurteilt beide zu jeweils einem Monat Gefängnis. Da jedoch die beiden Angeklagten »bisher noch nicht zu Haft oder zu Geldstrafen verurteilt wurden und die über ihre Personen eingeholten Auskünfte günstig ausfielen«, bestimmt das Gericht, »die Ausführung der Strafe auszusetzen«, und bürdet den Angeklagten, die noch am gleichen Tag auf freien Fuß gesetzt werden, lediglich die Gerichtskosten auf. Diese belaufen sich auf einen Francs und fünfundzwanzig Centimes.

Zweite Verurteilung

21. September 1937 – 13. Januar 1938

> »Als ich die Rue des Couronnes entlang verfolgt wurde, teilte sich mir das von den Inspektoren ausgelöste Entsetzen durch das furchtbare Geräusch ihrer Gummimäntel mit. Jedesmal, wenn ich es wieder höre, zieht sich mein Herz zusammen.«
>
> *Tagebuch eines Diebes, Seite 115*

Am 21. September 1937, also nur drei Tage nachdem er auf freien Fuß gesetzt worden war, wurde Genet nach einer wilden Verfolgungsjagd durch Inspektoren der »Police judiciaire« in der Rue des Couronnes im 20. Arrondissement von Paris festgenommen. Trotz seiner falschen Papiere stellt man fest, daß er als Deserteur gesucht wird; man findet Dokumente und Ausweise in seinem Besitz, die zum größten Teil aus auf der Straße geparkten Autos gestohlen wurden, sowie handschriftliche Dokumente der Könige Charles IX. und François I., die bei einem Einbruch aus den Schaufenstern einer Pariser Buchhandlung entwendet worden waren. Darüber hinaus entdecken die Polizeibeamten einen kleinen, mit sechs Patronen geladenen Revolver, den Genet in einem Handschuh versteckt hielt.

Die Umstände der Verhaftung werden in einem Artikel der Zeitschrift *Le Petit Parisien* wiedergegeben.

Am nächsten Tag, dem 22. September, wird er dem Untersuchungsrichter J. Thibaut am Gericht Erster Instanz vorgeführt, der gegen ihn einen einstweiligen Haftbefehl erläßt und ihn vier verschiedener Straftaten beschuldigt: »Diebstähle – Fälschung eines Ausweises und dessen Benutzung – Tragen einer verbotenen Waffe – Nichtmeldung einer Waffe«.

Vorläufiger Haftbefehl vom 22. September 1937, Archiv der Stadt Paris (Kopie in der BLFC).

Da der Straftatbestand seiner Desertion nicht in den Zuständigkeitsbereich der zivilen Gerichte fällt, wird er dessen erst an-

Vergrößertes Paßbid Jean Genets um 1937. (Aus *Magazine Litteraire*, Nr. 174, Juni 1981)

schließend angeklagt werden, sobald der Antrag auf »militärische Sicherheitsverwahrung« bei den zuständigen Behörden eingegangen ist.
Am selben Tag, also dem 22. September, berichtet ein Artikel in der Tageszeitung ›Le Petit Parisien‹ auf der Seite der »faits divers«

Etwa: »Vermischte Nachrichten«, die jedoch in der Regel von Straffällen, Gerichtsverhandlungen sowie Unfällen und Todesfällen spektakulärer Art usw. berichten. (*Anm. d. Übers.*)

unter dem Titel »Unter zwanzig verschiedenen Diebstählen entwendete ein Deserteur auch Handschriften Charles' IX. und François' I« von der Verhaftung:

> »Die Inspektoren der Kriminalpolizei verhafteten an der Ecke Rue des Couronnes und Rue Vilin den siebenundzwanzigjährigen Jean-Marcel Genet, geboren in Paris, Vater und Mutter unbekannt, ohne festen Wohnsitz. Er war seit dem 17. Juni 1936 als Deserteur aus dem in Aix stationierten 1. Regiment des Maroc gemeldet und wurde wegen zahlreicher Diebstähle aus geparkten Kraftfahrzeugen gesucht, z. B. Ausweis, Aktentasche und Zigarettenetuis, die er dem Arzt Stuhl, wohnhaft in der Rue de Téhéran 15 (VIII. Arr.) entwendete; Fahrzeugpapiere und Führerschein, die er aus einem in der Avenue Iéna geparkten Auto stahl (Besitzer des Fahrzeugs: Monsieur Rochat, Avenue Matignon 12); Ausweis und Empfehlungsschreiben des Präsidenten des Conseils, die mit Hilfe von Nachschlüsseln aus der Wohnung Monsieurs Kreminer, Rue Mazarine 60, entwendet worden waren; Ausweise, die er zum Schaden Monsieurs Landehman an sich nahm, während er vom 9. bis 14. des Monats in dessen Domizil in der Rue de l'Écluse in Paris logierte; Handschriften der Könige Charles IX. und François I. im Werte von 900 Francs, die er nach Zerschlagen der Schaufensterscheiben aus einem Geschäft in der Rue Bonaparte 18 im sechsten Pariser Arrondissement (Inhaber: Rossignol) entwendete. Ferner hatte er

Ausweispapiere weiterverkauft, deren Eigentümer Monsieur Jean Masson war, wohnhaft Rue Jean-Jaurès 14 in Levallois.
Genet, der bereits mehrmals verurteilt wurde, gestand weitere Diebstähle aus abgestellten Fahrzeugen, die er in der Nähe der Kirche Saint-Augustin und im Viertel der Madeleine beging.
Bei seiner Verhaftung wurde außerdem ein Revolver vom Kaliber 6 mm/35 sichergestellt, der mit sechs Patronen geladen und raffiniert im Innern eines Handschuhs versteckt worden war. Genet wurde folglich auch des unerlaubten Waffenbesitzes angeklagt. Man überstellte ihn der Staatsanwaltschaft.«

Genet wird noch am gleichen Tag ins Pariser Santé-Gefängnis überstellt und dort in Untersuchungshaft genommen, um auf seine Gerichtsverhandlung zu warten, die zwei Monate später stattfinden wird.

Auszug aus dem Haftregister, Direktion der Verwaltung der Strafanstalten im Justizministerium (Kopie im Besitz der BLFC).

Über das Leben im Gefängnis scheint er zunächst nicht sonderlich bestürzt zu sein. Er schreibt an Anna Bloch, daß sie sich seinen Zustand in der Zelle nicht allzu elend vorstellen dürfe: »Diese Dauerkasteiung ist alles in allem (vielleicht schlimmstenfalls) heilsam. Ist es nicht das, wonach die großen Heiligen des Katholizismus immer trachteten?«
In einem anderen Brief an seine Freundin in Brünn heißt es: »Meine Zelle ist groß und sauber, und ich wäre geradezu entzückt, wenn sich nicht heute eine leichte Kälte bemerkbar gemacht hätte.«

Chère Madame..., S. 22.

Seine Briefe aus jener Zeit spielen zwar nicht auf eventuell entstehende Werke an, doch weisen sie auf eine reichhaltige Lektüre hin. Genet denkt sogar daran, aus dem Gefängnis an André Gide zu schreiben, um diesen um ein Exemplar von *Retour d'U.R.S.S.* zu bitten.
Am 25. November erscheint er vor der 14. Strafkammer des »Tri-

bunal correctionnel«. Seine Identität wird dieses Mal zutreffend wiedergegeben.

Urteilsschrift vom 25. November 1937 (Anhang II).

Selbst sein Taufname »Marcel« wird aufgeführt. Angeklagt wird er mehrerer Delikte: Er habe im Laufe des Monats September Handschriften aus einer Buchhandlung in der Rue Bonaparte entwendet sowie »Nippsachen« aus einem geparkten Auto, fer-

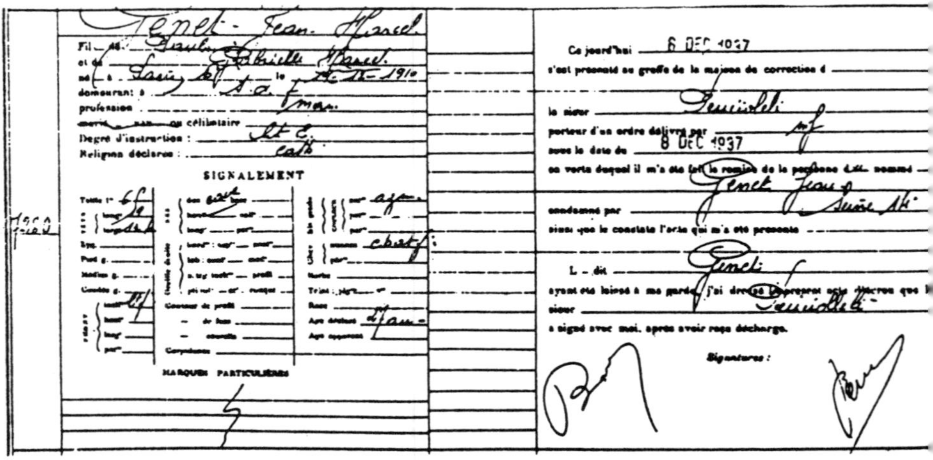
Fils de
et de
né le … à
demeurant à
profession
marié … ou célibataire
Degré d'instruction :
Religion déclarée :
SIGNALEMENT
MARQUES PARTICULIÈRES
Ce jourd'hui 6 DEC 1937
s'est présenté au greffe de la maison de correction d
le sieur
porteur d'un ordre délivré par
sous la date de 8 DEC 1937
en vertu duquel il m'a été fait la remise de la personne du nommé
condamné par
ainsi que le constate l'acte qui m'a été présenté
L. – dit
ayant été laissé à ma garde, j'ai dressé le présent acte … que le sieur
a signé avec moi, après avoir reçu décharge.
Signatures :

Gefangenenregister des Zentralgefängnisses von Fresnes vom 6. Dezember 1937. (Strafjustizverwaltung, Justizministerium)

ner aus einem anderen Fahrzeug einen Ausweis auf den Namen Landsmann, sowie Dokumente und Ausweispapiere eines gewissen Joseph Cremer. Darüber hinaus wurde er, außerhalb seines Wohnsitzes, im Besitz einer verbotenen Waffe angetroffen, die er seit acht Tagen mit sich geführt habe, ohne sie angemeldet zu haben. Und schließlich: »... im Laufe des Monats Juli neunzehnhundertsechsunddreißig fälschte Genet auf französischem Territorium einen ursprünglich authentischen Ausweis, indem er den Namen GENET durch GEJIETTI ersetzte, und benutzte denselben derart gefälschten Ausweis an der Landesgrenze, um nach Frankreich zurückzukehren, sowie bei anderen Gelegenheiten ...«.
Joseph Cremer, – ein junger Deutscher, dem Genet die Ausweispapiere gestohlen hatte –, wird zur gleichen Gelegenheit wegen der Benutzung gefälschter Ausweisdokumente verurteilt, da diese sich als ebenfalls gefälscht herausstellten.

Im Anschluß an die Verhandlung bringt man Genet in seine Zelle im Santé-Gefängnis zurück, wo er noch etwa zwei Wochen verbleibt. Am 8. Dezember überführt man ihn ins Zentralgefängnis von Fresnes, wo er im Prinzip bis zum Ende seiner Strafzeit hätte bleiben müssen. Allerdings erheben nun die Militärbehörden, die von seiner Verhaftung in Kenntnis gesetzt wurden, Anspruch auf ihn, um ihn als Deserteur vor ein Militärgericht zu stellen.

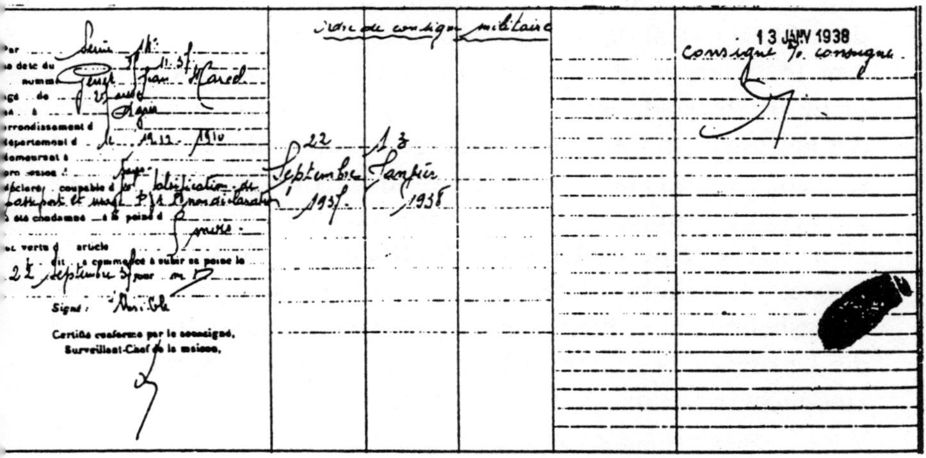
13 JANV 1938
Consigné %. consigné
22 Septembre 1937
13 Janvier 1938
Certifié conforme par le soussigné, Surveillant-Chef de la maison,

Gefangenenregister des Zentralgefängnisses von Fresnes, 13. Januar 1938. (Strafjustizverwaltung, Justizministerium)

Dritte Verurteilung

13. Januar – 13. Mai 1938

Am 13. Januar 1938 wird Genet nach Marseille verbracht, um vor das Militärgericht des Ortes seiner Desertion gestellt zu werden. Am 16. Januar wird er in einem Militärgefängnis des Departements Bouches-du-Rhône (höchstwahrscheinlich im Gefängnis der Festung Saint-Nicolas) in Haft genomen, während die Untersuchung seines Falles ihren Lauf nimmt. Am 19. Januar wird er aus dem Kontrollregister der Armee gestrichen.

Hier erst scheint Genet seine Kaltblütigkeit zu verlieren. Er fürchtet eine hohe Gefängnisstrafe und wendet sich an Lilly Pringsheim mit der Bitte, ihm zu helfen. Er vertraut ihr an, »daß die Umstände beginnen, sich gegen ihn zu wenden« und daß er »möglicherweise daran sterben« wird.

Toward the end of 1937, op.cit., S. 25.

Seine Beschützerin von der Liga für Menschenrechte versucht, sich für ihn einzusetzen und faßt ins Auge, die Sache einem jungen Anwalt und radikalen Abgeordneten des Departements Seine-et-Oise namens Gaston Bergery, mit dem sie in Verbindung steht, anzuvertrauen. Darüber hinaus schickt sie ihm von der Tschechoslowakei aus Geld und Lebensmittelpakete, was ihr Genet niemals vergessen und wofür er ihr in der Folgezeit immer dankbar bleiben wird.

Im Laufe des Monats März wird Genet auf Veranlassung des Militärgerichts von dem Arzt Dr. Barrau psychiatrisch untersucht. Als Resultat seiner Beobachtungen stellt dieser ihm ein Zertifikat zur Dienstuntauglichkeit aus, dessen Diagnose die Begriffe »seelische Labilität, Unbeständigkeit, . . ., Amoralität« enthalten haben soll.

Zitiert im teilweise unleserlichen Bericht des Arztes Dr. Henri Claude (siehe Anhang III).

Am 13. Mai 1938 erscheint Genet vor dem Marseiller Militärgericht, wo er sich wegen »Desertion im Inland im Friedensfalle, verbunden mit Unterschlagung« zu verantworten hat.

»Einige Tage später desertierte ich unter Mitnahme von Koffern schwarzer Offiziere.« (*Tagebuch eines Diebes*, S. 59).

Er wird zu zwei Monaten Gefängnis verurteilt. Da die Strafe, die er bereits seit dem 25. November 1937 verbüßt, angerechnet wird, setzt man ihn noch am gleichen Tage auf freien Fuß.

Die Einsicht in die Urteilsschrift, die im Militär-Archiv von Pau aufbewahrt wird, wurde uns vom Verteidigungsministerium verweigert.

Er wird aus der Armee als dienstuntauglich entlassen und scheint eine »Rente« von neuntausend Francs sowie eine nachträgliche Prämie für sein seinerzeitiges Neuengagement erhalten zu haben.

Laut Bericht Dr. Henri Claude (Anhang III).

Vierte Verurteilung

15. Oktober 1938 – 17. Januar 1939

Fünf Monate später wird Jean Genet in Brest verhaftet, wo es ihm – unter Umständen, die für uns mysteriös bleiben – gelungen ist, sich, trotz seiner gerade erst erfolgten Entlassung aus der Armee in einem Kolonialregiment zum Militärdienst zu verpflichten. Im Oktober 1938 gehört er dem Zweiten Kolonialen Infanterieregiment an, das seine Basis in der Fautras-Kaserne hat. Seit wann genau dies der Fall war, konnten wir bisher nicht feststellen.

Im *Tagebuch eines Diebes* wird auf diese Zeit mehrmals angespielt. So etwa mit folgender Erinnerung, die kaum nachzuprüfen sein wird: »... ein junger Toulousaner hilft mir bei der Plünderung der Zimmer der Offiziere und Unteroffiziere meines Regiments in Brest; er stirbt im Gefängnis ...« (S. 130).

Am 7. Oktober 1938 begeht er einen Diebstahl, für den er erst eine Woche später verhaftet werden wird, was gleichzeitig die Aufmerksamkeit auf die Irregularität seiner Situation auf sich zieht. Er betritt an besagtem Tag abends um halb zwölf einen Getränkehandel in der Rue de la Mairie, Nummer 50. Der Besitzer namens Quemeneur ist damit beschäftigt, sein Geschäft zu schließen. Zusammen mit einem Regimentskameraden, Léon Dumez, stiehlt er vier Flaschen Apéritif. Die beiden Männer versuchen, über einen Hausflur zu verschwinden, werden jedoch augenblicklich von einem Sergeanten angehalten. Einer der beiden – ohne daß wir erfahren, um wen es sich handelt – gibt seine beiden Flaschen zurück, während es dem anderen gelingt, sich mit seinem Teil der Beute aus dem Staube zu machen.
Der Ausgang dieser Episode hätte so bleiben können, wenn nicht der seinerzeitige Komplize Genets, Léon Dumez, einige Zeit später, am 14. Oktober, verhaftet worden wäre. Er hatte das Unglück gehabt, zusammen mit einem anderen Soldaten einen schon etwas betagten Blechschmied in einer dunklen Gasse, aber

ausgerechnet unterhalb der Fenster eines Polizeireviers ausrauben zu wollen und war dabei überrascht worden. Man erkennt ihn als Dieb der Apéritifflaschen wieder, woraufhin er die Identität Genets verrät, der wiederum gegenüber dem Leiter der Militärpolizei ohne weiteres seine Missetat gesteht. Am 15. Oktober um fünf Uhr nachmittags wird er in den Räumlichkeiten der Strafabteilung der Fautras-Kaserne inhaftiert.

Siehe die Berichterstattung über die beiden Affären in der Lokalzeitung ›La Dépêche de Brest et de l'Ouest‹, 52. Jg., Nr. 19915, 15. Okt. 1938, S. 2.

Am 25. Oktober werden Genet und Léon Dumez in Brest vor Gericht gestellt, beide des Diebstahls überführt und zu je zwei Monaten Gefängnis verurteilt.

Da sämtliche Urschriften des Brester Gerichtshofs aus der Zeit nach 1878 während der Bombardierungen der Stadt im Zweiten Weltkrieg verbrannt sind, bleiben die Protokolle der Gerichtsverhandlung vom 25. Oktober 1938 und der Verurteilung wegen Desertion die einzigen gerichtlichen Dokumente, die in unserem Dossier fehlen.
Die Berichterstattung über die Verhandlung erfolgt in ›La Dépêche de Brest et de l'Ouest‹, 52. Jg., Nr. 19926, 26. Okt. 1938, Seite 3. Der Urteilsspruch wird ebenfalls durch einen vom 5. Dezember 1940 datierten »Auszug aus Gerichtsurteilen« bestätigt, der sich in den Archiven der Stadt Paris befindet (Kopie im Besitz der BLFC).

Am 17. November ist Genets militärische Strafzeit, die er allem Anschein nach wegen illegalen Militärdienstes zu verbüßen hatte, abgelaufen. Er wird im Anschluß daran den Zivilbehörden übergeben und in die Strafanstalt Brest überstellt, wo die vom Gerichtshof der Stadt festgelegte Haftzeit von zwei Monaten beginnt.

Auszug aus dem Haftregister der Strafanstalt Brest, Direktion der Gefängnisverwaltung im Ministerium für Justiz (Kopie im Besitz der BLFC).

Nach seiner Freilassung am 17. Januar 1939 verläßt Genet Brest und kehrt nach Paris zurück.

In der Brasserie Graff

Februar – Mai 1939

Im Zeitraum zwischen den Monaten Februar und April des Jahres 1939 macht ein junger Ingenieur von siebenundzwanzig Jahren die Bekanntschaft Jean Genets, den er in der Brasserie Graff an der Place Blanche in Paris kennenlernte.

Wie man weiß, findet auch der erste Auftritt Divines in *Notre-Dame-des-Fleurs* in diesem Etablissement statt: »Gegen zwei Uhr morgens trat sie bei Graff am Montmartre ein. Die Kundschaft war aus noch schlammigem, formlosem Lehm. Divine war klares Wasser.« (S. 27).

Maurice Reynal (»Maurice R.« im *Tagebuch eines Diebes*; siehe Seite 256) hält zu jener Zeit Ausschau nach einem Dokumentenfälscher, der in der Lage wäre, für einen seiner Freunde, einen jungen Deutschen, falsche Papiere herzustellen. »Jemand«, so erinnert er sich, »dessen Namen ich vergessen habe, hatte mir geraten, mich für diese Arbeit an einen gewissen Jean Genet zu wenden, der im Ruf eines kleinen Gauners stand und unschwer in der Brasserie Graff anzutreffen wäre, wo er Stammgast sei.«
»Und ich habe ihn«, so Maurice Reynal, »tatsächlich dort zum erstenmal getroffen. Ich ließ mich ihm vorstellen und schilderte ihm mein Problem. Aber mir ist schnell klar geworden, daß er nichts für mich tun konnte. Wir freundeten uns dennoch an und haben uns bis 1943 oft wiedergesehen. Ich fing schließlich an, selbst falsche Papiere herzustellen, und zu guter Letzt war ich es, der Genet half, seinen Personalausweis zu fälschen!«
Nach Maurice Reynals Aussagen entsprach Genet überhaupt nicht den Vorstellungen, die man sich von einem berufsmäßigen »Gauner« machen konnte: »Ich habe ihn nie ein wirklich seriöses Ding drehen sehen«, sagt er, »etwa Einbrüche oder bedeutende Diebstähle. Er klaute in Geschäften Bücher und andere Sachen ... Einmal probierte er bei einem Schneider einen Anzug an und lief dann mit dem nagelneuen Stück am Leib aus dem Laden davon. Und der Schneider rannte ihm auf der Straße hinterher ... Das waren so die Dinge, die er machte.«

Die Brasserie Graff am Place Blanche in Paris. (Sammlg. Debuisson)

»Man muß aber auch sagen«, fügt Reynal hinzu, »daß Genet in den Jahren 1939–40 wirklich arm war. Er hatte keinen Sous in der Tasche. Seine Kleider waren völlig abgenutzt, und er hatte oft nicht einmal etwas zu essen. Die meiste Zeit wußte er nicht, wo er abends hingehen sollte, um zu schlafen. Ich habe ihm schließlich die Schlüssel zu einem Zimmer überlassen, das ich in der Rue Lafayette Nr. 222 vermietete. Das war ein Zimmer, dessen Fenster im ersten Stock auf einen Innenhof hinausgingen. Und um unliebsamem Besuch von Einbrechern entgegenzuwirken, hatte ich an den Fenstersimsen eine elektrische Schutzapparatur angebracht. Die erfüllte recht gut ihre Aufgabe, aber Genet hatte eine Heidenangst davor . . .«

Das Gespräch mit Maurice Reynal führten wir 1987.

In diesem Zimmer logierte Genet zwischen 1939 und 1943 häufig. Einige Jahre später wird er sich einer für seinen Freund geschriebenen Widmung in einem Exemplar der Erstausgabe von *Notre-Dame-des-Fleurs* an den besonderen Charme dieser Behausung erinnern:

»Meinem lieben Maurice Reynal,
Mein lieber Maurice,
es war bei Ihnen, in Ihrem kleinen Zimmer, das von zuvielen verliebten Seufzern überquoll, wo ich große Teile von Notre-Dame-des-Fleurs schrieb. Vielleicht werden Sie begreifen, daß ich es war, der die Geschichte dort selbst erlebte, wenn ich sie nicht gerade aufschrieb, und daß mit mir Divine dort lebte, schlief, weinte, sich im Spiegel beschaute, die Spritze ansetzte, sich schminkte, träumte und liebte und vögelte. Sie wußten von all dem nichts und respektierten das Pärchen, das ich war. Ich habe Ihnen viel zu verdanken. Sie waren für mich, und die tote Divine ist Ihnen hierfür über alle Maßen erkenntlich, der angenehmste aller Freunde.
Sie und ich, wir haben Sie sehr gern.

Jean Genet«

Im Jahre 1951 schenkt der Schriftsteller seinem Freund den zweiten Band der *Oeuvres Complètes*, zusammen mit einer Widmung, anhand derer man nicht umhin kann, sich an eine ganz bestimmte Episode in *Pompes funèbres* zu erinnern:

»Für Maurice Reynal / In Erinnerung an eine Katze, die ich in seinem Zimmer verschlang / Jean Genet«

Siehe *Das Totenfest*, S. 76.

Fünfte Verurteilung

7. Mai – 13. Juni 1939

Am 7. Mai 1939 wird Jean Genet im Bahnhofsgebäude von Tonnerre verhaftet und beschuldigt, einen Zug zwischen Paris und Auxerre ohne gültigen Fahrausweis benutzt sowie in der Ortschaft Brunoy am Fahrkartenschalter einen Fahrschein zu ermäßigtem Tarif erworben zu haben, indem er vorgetäuscht habe, Soldat auf Diensturlaub zu sein. Er befindet sich in Begleitung eines anderen jungen Delinquenten namens Léon Pelta, dem die gleichen Vergehen vorgeworfen werden.

Am 9. Mai werden Jean Genet und sein Begleiter aufgrund eines vorläufigen Haftbefehls in die Strafanstalt Auxerre verbracht.

> Auszug aus dem Haftregister der Strafanstalt Auxerre, Direktion der Gefängnisverwaltung im Ministerium der Justiz (Kopie im Besitz der BLFC).

Am gleichen Tag berichtet eine regionale Zeitung, ›Le Bourguignon‹, von den Einzelheiten der Verhaftung unter dem Titel »Zwei Schwarzfahrer und Fahrkartenfälscher in Tonnerre verhaftet«:

»Angehörige der Gendarmerie verhafteten zwei Schwarzfahrer bei ihrer Ankunft im Bahnhof von Tonnerre. Es handelt sich um den neunundzwanzigjährigen Jean Genet, ohne angegebenen Beruf, und Roger-Louis Pelta, genannt Peltier, zweiundzwanzig Jahre alt, Schausteller, wohnhaft in Paris.

> Tatsächlicher Name Léon, wie während des Prozesses ausgeführt wird.

Jean Genet ließ sich mit Hilfe einer alten Urlaubsbescheinigung der Armee, deren Auslaufdatum er gefälscht hatte, Fahrscheine zum ermäßigten Tarif ausstellen. Die beiden Schwarzfahrer erstanden auf diese Weise Fahrkarten von Paris nach Brunoy, von Brunoy nach Melun und schließlich von Melun nach Fontainebleau, wo sie jeweils Station machten.

Einer der beiden verlangte einen handgeschriebenen Fahrschein von Combs-la-Ville (Seine-et-Marne) nach Provins, was sein Be-

gleiter ihm in Bois-le-Roi nachtat, wo man eine Fahrkarte für Mennecy (Seine-et-Oise) ausstellte.
Ebenso wie im Falle der Urlaubsbescheinigung, wurden die Fahrkarten anschließend gefälscht: aus Provins wurde Aix-en-Provence und aus Mennecy wurde Miramas in den Bouches-du-Rhône, und unsere beiden Helden sahen sich gewiß bereits vor den blauen Wogen des Mittelmeers.
Sie hatten allerdings nicht mit dem Scharfblick eines Schaffners gerechnet, der seinen Dienst zwischen Migennes und Tonnerre versah. Dieser deckte die Fälschungen auf, indem er auch die Rückseiten der Fahrscheine in Augenschein nahm, auf denen durch die Einwirkung eines Durchschlagpapiers die Eintragungen der Vorderseite sichtbar sein müssen.
Genet, der vorgibt, mehrere Fremdsprachen zu beherrschen, wurde bereits zweimal verurteilt sowohl wegen Diebstahls als auch wegen Desertion; man kann ihn also immerhin als einen Entgleisten betrachten. Was Pelta-Peltier betrifft, so gibt er gleich drei bisherige Verurteilungen zu, darunter zwei wegen Beleidigung und Widerstandes gegen die Staatsgewalt. Die beiden Kumpane wurden der Zuständigkeit der Staatsanwaltschaft überstellt.«

›Le Bourguignon‹, 122. Jg., Nr. 126, 9. Mai 1939, S. 3.

Am 13. Juni 1939 erscheinen Jean Genet und Léon Pelta vor dem Gericht Erster Instanz in Auxerre. Genet wird des »Betrugs« sowie der »Landstreicherei« und des »Verstoßes gegen die Eisenbahnverkehrsordnung« beschuldigt. Die letzten beiden Anklagepunkte teilt er sich mit seinem Begleiter. Am Ende der Verhandlung verurteilt das Gericht Genet zu einer Haftstrafe von einem Monat und einer Geldstrafe von fünfzig Francs. Da seine Untersuchungshaft einen Monat und fünf Tage gedauert hat, wird er augenblicklich auf freien Fuß gesetzt.

Urschrift des Urteils vom 13. Juni 1939 im Anhang II.

Ein zweiter Artikel der Tageszeitung ›Le Bourguignon‹ berichtet am nächsten Tag, also dem 14. Juni, von der Gerichtsverhandlung gegen die beiden Schwarzfahrer unter dem Titel »Ein seltsames Tandem!«

Le Bourguignon, 122. Jgg., Nr. 162, 14. Juni 1939, S. 4.

»Es handelt sich um zwei seltsame Figuren, die da unter der doppelten Anklage der Landstreicherei und des Verstoßes gegen die Eisenbahnverkehrsordnung vor Gericht erscheinen.
Jean Genet, 28 Jahre alt, und Léon Pelta, 22 Jahre, sind in der Tat zwei geheimnisvolle Burschen, wie sich später der Vorsitzende, Monsieur Gérentes, ausdrücken wird.
Jean Genet ist derjenige, der das Gericht am meisten beunruhigt. Dieser Angeklagte, elegant gekleidet, mit einem flachen Gesicht, krausen braunen Haaren, tiefliegenden Augen und aufgeworfener Nase, hat, wenn man sich an das Dossier hält, das ihn betrifft, eine recht bewegte Vergangenheit aufzuweisen. Er ist offenbar viel in der Welt herumgekommen: Spanien, Italien, Deutschland, Jugoslawien, Tschechoslowakei und so fort, so daß man zuweilen beinahe zu glauben versucht wäre, es mit einem Spion zu tun zu haben. Es ist allerdings wenig wahrscheinlich, daß dies der Fall ist. Wie dem auch sei, hier ist er der Landstreicherei angeklagt, ferner der Fahrscheinfälschung sowie des unrechtmäßigen Erwerbs einer Fahrkarte mit Hilfe einer falschen Urlaubsbescheinigung, da er längst nicht mehr Soldat ist.
Er bekennt sich zu allen ihm vorgeworfenen Delikten mit einer sanften und zarten Stimme, über die sich das Publikum amüsiert, das sich auf den Zuschauerbänken drängt. In seinen Habseligkeiten fanden sich geheimnisvolle, in exquisitem Stil verfaßte Briefe, die, gemäß seiner Aussage, aus der Feder befreundeter Journalisten hervorgegangen sein sollen.
Der Vorsitzende: ›Wo haben Sie denn diese Freunde kennen gelernt?‹
›In Paris, wo ich Mitarbeiter eines allgemein bekannten Journalisten bei der Zeitschrift ›Chaîne d'Amour‹ war!‹ Und er fügt hinzu: ›Man darf diesen Briefen nicht allzuviel Bedeutung beimessen. Journalisten sind Menschen mit viel Phantasie und sie übertreiben ständig!‹
›Auf jeden Fall sind diese Briefe wie Ihr Leben und Ihre Vergangenheit recht wirr!‹
›Man sagt, daß meine Vergangenheit wirr sei, weil sie sehr bewegt war!‹
›Und die Urlaubsgenehmigungen, die Sie aufbewahrt haben?‹

›Das sind Dokumente, die ich mitgenommen habe, als ich aus der Armee als dienstuntauglich entlassen wurde.‹
›Warum sind Sie entlassen worden?‹
›Aufgrund gestörten psychischen Gleichgewichts!‹
Das Geheimnis Genets wird nicht weiter durchleuchtet werden. Sein Anwalt stellt ihn als einen belesenen Menschen dar, der in hohem Maße literarisch versiert sei und der seine Jahre im Gefängnis (denn Genet hat bereits ziemlich viel Zeit seit seiner Jugend in französischen Gefängnissen verbracht) genutzt habe, Romane zu schreiben, die er eines Tages zu veröffentlichen gedenke.
Peltas Fall ist weniger rätselhaft. Es handelt sich um ein Individuum, das vielleicht nur das Unglück gehabt hat, Genets Weg zu kreuzen ... Maître Bréjoux inszeniert geschickt die Verteidigung Genets. Maître Lahaussoy plädiert in Sachen Pelta. Das Gericht verurteilt Genet zu einem Monat Haft und fünfzig Francs Geldstrafe. Pelta kommt mit nur fünfzig Francs Geldstrafe davon.«

Hinsichtlich dieser zeitlichen Periode weisen wir auch auf den Artikel Harry E. Stewards in ›The French Review‹ (Band 61, Nr. 1, Okt. 1987, S. 60–64) hin: *Toward a New Chronology: Jean Genet's Life and Works in 1939*.

Sechste Verurteilung

16. Juni – 2. Juli 1939

Am 16. Juni 1939 werden Jean Genet und Léon Pelta in der Ortschaft Pierre-en-Bresse neuerlich von Gendarmen aufgegriffen und wegen »Landstreicherei« verhaftet. Am nächsten Tag werden sie nach Chalon-sur-Saône gebracht, wo der Untersuchungsrichter eine vorläufige Inhaftnahme verfügt; sie werden im städtischen Gefängnis inhaftiert.

Haftregister des Gefängnisses von Chalon-sur-Saône, Direktion der Gefängnisverwaltung im Ministerium für Justiz (Kopie im Besitz der BLFC).

Neben dem Delikt der »Landstreicherei« werden sie des Nichtbesitzes eines »anthropometrischen Ausweises« beschuldigt.

Dieser »anthropometrische Ausweis« wird für Personen ausgestellt, die sich unter polizeilicher Aufsicht befinden (Vorbestrafte, Personen mit Aufenthaltsverboten, Landstreicher usw.), und muß regelmäßig von der Polizei oder Gendarmerie abgestempelt werden. Das Dokument führt den Personenstand auf, die körperlichen Merkmale sowie die unveränderlichen Kennzeichen. Eine Verhaftung aus ähnlichen Gründen, offenbar nach der Rückkehr Genets aus Spanien, wird auch im *Tagebuch eines Diebes* (S. 104) erwähnt: »Ich erfuhr von der Existenz des demütigenden anthropometrischen Ausweises. Er wird an alle Landstreicher ausgegeben. Auf jeder Polizeiwache wird er gestempelt. Man steckte mich ins Gefängnis.«

Das Gericht Erster Instanz von Chalon-sur-Saône befindet am 30. Juni, daß die beiden Männer seit ihrer Freilassung drei Tage zuvor »nicht die notwendige Zeit hatten, sich Arbeit zu besorgen«, und spricht Genet und Pelta daher von dem Vorwurf der »Landstreicherei« frei. Wegen »Nichtbesitzes eines anthropometrischen Ausweises« werden sie jedoch zu jeweils fünfzehn Tagen Gefängnis verurteilt.

Urteilsschrift vom 30. Juni 1939, Anhang II.

Eine kleine Notiz in der regionalen Tageszeitung ›Le Courrier de la Saône‹ berichtet am nächsten Tag von dem Ereignis.
Genet verläßt das Gefängnis am 2. Juli.

Siebte Verurteilung

16. Oktober – 17. Dezember 1939

Zurückgekehrt nach Paris, wird Genet am 16. Oktober im Kaufhaus des Louvre verhaftet, als er versucht, ein Hemd und ein Seidentuch »im Werte von zusammen 150 Francs« zu stehlen.
Am nächsten Tag, dem 17. Oktober, wird er in Untersuchungshaft genommen und im Zentralgefängnis von Fresnes inhaftiert.
Am 18. Oktober erscheint er vor der dritten Kammer des Strafgerichts des Departements Seine. Das Motiv der Anklage wird zum erstenmal durch den Zusatz »Wiederholungstäter« erschwert. Man spricht ihm dennoch mildernde Umstände zu und verurteilt ihn zu zwei Monaten Gefängnis. Er verbringt die Haft weiterhin in Fresnes und wird dort am 17. Dezember 1939 entlassen.

Urteilsschrift vom 18. Oktober 1939, Anhang II.

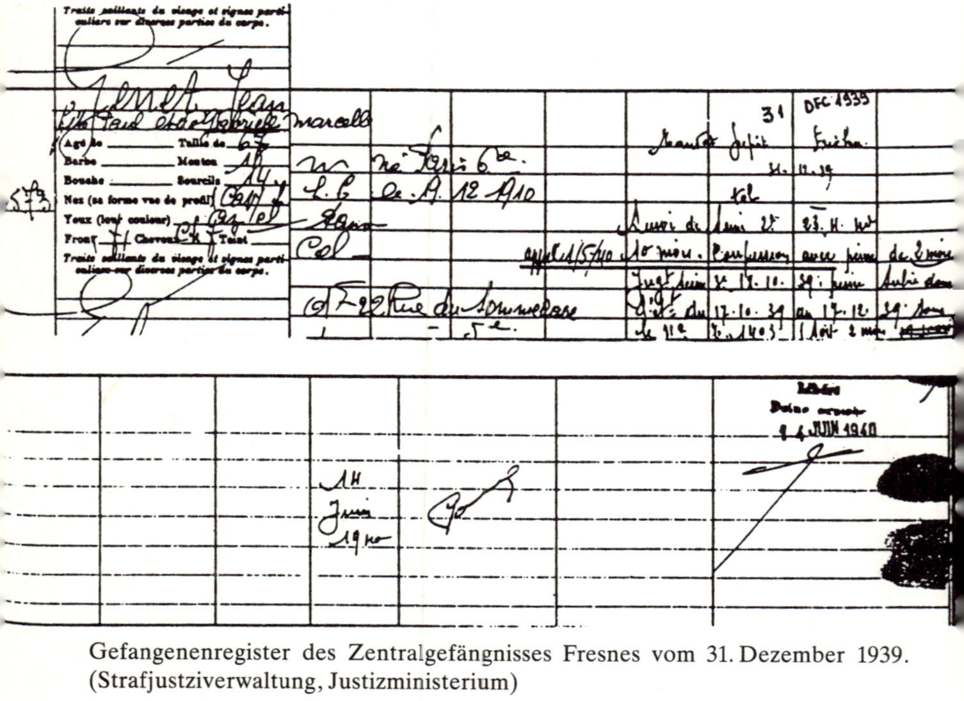
Traits saillants du visage et signes particuliers sur diverses parties du corps.
Age de — Taille de
Barbe — Menton
Bouche — Sourcils
Nez (sa forme vue de profil)
Yeux (leur couleur)
Front — Cheveux — Teint
Traits saillants du visage et signes particuliers sur diverses parties du corps.
31 DEC 1939
14 JUIN 1940

Gefangenenregister des Zentralgefängnisses Fresnes vom 31. Dezember 1939. (Strafjustizverwaltung, Justizministerium)

Achte Verurteilung

31. Dezember – 14. Juni 1940

Weniger als zwei Wochen später wird er erneut des »Diebstahls« angeklagt, ohne daß die näheren Umstände der Ergreifung in der Anklage, die nicht von »flagrant délit« spricht, präzisiert werden. Der Gegenstand des Diebstahls ist dieses Mal ein Stück Stoff, das Genet in dem Kaufhaus ›Bazar de l'Hôtel de Ville‹ zu entwenden versuchte.

> Auf den S. 209–210 in *Notre-Dame-des-Fleurs* empfiehlt Genet eine hierzu dienliche Methode: »Es gibt verschiedene Methoden des Auslagendiebstahls, und je nach der Art der Auslage verdient eine dieser Methoden den Vorzug vor allen anderen ... Vor einem Stapel Seidenreste muß man eine Hand unauffällig in die unten offene Tasche seines Mantels stecken. Man tritt so nahe an die Auslage heran, bis man sie mit dem Bauch berührt, und während die freie Hand den Stoff betastet und verschiebt und die ausgestellten Seidenwaren in Unordnung bringt, gleitet die Hand in der Tasche zum Ladentisch hinauf (immer in der Höhe des Nabels), zieht an dem untersten Stoff des Stapels und holt ihn – denn er ist schmiegsam – zu sich unter den Mantel, der ihn verbirgt. Aber ich gebe da Anweisungen, die alle Hausfrauen und Kundinnen kennen.«

Am 31. Dezember 1939 wird er dem Untersuchungsrichter Gloriam am Gericht Erster Instanz von Paris vorgeführt, der augenblicklich einen Haftbefehl verfügt und ihn in die Strafanstalt von Fresnes zurückbringen läßt.

> Gefangenenregister vom 31. Dezember 1939.

Dieser neuerliche Gefängnisaufenthalt ist in der Erinnerung Genets von einem besonderen Ereignis gezeichnet. Seiner Aussage im Gespräch mit Hubert Fichte zufolge habe er während dieser Haftzeit zum erstenmal, und anläßlich einer »Weihnachtskarte«, die er höchstwahrscheinlich an Anna Bloch oder an Lilly Pringsheim schrieb, eine Empfindung während des Schreibvorgangs gehabt und somit den »feststellbaren Klick« seiner dichterischen Berufung erlebt.

»... Ich war im Gefängnis, also 39, 1939. Ich war allein

im Verlies, also in der Zelle. Ich hatte bisher nichts anderes als Briefe an Freunde und Freundinnen geschrieben. Und ich glaube, diese Briefe waren sehr konventionell. Vorgeprägte, gehörte, gelesene Sätze, keine empfundenen Sätze. Und dann habe ich eine Weihnachtskarte an eine deutsche Freundin geschrieben, die in der Tschechoslowakei lebte. Ich hatte die Karte im Gefängnis gekauft, und der Rücken, der Teil, der zum Schreiben bestimmt war, war körnig. Das Korn dieser Karte hat mich sehr berührt. Und anstatt von Weihnachten zu sprechen, sprach ich von der Körnigkeit der Postkarte und vom Schnee, den diese assoziierte. Von da an fing ich an zu schreiben. Das war der Klick. Der feststellbare Klick.«

Tatsächlich existiert eine weitere Version der gleichen Geschichte, in welcher der Empfänger der Postkarte in Südamerika angesiedelt wird. (Interview mit Genet im ›Playboy‹, Nr. 4, April 1964, S. 45–53; nachgedruckt in ›Magazine littéraire‹, Nr. 174, Juni 1981).

Am 23. April 1940 wird Genet vor die Zweite Kammer des Strafgerichts zitiert. Dem Anklagepunkt »Diebstahl«, der auch als Grund der Verhaftung angeführt wurde, wird jener des »Betrugs« hinzugefügt, der sich offenbar im Laufe der Untersuchungen zusätzlich ergeben hatte. Unter seinem Personenstand wird er während des Prozesses wieder einmal als »Sohn des Paul und der Gabrielle Marcel« aufgeführt, wiewohl man ihm dieses Mal einen festen Wohnsitz zuerkennt, nämlich die Adresse eines kleinen Hotels im Quartier Latin, wo er im weiteren noch lange Stammgast sein wird: Rue du Sommerard Nr. 22.

Urteilschrift vom 23. April 1940, Anhang II.

Zu dem Diebstahl, den er im Kaufhaus des Louvre beging und an den erinnert wird, kommen der Diebstahl des Stoffrestes im Bazar de l'Hôtel de Ville sowie jener »eines Koffers und einer Brieftasche mit dem Inhalt von neuntausendzweihundert Francs zum Nachteil von Auger, Robert« hinzu. Das Gericht verurteilt ihn für die Gesamtheit dieser Diebstähle zu zehn Monaten Gefängnis, wobei die Höhe der Strafe jene zwei Monate berücksichtigt, die Genet bereits aufgrund der vorhergehenden Verurteilung abgebüßt hat.

Der siebzehnjährige Buchhaltergehilfe André Auger, dessen Vater, Robert Auger, Opfer des Genet vorgeworfenen Betrugs war, hätte sich ursprünglich während der gleichen Gerichtsverhandlung verantworten sollen. Sein Verfahren wird jedoch abgetrennt und findet erst am folgenden 30. April statt. Man wirft ihm vor, er habe sich von einer Bank fünfzehntausend Francs widerrechtlich auszahlen lassen und einer Frau hundertfünfzehn Francs gestohlen. Er wird freigesprochen und der Autorität seines Vaters übergeben.

Am 3. Mai 1940 legen sowohl Genet als auch der Staatsanwalt gegen das Urteil Berufung ein. Diese wird vom zuständigen Staatsanwalt am 15. Mai verzeichnet.

Noch vor der vollständigen Verbüßung seiner Strafe wird Genet am 14. Juni 1940 aus der Haft entlassen. Am gleichen Tag marschieren in Paris die deutschen Truppen ein. In ›Miracle de la Rose‹ erscheint dieser Tag durch eine ganz und gar Genet'sche Umkehrung der Tatsachen als jener, an dem der Erzähler des Buches verhaftet wird:

> »Ich war mitten im Sommer verhaftet worden, und von Paris hatte ich noch die bedrückende Erinnerung an eine völlig leere Stadt im Sinn, die vor der Invasion von ihren Einwohnern fluchtartig verlassen worden war, an eine Art Pompeji, ohne Polizisten auf den Kreuzungen, an eine Stadt, von der ein Einbrecher zu träumen wagt, wenn er sich keine Schliche mehr auszudenken weiß.«
>
> *Wunder der Rose*, S. 9.

Neunte Verurteilung

3. Dezember 1940 – 4. März 1941

Am 3. Dezember 1940 stiehlt Jean Genet in der Buchhandlung Gibert am Pariser Boulevard Saint-Michel drei Bücher: eine Geschichte Frankreichs, eine Geschichte der Konsulherrschaft und des Ersten Kaiserreiches sowie ein philosophisches Werk. Er wird auf frischer Tat ertappt und unverzüglich ins Kommissariat von Saint-Germain-des-Prés gebracht.
Am darauffolgenden Tag, dem 4. Dezember, wird er dem Untersuchungsrichter vorgeführt, der gegen ihn Haftbefehl erläßt und ihn ins Pariser Santé-Gefängnis bringen läßt.
Aufgrund der raschen Verfahrensweise mit Delikten der Kategorie »flagrant délit« zitiert man ihn bereits am nächsten Tag, dem 5. Dezember, vor die vierzehnte Kammer des Strafgerichts. Des »(rückfälligen) Diebstahls« überführt, wird er zu vier Monaten Gefängnis verurteilt.

Urteilsschrift vom 5. Dezember 1940, Anhang II.

Am gleichen Tag erscheint in der Zeitschrift ›Aujourd'hui‹ unter der Rubrik »Chiens Écrasé« (Überfahrene Hunde) ein Artikel, der sich auf den Kriminalfall Genet bezieht. Der Artikel ist von einem gewissen »Monsieur Bombyx« gezeichnet.

Monsieur Bombyx, *Il voulait s'instruire: à l'instruction!* (etwa: »Er suchte Bildung: ein Fall für den Untersuchungsrichter!« (*Anm. d. Übers.*) in ›Aujourd'hui‹, Nr. 87, 5. Dez. 1940, S. 2, Übersetzung Anhang IV.

Am 18. Dezember wird Genet vom Santé-Gefängnis ins Zentralgefängnis von Fresnes verlegt. Das Aufnahmeverzeichnis bei der Einlieferung in die Haftanstalt führt auf: »Genet Jean, Sohn des Paul und der Gabrielle Marcel ..., wohnhaft: Rue Jacob Nummer 36, sechstes Arrondissement«.

Haftverzeichnis der Strafanstalt Fresnes, Direktion der Gefängnisverwaltung im Justizministerium (Kopie im Besitz der BLFC).

Auch ein Beruf wird angegeben: »Courtier«

Allgemein: Makler; hier ist aller Wahrscheinlichkeit nach ein frei arbeitender Buchhändler gemeint, der seltene und wertvolle Bücher aufkauft, um sie unmittelbar an Interessenten weiterzuleiten. (*Anm. d. Übers.*)

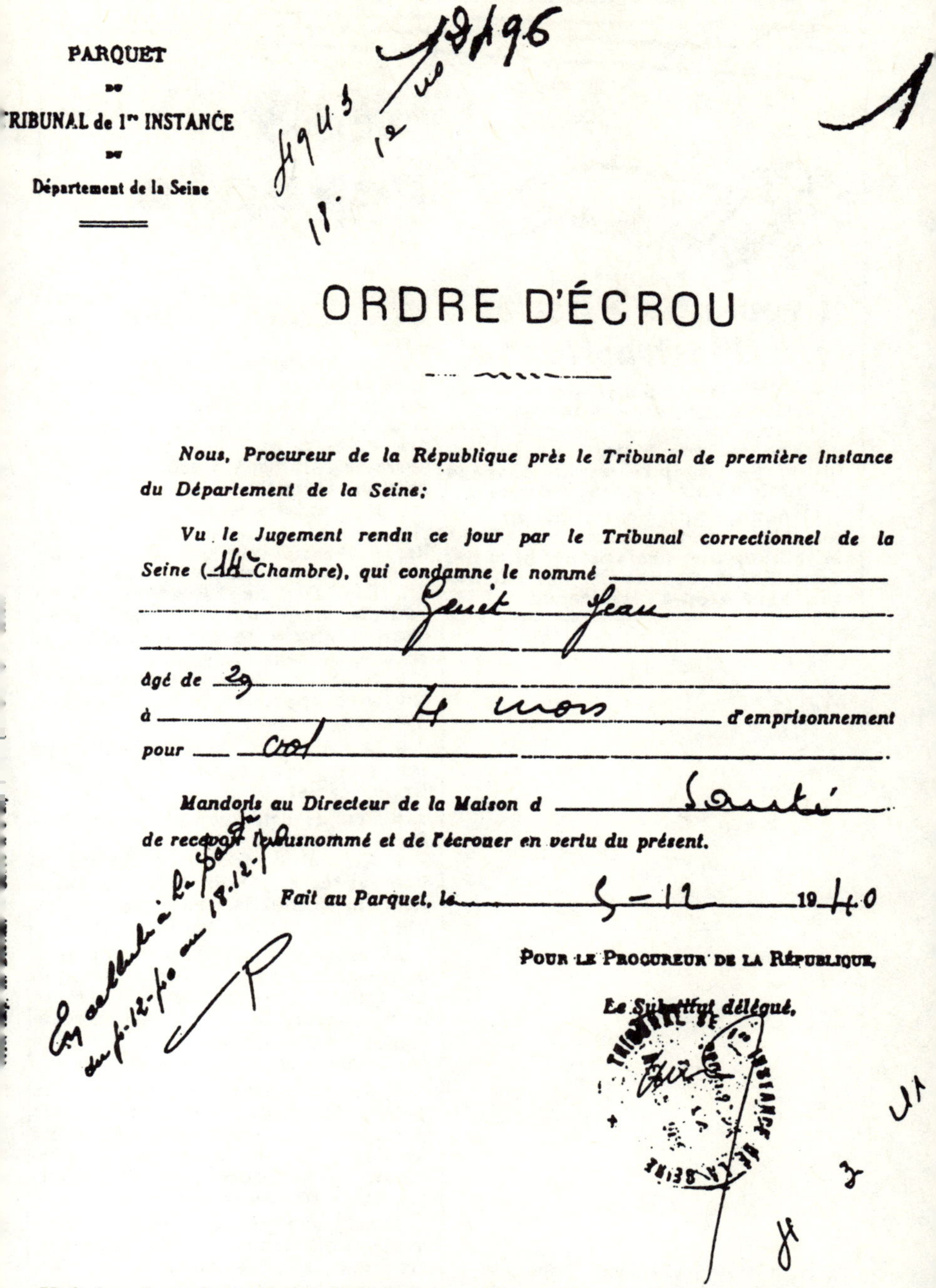

PARQUET
DU
TRIBUNAL de 1re INSTANCE
DU
Département de la Seine

ORDRE D'ÉCROU

Nous, Procureur de la République près le Tribunal de première Instance du Département de la Seine;

Vu le Jugement rendu ce jour par le Tribunal correctionnel de la Seine (14e Chambre), qui condamne le nommé Genet Jean

âgé de 29

à 4 mois *d'emprisonnement*

pour vol

Mandons au Directeur de la Maison d Santé *de recevoir le susnommé et de l'écroner en vertu du présent.*

Fait au Parquet, le 5-12 *19*40

POUR LE PROCUREUR DE LA RÉPUBLIQUE,

Le Substitut délégué,

Hafteinweisung in das Santé-Gefängnis vom 5. Dezember 1940. (Archiv der Stadt Paris)

LES CHIENS ÉCRASÉS

Il voulait s'instruire : « à l'instruction ! »

A l'étalage d'un libraire du quartier Latin, un homme dérobait hier trois volumes : une histoire de France, une histoire du Consulat et de l'Empire, et un ouvrage de philosophie, saines lectures.

Conduit au commissariat du quartier Saint-Germain-des-Prés, le bibliophile déclara se nommer Jean Jenet, 31 ans, ce qui fut admis sans trop de réticence.

Mais on se permit de sourire lorsqu'il exposa le mobile de son larcin.

« N'eussé-je pas été voleur, dit-il, je serais ignare, toutes les beautés de la littérature me seraient étrangères, car c'est pour apprendre l'A.B.C. que j'ai dérobé mon premier volume. Un second a suivi, puis un troisième..

» J'ai, ainsi, pris goût aux nourritures spirituelles. Certes, je ne lisais pas n'importe quoi, je choisissais des auteurs de qualité.

» Les Dix de l'Académie Goncourt avaient toute ma confiance ; chaque année je me procurais le roman de leur lauréat.

» Sauf de rares exceptions, j'ai toujours approuvé le choix de ces Messieurs.

» Les lauréats, je peux tous vous les citer, d'Antoine Nau à Philippe Hériat.

» Peu de critiques en pourraient faire autant.

» Au début, je revendais les livres après en avoir humé la substantifique moëlle, mais j'en ai eu bientôt un amer repentir.

» C'est pourquoi, après avoir pris connaissance des volumes que je me trouve dans la triste obligation d'emprunter, je les dépose discrètement dans les étalages ou dans les boîtes des bouquinistes.

» Je m'éloigne ensuite sur la pointe des pieds, le cœur réchauffé d'avoir fait incognito une bonne action. Car la discrétion, messieurs, a toujours présidé à tous les actes de ma vie. »

Jenet, envoyé au Dépôt, y sera vraisemblablement privé de sa distraction favorite, mais il lui restera la ressource de se pencher sur son casier judiciaire, d'une lecture, paraît-il, copieuse et fort édifiante.

Bericht im *Aujord'hui* vom 5. Dezember 1940, S. 2, Übersetzung s. Anhang IV (BLFC).

Am 27. Dezember 1940 findet vor der neugeschaffenen vierten Kammer des Appellationsgerichtshofes von Paris, aufgrund der am 3. Mai von Genet wie dem Minister für Öffentliche Angelegenheiten eingelegten Berufung gegen das Urteil vom 23. April 1940, die Berufungsverhandlung statt. Genet, den man in Freiheit wähnt, obwohl er sich erneut im Gefängnis befindet, wird als »nicht zur Verhandlung erschienen« betrachtet und infolgedessen in Abwesenheit verurteilt. Das Gericht, »in Entsprechung der Beweggründe der erstverhandelnden Richter und hinsichtlich der Umstände und der Schwere der dem Angeklagten zur Last gelegten Taten«, befindet, »daß eine strengere Anwendung des Strafgesetzes für den genannten Genet angemessen sei«, und erhöht die ursprüngliche Strafe »auf zwei Jahre«.

Urteilsschrift des Berufungsgerichts vom 27. Dezember 1940, Anhang II.

Genet, dem die Verschlechterung seiner strafrechtlichen Situation ohne Zweifel nicht bewußt ist, wird am 4. März 1941 aus dem Zentralgefängnis von Fresnes entlassen.

Genet und die Buchhändler

Der Beruf des »Courtier«, den Genet bei seinem Aufnahmeverhör in der Strafanstalt Fresnes am 4. Dezember 1940 angibt, entspringt durchaus nicht der reinen Phantasie. Im Laufe von sechs oder sieben Jahren, in der Zeit von 1940 bis etwa 1947, war Genet, wenn auch mit Unterbrechungen, bei den Pariser Buchhändlern, denen er als »Gelegenheiten« präsentierte Bücher zum Kauf anbot, sehr wohl bekannt.

Ein »Buchmakler« besonderer Art freilich. Pierre Béarn, der in der Rue Monsieur-le-Prince im Pariser Quartier Latin seinerzeit eine Buchhandlung betrieb und mit Genet im Laufe des Jahres 1941 in Verbindung stand, zeichnet ein wenig liebenswürdiges Porträt von ihm.

»Zu jener Zeit«, schreibt er, »hätte niemand sich vorstellen können, daß Jean Genet, eine undurchsichtige und sich bewußt verächtlich gebende Person, einmal zum Liebling der französischen Bourgeoisie avancieren würde. Er hatte damals noch nichts publiziert, war jedoch schon bei gewissen Buchhändlern wohlbekannt. Er gehörte zu jener Schar von zwar mittellosen, aber flinken Intellektuellen, die wir ›chineurs‹ nennen.

Im Buchhandel spielen die ›chineurs‹ die Rolle von Regulatoren des Gelegenheitsmarktes ... Aber Genet verfolgte dabei sein ganz eigenes Konzept. Er war kein Käufer der berüchtigten ›Schafe mit fünf Beinen‹, sondern er klaute sie ...

Jean Genet gehörte nicht zu den Menschen, die einem auf Anhieb sympathisch sind. Er war stets mit einer Aktentasche aus Leder gerüstet, die er eng unter den Arm geklemmt hielt.

> Im *Tagebuch eines Diebes*, S. 117 heißt es dazu: »Ich verfertigte eine Spezialaktentasche und wurde in dieser Art Diebstahl so geschickt, daß ich meinen Ehrgeiz darein setzte, sie stets unter den Augen des Buchhändlers auszuführen.«

Seine Stirn lag tief und die Nase war auf häßliche Weise eingedrückt, wie bei einem ehemaligen Boxer. Die Augen verwirrten durch die Unbeweglichkeit ihres Blicks, dem unter den buschi-

gen Augenbrauen wenig Platz zur Lebhaftigkeit blieb ...; aber er beherrschte die Kunst, von allem, was man ihm sagen mochte, so fasziniert zu erscheinen und einem somit geradezu physisch sichtbar seine gesteigerte und mißtrauische Aufmerksamkeit zu schenken, daß ich ihn schließlich akzeptierte, obwohl mir seine Gegenwart durchaus unangenehm war.«
Dieser episodische Kontakt wird allerdings aufgrund des folgenden Zwischenfalles abgebrochen.
»... Ich hatte, auf gut sichtbare Weise ... eine komplette Sammlung der Werke Marcel Prousts in der Reihe *La Gerbe* ausgestellt und bemerkte sehr bald, daß die beiden ersten Bände fehlten ... Einige Tage später waren die drei folgenden Bände, *Im Schatten junger Mädchenblüte*, wie die anderen Bände auf Japanpapier gedruckt, ebenfalls verschwunden! ... Das konnte nur Jean Genet gewesen sein ... Zwanzig Minuten später war ich in Begleitung eines Freundes in dem Hotel, in dem er seinerzeit logierte, in der Nähe des Palais Royal.
›Monsieur Genet? Er ist im Begriff abzureisen. Da stehen seine Koffer. Er wird bestimmt nicht mehr lange bleiben.‹
Seine Koffer? Seine Koffer! Zum großen Entsetzen des Hoteliers stürzte ich mich augenblicklich auf dieselben. Sie waren nicht verschlossen. Die Sache war schnell erledigt. Leider enthielten die beiden Koffer nichts als Wäsche ... Wutentbrannt beschloß ich, ihn in Zukunft zu überwachen. Aber er hat nie wieder meine Buchhandlung betreten.«

Pierre Béarn, *Paris-sur-Braises* (etwa: »Paris auf Kohlen« – *Anm. d. Übers.*), in ›La Passerelle‹, Nr. 5, 1. Trimester 1970, S. 44–48.

Der Bericht eines anderen Buchhändlers, der sich allerdings auf eine etwas spätere Zeitspanne bezieht, bestätigt, wenn es denn dessen bedarf, das sozusagen berufsmäßige Vorgehen Genets. So erzählt Richard Anacréon, zusammen mit seinem Bruder Besitzer der Buchhandlung ›L'Originale‹ in der Pariser Rue de Seine Nummer 22:
»Genet war mir 1943 oder 1944 von Colette (die *Notre-Dame-des-Fleurs* übrigens als ›perfekt‹ bewertete) und von Cocteau vorgestellt worden. Er arbeitete damals als Courtier für gewisse Buchhändler, denen er Bücher verschaffte, die er anderswo,

ohne daß diese das wußten, gestohlen hatte. Ich mußte diese Erfahrung auf eigene Kosten machen. Das trug sich folgendermaßen zu: Er kam eines Tages zu mir mit einem seltenen Buch von Colette und bot es mir an. Ich habe es ihm sofort abgekauft. Als etwas später einer meiner Kollegen, der Besitzer der Buchhandlung Biblis mich besuchte, lag es noch auf meinem Schreibtisch. Er sieht das Buch und ruft aus: ›Aber dieses Buch stammt aus meinem Laden! Man hat es mir vor wenigen Tagen gestohlen!‹ Er wollte unbedingt den Namen des Diebes erfahren, um ihn anzeigen zu können, doch ich weigerte mich, ihm diesen zu nennen, gab ihm allerdings ohne weiteres sein Buch zurück. Anschließend rief ich, wütend wie ich war, Cocteau an, der mich anflehte, die Affäre nicht weiter zu verfolgen, da Genet sonst die Sicherheitsverwahrung riskiere ...
Einige Tage später tauchte Genet erneut bei mir auf, um sich für meine Haltung zu bedanken. Und dann sagte er: ›Um Sie zu entschädigen, werde ich Ihnen einige Widmungen schreiben, die eines Tages sehr wertvoll sein werden ...‹.«

Unser Gespräch mit Richard Anacréon fand 1987 statt. Vgl. auch: Y. L. Jamin, ›Richard Anacréon se souvient‹ in ›La Manche libre‹, 11. 5. 1986.

Auf der Titelseite eines Exemplars der Erstausgabe von *Notre-Dame-des-Fleurs*, das sich im Besitz Richard Anacréons befindet, steht die nachstehende Widmung von Genets Hand:
»Hier also, mein lieber Anacréon, mein erstes Buch. Ich bin sehr froh und stolz über die Freundschaft, die Sie ihm entgegenbringen. Erweisen Sie diese Freundschaft bitte auch mir; ich bin ebenso höflich wie Sie und versichere Sie noch einmal meiner Freundschaft. Jean Genet.«
Die Widmung auf einem Exemplar der *Chants secrets* ist, mit den Worten seines Besitzers, »noch unverfrorener«:
»Mein lieber Anacréon, ich habe von Anfang an Freundschaft für Sie empfunden, auch als ich versuchte, Sie zu begaunern. Heute können Sie sich meiner Dankbarkeit sicher sein. Ich werde nie vergessen, daß es Ihnen zu verdanken ist, daß Biblis, dieser Idiot, keine Anzeige erstattete. So wurde der Buchhändler beschissen und die Polizei auch. Wir dagegen sind Freunde. Sie sind ein netter Buchhändler, und ich liebe Sie. Jean Genet.«

Zehnte Verurteilung

10. Dezember 1941 – 10. März 1942

Am 10. Dezember 1941 wird Genet erneut des Diebstahls bezichtigt und infolgedessen ein Haftbefehl gegen ihn erlassen. In der Tat hatte er zu Beginn des Monats November 1941, ohne daß das Datum genauer benannt wird, einem Schneider namens Joseph Piécone ein Stück Stoff gestohlen.

Urteilsschrift vom 27. Januar 1942, Anhang II.

Die Festnahme selbst erfolgte offenbar erst einen Monat später, sehr wahrscheinlich am 9. Dezember, nach einer wilden Verfolgungsjagd durch die Straßen von Paris. Als Augenzeuge und Beteiligter berichtet Pierre Béarn von dem aufregenden Ereignis:
»... ich bog an jenem Morgen mit meinem alten Fahrrad in die Rue Saint-Jacques ein, in Höhe des Lyzeums Louis-le-Grand, als ein Menschenauflauf im unteren Teil der Straße meine Neugier erregte. Es konnte sich nur um einen Verkehrsunfall handeln ... Plötzlich begann der ganze Haufen Richtung Seine zu laufen ... Weit vorn verfolgten zwei Polizisten auf Rädern einen laufenden Mann, der mit einem dicken Paket beladen war, das er gegen den Leib preßte.
... Ich trete meinerseits kräftig in die Pedale meines Fahrrades und eile den Polizisten nach. Der Fliehende, der sehr schnell lief, wurde erst kurz vor der Pont Notre-Dame eingeholt. Ganz plötzlich blieb er stehen und gab auf. Es handelte sich um Jean Genet! An seine Brust gepreßt hielt er einen breiten und dicken Stoffballen, den er partout nicht hergeben wollte und den er kurz zuvor, und offenbar etwas ungeschickt, einem Schneider gestohlen hatte.
Unsinnigerweise behielt ich meine Aufregung nicht für mich: ›Sie waren das also!‹
Jean Genet sah mich verächtlich an ...
Die Schaulustigen kamen hinzu und waren plötzlich ganz leise. Ich konnte mich völlig unbemerkt entfernen.«

Pierre Béarn, op.cit., S. 49.

Am 27. Januar 1943 erscheint Genet vor den Richtern der sechzehnten Kammer des Pariser Strafgerichts, um sich für seine Tat zu verantworten. Er wird des Diebstahls »einer drei Meter langen Stoffbahn im Werte von eintausendeinhundert Francs« beschuldigt. Das Gericht befindet jedoch, daß »Genet nicht Herr seiner geistigen Fähigkeiten zu sein scheint«, und ordnet eine »psychiatrische Untersuchung« des Angeklagten an, die einem gewissen Doktor Heuyer anvertraut wird. Dieser solle sich im Anschluß an die Examinierung »in einem fundierten Bericht zu der Frage äußern ..., ob Genet für seine Taten strafrechtlich zur Verantwortung gezogen werden kann oder nicht.«
Bis zum Ergebnis dieser Untersuchung wird der Urteilsspruch vertagt.
Vom Santé-Gefängnis aus, wo er inhaftiert ist, wendet sich Genet an das »Patronat für Kinder und Jugendliche«, in dessen Bereich er sich im Alter von fünfzehn Jahren zur Beobachtung befunden hatte, und bittet um die Zustellung seines medizinischen Dossiers.

Archiv des Patronats für Kinder und Jugendliche.

Aufgrund eines seltsamen Zufalls war es seinerzeit ausgerechnet der genannte Doktor Heuyer gewesen, der sich um seinen Fall gekümmert hatte. Inzwischen Chefarzt in der Medizinischen Spezialabteilung der Pariser Polizeipräfektur, wurde er nun wiederum damit beauftragt, den mentalen Zustand Genets zu begutachten.
Eine Passage im *Tagebuch eines Diebes*, die 1946 in der Zeitschrift ›Les Temps modernes‹ veröffentlicht wurde, gibt die Art und Weise wieder, in der sich diese Untersuchung abgespielt habe, – natürlich ohne daß wir die Authentizität dieser Schilderung garantieren können.

> »Der Untersuchungsrichter, dem Zweifel an meinem geistigen Gleichgewicht gekommen waren, bestimmte einen Irrenarzt, der darüber befinden sollte. H. erwartete mich innerhalb einer Zelle in der Santé. Als ich eintrete, fragt er mich, ohne dabei den Blick von einem Stapel von Akten aufzuheben:

›Sie sind Genet?‹
›Ja, Herr Doktor.‹
›Schließen Sie das Fenster und setzen Sie sich.‹
Ich setze mich ihm gegenüber. Und er, ohne mich anzusehen:
›Loch oder Klapse?‹
Erstaunt, denn diesen Ausdruck kannte ich nicht, und aus dem Mund dieses kleinen Alten kam er mir schrecklich rätselhaft vor, wußte ich nicht, was ich antworten sollte. H. blickt mich nun an und wird präziser:
›Ich sagte: Loch oder Klapse? Ja. Strafanstalt oder Irrenhaus? Sind Sie verrückt, oder sind Sie nicht verrückt?‹
›Aber Herr Doktor, gibt es denn nichts dazwischen?‹
›Es gibt nichts dazwischen. Entweder sind Sie verrückt, oder Sie sind es nicht. Wenn Sie nicht verrückt sind, geht's in die Strafanstalt. Wenn Sie verrückt sind, ins Irrenhaus. Also? Sind Sie verrückt oder nicht?‹
Ich zögerte kaum noch. Ich antwortete:
›Ich bin nicht verrückt, Herr Doktor.‹
›Gut so.‹
Heuyer setzte einen Stempel auf und gab einem Wärter ein Zeichen, daß er über mich verfügen könne . . .«

Journal du Voleur (Extraits), in *Les Temps modernes*, op.cit., S. 33–34. Im Deutschen unveröffentlicht.

Am 10. März 1942 verhandelt die sechzehnte Kammer des Pariser Strafgerichts erneut gegen Genet aufgrund des besagten Diebstahls einer Stoffbahn im November 1941. Wie es der oben wiedergegebene Textauszug darstellt, scheint das Gutachten des Doktor Heuyer eher für eine strafrechtliche Verantwortlichkeit Genets plädiert zu haben. Diesem werden dennoch von »mildernde Umstände« zuerkannt.
Genet wird folglich zu drei Monaten und einem Tag Strafhaft verurteilt. Da diese durch die Untersuchungshaft bereits abgegolten wurde und exakt mit dem Prozeßtag endet, ist Genet beim Verlassen des Justizpalastes ein freier Mann.

Urteilsschrift vom 10. März 1942, Anhang II.

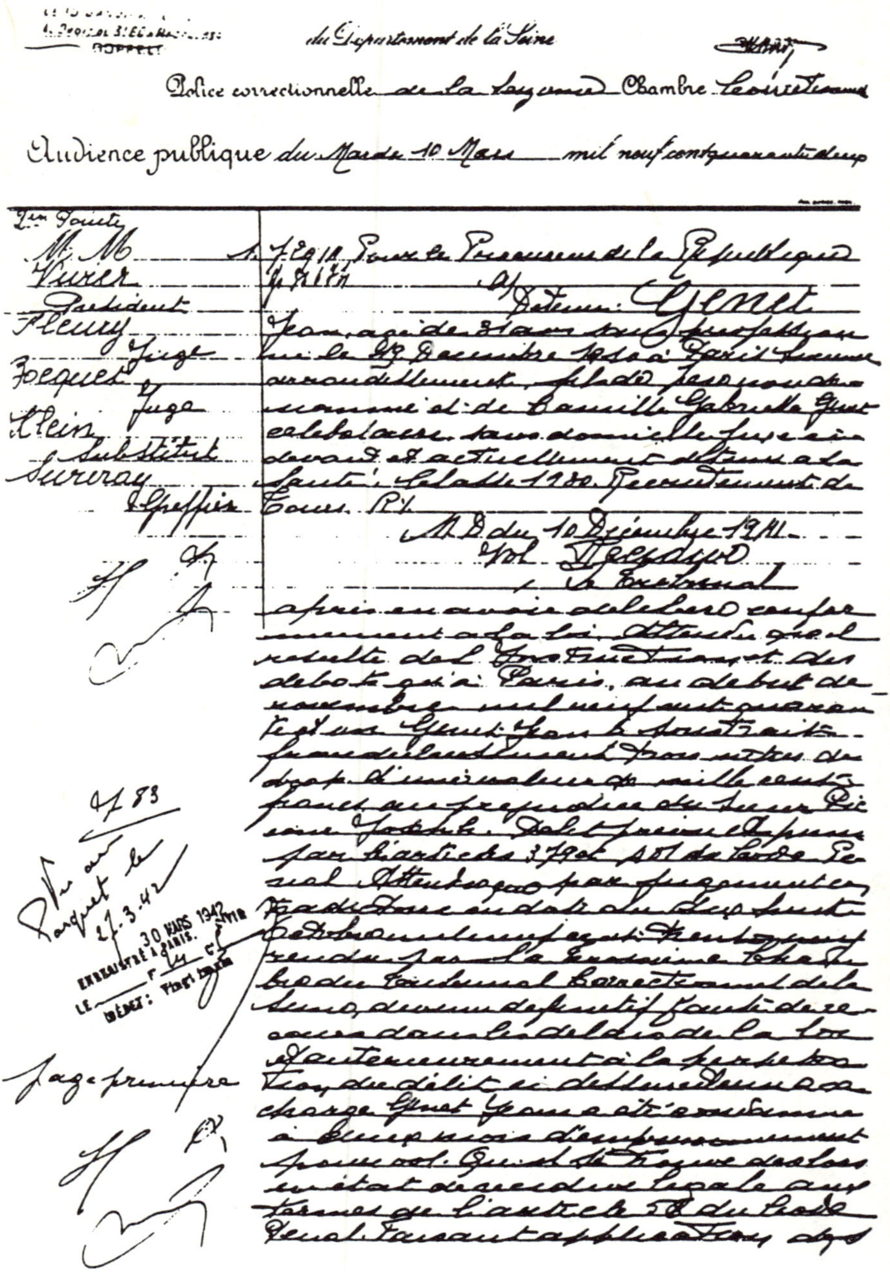

du Département de la Seine

Police correctionnelle de la ... Chambre

Audience publique du Mardi 10 Mars mil neuf cent quarante deux

Urschrift des Urteils vom 10. März 1942. (Archiv der Stadt Paris)

Die Bouquinistenkiste

Im Laufe des Jahres 1940 macht Genet die Bekanntschaft eines jungen Mannes namens Jean Decarnin, dem er, wie man weiß, den Roman *Pompes Funèbres* widmen wird, als dieser anläßlich der Befreiung von Paris auf den Barrikaden zu Tode kommt. Jean Decarnin, zur Zeit ihrer Bekanntschaft etwa zwanzig Jahre alt, ist Student und in der trotzkistischen Bewegung aktiv. Um ein wenig Geld zu verdienen, hilft er in einer Buchhandlung aus. Der Vater eines seiner Freunde unterhält eine Bouquinistenkiste am Seineufer gegenüber von Notre-Dame, um die er sich ebenfalls von Zeit zu Zeit kümmert. Wenn Genet nicht gerade hinter Schloß und Riegel sitzt, löst er den jungen Mann gern bei dieser Arbeit ab und verkauft selbst die Bücher, die er häufig anderswo, und ohne Zweifel mit nur geringen Unkosten, beschafft hat. Schließlich kümmert er sich während einiger Wochen regelmäßig um das kleine Geschäft und richtet sich in einem kleinen Hotel am Quai Saint-Michel in der Nähe der Bücherkiste ein.

Dort begegnet er ungefähr im April 1942 zwei jungen Leuten, zunächst Jean Turlais und später Roland Laudenbach, die in seinem Leben eine entscheidende Rolle spielen werden, da er dank ihrer Vermittlung Jean Cocteau vorgestellt werden wird.

Roland Laudenbach erwähnt in einem Brief an die Autoren einer Cocteau-Biografie die Umstände, unter denen er Genet kennenlernte.

»Damals«, so schreibt Roland Laudenbach, »ging ich zusammen mit meinem Freund, dem jungen Dichter Jean Turlais, ziemlich regelmäßig am Seineufer spazieren, um dort nach billigen Büchern Ausschau zu halten, oder vielmehr nach Büchern überhaupt, denn die Ladenbuchhandlungen waren leer. Wir machten auf diese Weise Bekanntschaft mit einem Bouquinisten, der Jean Genet hieß und der mir von Proust erzählte (den man nur im Krankenhaus oder im Gefängnis lesen könne) und von Jouhandeau. Wir erfuhren nach und nach, daß er Schriftsteller sei, Poet,

daß er junge Männer liebte, und schließlich, daß er stahl. Und da Turlais ihm von einer sehr schönen Ausgabe Corneilles in mehreren Bänden erzählte, die sich in den Auslagen Giberts befände, entwickelte ihm Genet diesbezüglich den folgenden Plan: Genet würde als erstes einen der Bände verschwinden lassen, dann sollte Turlais einige Tage später erscheinen und die nun unvollständige Ausgabe zu einem sehr niedrigen Preis erstehen, woraufhin Genet wieder auftauchen würde, um den fehlenden Band, der dann keinerlei Wert mehr haben würde, aus seinem Versteck hervorzuholen. Das klappte so gut, daß Corneille daraufhin zu unserem gemeinsamen Namen wurde. Wir, Turlais und ich, gaben uns ›bei Corneille‹ (das war Genet) Rendezvous, und wenn mich Turlais nicht begleitete, dann erkundigte sich Genet nach dem Befinden des ›kleinen Corneille‹.
Genet verschwand, wurde eingesperrt, schrieb *Der zum Tode Verurteilte*, ließ ihn auf eigene Kosten und mit vielen Satzfehlern drucken, und ich zeigte das bewunderungswürdige Gedicht Cocteau, der mich bat, ihm den Autor vorzustellen.«

In: Jean-Jacques Kihm, Elizabeth Sprigge und Henri C. Behar, *Jean Cocteau, l'homme et les miroirs*, La Table Ronde, 1968, S. 274.

Die Verhaftung, auf die Roland Laudenbach anspielt, kann heute sehr genau datiert werden, nämlich auf den 14. April 1942.

Elfte Verurteilung

14. April 1942 – 15. Oktober 1942

Jean Genet, der in Paris bei dem Versuch auf frischer Tat ertappt wird, in der Buchhandlung Stock in der Rue Saint-Honoré Nummer 155 Bücher zu stehlen, wird am 14. April 1942 ein weiteres Mal festgenommen. Ein offizieller Haftbefehl wird am nächsten Tag, dem 15. April, erstellt und Genet ins Santé-Gefängnis eingeliefert.

»Angeklagt des Diebstahls aufgrund des Antrags der Staatsanwaltschaft«, hat sich Genet am 11. Mai vor der Zehnten Strafkammer des Strafgerichts des Departements Seine zu verantworten.

Urteilsschrift vom 11. Mai 1942, Anhang II.

Die Urteilsbegründungen führen aus daß, »hervorgehend aus der Verhandlung und dem Geständnis des Angeklagten«, der letztere am 14. April, aber auch »zu wiederholten Malen im Jahre 1942« »eine gewisse Anzahl von Büchern zum Nachteil der Buchhandlung Stock« entwendet habe. Das Gericht, in Berücksichtigung »der Tatsache der Rückfälligkeit« des Angeklagten, aber auch des Artikels 463 des Strafgesetzbuches, der erlaubt, »das Strafmaß aufgrund mildernder Umstände herabzusetzen«, verurteilt Genet zu acht Monaten Gefängnis und einer Geldstrafe von dreihundert Francs.

Am 13. Mai erheben sowohl Genet als auch der Staatsanwalt Einspruch gegen das Urteil. (Der Einspruch wird erst am 11. Juni aktenkundig.)

Am 15. Mai wird Genet zur weiteren Verbüßung seiner Strafe in das Zentralgefängnis von Fresnes verlegt. Das Eingangsregister der Anstalt verzeichnet ihn wiederum als »Sohn des Paul und der Gabrielle Marcelle« und gibt als Wohnort »Quai Saint-Michel Nummer 15« im sechsten Arrondissement an.

Es handelt sich um die Adresse des »Hotel de Suède«, wo er seit Beginn des Jahres in der Tat regelmäßig logiert.

Am 20. Juni 1942, zu einem Zeitpunkt also, wo sich Genet noch als Häftling in Fresnes befindet, entscheidet die Zehnte Strafkammer des Pariser Appellationsgerichtshofes über das Urteil vom 23. April 1940, das Genet eine zehnmonatige Gefängnisstrafe zusprach, die aber am 27. Dezember desselben Jahres auf zwei Jahre erhöht wurde, wogegen Genet erneut Einspruch eingelegt hatte. Da man ihn in Freiheit wähnt und daher als nicht »zur Verhandlung erschienen« betrachtet, wird Genet in Abwesenheit verurteilt und seinem Einspruch nicht stattgegeben.

Urteilsschrift des Appellationshofes vom 20. Juni 1942, Anhang II.

Gegen dieses Urteil erhebt Genet am 21. Juli wiederum Einspruch.

Über diesen Einspruch wird erst am 18. Mai 1946 entschieden werden. Vgl. das Gutachten des Generalstaatsanwalts, S. 253.

Am 15. Oktober 1942, nach sechs Monaten Haft in der Strafanstalt Fresnes, wird Genet vorzeitig entlassen.
Am darauffolgenden Tag wird sein Einspruch vom 13. Mai gegen das Urteil vom 11. Mai vom Pariser Appelationsgerichtshof verworfen.

Urteilsschrift des Appellationshofes vom 16. Oktober 1942, Anhang II.

Genet, der nicht zur Verhandlung erscheint, hat zu diesem Zeitpunkt die fragliche Haftzeit in voller Länge verbüßt. Noch am Tage seiner Freilassung taucht er wieder im »Hotel de Suède« am Quai Saint-Michel auf und läßt sich im Rathaus des fünften Arrondissements eine Lebensmittelkarte (mit der Nummer 1-10647) ausstellen. Er logiert im Hotel bis zum 27. Oktober und verschwindet dann von der Bildfläche. Am 14. November taucht er in der kleinen Gemeinde Gilley im Doubs auf, wo es ihm gelingt, sich vom Bürgermeisteramt einen Ausweis auf seinen Namen ausstellen zu lassen. Im »Hotel de Suède« wird seine Anwesenheit erneut vom 27. November 1942 bis zum 12. Januar 1943 verzeichnet.

Diese Informationen gehen aus einem am 29. Mai 1943 im Kommissariat des Quartier de la Chaussée-d'Antin erstellten Verhörprotokoll hervor. Dokumente im Anhang III.

»Der zum Tode Verurteilte«

Gegen Ende 1942 beginnt ein schmales Heftchen in Paris zu zirkulieren: »Der zum Tode Verurteilte«, ein Gedicht Jean Genets und dessen erstes gedrucktes Werk, dem Andenken an Maurice Pilorge, einen zwanzigjährigen Mörder gewidmet, von dem in einem Nachwort des Autors – unzutreffend – gesagt wird, daß er am 17. März 1939 in Saint-Brieuc (Bretagne) hingerichtet worden sei.

Tatsächlich starb Maurice Pilorge am 4. Februar 1933 in Rennes unter dem Fallbeil. Faksimile der Todesurkunde S. 206.

Die Erstausgabe des Gedichts gibt keinen Verlag an, verzeichnet jedoch einen Erscheinungsort und ein Datum: »Fresnes – September 1942«.

Die Bestandsaufnahme der Aufenthalte Genets in Strafanstalten erlaubt, die Anwesenheit des Autors zu jenem Zeitpunkt in Fresnes zu bestätigen. Wie wir gesehen haben, wurde er am 15. Mai im Zentralgefängnis eingeliefert; seine Entlassung fand am 15. Oktober statt. Die Zeit der Niederschrift des Gedichtes kann daher tatsächlich zwischen diesen beiden Daten vermutet werden.

Die Wahrscheinlichkeit der Datierung läßt sich durch ein weiteres Indiz untermauern. Der Autor hat zu wiederholten Malen von den begleitenden Umständen der Entstehung des Gedichts berichtet. Die ausführlichste Version besteht zweifellos in Form einer vertraulichen Mitteilung Genets an Sartre und ist in »Saint Genet, Komödiant und Märtyrer« enthalten:

»Man stieß mich in eine Zelle, in der sich schon mehrere Häftlinge in ›Stadtkleidung‹ befanden. (Man behält seinen Anzug an, solange man nur in Untersuchungshaft ist.) Mich aber, obwohl ich in die Berufung gegangen war, hatte man aus Versehen gezwungen, die Anstaltskleidung anzuziehen. Diese unschöne Kluft schien ein schlechtes Omen zu sein; man verachtete mich, und in der Folge hatte ich die größte Mühe, das wieder auszubügeln. Nun war unter den Häftlingen einer, der Gedichte an seine

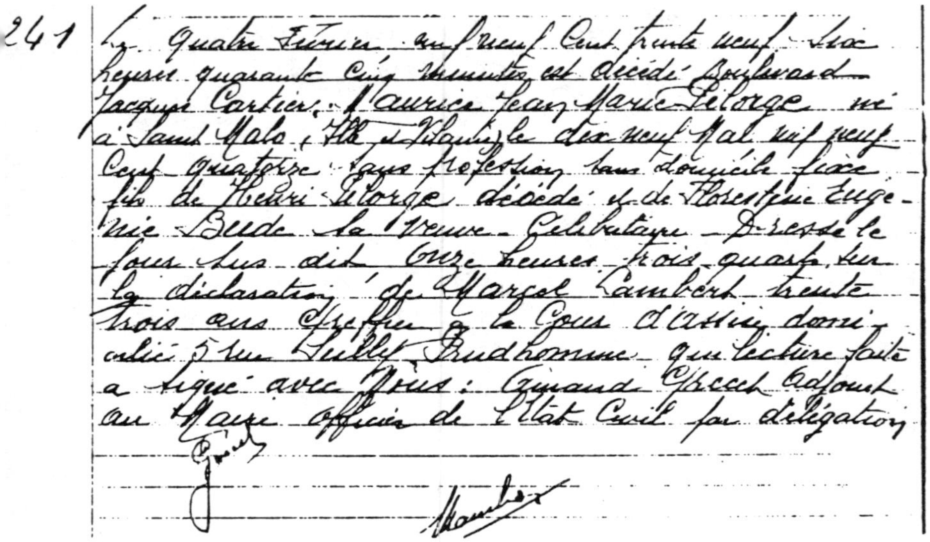
241 Le Quatre Février mil neuf Cent trente neuf six
heures quarante Cinq minutes est décédé Boulevard
Jacques Cartier: Maurice Jean Marie Pilorge né
à Saint Malo (Ille et Vilaine) le dix neuf Mai mil neuf
Cent quatorze sans profession sans domicile fixe
fils de Henri Pilorge décédé et de Florentine Euge-
nie Bude sa veuve. Célibataire. Dressé le
jour sus dit onze heures trois quarts sur
la déclaration de Marcel Lambert trente
trois ans Greffier à la Cour d'Assises domi-
cilié 5 rue Juillet Prudhomme qui lecture faite
a signé avec Nous: Gimard Marcel Adjoint
au Maire Officier de l'État Civil par délégation

Todesurkunde des am 4. Februar 1939 hingerichteten Maurice Pilorge, dem Genet das Gedicht *Der zum Tode Verurteilte* widmete. (Stadtarchiv Saint-Brieuc)

Schwester machte; idiotische und weinerliche Gedichte, die aber sehr bewundert wurden. Gereizt erklärte ich schließlich, daß ich das auch könnte. Sie forderten mich heraus, und ich schrieb ›Le Condamné à Mort‹ ...«

Saint-Genet, S. 664.

Dieser Bericht, den Sartre als Zitat wiedergibt, bezieht sich zunächst auf einen sehr präzisen Zeitpunkt, den wir ohne weiteres im Ablauf der Ereignisse jener Zeit orten können: den Wechsel der Gefängniszelle. Dieser entspricht der Verlegung Genets nach Fresnes, die am 15. Mai 1942 stattfand. Obwohl er am 13. Mai Berufung gegen das Urteil vom 11. Mai eingelegt hatte, betrachtete man ihn verwaltungstechnisch als einen »rechtmäßig verurteilten« Häftling, nimmt ihm folglich seine Zivilkleidung ab und zwingt ihn, Anstaltskleidung zu tragen. Die äußeren Umstände der Niederschrift des Gedichts, wie Sartre sie wiedergibt, scheinen sich also in einer relativen Übereinstimmung mit der »historischen Logik« zu befinden.
Was die Begleitumstände der Drucklegung betrifft, so haben wir diese nicht aufhellen können. Marc Barbezat meint, Genet habe den Druck der Broschüre einem Mitgefangenen von Fresnes an-

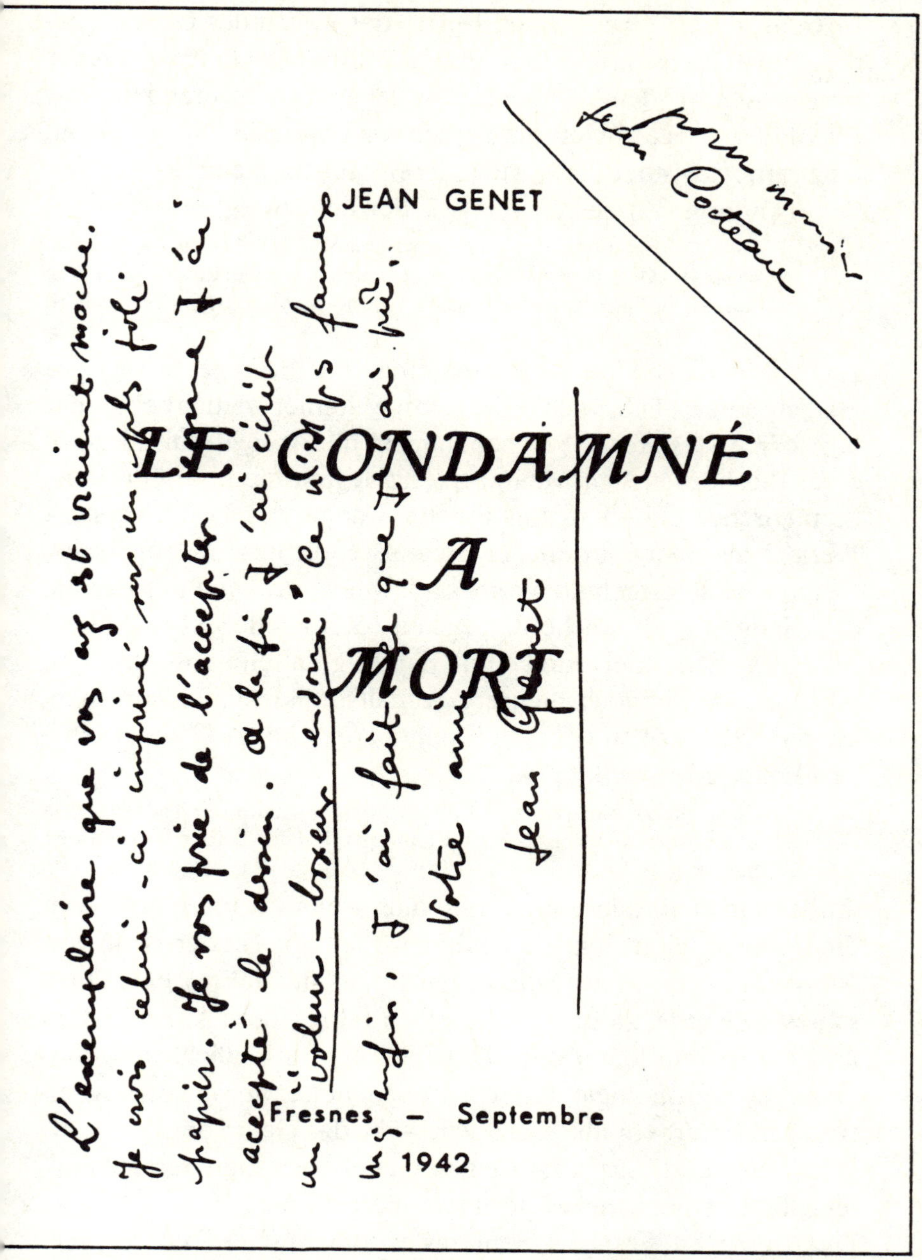
JEAN GENET

LE CONDAMNÉ A MORT

Fresnes – Septembre 1942

Umschlagseite der Erstveröffentlichung des Gedichts *Der zum Tode Verurteilte* mit Widmung an Jean Cocteau. (Album Cocteau, Veyrier-Tschou, 1975, S. 151)

vertraut, einem Drucker von Beruf, der wegen des Druckes gefälschter Lebensmittelkarten einsaß und einige Zeit vor Genet freigelassen worden sei. In einer Auflage von mehreren Hundert Exemplaren sei das Heft auf Papier von unterschiedlicher Qualität gedruckt worden, das, wie es heißt, aus für die deutsche Militärverwaltung vorgesehenen Beständen abgezweigt worden sei.

Diese Information entnehmen, wird dem Artikel *Jean Genet: a Checklist of his Works in French, English and German*, erschienen in ›Australien Journal of French Studies‹, 6, Nr. 1, Jan.–April 1969; Autor: Richard Coe.

Le Condamné à Mort wirft noch eine andere Frage auf. Ist das Gedicht tatsächlich, wie Genet selbst es immer wieder behauptet hat, sein erstes Werk? Wir haben nicht die Absicht, uns hier mit einer diesbezüglichen Meinung festzulegen, die eher einer mathematischen Einschätzung ähnelte – denn was ist ein »erstes« Werk? – als einer Chronik der Ereignisse, die unsere Aufgabe ist. Dennoch soll festgehalten sein, daß, wenn auch die Publizierung des Gedichtes als solche den ersten schriftstellerischen Willensakt Genets markiert, und damit den Beginn seines literarischen Abenteuers, dennoch mehrere Anhaltspunkte dafür sprechen, auf die Existenz von vor dem Monat September 1942 geschriebenen Texten zu schließen.

Siehe hierzu die Aussagen Lilly Pringsheims und ihrer Tochter sowie den ebenfalls weiter oben zitierten Artikel in der Zeitschrift ›Le Bourguignon‹.

Außerdem weist alles darauf hin, daß, wenn wir uns lediglich an die nachweisbaren Schriften halten wollen, die Niederschrift von *Notre-Dame-des-Fleurs*, die gegen Endes des Jahres 1942 abgeschlossen wurde, zu Beginn desselben Jahres ihren Anfang nahm und zu großen Teilen der Niederschrift des Gedichtes vorausging. Die Chronologie der Schriften Genets, wie sie von der sartreschen Lesart vorausgesetzt wird – die das Genre der Poesie als Ouvertüre und Ausgangsort des Genetsches Oeuvres behauptet –, bedarf möglicherweise einer Überprüfung.

Die Aussagen François Senteins werfen auf die vorliegende Frage ein neues Licht. Als dieser Genet durch Vermittlung Roland Laudenbachs im Oktober 1942 kennenlernt, ist *Le Condamné à Mort* bereits gedruckt und *Notre-Dame-des-Fleurs* fast fertiggestellt. Doch erinnert sich François Sentein ebenso an »Haufen von Manuskripten, die sich im Hotelzimmer Genets stapelten«, wie daran, daß dieser, so Sentein, »sichtlich viel, und zwar seit langem schon schrieb«. Er fügt hinzu: »Diese Manuskripte waren zu einem großen Teil Theaterstücke – darunter eines mit dem Titel ›Heliogabale‹, das er mir zur Lektüre gab – sowie Drehbücher für Filme. Genet war zu jener Zeit ein passionierter Anhänger von Theater und Film und träumte davon, Regisseur zu werden. Es waren jene Drehbücher und der Text ›Heliogabale‹, die er seinerzeit Cocteau bei Gelegenheit ihrer ersten Begegnung vorlegen wollte. Ich mußte alles tun, ihn davon abzuhalten und ihn zu überzeugen, daß er Cocteau *Le Condamné à Mort* und *Notre-Dame-des-Fleurs* zeigen solle, die mir das Beste zu sein schienen, was er geschrieben hatte.«

Aus den Gesprächen mit François Sentein, die wir in den Jahren 1987 und 1988 führten.

Jean Cocteau

»... ein berühmter Dichter führt meine Hand an seine Stirn ...«
Tagebuch eines Diebes, Seite 130

An einem der ersten Tage des Monats Februar 1943 reicht Roland Laudenbach *Le Condamné à Mort* an Jean Cocteau weiter, der sich zu jener Zeit auf dem Gipfel seines Ruhms befindet. In dessen Tagebuch, das er regelmäßig führt, taucht unter dem Datum des 6. Februar 1943 der Name Genets zum erstenmal auf: »Zuweilen erreichen mich Wunder. Zum Beispiel ›Le Condamné à Mort‹ des Jean Genet. Ich glaube, daß es nur vier Exemplare davon gibt. Er hat die übrigen zerrissen. Dieses lange Gedicht ist wunderschön. Jean Genet wurde gerade aus Fresnes entlassen ... Erotisches Gedicht zum Ruhme Maurice Pilorges, eines zwanzigjährigen Mörders, der am 12. März 1939 in Saint-Brieuc hingerichtet wurde. Die Erotik Genets ist an keiner Stelle schokkierend. Seine Obszönität ist nie obszön. Alles wird dominiert von einer überhöhenden Bewegung. Die Prosa am Ende ist kurzgefaßt, unverschämt, hochmütig! Perfekter Stil.«

Jean Cocteau, *Journal 1942–1945*, Gallimard 1989.

Die erste Begegnung findet am 7. Februar statt.
»An einem schönen Sonntagnachmittag«, so erinnert sich Roland Laudenbach, »holten wir Genet an seiner Bouquinisten-Kiste ab, um gemeinsam in die Rue Montpensier zu gehen. Er hatte sich ordentlich angezogen; er trug Handschuhe von einem vollkommenen Grau.« Allen Bezeugungen des Lobes und der Bewunderung zum Trotz, mit denen Cocteau Genet überhäuft, bleibt dieser zunächst reserviert. (Später sagt er zu Paul Morihien, dem seinerzeitigen Sekretär Cocteaus und seinem baldigen Verleger: »Ich dachte, es handelte sich um einen Scherz.«) Schließlich entkrampft er sich jedoch und verspricht, Cocteau das Manuskript des Romans zu überbringen, den er gerade fertiggestellt habe. Sie verabreden sich für den nächsten Tag, den 8. Februar, und essen in Begleitung von Christian Bérard im Hôtel du Louvre miteinander zu Mittag.

Am Montag den 15. Februar berichtet Cocteau in seinem Tagebuch über die Begegnung:
»Endlich Jean Genet gesehen. Laudenbach brachte ihn zu mir. Er scheint zunächst zu glauben, daß ich mich über ihn lustig machen will. Ein Mensch, der sich zwischen zwei Gefängnissen befindet, von Gefängnissen gezeichnet ist. Das Gesicht eines Paranoikers mit einem verknoteten Charme, der sich schnell löst. Eine unglaubliche Schnelligkeit und Malice. Ich fertigte eine Zeichnung von ihm an, die er mitnahm. Zusammen mit Bérard essen wir im Hôtel du Louvre zu Mittag. Er rezitiert aus der Erinnerung mein Gedicht *Sohn der Luft*, das für Ultraphone aufgenommen wurde. Er gewinnt mehr und mehr Vertrauen und spricht uns sein neuestes Gedicht vor: *Der schlafende Boxer.* Darunter Verse von einer solchen Schönheit, daß Bérard und ich lachen müssen. Dieses Mal begreift er nur allzu gut, daß wir uns nicht über ihn lustig machen, sondern daß das Lachen eine Folge unserer außerordentlichen Verblüffung ist. Eleganz, Harmonie, Weisheit: all das strahlt dieser außergewöhnliche Kauz aus.
In meinen Augen bedeuten seine Gedichte das einzige große Ereignis dieser Epoche.
Darüber hinaus durch Erotik geschützt (unmöglich, sie zu veröffentlichen!), können sie allein im Verborgenen gelesen, nur von Hand zu Hand gereicht werden.
Er sagt, daß das Schlimmste für ihn wäre, seinen Namen in einer Zeitung gedruckt zu sehen. An der Garderobe treffen wir auf Giraudoux. Beim Hinausgehen sagt Genet zu mir: ›Sie kennen Giraudoux? ... Aber ... das ist doch kein Dichter.‹«
Am nächsten Tag erscheint Genet zu früher Stunde mit dem Manuskript von *Notre-Dame-des-Fleurs* bei Cocteau, den er in Gesellschaft des Malers Édouard Mac Avoy antrifft, welcher auf diese Weise zum Zufallszeugen einer entscheidenden Episode in der Beziehung zwischen Cocteau und Genet wird.
»Cocteau war gerade dabei«, so erzählt er, »mir kürzlich angefertigte Zeichnungen zu zeigen, als Madeleine, seine Hausangestellte, hereinkommt und ›Monsieur Jean Genet‹ ankündigt. Cocteau weist sie an, ihn sofort hereinzuführen, und ich sehe nun einen seltsamen Menschen eintreten: halb Zuchthäusler, halb

Porträt Jean Genets von Jean Cocteau vom 8. Februar 1943. (Sammlg. André Bernard)

Boxer in der Kategorie Federgewicht. Und Genet sagt zu Cocteau: ›Maître (so sprach er ihn an), ich würde Ihnen gern Auszüge aus meinem Manuskript vorlesen.‹

Wir setzten uns also hin, und Genet, der stehenblieb, las etwa eine dreiviertel Stunde oder Stunde Auszüge aus *Notre-Dame-des-Fleurs*, wobei es sich, wie mir schien, um die provozierendsten handelte. Er las gut vor, ohne Affektiertheit, und gegenüber Cocteau mit einer Selbstsicherheit, die recht erstaunlich war. Man spürte, daß er nicht gekommen war, um eine Meinung zu erbitten oder um Rat zu erheischen. Er führte lediglich sein Meisterwerk vor. Er war sich seines Genies gewiß.

Cocteau folgte der Lesung mit einer eher finsteren Haltung. Er blieb sehr reserviert. Und als Genet – etwas beleidigt – gegangen war, fragte mich Cocteau: ›Wie findest du das?‹

Ich: ›Ich finde, daß da ein Ton drin ist, den man noch nie so gehört hat.‹

Daraufhin antwortet er mir: ›Ich muß zugeben, daß ich das alles nicht so sehr mag, all diese Geschichten von Tunten und Transvestiten ...‹ Und fügt, bezogen auf Genet, hinzu: ›Aber seine Augen während der Lesung sagten mir, daß ich im Unrecht war.‹«

Aus einem Gespräch mit Édouard Mac Avoy im Jahre 1988.

Cocteau besinnt sich rasch eines Besseren. Er wird von heftiger Reue ergriffen, ahnt die Bedeutung des Textes, von dem er nur Auszüge gehört hat, und will ihn in seiner ganzen Länge kennenlernen. Jean Turlais wird zu Genet geschickt, er soll versuchen, den Riß zu kitten und das Manuskript auszuleihen.

Noch am selben Abend erwähnt Concteau den Vorfall in seinem Tagebuch und drückt seine Bewunderung (und seine Beunruhigung) für *Notre-Dame-des-Fleurs* aus:

> »Dienstag (16. Februar 1943). J. Genet hat mir seinen Roman gebracht. Dreihundert unglaubliche Seiten, auf denen er mit allen Versatzstücken eine Mythologie der ›Tunten‹ erschafft. Bei erster Annäherung stößt ein solches Thema ab (und ich warf es ihm heute morgen vor). Anschließend hätte ich ihn gern um Verzeihung wegen meiner Dummheit gebeten. Dieser Roman ist möglicherweise noch erstaunlicher als seine Gedichte. Seine Neu-

> heit stört. Da ist eine Welt, an deren Seite die Welt Prousts wie die Gemälde Didier-Pougets erscheinen. Die kleinste Zeile darin funkelt wie die Kritzeleien Picassos. Die obszönen Blumen, die komischen Blumen, die tragischen Blumen, die Nachtblumen, die Feldblumen, eine Flut von Rosen quellen von überall hervor. Was tun? Man träumt, dieses Buch zu besitzen und zu verbreiten, es auszustreuen. Andererseits ist das unmöglich, und es ist sehr gut so, daß es unmöglich ist. Das Beispiel schlechthin der blind machenden und unzumutbaren Reinheit. Der Skandal müßte in sich zurückkehren, der wirkliche Skandal. Mit diesem Buch bricht er still und auf natürliche Weise aus, bei mir zu Hause. Genet ist ein Dieb, der von der Polizei verfolgt wird. Man zittert darum, daß er von der Bildfläche verschwände und man seine Werke vernichten könne. Man müßte sie drucken lassen, in kleiner Auflage und unter der Hand.«

Es gelingt Turlais einige Tage später, das Manuskript zu erhalten und es zu Cocteau zurückzubringen, der es nun auf vertiefte Weise zur Kenntnis nehmen kann. Am 22. Februar vermerkt er seine jüngsten Eindrücke zu dem Text:

> »Der Sprengkörper Genet. Das Buch ist hier, in dieser Wohnung, fürchterlich, obszön, unpublizierbar, unvermeidbar. Man weiß nicht, wie es nehmen. Es ist. Es wird sein. Wird es die Welt zwingen, so zu werden, daß es in ihr erscheinen kann? Für mich bedeutet es das große Ereignis der Epoche. Es bringt mich in Aufruhr, es widert mich an und verzaubert mich. Es wirft unzählige Fragen auf. Es kommt daher auf den leichten Füßen des Skandals, mit seinen Samtfüßen ... Ich habe ›Notre-Dame-des-Fleurs‹ Zeile für Zeile wiedergelesen ... Das Gedicht ›Le Condamné à Mort‹ reihte sich noch zu anderen Gedichten. Hier aber haben wir die Einsamkeit und das Funkeln eines dunklen Sternes vor uns.«

Am 23. Februar ißt Cocteau gemeinsam mit Paul Valéry, Henri Mondor, Roger Lannes, Pierre Guegen und Yanette Delétang-Tardif zu Abend. Am gleichen Tag notiert Roger Lannes in sei-

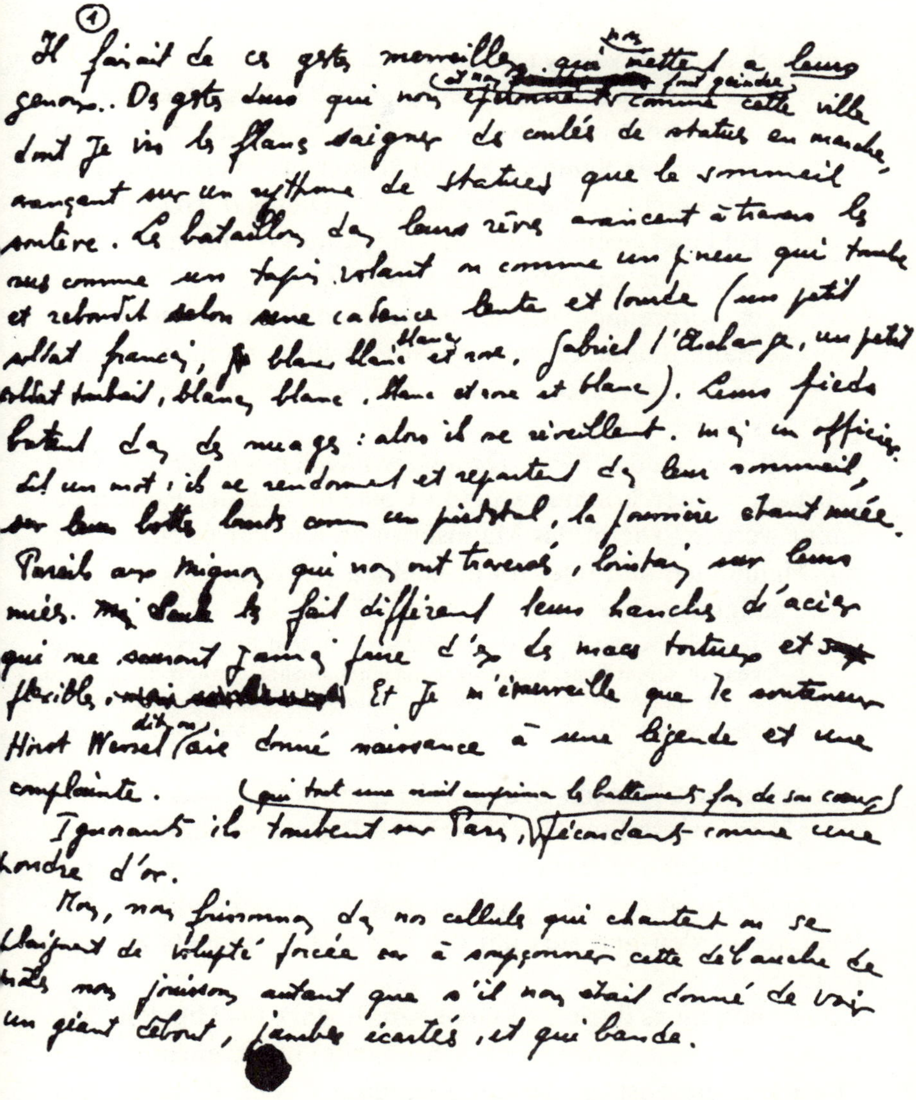

Seite aus dem Manuskript *Notre-Dame-des-Fleurs*. (University of Texas, Austin)

nem (bisher unveröffentlichten) Tagebuch: »Cocteau feiert bis zum kompletten Überdruß seiner Zuhörer das Genie Jean Genets und versucht, die bibliophilen Leidenschaften Mondors zu ködern.«

Wir drucken diesen Auszug mit der freundlichen Genehmigung von Jacques Nielloux.

Cocteau hält seinerseits, anläßlich desselben Abendessens, ein Gespräch mit Paul Valéry fest:

> »... Ich spreche mit Valéry über das Buch Genets und frage ihn dummerweise um Rat. Durch die Ablagerungen seiner Senilität hindurch sagt er: ›Verbrennen Sie es!‹ Fürchterliche Bemerkung ... Dieses Buch ist bei mir gelandet, weil es bei mir landen mußte. Es zu verbrennen, wäre zu einfach. Es verbrennt mich. Und wenn ich es verbrennen würde, es verbrennte mich nur um so mehr. Diese Herren zögern nicht vor einem legalen Mord ohne Risiko, der ihre eigenen Ruhmeshallen schützt ...«

Obwohl er weiß, daß *Notre-Dame-des-Fleurs* nur unter der Hand gedruckt werden könnte, wünscht Cocteau, daß der Roman bekannt werde. Er leiht das Manuskript an alle Personen aus, deren Meinungen ihm relevant erscheinen (Eluard, Colette, Desnos, Paulhan, Jouhandeau,

> Jouhandeau hat in verschiedenen Artikeln und Buchveröffentlichungen von seiner Begegnung mit Jean Genet, die höchstwahrscheinlich im April oder Mai 1943 stattfand, berichtet. Die ausführlichste Schilderung ist dem Buch »La Vie comme une fète« zu entnehmen; Pauvert, 1977, S. 160–164.

und beauftragt François Sentein, die mehr schlecht als recht von einer Büroangestellten des Vaters von Roland Laudenbach hergestellte Maschinenabschrift des Romans zu korrigieren. Vor allem aber drängt er Paul Morihien, seinen eigenen Sekretär, Verleger zu werden und sich um die Werke Jean Genets zu kümmern.

Und so kommt es dazu, daß Genet am 1. März 1943 bei Paul Morihien seinen ersten Vertrag als Schriftsteller unterzeichnet.

Morihien selbst ist zu diesem Zeitpunkt weder Verleger noch Buchhändler (er wird beides erst ab 1946 sein) und handelt in eigener Verantwortung. Der Vertrag spricht ihm »das ausschließliche Recht auf Druck und Verbreitung« von neun Werken zu, die nach ihrem Genre klassifiziert werden (Gedicht, Roman, Theaterstück) und deren Aufzählung bereits auf ein fest umrissenes Werkprojekt schließen läßt.

Es läßt sich aus demselben entnehmen, daß Genet, außer *Le*

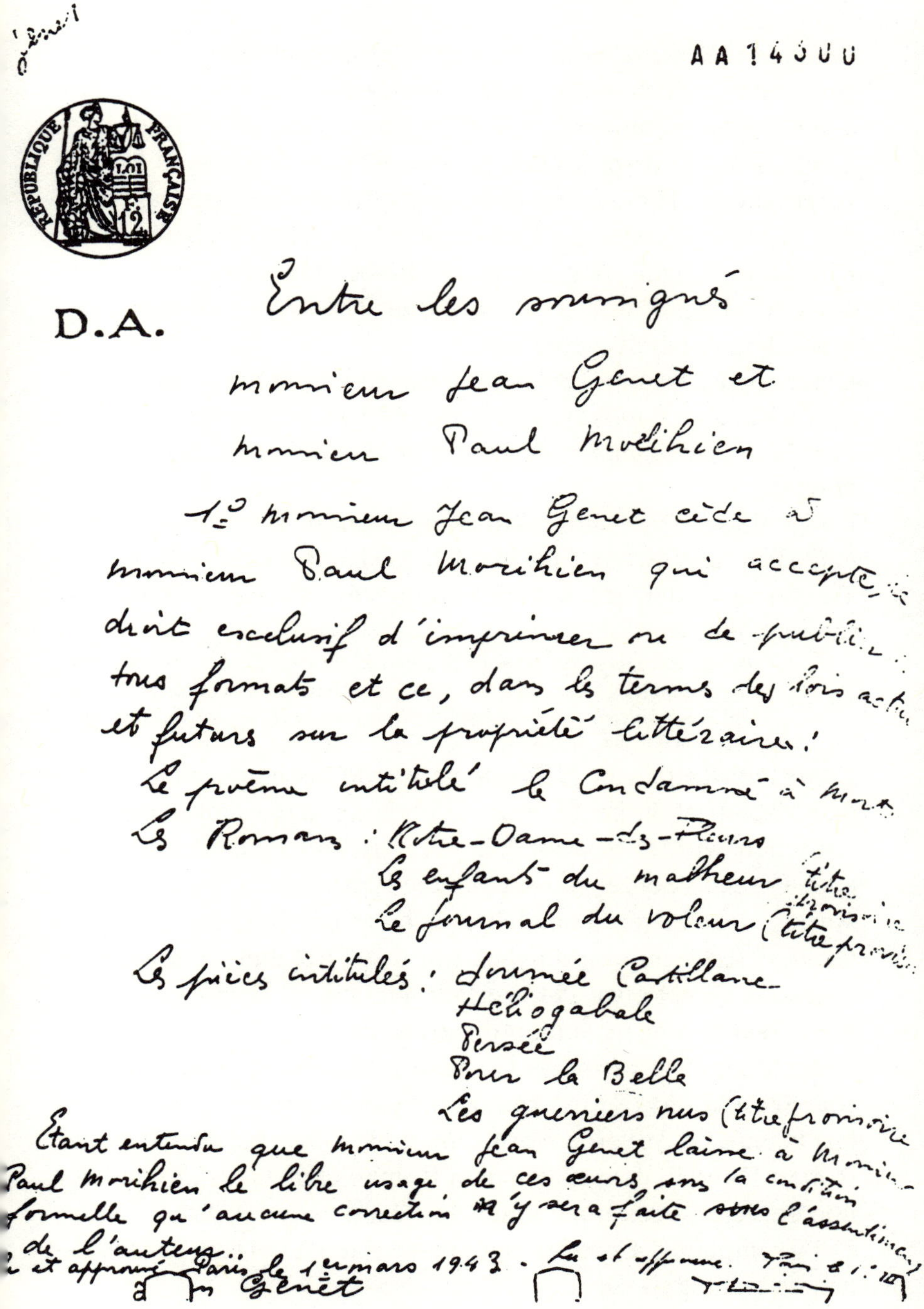

AA 14300U

RÉPUBLIQUE FRANÇAISE — LOI — 12

D.A.

Entre les soussignés
monsieur Jean Genet et
monsieur Paul Morihien

1° monsieur Jean Genet cède à
monsieur Paul Morihien qui accepte, le
droit exclusif d'imprimer ou de publier en
tous formats et ce, dans les termes des lois actuelles
et futures sur la propriété littéraire:
Le poème intitulé le Condamné à mort
Les Romans: Notre-Dame-des-Fleurs
Les enfants du malheur titre provisoire
Le journal du voleur (titre provisoire
Les pièces intitulés: Journée Castillane
Héliogabale
Persée
Pour la Belle
Les guerriers nus (titre provisoire
Étant entendu que monsieur Jean Genet laisse à Monsieur
Paul Morihien le libre usage de ces œuvres sous la condition
formelle qu'aucune correction n'y sera faite sans l'assentiment
de l'auteur.
Lu et approuvé Paris le 1er mars 1943. Lu et approuvé. Paris 1er ...
Jean Genet

Generalvertrag zwischen Jean Genet und Paul Morihien vom 1. März 1943.
(Sammlg. Paul Morihien)

Condamné à Mort, keine weitere Gedichtspublikation vorgesehen hatte, jedoch sollten auf *Notre-Dame-des-Fleurs* zwei Romane folgen, nämlich: *Les Enfants du malheur* (Die Kinder des Unglücks), ein ursprünglich für den Roman *Miracle de la Rose* vorgesehener Titel (die erste handschriftliche Fassung trägt noch den Titel *Le Mystère des Enfants des Anges* (Das Geheimnis der Kinder der Engel), den niederzuschreiben Genet zu jenem Zeitpunkt im Begriff war, und *Journal du Voleur*, der interessanterweise damals bereits geplant war.

Eindeutig ist es aber das Theater, das als Genre besonders bevorzugt wird. Zur Publikation sind fünf Stücke vorgesehen: *Journée Castillane*, *Héliogabale*, *Persée*, *Pour la Belle*, und *Les Guerriers Nus*.

Einige dieser Titel sind uns nicht unbekannt. Bei *Journée Castillane* (Ein kastilischer Tag) handelt es sich um ein Stück, dessen Titel in der ersten gedruckten Fassung von *Miracle de la Rose* bereits erwähnt wurde.

> »C'est de ce désir qu'est sorti la pièce de théâtre que j'ai intitulée *Journée castillané*« (»Aus diesem Verlangen entstand das Theaterstück, das ich *Ein kastilischer Tag* nannte.«) *Miracle de la Rose*, édition originale, L'Arbalète, 1946, S. 490.

Das Manuskript von *Héliogabale* wurde bis heute nicht gefunden, doch besteht keinerlei Zweifel daran, daß es tatsächlich geschrieben wurde. Sowohl Jean Marais und Paul Morihien als auch François Sentein bestätigen die Existenz des Stückes. Nach Aussage des letzteren handelt es sich bei *Les Guerriers Nus* (Die nackten Krieger) ursprünglich um den Titel eines Filmdrehbuches, das Genet etwa 1942 verfaßt haben soll. *Persée* schließlich ist als Text bislang nicht identifiziert worden.

Ende März 1943 vermerkt Cocteau in seinem Tagebuch: »François Sentein hat die Interpunktion von *Notre-Dame-des-Fleurs* fast beendet.« Außerdem erwähnt er ein Diner bei dem Verleger Robert Denoël, dem er von dem Roman Genets erzählt und der ihm anbietet, »das Buch unter der Hand zu publizieren: 150 bis 250 Exemplare«. Cocteau fügt hinzu: »Genet hat sein ganzes Leben im Gefängnis verbracht. Er ist also FREI.«

Im April einigen sich Robert Denoël und Paul Morihien auf eine gemeinsame Herausgabe von *Notre-Dame-des-Fleurs*. Es wird beschlossen, daß beide sich zu gleichen Teilen die Herstellungskosten ebenso wie die Anzahl der gedruckten Exemplare teilen, die sie jeder für sich in Umlauf bringen. Denoël will sich um die Herstellung des Werkes kümmern, das ohne Verlagsangabe erscheinen und heimlich gedruckt werden soll.

Diese Informationen gab uns Paul Morihien in einem Gespräch, das wir 1987 mit ihm führten.

Am 3. Mai 1943 begibt sich Jean Genet nach Nizza, Cocteau erwähnt in seinem Tagebuch, daß Genet hinsichtlich der Drucklegung von *Notre-Dame-des-Fleurs* zögerte.
»Er ist der Ansicht«, schreibt Cocteau, »daß wir von einem Kompromiß zum nächsten gehen.« Und etwas weiter: »Erste Reaktion Genets: Ich will nicht gedruckt werden. Zweite Reaktion: Ich will lediglich für einige Freunde gedruckt werden. Dritte Reaktion: ... Ich will als Pornograph gehandelt werden und Geld verdienen. Der Rest ist mir egal. Vierte Reaktion: Denoël ist ein Feigling, weil er mich nur unter der Hand erscheinen lassen will. Er riskiert das Gefängnis! Und ich? Ich habe mein ganzes Leben dort verbracht und dort mein Buch geschrieben.«
Während der paar Tage, die er in Villefranche im ›Hôtel Welcome‹ verbringt, wo Cocteau seit langem Stammgast ist, überarbeitet Genet das Stück *Héliogabale* und schreibt es in der Absicht um, es Jean Marais zur Inszenierung anzubieten. In einem Gespräch, das wir 1987 mit ihm führten, erinnert sich Jean Marais: »Es handelte sich um ein richtiges Theaterstück, ziemlich lang, mit drei Akten und zahlreichen Rollen. Doch der Text gefiel mir nicht. Vielleicht habe ich ihn schlicht nicht verstanden. Ich hatte andere Projekte; kurz: ich lehnte es ab, das Stück zu inszenieren. Genet hat mir das nicht übelgenommen. Er sagte, ich hätte recht, hohe Ansprüche zu stellen, das Stück sei schlecht und er werde es zerreißen.«
Am 26. Mai 1943 wird der Name Jean Genet in den ›Cahiers français‹ zum ersten Male in einem literarischen Artikel erwähnt.

Nr. 6, S. 22–32.

Der Autor der »Einführung in eine Geschichte der faschistischen Literatur«, Jean Turlais, führt dort eine sehr weitgefaßte und als solche recht merkwürdige, ideale Liste von Schriftstellern auf –

von Homer bis Jean Genet« –, die es verdienen würden, in die Reihen der faschistischen Literatur aufgenommen zu werden.

Jean Genet kehrt im Laufe des Monats Mai nach Paris zurück, wo er vom 27. bis zum 29. Mai wieder sein altes Zimmer im ›Hôtel de Suède‹ an der Seine bezieht.

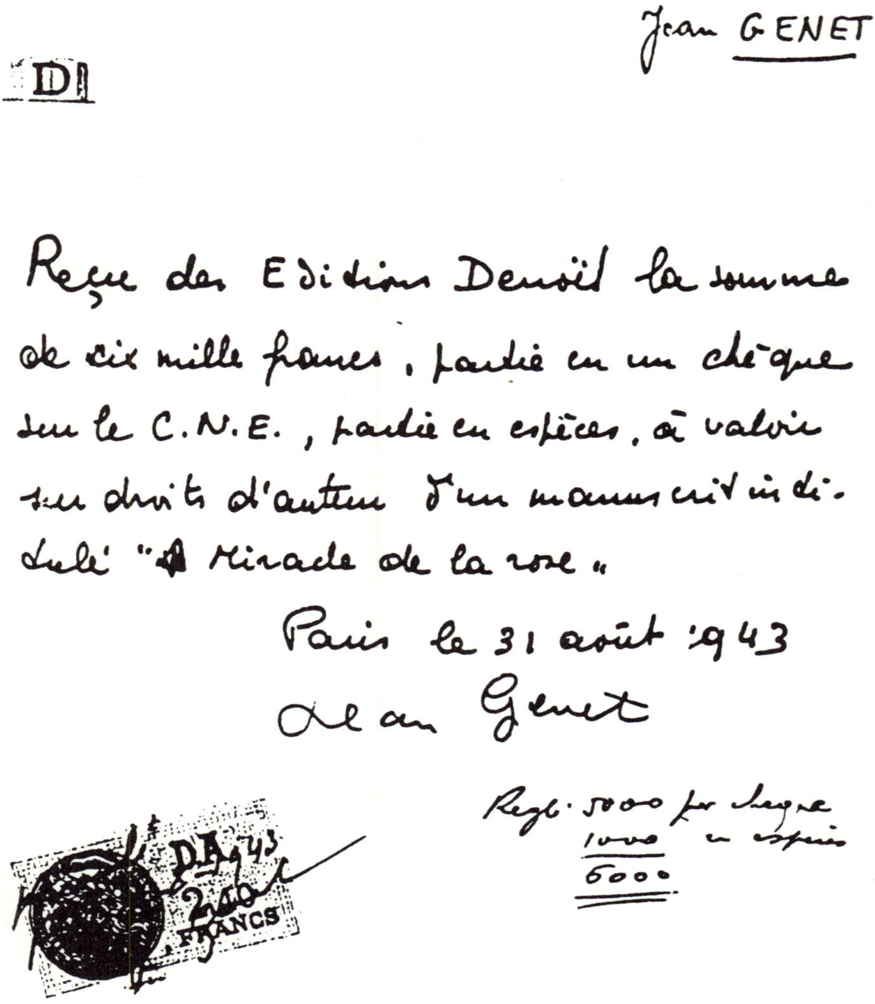
Jean GENET

DI

Reçu des Editions Denoël la somme de six mille francs, partie en un chèque sur le C.N.E., partie en espèces, à valoir sur droits d'auteur d'un manuscrit inédit intitulé "Miracle de la rose"

Paris le 31 août 1943
Jean Genet

Regl. 5000 par chèque
1000 en espèces
6000

DA 43
FRANCS

Quittung der ersten Vorschußzahlung des Verlags Denoël an Genet vom 31. August 1943 für den Roman *Wunder der Rose* (BLFC).

Zwölfte Verurteilung
29. Mai – 30. August 1943

Am 29. Mai 1943 um dreizehn Uhr zwanzig wird Jean Genet von einem Polizeibeamten auf der Place de l'Opéra in Paris festgenommen. Kurz zuvor hatte er ein Buch in der ›Librairie de la Chaussée-d'Antin‹ in der Rue de la Chaussée-d'Antin Nummer 7 gestohlen. Der Leiter der Buchhandlung hatte das Verschwinden des Buches bemerkt, Genet verfolgt und auf der Höhe der Hausnummer 2 des Boulevard des Capucines eingeholt. Das fragliche Buch, bei dem es sich um eine Luxusausgabe der *Fêtes Galantes* von Paul Verlaine handelt, wird in Genets Aktentasche gefunden. Ein vom Buchhändler herbeigerufener Polizeibeamter führt Genet zum zuständigen Kommissariat des Stadtviertels.

Die Akte dieser Strafsache ist die einzige, die vom Archiv der Stadt Paris aufbewahrt wurde. Das entsprechende Verhörprotokoll ist im Anhang III wiedergegeben.

Der Leiter der Buchhandlung macht folgende Aussage:
»Wir waren auf diesen Mann aufmerksam geworden, weil wir, seit er in unserem Geschäft erschien, jedesmal den Verlust von teuren Büchern feststellen mußten.« Er erstattet Anzeige.
Genet wird von einem Kommissar verhört, und seine Aussagen werden protokolliert und hinterlegt.
»Ich heiße Genet, Jean, geboren am 19. 12. 1910 in Paris. Vater unbekannt, Mutter: Camille Gabrielle Genet.
Ich bin Elektroingenieur. Ich arbeite nicht. Ich schreibe Bücher.
Ich wohne am Quai Saint-Michel, Nummer 15, fünftes Arrondissement, Paris.
Ich bin Junggeselle. Französischer Staatsbürger. Kein Jude.«
Er gibt zu, bereits siebenmal wegen Diebstahls verurteilt worden zu sein, anerkennt die Fakten und willigt ein, das fragliche Buch zurückzugeben. Seine Aussage schließt mit der Erklärung ab: »Ich weiß nicht, warum ich Bücher stehle.«
Das Verhörprotokoll erwähnt außerdem eine polizeiliche Durchsuchung des Zimmers Nr. 5, das Genet im ›Hôtel de Suède‹ be-

wohnt. Diese Durchsuchung »führt zur Auffindung von sechs Büchern aus Buchhandlungen«. Befragt über die Herkunft dieser Bücher, erklärt Genet: »Ich habe diese Bücher an den Quais gekauft. Ich habe sehr wenige Bücher bei mir, weil ich sie, sobald ich sie gelesen habe, verschenke oder irgendwo liegenlasse oder wegwerfe, da ich die Literatur der anderen nicht behalten will. Aber ich bestehe darauf, daß diese Bücher nicht durch betrügerische Handlungen zu mir gelangt sind.«

Bei den Büchern, die ihm aufgrund seiner Aussage wieder ausgehändigt werden, handelt es sich um *La Cité Antique* von Fustel de Coulanges, *Crime et Sociéte* von A. Lorulot, ein *Dictionnaire de la Rose*, *La Terre* von Émile Zola, *La Samaritaine* von Edmond Rostand sowie *Il y a encore des paradis* von Montherlant.

Im Laufe des gleichen Tages läßt sich Genet zur Wohnung Jean Cocteaus in der Rue Montpensier Nummer 36 führen. Als dieser ihn so von zwei Gendarmen flankiert sieht, leitet er sofort alles Nötige in die Wege, um ihm beizustehen und ihm einen Anwalt zu besorgen.

Am 30. Mai erscheint Genet vor dem Untersuchungsrichter des Gerichts Erster Instanz, der gegen ihn Anklage erhebt. Genet erklärt: »Ich wähle meinen Anwalt selbst.« Noch am gleichen Tag wird gegen ihn Haftbefehl erlassen, und man liefert ihn ins Santé-Gefängnis ein.

Am 1. Juni erstellt das Kommissariat des Sorbonne-Viertels im Zusammenhang mit der polizeilichen Durchsuchung seines Hotelzimmers folgenden Bericht: »Der genannte Genet, Jean, hatte sein Domizil zu wiederholten Malen im Hotel am Quai Saint-Michel Nummer 15 (5. Arrondt.), insbesondere vom 15.10.1942 bis zum 29.10.1942, vom 27.11.1942 bis zum 12.01.1943, vom 2.3.1943 bis zum 3.3.1943 sowie vom 27.5.1943 bis zum 29.5.1943.

Während seiner verschiedenen Aufenthalte unter dieser Adresse wohnte er allein. Seine Beschäftigung war nicht bekannt. Während seines Aufenthalts im Viertel ist er nie in besonderer Weise auffällig geworden.«

Zu Beginn des Monats Juni adressiert Genet an den für ihn zuständigen Untersuchungsrichter folgenden Brief:

»Monsieur le Juge,
Ich habe die Ehre, Ihnen mitzuteilen, daß ich Maître Garçon gebeten habe, meine Verteidigung in meiner Diebstahls-Affäre zu übernehmen. Ich kenne den Namen des Richters noch nicht, der meinen Prozeß leiten wird, und erlaube mir daher, Sie, Monsieur le Juge, zu bitten, ihm diese Nachricht zu übermitteln. Und wollen Sie bitte, Monsieur le Juge, an meine respektvollen Gefühle glauben.

Jean Genet
5/32 bis 42,
rue de la Santé.«

Am 11. Juni wird Genet in Begleitung des Rechtsanwalts Maurice Garçon zum Verhör durch den Untersuchungsrichter vorgeführt. Er erklärt dort: »Ich gebe zu, in der ›Librairie de la Chaussée-d'Antin‹ das Buch *Les Fêtes Galantes* von Verlaine im Werte viertausend Francs an mich genommen zu haben.«
Der Untersuchungsrichter kommt zu folgendem Schluß: »In Anbetracht der Notwendigkeit, den derzeitigen Zustand des Beschuldigten, der wegen mentaler Störungen aus dem Armeedienst entlassen wurde, juristisch festzustellen, verfügen wir, daß er durch Monsieur le docteur Claude (Avenue de la Terrasse, Nr. 3; 17. Arr.), Doktor der Medizin und unter Eid stehend, untersucht werden soll. Dieser soll nach Feststellung der mentalen Verfassung, in der sich der Besagte befindet, erklären, ob sein Zustand mentale Anomalien aufweist, welche seine Verantwortlichkeit verringern oder ganz in Frage stellen können.«
Der Untersuchungsbericht des Dr. Claude wird am 19. Juni redigiert und am 22. demselben Untersuchungsrichter vorgelegt.

Das vollständige Dokument wird im Anhang III wiedergegeben.

Zusammenfassend stellt er Jean Genet als »debil in der Willensbildung sowie im moralischen Sinne« dar, doch sei der Beschuldigte, wie näher ausgeführt wird, keineswegs »ein Geistesgestörter« und habe nicht im Zustande der Unzurechnungsfähigkeit gehandelt, als er den Diebstahl beging. Es sei jedoch »davon auszugehen, daß seine Verantwortlichkeit als leicht eingeschränkt zu betrachten sei«.

Am 28. Juni erscheint Genet erneut vor dem Untersuchungsrichter, wiederum in Begleitung seines Anwalts Maurice Garçon. Der Richter erklärt: »In Anbetracht der Vorstrafen, die in ihrer Strafakte vermerkt sind, und für den Fall, daß das Strafmaß im Zusammenhang mit den derzeitigen Taten, derer Sie beschuldigt werden, über drei Monate Haft hinausgeht, riskieren Sie die Relegation als Rückfalltäter.

Die »Relegation«, vorgesehen durch das Gesetz vom 27. Mai 1885, bedeutete die lebenslängliche Internierung von Rückfalltätern, die als unverbesserlich galten, in Arbeitslagern auf den Territorien der Kolonien. Der Transport der Verbannten erfolgte auf den beiden Schiffen ›Ville de Saint-Nazaire‹ (dieser Name taucht auch als Name einer Figur in *Die Neger* auf) und ›La Martinière‹, das in *Die Zofen* erwähnt wird. Vom 29. Juni 1938 an verblieben die so Verurteilten in Gefängnissen auf dem Boden des französischen Mutterlandes.
In *Wunder der Rose* wird die Anwendungsweise des Gesetzes zur »Relegation« erwähnt: »Wenn man zum vierten Male wegen Diebstahls verurteilt wird und vorher die gesetzmäßige Gesamtstrafe, d. h. drei Monate Gefängnis erreicht hat, wird man zur ›Verbannung‹ verurteilt.« (S. 47).

Sie wurden verurteilt
1. am 25. November 1937 – Seine – illegaler Waffenbesitz, etc. Diebstahl – 5 Monate;
2. am 5. Dezember 1940 – Seine – Diebstahl – 4 Monate;
3. am 10. März 1942 – Seine – Diebstahl – 3 Monate 1 Tag;
Geben Sie zu, sich genannte Verurteilungen zugezogen und die entsprechenden Strafen verbüßt zu haben?«
Antwort Genets: »Ich gebe es zu und habe nichts hinzuzufügen.«
Am 7. Juli hält der Staatsanwalt seine Anklagerede vor dem Gericht Erster Instanz. Er stellt fest, daß Genet geständig ist und daß die psychiatrische Untersuchung des Angeklagten, die von dem Gutachter Dr. Claude unternommen wurde, »keine ungünstigen Aussagen« aufzuweisen hat. Dennoch: seine Strafakte vermerke neun Verurteilungen. Infolgedessen müsse der Angeklagte, wenn er aufgrund der gegenwärtig gegen ihn vorgebrachten Beschuldigungen »zu einer Gefängnisstrafe, die höher als drei Monate läge, verurteilt würde, zur lebenslänglichen Sicherheitsverwahrung verurteilt werden«. Der Staatsanwalt verlangt infolgedessen eine Verweisung des Verfahrens gegen Genet vor das ›Tribunal de Police correctionnelle‹, wie es vom Gesetz in solchen Fällen vorgesehen ist.

Der Prozeß wird auf Montag, den 19. Juli festgesetzt.
Am 9. Juli richtet Maurice Garçon das folgende Schreiben an Jean Cocteau:
»Sehr geehrter Herr und Freund,
werden Sie am 19. Juli in Paris sein? Ich möchte Sie davon unterrichten, daß in der Affaire Genet an jenem Tag vor der 14. Strafkammer zwischen ein und zwei Uhr nachmittags verhandelt werden wird. Wenn Sie hierzu erscheinen könnten, um als Zeuge einige Worte zu seinen Gunsten zu sagen, so wäre dies für mich, wie ich glaube, ein wichtiger Beistand.
Wie Sie wissen, habe ich eine psychiatrische Untersuchung verlangt. Das Gutachten des Experten fällt, so glaube ich, nicht schlecht aus und wird uns ermöglichen, ein annehmbares Ergebnis zu erlangen.
Glauben Sie bitte, geehrter Herr und Freund, an den Ausdruck meiner besten Gefühle für Sie.«

Dossier Maurice Garçon, Nr. 8785 (Nationalarchiv).

Am 19. Juli erscheint Jean Genet vor der 14. Strafkammer des ›Tribunal correctionnel de la Seine‹. Er wird des Diebstahls »im Wiederholungsfalle« angeklagt. Das Gericht, unter Vorsitz des Richters Patouillard, erinnert daran, daß Genet, sollte die Strafe eine Haft von drei Monaten überschreiten, »zur Relegation fällig wäre«. Jean Cocteau, Paul Morihien und Jean Marais haben auf der vordersten Zuschauerbank Platz genommen. Genet anerkennt die Fakten. Maître Maurice Garçon plädiert. »Mein Mandant«, sagt er, »ist dabei, eine Karriere, jene des Diebes, zu beenden, um eine neue zu beginnen: die des Schriftstellers.« Er liest einen Brief Cocteaus vor:
»Mein lieber Garçon,
Ich vertraue Ihnen Genet an, der stiehlt, um sich Leib und Seele zu bewahren. Sie haben Rimbaud vor sich. Rimbaud kann man nicht verurteilen.«

Zitiert nach: *Jean Cocteau, l'homme et les miroirs*, op.cit., S. 276.

Cocteau tritt seinerseits in den Zeugenstand, um einige Worte zu sagen. Er stellt Genet als den »größten Schriftsteller der modernen Epoche« vor.
Einige Jahre später äußert sich Cocteau in seinem Tagebuch über

IL FAUT BIEN QUE GENET SE PASSE!

Tout cela ne vaut pas l'odyssée du sieur Jean Genet. Eh! oui, Jean Genet, n, e, t, net. Vous ne le connaissiez pas ? Mais pleurez, rougissez de honte et de désespoir, roulez-vous dans la poussière, laissez en signe de confusion votre barbe orner de poils follets votre menton durant quinze jours ; Jean Genet ! Mais c'est le plus grand écrivain de notre époque.

M. Jean Cocteau dixit :

— Ça, c'est une référence, une bande de garantie ; avec ça, on peut y aller, on est sûr qu'on ne vous vendra pas de la camelote ; que c'est du vrai, du solide, du nanan, du derrière les fagots.

***

Or donc, pauvres manants, qui ne connaissez pas l'illustre Jean Genet, venez céans que l'on vous éduque. M. Jean Genet est philosophe. Il est aussi autre chose, mais cela si ça lui attire quelques sympathies, notamment celle de l'enfant terrible de la littérature, il ne le met certainement pas sur des cartes de visite !

Elle est d'ailleurs très simple — et très pratique — la philosophie de M. Jean Genet, — n, e, t, — qu'on en juge plutôt : « La vie a pour but d'assurer les conditions du bonheur, et le bonheur est ce qui se trouve sous la main. »

On ignore si M. Jean Genet — n, e, t, — a trouvé le bonheur à portée de sa main, mais il a à sept ou huit reprises trouvé différents objets que suivant les maximes de sa philosophie il a jugé bon de s'approprier et qui lui ont valu autant de condamnations de la part de jurys sans doute peu ouverts à la philosophie.

L'illustre Jean Genet — n, e, t, — se réclame cependant d'exemples non moins illustres ; en sa candide modestie, il se place entre Villon

Auréolé de poésie satanique, l'œil candidement infernal, le cheveu hérissé, Jean Cocteau, qui n'avait cependant pas osé lire lui-même la lettre écrite au jury pour défendre son... idole, cette lettre où l'on pouvait lire ces lignes étonnantes : « C'est le plus grand écrivain de l'époque, et vous pouvez m'en croire ; je m'y connais... » Jean Cocteau donc sortit aussi fier qu'un général de brigade à l'issue d'une manœuvre, entouré d'un essaim de jeunes zazous tentant d'attirer et de capter... l'attention du maître.

Mais prions tous que Dieu les veuille [absoudre !

et Rimbaud. Évidemment, quant à la vie dissolue et au peu de conscience, il tient à la fois de l'un et de l'autre. Mais il ne suffisait pas de jouer dans les coins avec Verlaine, encore fallait-il avoir le génie de Rimbaud, et renouveler les franches repues est certes un début, mais encore faut-il les écrire !

Je suis pêcheur, je le scay bien ;
Pourtant ne veult pas Dieu ma mort...

***

Devant la 14e chambre, Me Maurice Garçon défendait son aimable client. Le juge, que les uns appellent Patouilloud, les autres Patouillard — quant à nous nous avons préféré ne pas approfondir — le juge, donc, s'est montré plein de clémence, et la relégation ne sera pas prononcée :

Mais priez Dieu que tous nous veuille [absouldre !

Anonymer Bericht über den Prozeß vom 19. Juli 1943 in *Notre Combat pour la nouvelle France socialiste*, 31. 7. 1943, S. 3–4, Übersetzung Anhang IV (BLFC).

das Verfahren: »Ich sagte im Zeugenstand: ›Geben Sie acht, was Sie tun. Es handelt sich hier um einen großen Schriftsteller.‹ Der Richter, der alle Welt verurteilte, hatte Angst; die Furcht der französischen Bourgeoisie, dumm zu erscheinen.

Der Richter: ›Was würden Sie sagen, wenn man Ihre Bücher entwendete?‹

Genet: ›Ich wäre stolz darauf.‹
Richter: ›Kennen Sie den Preis dieses Buches?‹
Genet: ›Ich kenne den Preis nicht, wohl aber seinen Wert.‹«

Jean Cocteau, *Le Passé défini, I*, Gallimard 1983, S. 283.

Nach der Beratung gewährt das Gericht dem Angeklagten mildernde Umstände, senkt das Strafmaß und verurteilt ihn zu genau drei Monaten Haft.

Urteilsschrift vom 19. Juli 1943, Anhang IV.

Die Zeitschrift ›Le Petit Parisien‹ berichtet am nächsten Tag, dem 20. Juli 1943, unter dem Titel *Der größte Schriftsteller der Epoche wegen Diebstahls vor Gericht* über das Verfahren:
»Jean Genet, Autor des Gedichts *Le Condamné à Mort*, ist, so scheint es, ›der größte Schriftsteller der Epoche‹. Das behauptet zumindest Monsieur Jean Cocteau in einem Brief, den Maître Garçon gestern den Richtern der 14. Strafkammer vorlas.
Genet war vor Gericht erschienen, da er am 29. Mai in einer Buchhandlung der Chaussée-d'Antin eine illustrierte Ausgabe der *Fêtes Galantes* von Verlaine gestohlen hatte.
›Weil darin ein Stich enthalten war, der einen Mann von überraschender Schönheit darstellte!‹ entschuldigte sich Genet gegenüber dem Gutachter Dr. Claude, der bestimmt worden war, seinen Geisteszustand zu untersuchen.
Der psychiatrische Experte befand: ›Debil in der Willensbildung und im moralischen Sinne. Seine Zurechnungsfähigkeit ist leicht beeinträchtigt.‹
Jean Genet, der bereits neunmal wegen Diebstahls verurteilt wurde, riskierte die Relegation. Das Gericht unter Vorsitz von M. Patouillard ersparte ihm diese Strafe und verurteilte ihn lediglich zu drei Monaten Gefängnis.«

›Le Petit Parisien‹, 68. Jg., Nr. 34110, 20. Juli 1943, S. 2.
Am 23. Juli 1943 kommentierte die (kollaborationistische) Zeitschrift ›Je suis Partout‹ die Unterstützung, die Jean Cocteau Genet im Laufe seines Prozesses zuteil werden ließ. In einer kurzen Pressenotiz, ›Midas‹ gezeichnet, war folgendes zu lesen: »Der ehrenwerte Monsieur Jean Cocteau hält sich stets an der äußersten Spitze der Aktualitäten auf. Und so offenbarte er soeben in einem Brief an den Vorsitzenden der 14. Strafkammer, ›den größten Schriftsteller der Epoche‹ entdeckt zu haben, um hinzuzufügen: ›Sie können mir glauben. Ich kenne mich darin aus!‹ In der Realität handelt es sich um einen gewissen Monsieur

Genet, der bereits neunmal wegen Diebstahls verurteilt wurde und sich aufgrund seiner Strafakte für Villon hält, sowie für Rimbaud, wegen gewisser Vorlieben seiner Sitten. Cocteau-Genet? Eine Geschichte unter Neffen womöglich.«

Genet, der in seine Zelle im Santé-Gefängnis zurückgebracht wird, verbleibt dort noch etwa sechs Wochen lang, bis seine Haftzeit abgelaufen ist. Er macht in dieser Zeit Bekanntschaft mit einem jungen Mann namens Lucien Noppé, der in einer Zelle neben der seinen untergebracht ist und dem er sich in der Folgezeit zutiefst verbunden fühlt. Lucien Noppé ist dreiundzwanzig Jahre alt und wird in *Miracle de la Rose* sowie im *Journal du Voleur* unter dem Namen Guy auftauchen. Genet bemerkt später in einem Brief an Marc Barbézat, daß die Figur Bulkaens in *Miracle de la Rose* ausschließlich durch ihn inspiriert wurde. Das Manuskript dieses Romans war ursprünglich Guy N... gewidmet.
Einige Tage nach dem Gerichtsverfahren erhält Cocteau einen Brief von Genet, worin dieser inständig darum bittet, seinem jungen Freund zu Hilfe zu kommen:

»Hier im Gefängnis ist ein Junge von dreiundzwanzig Jahren, der dabei ist, vor Hunger zu sterben und von ich-weiß-nicht-welcher Krankheit noch dazu. Und wenn ich sterben sage, so ist das der zutreffende Ausdruck. Du kannst Dir nicht vorstellen, in welchem Maße das tragisch sein kann, so ein langsamer Tod, im Gefängnis ... Ich bitte Dich, mein Jean, mit all meiner Kraft, am Donnerstag ein Lebensmittelpaket ins Gefängnis bringen zu lassen; was immer Du willst: Brot, ein wenig Zucker, Butter, Fleisch, und laß es an folgende Adresse bringen: Lucien Noppé, 5/55[5] ... Wenn Du willst, werde ich Dir das Geld mit dem Erlös meiner Bücher zurückzahlen. Das schwöre ich Dir. Nur daß man ihn nicht im Stich läßt! Er ist allein, ohne Familie ... Ich habe J. Decarnin aufgetragen, meine Habseligkeiten zu verkaufen, um die künftigen Pakete zu finanzieren. Ich zahle Dir alles zurück. Mein Buch wird mir ein wenig Geld verschaffen. Ich werde stehlen und sonstwas unternehmen, nur will ich nicht untätig bleiben, nachdem ich dieses Unglück gesehen habe ... Er ist im Alter von zwölf Jahren in die Erziehungsanstalt von Mettray gekommen. Nach all dem soll man es wagen, auch nur ein Wort gegen ihn zu sagen ...«

Aus einem unveröffentlichten Brief Jean Genets an Jean Cocteau. Dieser wie weitere Briefe sind erhalten im ›Humanities Research Center‹, University of Texas, Austin.

Auf der Rückseite desselben Briefes richtet Genet einige Zeilen an Paul Morihien, den er bittet, in seiner Sache »Verteidiger« gegenüber Cocteau zu sein. Er erinnert sodann an die Gerichtsverhandlung:

»Du sahst gut aus, so von der Sonne verbrannt. Du und Jeannot im Gerichtssaal! Aber warum nur diese Leichenträgermienen? Ich erwarte Lächeln, denn das ist es, was ich brauche.
Und glaubst Du wirklich, daß ich auf den Ruhm Arsène Lupins aus gewesen wäre? Oh, dann kennst Du mich schlecht.
Ein komischer Richter, was? Er hat mich lächerlich gemacht. Ich war müde und nervös. Ich hätte Lust gehabt, ihm ins Gesicht zu spucken.
Ich werde einen Brief an Jean (Decarnin) ... schreiben. Umarme ihn für mich und sag ihm, er soll mir verzeihen für all das, was ich angestellt habe. Es war stärker als ich. So wie das Leben.

Am 2. August 1943 wird Genet vom Santé-Gefängnis ins Lager ›Camp des Tourelles‹ im zwanzigsten Arrondissement von Paris verlegt. Er sitzt dort den Rest seiner Strafe ab und wird am 30. August entlassen.

Auszüge aus den Haftregistern des Santé-Gefängnisses sowie des Camp des Tourelles; Direktion der Gefängnisverwaltung im Ministerium für Justiz (Kopie im Besitz der BLFC).

Er mietet sich daraufhin in einem kleinen Hotel in der Rue Sainte-Opportune Nummer 1 im ersten Arrondissement ein.
Am nächsten Tag, dem 31. August, erhält er von Robert Denoël einen Vorschuß von sechstausend Francs auf seine Autoren-

rechte für den Roman *Miracle de la Rose*, dessen Niederschrift er zu Anfang des Jahres begonnen hatte.
In Beisein von François Sentein nimmt er die letzten Korrekturen an den Druckfahnen von *Notre-Dame-des-Fleurs* vor. Dieser erinnert sich, daß Genet ihm bei dieser Gelegenheit eine Fotografie wieder abgenommen habe, die ihn, Genet, »zur Zeit Divines« zeigte: mit langen Haaren bis auf die Schultern.

Dreizehnte Verurteilung

24. September 1943 – 14. März 1944

Am 24. September 1943 wird Jean Genet abermals, und somit weniger als einen Monat nach seiner Entlassung, bei einem Diebstahl auf frischer Tat ertappt, dieses Mal in der Buchhandlung Caffin. Nachdem am 26. September ein Haftbefehl gegen ihn erlassen wird, liefert man ihn erneut ins Santé-Gefängnis ein.

Auszug aus dem Haftregister des Santé-Gefängnisses, Direktion der Gefängnisverwaltung im Ministerium für Justiz (Kopie BLFC).

Um den 3. oder 4. November herum wendet sich Genet in einem undatierten Brief an Jean Cocteau. Er informiert ihn über den Umstand der erneuten Haft, ohne jedoch Gründe anzugeben. Er schreibt:

»Mach Dir keine Sorgen um die Druckfahnen von ›N.-D. des Fleurs‹. Sie befinden sich in einem meiner Koffer, die ich in meinem Hotel gelassen habe. Der Flic, der die Hausdurchsuchung durchgeführt hat, sagte mir . . ., daß er nichts angerührt habe. Aber glaubst Du, daß es wirklich gut wäre, das zu drucken? Ich versichere Dir, daß mir nicht wohl dabei ist, wenn ich daran denke. Ich sehe die Fehler vor mir, und sie sind erheblich: Schwulst, kindischer Lyrismus, schlechte Konstruktion, allzu einfache Psychologie! Alles in allem: ein unerträglicher Ton, anmaßend und grell. Es müßte überarbeitet werden. Ich habe das zu schnell zusammengeschustert. Es ist überhaupt zusammengeschustert.
Ich habe einen Brief von Sentein bekommen. Er sagt mir unter anderem, daß Arbalète ihm geschrieben habe.

Es handelt sich um die von dem Lyoner Verleger Marc Barbezat gegründete und geleitete literarische Zeitschrift ›L'Arbalète‹. Im November 1943 wendet sich Barbezat an Jean Genet, der zu diesem Zeitpunkt sich im Santé-Gefängnis befindet, um ihm eine Publikation von Auszügen aus *Notre-Dame-des-Fleurs* in seiner Zeitschrift anzubieten. Eben-

falls bietet er eine offizielle Drucklegung des Romans an, dessen Erstausgabe illegal erschien, sowie eine Publikation des Romans *Miracle de la Rose*, den Genet damals gerade im Begriff ist fertigzustellen.
Nach einer Intervention im Dezember 1943, mit der er eine Freilassung des Schriftstellers bewirken wollte, begegnet Marc Barbezat Genet zum erstenmal im Camp des Tourelles, wohin dieser inzwischen verlegt worden war. Am 1. Januar 1944 zahlt er ihm einen Vorschuß auf seine Autorenrechte für die ersten beiden Romane aus. Als er Ende Februar nach Lyon zurückkehrt, nimmt er einen Teil des Manuskripts von *Miracle de la Rose* mit (der vollständige Roman wird 1946 erscheinen) sowie ein Exemplar der Erstausgabe von *Notre-Dame-des-Fleurs*, aus dem er den Auszug auswählt, der im April 1944 in seiner Zeitschrift erscheinen wird. Im folgenden wird Marc Barbezat auch zum wichtigsten Verleger der Theaterstücke Genets.

Aber ich versichere Dir, daß nichts druckreif ist. Die Schriftsteller veröffentlichen zu schnell. Und überhaupt: ein so skandalträchtiger Text kann doch nicht in einer Zeitschrift erscheinen, wenn schon Denoël zögert, ihn selbst unter der Hand zu verkaufen. Eine Zeitschrift, die jedermann kaufen kann! Stell Dir das doch vor!
... Etwas anderes: der zweite Teil von ›Miracle de la Rose‹ befindet sich bei J. Decarnin. In einem Koffer ... Ich benötige unbedingt diesen 2. Teil, um mein Buch fertigzustellen.
... Noch etwas anderes: Ich habe kein Papier mehr. Falls Sentein keines auftreiben kann: könntest Du nicht versuchen, ihm welches zu verschaffen (vorzugsweise ein sehr dickes Schulheft, denn ich schreibe auf meinen Knien, da es keinen Tisch gibt).
... Was soll ich Dir über Guy berichten? Die Trennung führt dazu, daß ich ihn idealisiere, Wort für Wort nimmt er den Platz in meinem Werk ein, der ihm zusteht. Das ist meine Art, die Menschen, die ich liebe, zu ›besitzen‹. Ich fixiere sie und maure sie lebendig in einem Palast aus Sätzen ein. Man wird die Steine schreien hören. Aber bei Gott, wie ich ihn liebe!«

Unveröffentlichter Brief Jean Genets an Jean Cocteau. ›The Humanities Research Center‹, University of Texas, Austin.

Am 6. November 1943 wird Genet von der 13. Strafkammer des

›Tribunal correctionnel de la Seine‹ zu vier Monaten Gefängnis verurteilt.

Urschrift des Urteils vom 6. November 1943 sowie die Berufung vom 24. April 1944, die aufgrund verspäteten Einreichens abgelehnt wird, Anhang II.

›*Notre-Dame-des-Fleurs*‹ *erscheint*

Während Genet sich im Santé-Gefängnis befindet, erscheint in den letzten Dezembertagen des Jahres 1943 die illegale Ausgabe von *Notre-Dame-des-Fleurs*. Die Schwierigkeit, sich Papier zu beschaffen, das von offiziellen Zuteilungen abgezweigt werden mußte, hatte den Druck des Buches, das bereits seit Monaten in Druckfahnen vorlag, hinausgezögert. Aus dem gleichen Grund findet der Druck in mehreren Etappen statt, und es werden zunächst nur einige Dutzend Exemplare (von denen sich Marc Barbezat eines besorgen kann) in Umlauf gebracht. Der eigentliche Vertrieb des Romans findet im Grunde erst nach der Befreiung Frankreichs von der deutschen Besetzung statt.
Wie im Falle von derlei Publikationen üblich, ist der auf der Titelseite verzeichnete Erscheinungsort (»Monte-Carlo«) fiktiv, ebenso die Formel »Au dépens d'un amateur« (etwa: »Auf Kosten eines Kunstliebhabers«), die einen nichtkommerziellen Charakter vortäuscht. Nach Auskunft von Paul Morihien war die Gattungsbezeichnung »Roman« von Robert Denoël verlangt worden; Genet wird sie für spätere Ausgaben untersagen.
Nach der endgültigen Drucklegung des Buches, von dem in erster Auflage insgesamt 350 Exemplare erscheinen, kommen den beiden Herausgebern, Morihien und Denoël, jeweils 175 Exemplare zu. Paul Morihien bringt die seinen aus Angst vor Hausdurchsuchungen in einem Schuppen in der Nähe des Palais Royal unter, den er extra für diesen Zweck angemietet hat; er holt sie dort nur entsprechend den Bestellungen, die ihm zukommen, heraus. Der Verkauf, der im wesentlichen per Post vonstatten geht, gelingt für ein Buch mit relativ hohem Preis, wie in diesem

Fall sehr rasch. Gegen Ende des Jahres 1944 hat sich der Vorrat Paul Morihiens so gut wie erschöpft.

Diese Informationen gab uns Paul Morihien im Laufe des Gesprächs, das wir 1987 mit ihm führten.

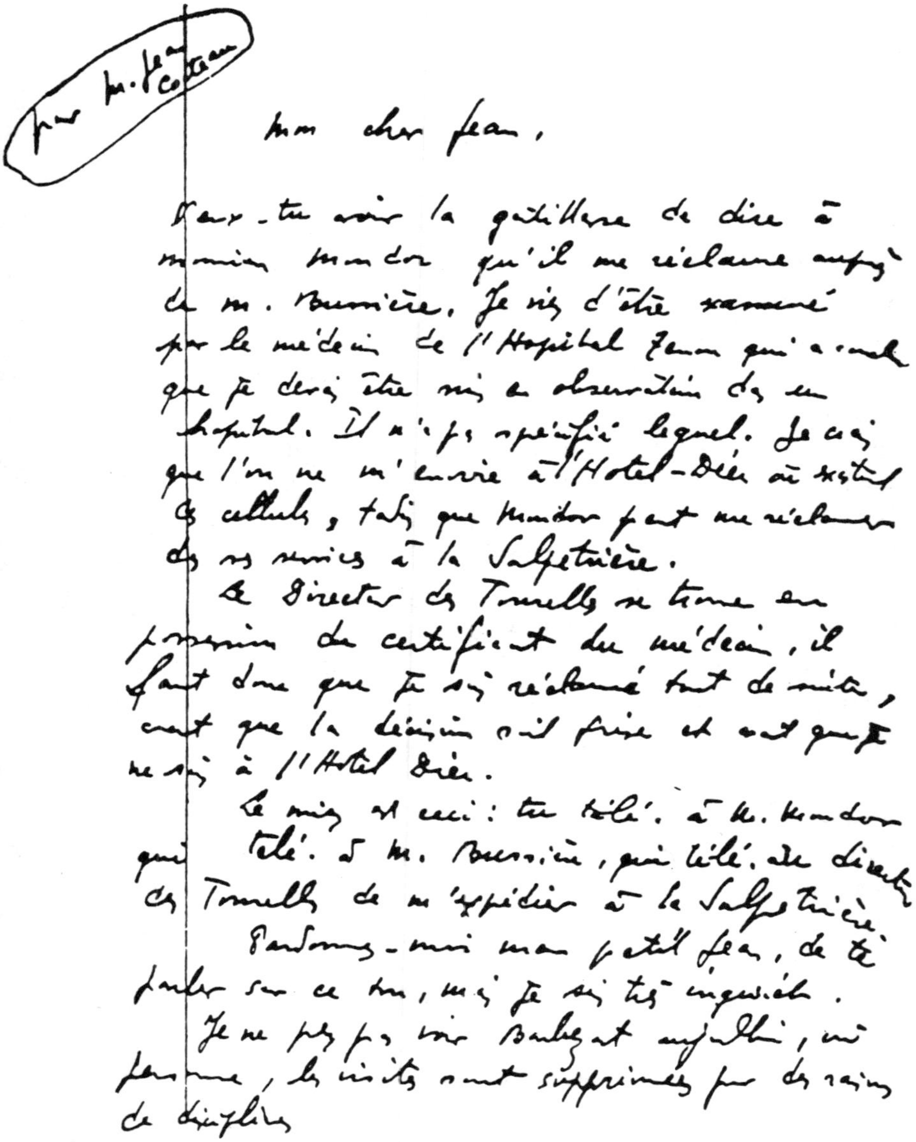

pour Mr. Jean Cocteau

Mon cher Jean,

Peux-tu avoir la gentillesse de dire à Monsieur Mondor qu'il me réclame auprès de M. Buissière. Je viens d'être ramené par le médecin de l'Hôpital Tenon qui a conclu que je devais être mis en observation dans un hôpital. Il n'a pas spécifié lequel. Je crois que l'on me m'envoie à l'Hôtel-Dieu où restent les cellules, tandis que Mondor peut me réclamer dans ses services à la Salpêtrière.

Le Directeur des Tourelles se trouve en possession du certificat du médecin, il faut donc que je sois réclamé tout de suite, avant que la décision soit prise et avant que je ne sois à l'Hôtel Dieu.

Le mieux est ceci : tu télé. à M. Mondor qui télé. à M. Buissière, qui télé. au Directeur des Tourelles de m'expédier à la Salpêtrière.

Pardonne-moi mon petit Jean, de te parler sur ce ton, mais je suis très inquiet.

Je ne peux pas voir Barbezat aujourd'hui, ni personne, les visites sont supprimées pour des raisons de discipline

Brief Jean Genets an Jean Cocteau vom 14. Februar 1944. (University of Texas, Austin)

Normalerweise hätte Jean Genet nach viermonatiger Haftzeit am 26. Januar 1944 seine Freiheit wiedererlangen müssen. Doch war während der Besatzungszeit ein neues Gesetz erlassen worden, das gewiß hauptsächlich politische Gründe hatte, jedoch auch das Problem der kleinen Diebe und Vagabunden lösen sollte, deren Überwachung der Polizei zu kostspielig wurde. Dieses Gesetz, das sogenannte Gesetz vom 15. Oktober 1941, sah eine »administrative Internierung« ohne zeitliche Begrenzung für jede Person vor, die als gefährlich für die öffentliche Sicherheit erachtet wurde und weder Beruf noch festen Wohnsitz oder eine anderweitig rechtlich legitimierte Existenz nachweisen konnte. Genet, der nach seiner Entlassung solche anerkannte Tätigkeit nicht vorweisen kann, gerät also automatisch in den Bereich dieses Gesetzes; dementsprechend schlägt auch der Direktor der ›Police judiciaire‹ dem Polizeipräfekten umgehend seine vorbeugende Internierung vor. Aus diesem Grunde wird Genet am 25. Dezember 1943 vorläufig bis zu einer endgültigen Entscheidung in die Haftabtteilung der Polizeipräfektur am Quai de l'Horloge verlegt.

Marc Barbezat, dessen Vater Präsident einer Gesellschaft zur Herstellung pharmazeutischer Produkte ist und der seit November mit Genet in Briefkontakt steht, eilt diesem augenblicklich als Leumund und Bürge zu Hilfe. Am 27. Dezember wendet er sich mit folgendem Schreiben an den Polizeipräfekten:

»Monsieur le Préfet,

Ich habe die Ehre, Ihrer hochgeschätzten Aufmerksamkeit den Fall des Herrn Jean Genet zu unterbreiten, welcher sich derzeit im Stadtgefängnis von Paris in einstweiliger Sicherheitsverwahrung befindet. Monsieur Jean Genet hat seine Haftstrafe in der Rue de la Santé verbüßt und hätte das Gefängnis am 25. Dezember 1943 verlassen müssen. Er wurde hingegen von Beamten der Präfektur in die Haftabteilung des Quai de l'Horloge Nummer 3 verbracht und soll unter dem Vorwand, daß Monsieur Jean Genet über keinerlei legalen Existenznachweis verfüge, in ein Konzentrationslager eingewiesen werden. Dementgegen biete ich meinerseits an, Monsieur Jean Genet eine Arbeit zu verschaffen, die mit seinen schriftstellerischen Talenten in Einklang stünde; ich erkläre mich ferner bereit, für die kurze Wartezeit eine einstweilige Kaution zu stellen beziehungsweise eine ausreichende monatliche Unterstützung des Monsieur Jean Genet zu zahlen, wenn dies für eine Entlassung von nöten sein sollte. Meine sozialen Funktionen sind wie folgt:

Marc Barbezat
Pharmazeut
Präsident des Verwaltungsrates der Gesellschaft
Gebrüder Gignoux und Barbezat, in Decines (Isère)
Mitglied des Rates der Kammer für Drogisten
und Zusteller pharmazeutischer Produkte
wohnhaft in Decines (Isère)
derzeit wohnhaft in Paris,
Hôtel Palissy
Rue du Dragon Nr. 24, Paris

Ich wage zu hoffen, Monsieur le Préfet de Police, daß Sie meiner Eingabe gewogen sein mögen und danke Ihnen im voraus für Ihre außerordentliche Nachsicht, wobei ich Sie bitten möchte, meine vorzügliche Hochachtung entgegenzunehmen.

Marc Barbezat«

Dieser Brief wird zitiert in Maurice Toesca, *Clinq ans de patience* (op. cit.), S. 213.

Am gleichen Tag jedoch, an dem Marc Barbezat versucht, Jean Genet eine berufliche Legitimation zu verschaffen, wird in der Präfektur folgender Erlaß ausgefertigt:

»Der Polizeipräfekt erläßt in Anwendung des Dekret vom 18. November 1939 sowie infolge des Gesetzes vom 15. Oktober 1941:

Artikel 1. M. (Monsieur) Genet, geboren am 19. Dezember 1910 in Paris (6. Arr.), Schriftsteller, wohnhaft im Hotel, Rue Sainte-Opportune Nr. 1 in Paris (1. Arr.), wird zwangsweise und für unbestimmte Dauer unter bewachten Hausarrest in einem Internierungszentrum gestellt.

Artikel 2. Der Betroffene kann, unter dafür vorgesehener Strafandrohung in keinem Fall den für ihn bestimmten Aufenthaltsort ohne Erlaubnis verlassen und hat sich allen Anordnungen zu fügen, die ihm zur Durchführung der vorliegenden Entscheidung von zuständiger Stelle vermittelt werden.«

Maurice Toesca, *Cinq ans de patience* (op. cit.).

Die Verlegung Genets in das Camp des Tourelles findet wahrscheinlich am 28. Dezember 1943 statt. Dieses sogenannte ›Centre de séjour surveillé des Tourelles‹ (etwa: Zentrum für bewachten Aufenthalt) im zwanzigsten Arrondissement von Paris, Boulevard Mortier Nr. 141, ist zu jener Zeit ein autonomes Lager, das, unter Kontrolle der deutschen Polizei, von der französischen Verwaltung und der Miliz geführt wird. Es befinden sich dort hauptsächlich politische Gefangene und verhaftete Widerständler; es gibt jedoch auch eine Abteilung mit Häftlingen, die unter das zivile Strafrecht fallen und dort für unbestimmte Zeit interniert sind. Praktisch dient das Camp des Tourelles vor allem als Aussonderungsort für die Konzentrationslager. Dieser Aspekt bleibt übrigens der Aufmerksamkeit Genets nicht lange verborgen und dürfte seine Entschlossenheit erklären, dem Lager, koste es was es wolle, zu entkommen.

Hierzu bietet sich ihm die Möglichkeit an, sich mit Hilfe der Verbindungen, über die Cocteau verfügt, aus gesundheitlichen Gründen (er leidet an Nierenfunktionsstörungen) in der Abteilung des Professor Mondor in der Klinik der Salpêtrière aufnehmen zu lassen.

Um dies zu erreichen richtet er mehrere Schreiben an Cocteau, in denen er diesem nahelegt, alles in Bewegung zu setzen, damit diese Verlegung erfolgen kann. Mitte Januar informiert er Cocteau darüber, daß er Gefahr läuft, einem Kontingent zugewiesen zu werden, das am Montag, den 31. Januar ins Lager von Rouillé verbracht werden soll, und daß Mondor daher schnellstens handeln müsse.

Am 1. Februar befindet sich Genet allerdings immer noch im Camp des Tourelles. Er fragt bei Cocteau an, ob dessen Freund Maurice Toesca, der als Attaché in der Polizeipräfektur tätig ist, nicht eine Erlaubnis für ihn bewirken könne, sich röntgen zu lassen. Er schreibt: »Dann wird man mich ins Hôtel-Dieu überweisen, wo ich besser arbeiten könnte als hier, wie ich hoffe.« Er fügt

PROFESSEUR HENRI MONDOR
92 RUE JOUFFROY. PARIS. XVIIe
CARNOT 01-..

18-2-44

Mon Cher Préfet,

Puis-je vous parler d'un poète dont Jean Cocteau a dû vous dire qu'il le faisait songer au génie d'Arthur Rimbaud.

Ce jeune poète, peut-être génial, est aussi, depuis l'âge de 13 ans, un clochard malheureux et, sans doute, quelquefois pipeur, puisque condamné bien des fois. Il s'appelle <u>Jean Genet</u>

Il est au camp des Tourelles et
souffre non pas du manque de liberté,
mais du manque de solitude. Il préférerait
la cellule et le papier et les heures de
création à ce que d'autres appellent la
société, les jeux, les récréations. Pouvez-vous
quelque chose pour lui ?

Si ses livres, un jour, sont chefs-d'œuvre
on oubliera ses peccadilles ou ses fautes
et il rejoindra Villon, Rimbaud, Verlaine
dans la chaîne des ~~criminels~~ innocents ou irresponsables dont il vaut
mieux avoir gardé les chants.

Pardonnez cette digression. Que la
poésie vous guide et vous inspire et la charité !

Veuillez agréer, Monsieur le Préfet,
toujours très affectueux hommages.
H Mondor

Brief von Prof. Henri Mondor an Polizeipräfekt Amédée Bussière, Ende Februar 1944. (Polizeimuseum Paris)

hinzu: »Ich schulde es mir selbst, noch diesen einen Versuch zu unternehmen. Wenn der vermasselt wird, werde ich alles vermasselt haben, und dann werde ich eine Flucht mit anderen Mitteln, ungewisseren, versuchen.« Zum Schluß erwähnt er den Tod Giraudoux', von dem er aus der Zeitung erfuhr, und vertraut Cocteau an: »Meine Arbeit geht voran. Ich bin zufrieden. Du wirst zufrieden sein.«

Am Morgen des 14. Februar wird er in die Klinik Tenon, Rue de la Chine Nr. 2, gebracht, wo ein Arzt ihn untersucht und eine Durchleuchtung seiner Nieren durchführen läßt. Tatsächlich befindet der Arzt, daß Genet zur Beobachtung in ein Krankenhaus eingewiesen werden müsse; er legt jedoch nicht fest, in welches. Genet verfaßt daraufhin mehrere Eingaben mit dem Ziel, in den Bereich des Professors Mondor zu gelangen. Er drängt darauf, daß dieser selbst bei Monsieur Bussière, dem Polizeipräfekten, vorstellig werde. Inzwischen fürchtet er sich davor, ins Hôtel-Dieu verlegt zu werden, da es dort, wie man ihm gesagt habe, Kerkerzellen gebe.

Während er den Brief an Cocteau gerade beenden will, erfährt er von einem Krankenpfleger, daß er am nächsten Tag zur Untersuchung in die Salpêtrière kommen werde. Hastig fügt er an: »Mein Buch ist fertig. Sei es drum!«

Doch am nächsten Tag, dem 15. Februar, geschieht nichts. Der Arzt läßt ihn nicht rufen. »Ich bin äußerst beunruhigt«, schreibt er an Cocteau. »... Ich fürchte meinen Abtransport in ein Lager. Die Tourelles sind wirklich nur ein Ort zur Aussonderung. Würdest Du, Jean, bitte so freundlich sein und mir sagen, ob ich mich ganz fest auf Mondor verlassen kann? Es ist unverzichtbar für mich, dies zu wissen, damit ich sonst keine Gelegenheit verpasse, von hier abzuhauen, bei jeder Gelegenheit, die sich gerade bieten wird.« Zum Schluß des Briefes fügt er hinzu: »Ich arbeite so gut es geht, also schlecht, in einem Raum mit dreißig Typen, die Lärm machen.«

Am 23. Februar interveniert Maurice Toesca auf Betreiben Cocteaus und André-Louis Dubois' beim Leiter des Camp des Tourelles, um Genet Papier zum Schreiben zu verschaffen. Der Attaché des Polizeipräfekten sieht dazu vor: »Sein Roman wird dem

Chef der Polizei übergeben, der ihn an die Genet von seinen Freunden zur Verfügung gestellte Schreibkraft weiterleiten wird.«

Am 25. Februar richtet Genet ein Dankesschreiben an Maurice Toesca: »Mir Papier zu geben, das ist, als wenn sich das Geschäft eines Geigenmachers für einen armen Musikanten auf der Straße öffnete, um ihm ein paar Saiten zu schenken. In der letzten Zeit machte ich Notizen auf unbedruckten Buchseiten, auf Packpapier ...« Er trägt Toesca vor, daß er »krank« sei, und wünscht sich »einen Ort, der kein Gefängnis mehr wäre, um dort ein Buch zu schreiben, das ›Notre-Dame-des-Fleurs‹ fortsetzen und vervollständigen wird.«

Am gleichen Tag wendet er sich in einem Schreiben an den Polizeipräfekten Bussière und legt seinen Fall ein weiteres Mal dar. Er gibt zu bedenken, daß seine Internierung niemanden schütze, da es das Elend gewesen sei, das seine unlauteren Taten bewirkt habe, daß indessen gegenwärtig seine Arbeit und seine Bücher ihm Einnahmen verschafften. Aber, so fügt er hinzu, »trotz allen guten Willens des Bewachungspersonals ... ist es mir unmöglich, im Lager zu arbeiten. Gewiß, Monsieur Toesca hatte die Freundlichkeit, sich für meine Lage zu interessieren und zu bewirken, daß man mir erlaubt, ein wenig zu schreiben, aber, trotz allem, die architektonische Komposition eines Romans läßt sich inmitten von Lärm nicht bewerkstelligen.«

Abermals bittet er darum, nicht »in das Gefängnis Hôtel-Dieu geschickt« zu werden, sondern in den Dienstbereich des Professors Mondor, von wo er gewiß nicht ausbrechen wolle.

»Darüber hinaus«, so schließt er, »wird mir mein Buch die Türen öffnen, dessen bin ich mir sicher. Sollte ich in meinem Vorhaben scheitern, so möge man sich nicht über mich lustig machen, weil ich Frankreich einige seiner schönsten Bücher habe schenken wollen ... Meine Bücher sind aus meinem Leben entstanden. Cocteau, Mondor, Jouhandeau lieben meine Bücher. Das ist eine gewichtige Referenz. Möge man mein Leben also nicht verdammen und es nicht zerstören, zumindest nicht schon jetzt.«

Am 28. Februar notiert Maurice Toesca in seinem Tagebuch: »Es stellt sich die Frage ›Genet‹. Der Fall ›Genet‹ gewinnt an Bedeu-

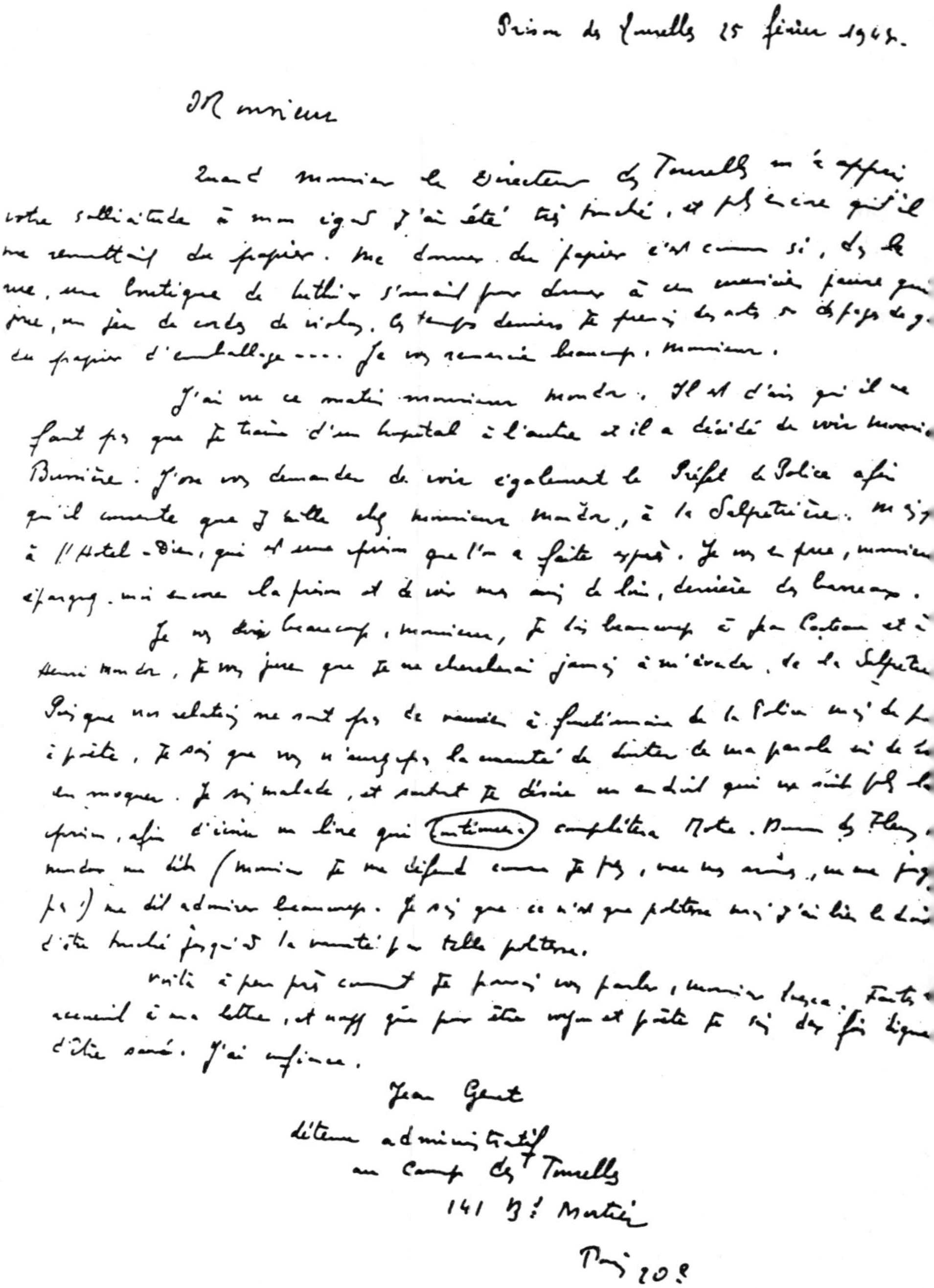

Prison des Tourelles 25 février 1943.

Monsieur

Quand monsieur le Directeur des Tourelles m'a appris votre sollicitude à mon égard j'ai été très touché, et plus encore qu'il me remettrait du papier. Me donner du papier c'est comme si, dans la rue, une boutique de luthier s'ouvrait pour donner à un musicien pauvre qui joue, un jeu de cordes de violon. Ces temps derniers je prenais les actes ou les pages des g... du papier d'emballage.... Je vous remercie beaucoup, monsieur.

J'ai vu ce matin monsieur Mondor. Il est d'avis qu'il ne faut pas que je traîne d'un hôpital à l'autre et il a décidé de voir monsieur Bussière. J'ose vous demander de voir également le Préfet de Police afin qu'il consente que j'aille chez monsieur Mondor, à la Salpêtrière. Mais pas à l'Hôtel-Dieu, qui est une prison que l'on a faite exprès. Je vous en prie, monsieur, épargnez-moi encore la prison et de voir mes amis de loin, derrière des barreaux.

Je vous dois beaucoup, monsieur, je dois beaucoup à Jean Cocteau et à Henri Mondor, je vous jure que je ne chercherai jamais à m'évader de la Salpêtrière.

Puisque nos relations ne sont pas de nature à familiariser le fonctionnaire de la Police avec le poète, je sais que vous n'aurez pas la curiosité de douter de ma parole ni de la ... en moquer. Je suis malade, et surtout je désire un endroit qui ne soit plus la prison, afin d'écrire un livre qui (entimera) complètera Notre-Dame des Fleurs. Monsieur ... (Maurice je me défends comme je peux, avec mes amis, on ne juge pas!) me dit admirer beaucoup. Je sais que ce n'est que politesse mais j'ai bien le droit d'être touché jusqu'à la vanité par telle politesse.

Voilà à peu près comment je pensais vous parler, monsieur Toesca. Faites accueil à ma lettre, et aussi que pour être voyou et poète je suis dans ce fil digne d'être sauvé. J'ai confiance.

Jean Genet

détenu administratif

au Camp des Tourelles

141 Bd Mortier

Paris 20e

Dankesbrief Jean Genets an Maurice Toesca vom 25. Februar 1944 (nicht 1943! – Sammlg. Maurice Toesca).

tung.« Professor Mondor richtet seinerseits ein Bittschreiben an den Polizeipräfekten. Er plädiert darin für Genet als »jungen Dichter, der womöglich Genie besitzt«, und als »unglücklichen Clochard«.

Zitiert von Maurice Toesca in *Cinq ans de patience* (s. o.); Faksimile des Schreibens S. 238/239.

Zwei Tage später macht er allerdings gegenüber Toesca die Bemerkung: »Dieser Junge hat ein böses Licht im Blick. Das ist einer, der Forderungen stellt.«

Am 10. März wendet sich Professor Mondor in einem zweiten Schreiben an den Polizeipräfekten und übermittelt ihm das Ergebnis der ärztlichen Untersuchungen, die an Genet in der Salpêtrière vorgenommen wurden: in der Tat wurden im Bereich beider Nieren »Funktionsstörungen« nachgewiesen sowie eine »eventuelle Schädigung der betreffenden Organe, die eines Tages einen chirurgischen Eingriff notwendig machen wird«.

Zitiert von Maurice Toesca in *Cinq ans de patience*; Faksimile des Schreibens im Besitz der BLFC.

Am 14. März wird Jean Genet endlich freigelassen. Am gleichen Tag schickt er eine Ansichtskarte vom Eiffelturm an Olga und Marc Barbezat und drückt seine Freude aus, sich nach fünfeinhalb Monaten Haft endlich frei in der Hauptstadt bewegen zu können. Er quartiert sich in einem Hotel in der Rue du Dragon Nr. 36 ein und verbringt den ersten Abend im Quartier Latin.

Um den 25. März herum richtet er an Maurice Toesca ein Dankesschreiben, worin er diesem seine Freundschaft anbietet und ihm die Fluchtpläne verrät, die er entwickelt hatte:

»Muß ich Ihnen noch einmal sagen, wie sehr ich die Hoffnung verloren hatte und mich am Ende einer Nacht glaubte, der zu entkommen ich nicht mehr zu hoffen wagte? Und wenn ich Nacht sage, dann meine ich Nacht, denn ich dachte bereits daran, alles und wirklich alles in einer Flucht zu riskieren, deren sicherster Ausgang der Tod gewesen wäre. Denn meine Bewacher waren auf beeindruckende Weise bewaffnet! Ich erzähle Ihnen dies alles im Nachhinein, damit Sie sich eine Vorstellung machen von meinem Glücksgefühl ... Als der Inspektor kam, um mir meine Freilassung zu verkünden! Monsieur Toesca, es ist ein abgefeimter

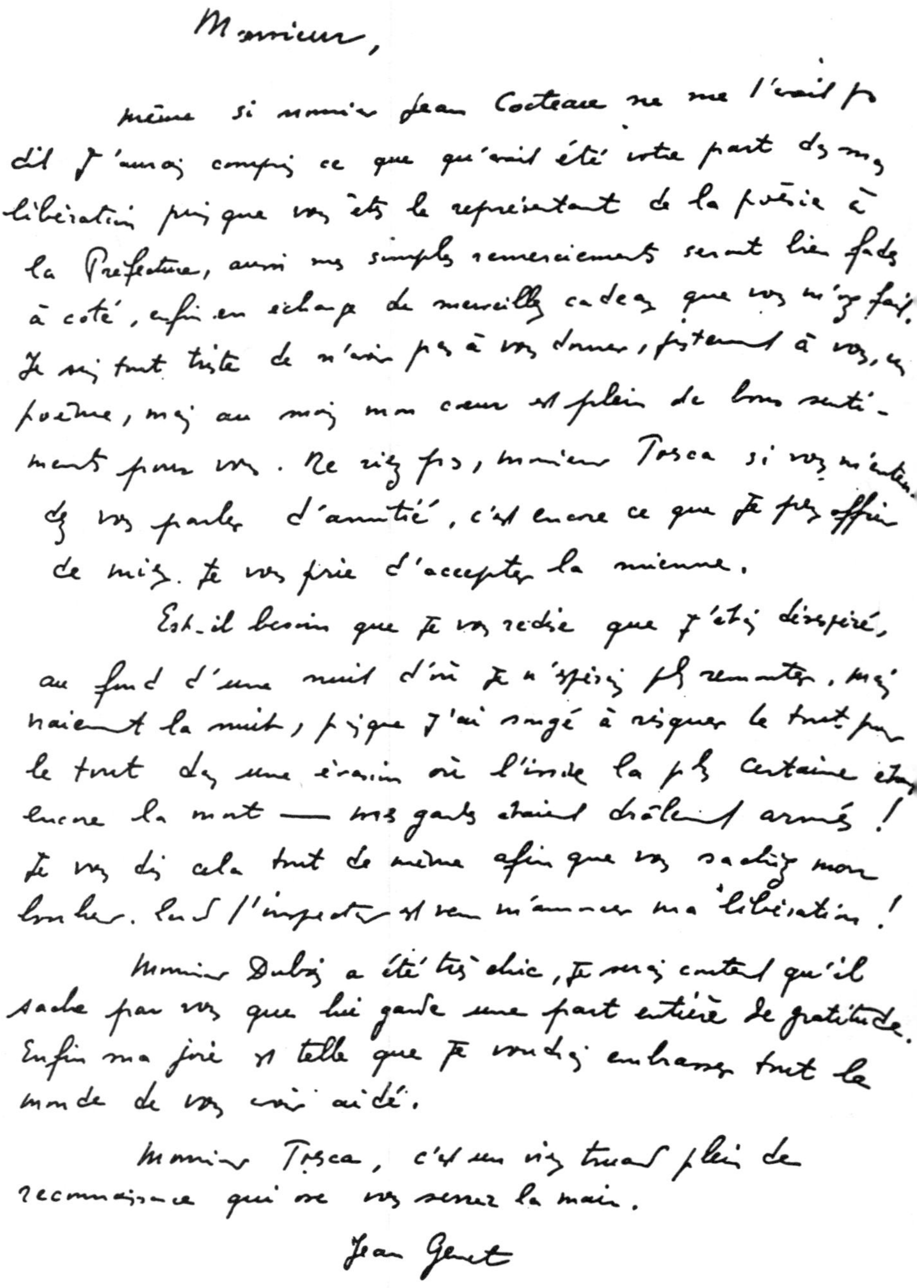
Monsieur,

Même si monsieur Jean Cocteau ne me l'avait pas dit j'aurais compris ce que qu'avait été votre part dans ma libération puisque vous êtes le représentant de la poésie à la Préfecture, aussi mes simples remerciements seraient bien fades à côté, enfin en échange de merveilleux cadeaux que vous m'avez faits. Je suis tout triste de n'avoir pas à vous donner, justement à vous, un poème, mais au moins mon cœur est plein de bons sentiments pour vous. Ne riez pas, monsieur Tosca si vous m'entendez vous parler d'amitié, c'est encore ce que je peux offrir de mieux. Je vous prie d'accepter la mienne.

Est-il besoin que je vous redise que j'étais désespéré, au fond d'une nuit d'où je n'espérais plus remonter, mais vraiment la nuit, puisque j'ai songé à risquer le tout pour le tout dans une évasion où l'issue la plus certaine était encore la mort — vos gardes étaient drôlement armés ! Je vous dis cela tout de même afin que vous sachiez mon bonheur. Quand l'inspecteur est venu m'annoncer ma libération !

Monsieur Dubois a été très chic, je suis content qu'il sache par vous que lui garde une part entière de gratitude. Enfin ma joie est telle que je voudrais embrasser tout le monde de vous avoir aidé.

Monsieur Tosca, c'est un vieux truand plein de reconnaissance qui vous serre la main.

Jean Genet

Brief Jean Genets an Maurice Toesca nach seiner Freilassung Ende März 1944. (Sammlg. Maurice Toesca)

Gauner voller Dankbarkeit, der es hier wagt, Ihnen die Hand zu drücken.«

Während er sich in den ersten Apriltagen des Jahres 1944 in den Süden aufmacht, veröffentlicht die Zeitschrift L'Arbalète in Lyon ein Fragment aus *Notre-Dame-des-Fleurs*. Damit wird der erste Text des Schriftstellers offiziell publiziert und auf normale Weise in den Buchhandlungen verbreitet. Genet tritt aus dem Schatten ins Licht.

Die Nummer 8 der Zeitschrift beginnt mit dem Text Genets. Weiterhin finden sich im Inhalt das Theaterstück *Les Autres* von Jean Paul Sartre sowie Texte von Paul Claudel, Dostowiewski, Michel Leiris, Raymond Queneau und Mouloudji.

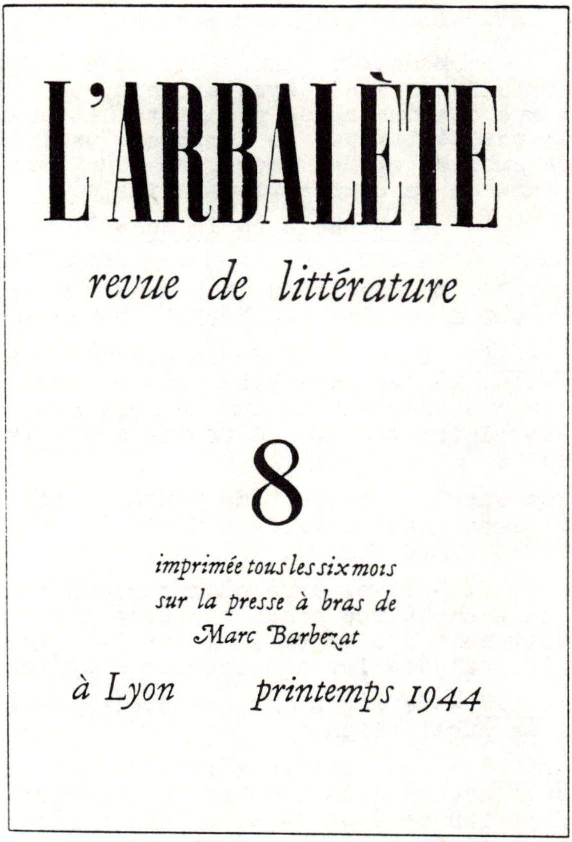
L'ARBALÈTE

revue de littérature

8

imprimée tous les six mois
sur la presse à bras de
Marc Barbezat

à Lyon printemps 1944

LN 37703

Entre les soussignés :

I° Monsieur Jean GENET, demeurant à PARIS

d'une part,

et Monsieur Paul MORIHIEN, II4 route de Chartr
à Antony (Seine)

d'autre part,

IL A ETE CONVENU CE QUI SUIT :

Monsieur Jean GENET cède à Mr.Paul MORIHIEN ou à ses ayants droit, pour tout le temps que durera sa propriété littéraire et ce de ses héritiers, le droit exclusif d'imprimer de publier et de vendre, en tous formats, un o vrage de sa composition intitulé :

" Le Miracle de la Rose "

~~La publication~~ aura lieu ~~aux conditions suivan~~

Art.I - Le format du volume et son prix de ven seront déterminé par Mr.Paul MORIHIEN.

Art.II - Comme prix de la cession qui lui est faite, Mr.Paul MORIHIEN paiera à Mr.Jean GENET des droits d'auteur sur le prix fort de chaque exemplaire vendu. Ces droits sont fixés comme suit:

20% sur le prix fort de vente. A titre d'à val il sera versé à Mr.Jean GENET la somme de CENT VINGT MILLE FRANCS.

Art.III - Il ne sera dû aucun droit d'auteur s les exemplaires consacrés à la presse, remis g tuitement à l'auteur, ni sur les passes de lib rie évaluées forfaitairement à IO% du tirage.

Art.IV - Le règlement des droits sera effectué à la publication.

Art. V - Les parties s'interdisent formellemen sauf accord à intervenir, d'incorporer tout ou fraction de l'ouvrage, qui fait l'objet du pré sent contrat, à un ouvrage nouveau.

Art.VI - Les sommes que pourrait produire la ces-
sion des droits de traduction,de reproduction et
d'adaptation théâtrale, cinématographique et radi
phonique sous toutes ses formes, ou autres adapta
tions de l'ouvrage faisant l'objet du présent con
trat, seront partagées par moitié entre l'auteur
et Mr.Paul MERIHIEN.

Mr.Paul MERIHIEN reçoit, par les présentes,
mandat de traiter au mieux de l'intérêt commun de
parties.

Art.VII - Mr.Jean GENET accorde à Mr.Paul MORIHIE
un droit de préférence pour l'édition de ses oeu-
vres à venir, pendant une durée de dix ans, à dat
de la signature du présent contrat.

Mr.Jean GENET présentera donc à Mr.Paul MERI
tous les ouvrages de sa composition qui suivront
le Miracle de la Rose, pendant la période mention
née plus haut.

Mr.Paul MORIHIEN aura un délai d'un mois pou
informer M.Jean GENET s'il accepte ou non d'entre
prendre l'édition et, en cas d'acceptation par lu
un délai de six mois pour la publication.

Les conditions générales du présent contrat
en particulier, celles de prix, seront valables p
tous les ouvrages à venir de M.Jean GENET pendant
la période énoncée ci-dessus.

Art.VIII - En cas de conflit entre l'auteur et
l'éditeur, les parties contractantes s'engagent à
avoir recours à l'arbitrage du Syndicat des Editeu
et de la Société des Gens de Lettres, conformémen
à la décision du Congrès du Livre de I9I7.

Fait en double à Paris le Ier.Aout I944

Lu et approuvé

Jean Genet

Verlagsvertrag vom 1. August 1944 zwischen Paul Morihien und Jean Genet über die Veröffentlichung von *Miracle de la Rose*. (Sammlg. Paul Morihien)

Mit seiner Entlassung aus dem Camp des Tourelles im März 1944 ist die Phase der Gefängnisaufenthalte im Leben Genets abgeschlossen. Seine Schwierigkeiten mit der Justiz gehören allerdings von diesem Zeitpunkt an noch keineswegs der Vergangenheit an. Am 18. Mai 1946 zitiert man ihn erneut vor den Appellationsgerichtshof von Paris aufgrund einer Angelegenheit, die ihren Ursprung im Prozeß vom 23. April 1940 hat. Genet, der an jenem Tag wegen Diebstahls und Betrugs zu zehn Monaten Gefängnis verurteilt worden war, hatte seinerzeit gegen das Urteil Berufung eingelegt. Doch als man ihn am 27. Dezember desselben Jahres vorlud, um seinen Fall erneut zu verhandeln, befand er sich in Fresnes in Haft, aufgrund eines anderen Delikts, und das von ihm angefochtene Strafmaß wird nicht nur beibehalten, sondern auf zwei Jahre Gefängnis erhöht.

Gerichtsurschrift des Appellationshofes vom 27. Dezember 1940, Anhang II.

Genet legt wiederum Berufung gegen diese Entscheidung ein und wird also neuerlich vorgeladen, doch da er sich auch dieses Mal wieder hinter Schloß und Riegel befindet und zur Verteidigung seiner eingelegten Berufung nicht erscheint, wird dieser »nicht stattgegeben«.

Gerichtsurschrift des Appellationshofes vom 20. Juni 1942, Anhang II.

Der Sache keineswegs müde, legt Genet auch gegen dieses letzte Verdikt wiederum Berufung ein, und so soll also über die Sache endgültig am 18. Mai 1946 vor der Berufungskammer in Angelegenheiten der »police correctionnelle« befunden werden. Das Gericht ist der Meinung, daß der Beschuldigte, der wieder »nicht erschienen« ist, nun endgültig »die ihm zur Verfügung stehenden Möglichkeiten des Einspruchs ... verwirkt habe, und erklärt somit seine letzte Berufung als »unzulässig«. Das Urteil vom 27. Dezember 1940 wird dementsprechend bestätigt: zwei Jahre Gefängnis, wobei die zwei Monate bereits verbüßter

Haft, von Oktober bis Dezember 1939 berücksichtigt werden.

Gerichtsurschrift des Berufungsgerichts vom 18. Mai 1946, Anhang II.

Da Genet die am 23. April 1940 gegen ihn ausgesprochene Gefängnisstrafe von zehn Monaten bereits verbüßt hat und von einer am 19. September 1945 verfügten kollektiven Amnestie von fünfzig Tagen profitieren konnte, bleiben ihm somit noch zehn Monate und zehn Tage abzusitzen.

Ohne Zweifel ist es die im Jahre 1948 drohende Vollstreckung dieses gerichtlichen Urteils, die die Prozedur eines Gnadengesuchs in Gang bringt, das durch das von Sartre und Cocteau an den Präsidenten der Republik gerichtete Bittschreiben ausgelöst wird. Der Wortlaut dieses Schreibens wird am 16. Juli 1948 auf der Literaturseite der Zeitschrift ›Combat‹ veröffentlicht.

Monsieur le Président

Nous avons décidé d'avoir recours
à votre haute autorité pour prendre
une mesure exceptionnelle en ce qui concerne
un écrivain que nous admirons et
respectons tous : Jean Genet. Nous n'ignorons
pas que son oeuvre est en marge des lettres
et ne saurait convenir à tous. Mais
l'exemple de Villon et de Verlaine nous
décide à vous demander votre aide pour
un très grand poète.
En outre nous avons appris, sans que Genet
nous en parle, que sa dernière et définitive
condamnation est venue de ce qu'il a décidé
de prendre à son compte une faute commise
par Jean Decarnin, mort sur les barricades

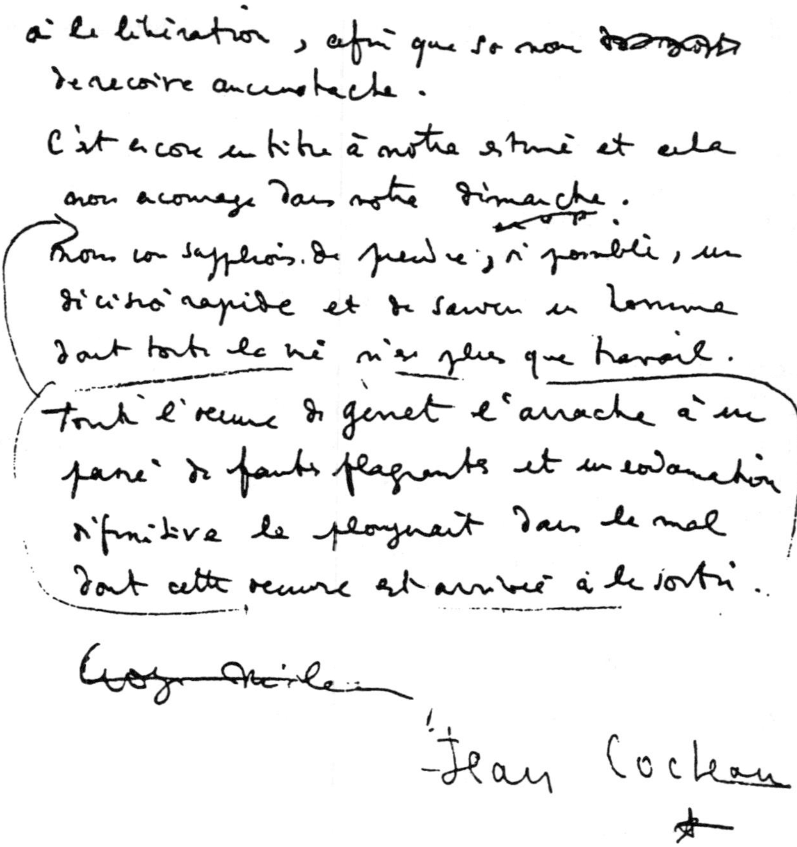
à la libération, afin que son nom ne puisse recevoir aucune tache.
C'est encore un titre à notre estime et cela nous encourage dans notre démarche.
Nous vous supplions de prendre, si possible, une décision rapide et de sauver un homme dont toute la vie n'est plus que travail.
Toute l'œuvre de Genet l'arrache à un passé de fautes flagrantes et une condamnation définitive le plongerait dans le mal dont cette œuvre est arrivée à le sortir.
Jean Cocteau

Entwurf des Gnadengesuchs an Präsident Vincent Auriol von der Hand Jean Cocteaus, zur Begutachtung Jean Paul Sartre übergeben. (Privatsammlg.)

Parallel zu diesem Gnadengesuch zirkuliert eine maschinenschriftliche Fassung der Bittschrift in Form einer Petition von Persönlichkeiten des literarischen und künstlerischen Lebens, die das Gesuch mit ihrer Unterschrift unterstützen. Die Unterzeichnenden, von André Breton, Paul Claudel und Jacques Prévert bis hin zu Thierry Maulnier, Picasso und François Mauriac, waren zahlreich. Ziel des Unternehmens war, zu erreichen, daß Genet die endgültige Sicherheitsverwahrung (Relegation), – wie es ›Combat‹ formulierte – »von der er aufgrund seiner letzten Verurteilung betroffen« gewesen sei, erspart bliebe.
Allerdings scheint hinsichtlich der Strafe, die Genet tatsächlich drohte, einige Verwirrung geherrscht zu haben. Einerseits deutet

Au Président de la République

Jean Cocteau et Jean-Paul Sartre ont pris l'initiative d'une supplique au Président de la République pour qu'il gracie Jean Genet frappé par la relègue à la suite de sa dernière condamnation.

La rédaction de la page littéraire de Combat s'associe à la démarche de Jean Cocteau et Jean-Paul Sartre.

MONSIEUR LE PRÉSIDENT,

Nous avons décidé d'avoir recours à votre haute autorité pour prendre une mesure exceptionnelle en ce qui concerne un écrivain que nous admirons et respectons tous : Jean Genet. Nous n'ignorons pas que son œuvre est en marge des lettres et ne saurait courir les rues. Mais l'exemple de Villon et de Verlaine nous décide à vous demander votre aide pour un très grand poète.

En outre, nous avons appris, sans que Jean Genet nous en parle, que sa dernière et définitive condamnation est venue de ce qu'il a décidé de prendre à son compte une faute commise par Jean de Carnin, mort sur les barricades à la Libération, afin que son nom ne reçoive aucune tache.

C'est encore un titre à notre estime et cela nous encourage dans notre démarche.

Toute l'œuvre de Jean Genet l'arrache à un passé de fautes flagrantes et une condamnation définitive le plongerait de nouveau dans le mal dont cette œuvre est arrivée à le délivrer.

Nous vous supplions, monsieur le Président, de prendre, si possible, une décision rapide et de sauver un homme dont toute la vie n'est plus désormais que travail.

Veuillez recevoir, monsieur le Président, l'assurance de toute notre gratitude et de nos sentiments de profond respect.

Jean COCTEAU,
Jean-Paul SARTRE.

Aufruf im *Combat* vom 16. Juli 1948 (BLFC).

zwar der Brief Sartres und Cocteaus auf die Folgen des Urteils vom 6. November 1943 hin, das in der Tat die Maßnahme der Sicherheitsverwahrung hätte nach sich ziehen können, tatsächlich jedoch wird Genet zu jenem Zeitpunkt lediglich aufgrund der Gefängnisstrafe von zwei Jahren, die vom Pariser Berufungsgericht am 27. Dezember 1940 und am 18. Mai 1946 bestätigt wurde (und von der nur noch etwa zehn Monate abzusitzen sind), strafrechtlich verfolgt.

Wir wissen allerdings nicht, auf welche Verurteilung Genets sich die Behauptung des Bittschreibens bezieht, wonach dieser »beschlossen hat, ein Vergehen von Jean de Carnin [sic.], der auf den Barrikaden der Befreiung gefallen ist, auf sich zu nehmen, damit dessen Name makellos bleibt«. Der Diebstahl von Büchern, dessen der Dichter am 6. November 1943 angeklagt wird, könnte durchaus Jean Decarnin zuzuschreiben gewesen sein. Eine Bestätigung dieser Eventualität liegt bisher nicht vor. (Im Bittschreiben heißt es hierzu: »Außerdem haben wir erfahren, ohne daß Jean Genet mit uns darüber gesprochen hat ...«) Sollte dieser Umstand zutreffend und dem Untersuchungsrichter bekannt gewesen sein, so könnte dies die nachsichtige Behandlung erklären, die Genet im betreffenden Prozeß zuteil wurde, da man dort nicht einmal erwähnte, daß er Wiederholungstäter war (siehe Gerichtsurschrift vom 6. November 1943 im Anhang II).

Da der Offene Brief an den Präsidenten der Republik dem legalen Rechtsgang eines Gnadengesuches gleichkommt, wird im Justizministerium eine entsprechende Akte angelegt.

Archivdienst des Ministeriums der Justiz.

In dieser billigt man Genet den Beruf des »homme de lettres« zu, führt sechs seiner gerichtlichen Verurteilungen auf und beschreibt seine »allgemeine Lebensführung« sowie seine »Moral« als »zweifelhaft«.

Zwei Tage später, am 21. Juli 1948, reicht der Direktor des 2. Ministerialbüros den in ›Combat‹ erschienenen Artikel nach und fordert in einem internen Vermerk einen vertraulichen Bericht an. Er vermerkt: »Es scheint, daß (Jean Genet) lediglich zu zwei Jahren Gefängnis verurteilt wurde und keineswegs unter die Maßnahme der Sicherheitsverwahrung fällt.«

Ein Jahr später, am 16. Juli 1949, übermittelt der Generalstaatsanwalt seine Ansicht zur Frage der Begnadigung Genets in einem Gutachten mit dem Titel »Analyse der Fakten durch die Staatsanwaltschaft und Meinung der Richter«:

»Im Laufe des Jahres 1939 unterschlug Genet, Jean, auf betrügerische Weise:

1) ein Seidentuch sowie ein Hemd, zum Nachteil des Kaufhauses des Louvre;

2) eine Stoffbahn zum Nachteil des Kaufhauses ›Bazar de l'Hôtel de Ville‹;

3) einen Koffer und eine Brieftasche mit dem Inhalt von 9200 Frs. zum Nachteil eines gewissen Auger, Robert.

In der Zeitschrift ›Combat‹ erschien am 16. Juli 1948 ein von Jean Cocteau und Jean-Paul Sartre gezeichneter Artikel, der ein Gnadengesuch zugunsten GENET, Jean, formuliert.
Der Betroffene wurde als Kind unbekannter Eltern geboren und war Zögling der Öffentlichen Fürsorge. Zum Zeitpunkt der ihm zur Last gelegten Taten lebte er allein, ging allem Anschein nach keiner regelmäßigen Beschäftigung nach und stand im Ruf zweifelhafter Lebensführung und Moral. Gegenwärtig betätigt er sich als Schriftsteller. Seine Komödie mit dem Titel *Haute Surveillance* wird derzeit im Théâtre des Mathurins aufgeführt.
Aufgrund der oben genannten Taten wurde er am 23. April 1940 vom Strafgericht der Seine zu zehn Monaten Gefängnis verurteilt. Die Haftstrafe begann am 31. Dezember 1939 und endete am 31. Oktober 1940.

Tatsächlich begann Genets Haft am 17. September 1939 und hätte am 17. Juli 1940 enden müssen. Er wurde jedoch vorzeitig am 14. Juni entlassen und hatte damit offiziell seine Haft verbüßt.

Diese Strafe wurde vom Pariser Appellationsgerichtshof aufgrund seiner Berufung sowie aufgrund der Berufung der Staatsanwaltschaft am 20. Juni 1942 auf zwei Jahre Gefängnis erhöht und am 18. Mai 1946 aufgrund wiederholten Nichterscheinens zur Verhandlung endgültig bestätigt.
GENET verbüßte folglich 10 Monate Haft und profitierte von einem Strafnachlaß von 50 Tagen infolge der Durchführung des Erlasses zur kollektiven Begnadigung vom 19. September 1945.
Seit seiner Verurteilung im November 1943 durch das Strafgericht der Seine werden ihm keine neuen Straftaten zur Last gelegt.
Er scheint sich gebessert zu haben.
Ich gehe infolgedessen davon aus, daß ihm eine nachsichtige Behandlung zuteil werden und ihm seine restliche Haftstrafe erlassen werden könne, unter der Voraussetzung der ersatzweisen Zahlung einer Kaution in Höhe von 20000 Francs und einer Nichtverurteilung zu Gefängnis innerhalb von 5 Jahren.

Der Generalstaatsanwalt«

Am 24. Juni 1949 wird der Akte zum Gnadengesuch die folgende Bemerkung angefügt (überschrieben: »Entscheidung der Kanzlei«):

Monsieur le Président,

Nous avons décidé d'avoir recours à votre haute autorité pour prendre une mesure exceptionnelle en ce qui concerne un écrivain que nous admirons et respectons tous : Jean GENET. Nous n'ignorons pas que son oeuvre est en marge des lettres et ne saurait courir les rues. Mais l'exemple de Villon et de Verlaine nous décide à vous demander votre aide pour un très grand poète.

En outre, nous avons appris, sans que Jean Genet nous en parle, que sa dernière et définitive condamnation est venue de ce qu'il a décidé de prendre à son compte une faute commise par Jean de Carnin, mort sur les barricades à la Libération, afin que son nom ne reçoive aucune tache.

C'est encore un titre à notre estime et cela nous encourage dans notre démarche.

Toute l'oeuvre de Jean Genet l'arrache à un passé de fautes flagrantes et une condamnation définitive le plongerait de nouveau dans le mal dont cette oeuvre est arrivée à le délivrer

Nous vous supplions, Monsieur le Président, de prendre, si possible, une décision rapide et de sauver un homme dont toute la vie n'est plus désormais que travail.

Veuillez recevoir, Monsieur le Président, l'assurance de toute notre gratitude et de nos sentiments de profond respect.

Signé : Jean COCTEAU
Jean-Paul SARTRE.

Jean Anouilh

André Breton

Benjamin Péret

Georges Auric

Marcel Achard

Gaston Gallimard

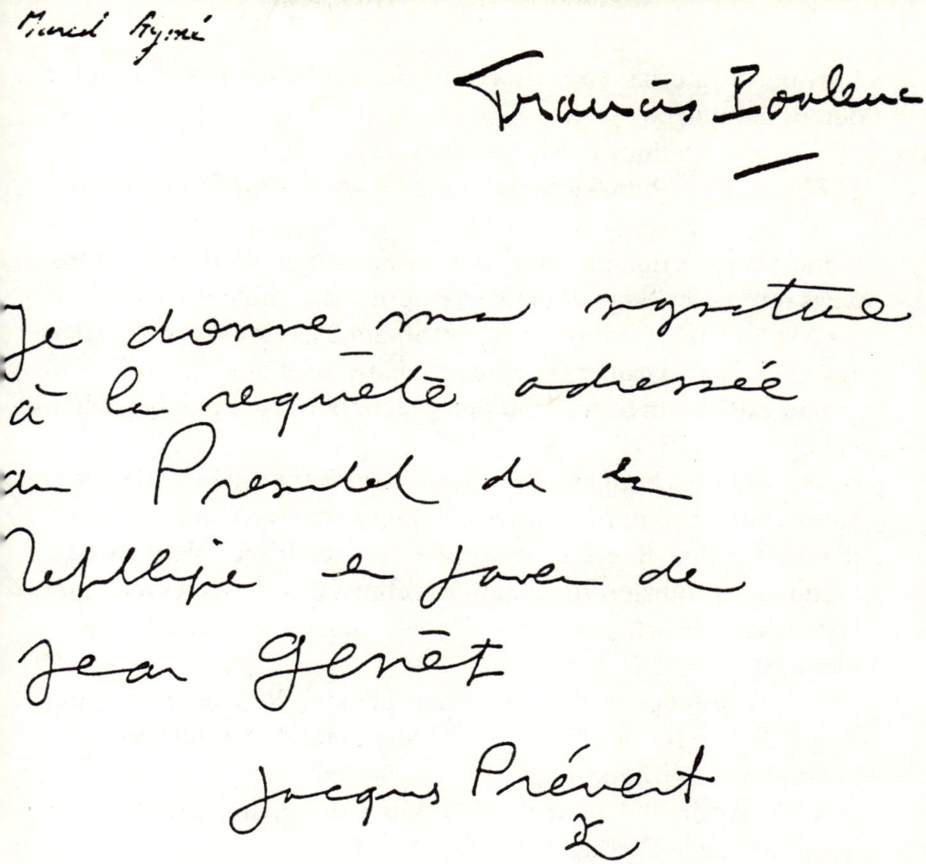
Marcel Aymé

Francis Poulenc

Je donne ma signature à la requête adressée au Président de la République en faveur de Jean Genêt

Jacques Prévert

Reinschrift des Gnadengesuchs mit den Unterschriften von Jean Anouilh, André Breton, Benjamin Péret, Georges Auric, Marcel Achard, Gaston Gallimard, Marcel Aymé, Francis Puolenc und einem handschriftlichen Zusatz von Jacques Prévert. (Privatsammlung)

»Zur Zeit Schriftsteller, beging im Jahre 1939 zwei Diebstähle in Warenhäusern sowie den Diebstahl eines Koffers und einer Summe von 9200 Francs.
Verurteilt in Erster Instanz zu 10 Monaten; Strafe verbüßt.
Zahlreiche Vorstrafen; scheint sich jedoch seit 1943 gebessert zu haben.
Meinung der Staatsanwaltschaft: bedingte Erlassung der restlichen Haftzeit und Zahlung von 20000 Francs.«
Am 12. August 1949 unterzeichnet der Präsident Vincent Auriol schließlich den folgenden Erlaß, der acht Tage später amtlich bekannt gegeben wird:

»Art der Straferlassung: Erlassung der restlichen Haftzeit unter den Bedingungen
1) Nichtverurteilung in den folgenden 5 Jahren
2) Zahlung von 20000 Francs innerhalb von sechs Monaten.«

Genets Schwierigkeiten mit der Justiz enden allerdings keineswegs mit dieser Begnadigung, sondern wiederholen sich ein letztes Mal, als der Generalstaatsanwalt am 29. November 1950 den Justizminister darüber informiert, daß Genet am 24. April 1950 immer noch nicht seine Schulden gegenüber dem Staat beglichen habe:
»Die Nachforschungen, den genannten Genet, Jean, ausfindig zu machen, und ihn zu einer Stellungnahme dazu aufzufordern, daß er den ihm auferlegten Verpflichtungen bisher nicht nachgekommen ist, führten zu keinem Ergebnis, da der oben Genannte vergeblich gesucht wurde und seine derzeitige Adresse unbekannt ist.«
Am 7. Dezember verfügt die Staatskanzlei die Aussetzung der Begnadigung für den Fall, daß die ausstehende Summe nicht unverzüglich beglichen werde.
Am 16. April 1951 wird der Direktion der Kriminalpolizei folgende amtliche Verfügung mitgeteilt:
»Dem genannten Genet, Jean, wird wegen der Nichtbegleichung der ihm durch Erlaß vom 12. August 1949 auferlegten Verpflichtungen innerhalb des gewährten Zeitraums die ihm erteilte Begnadigung aberkannt, sofern die zusätzlich festgelegte Summe in Höhe von 20000 Francs nicht unverzüglich sowie in voller Höhe beglichen wird.«
Am 27. April um siebzehn Uhr werden zwei Beamte der Kriminalpolizei im ›Terrass Hôtel‹ in der Rue Joseph-de-Maistre 12–14 vorstellig, um Genet, der sich zu jener Zeit dort aufhält, von der Aussetzung seiner Begnadigung in Kenntnis zu setzen. Ihr Arbeitsbericht gibt an, daß sie ihn in der Empfangshalle des Hotels antreffen, wo sie ihm die betreffende Entscheidung übermitteln. Seine Erklärung zur Sache wird wie folgt wiedergegeben:
»Zu seiner Person: ›Ich heiße Genet, Jean, geboren am 19. Dezember 1910 in Paris, 6. Arrondissement. Zögling der Öffentli-

chen Fürsorge. Ich bin französischer Staatsbürger. Ich gehe dem Beruf des Schriftstellers nach. Ich bin unverheiratet.
Ich wohne seit drei Monaten im Hotel de la Terrasse in der Rue Joseph-de-Maistre 12 bis 14 in Paris, 18. Arrondissement.
Frage: ›Anerkennen Sie die gegen Sie zu verfügende Aufhebung der Ihnen durch Erlaß des Präsidenten der Republik am 12. August 1949 bewilligten Begnadigung anstelle der sofortigen Zahlung der Summe von 20000 Francs in voller Höhe?‹
Antwort: ›Ich erkenne an, daß sich die Verfügung, von der Sie mich in Kenntnis setzen, auf meine Person bezieht. Ich bin im Augenblick nicht in der Lage, die innerhalb dieser Verfügung genannte Summe von 20000 Francs in voller Höhe zu begleichen. Ich bin jedoch in der Lage, mir die genannte Summe ohne Schwierigkeiten zu verschaffen und verpflichte mich hier vor Ihnen, diese Auflage, die ich bisher vernachlässigt habe, zu erfüllen.‹
Bestätigt und unterzeichnet, nach beendeter Lektüre, mit uns.«
Unter dem Datum vom 28. April, verzeichnet ein weiterer Dienstbericht der Kriminalpolizei das Erscheinen Genets:
»Erneut am heutigen Tag, den achtundzwanzigsten April neunzehnhunderteinundfünfzig, erscheint Sieur GENET, Jean, und erklärt wie folgt:
›Es ist mir gelungen, die geforderte Summe von 20000 Francs zu beschaffen. Die Summe wurde mir von der Sekretärin des Verlags Gallimard, Rue Sébastien-Bottin 5, in Paris 6. [sic], Arrondissement, überbracht und stellt einen Teil meines Autorenhonorars dar, das ich von dieser Firma erhalte. Ich bitte Sie, mich unverzüglich zum Kassierer der Geldstrafen zu begleiten, um die vorliegende Schuld zu begleichen.‹
Bestätigt und unterzeichnet nach Lektüre.
Bemerkung: Wir vermerken, daß wir heute um 10 Uhr den Sieur GENET, Jean, zur Kasse zur Begleichung von Geldstrafen in Paris im Justizpalast begleitet haben, wo der Betroffene in unserem Beisein dem Herrn Kassierer die Summe in Höhe von einundzwanzigtausendundachtzig Francs aushändigt.«
Die bei dieser Gelegenheit ausgehändigte Quittung listet die Zusammensetzung der beglichenen Summe auf: 454 Francs Gebühr

für die Berufungsverhandlung vom 27. Dezember 1940, 80 Francs für jene vom 20. Juni 1942, 546 Francs für die Verhandlung vom 18. Mai 1946 und schließlich 20000 Francs laut Erlaß vom 12. August 1949, somit im Ganzen 21 080 Francs.

Am 2. Mai werden die beiden Polizeiberichte sowie die Zahlungsbestätigung für die ausstehende Summe dem Staatsanwalt zur Kenntnis gebracht.

Am 12. Mai teilt der Generalstaatsanwalt dem Justizminister die Begleichung der Schulden Genets gegenüber dem Staat mit. Genet wird damit endgültig der ihm zuerkannte Straferlaß gewährt.

Anhang I

Augenzeugenberichte

Lucie Wirtz

Lucie Wirtz, heute Lucie Girard, Taufpatin Jean Genets, geboren 1899 in Montreux, Zögling der Öffentlichen Fürsorge, verbrachte mit Ausnahme der Jahre 1920 bis 1922 ihr ganzes Leben in Alligny-en-Morvan, wo sie noch heute in einem Weiler der Gemeinde lebt.

»Ich erinnere mich noch an den Tag, an dem Jean Genet ins Dorf gebracht wurde. Da war er gerade sieben Monate alt. Es war an einem Sonntag, wenn ich mich recht entsinne. Wir hatten sehr schönes Wetter. Monsieur Roclore, der Leiter der Agentur, kam gerade an, als die Messe vorbei war. Er kam allein und trug das Kind auf dem Arm. Wir standen noch vor der Kirche; er kam auf meine Mutter zu und zeigte es ihr. Als meine Mutter das Kind sah, bekam sie zuerst Angst. Es war ihr zu klein, zu zerbrechlich ... Aber es war so niedlich, ein so niedliches kleines Ding, daß sie es schließlich doch nahm.
Ich war damals fast zwölf Jahre alt und verbrachte zu der Zeit mein letztes Jahr bei den Regniers. Die Fürsorge hatte mich bei ihnen im Alter von zweieinhalb Jahren untergebracht, nachdem meine leiblichen Eltern mich im Stich gelassen hatten. Doch ich kann Ihnen eines sagen: Ich habe Glück gehabt! Ich bin an den richtigen Ort gekommen. Jemand Besseren als die Regniers gab es im ganzen Umkreis nicht! Später konnte ich meine leiblichen Eltern wiederfinden, aber meine wirkliche Mutter und mein wirklicher Vater, das sind sie, die Regniers. Sie haben mich wie ihre Tochter aufgezogen. Sie machten keinen Unterschied zu ihren natürlichen Kindern. Niemals habe ich einen freundlicheren und gutmütigeren Mann kennengelernt als Monsieur Regnier, meinen Vater. Während meiner ganzen Kindheit habe ich ihn nicht einmal herumschreien hören oder auch nur wütend gese-

hen. Er war immer ausgeglichen, er sprach wenig und arbeitete die meiste Zeit. Meine Mutter war da schon anders. Sie war lebhafter, heftiger, aber ein ebenso guter Mensch. Sie hatte so ihren eigenen Kopf. Ich unterhielt mich gern mit ihr. Sie war sehr fromm. Kirche und Religion, das war ihr alles sehr wichtig. Die Religion, die war heilig für sie. Darüber durften wir uns nicht lustig machen. Und bloß nicht den Katechismusunterricht am Donnerstag versäumen! Wir sind mit der Religion aufgewachsen. Sie kümmerte sich sehr um unsere Erziehung und um unsere Moral. Mehrere Male hat sie zu mir gesagt, daß aus Jeannot gewiß einmal ein Priester würde.

Ich war die Taufpatin Jeannots. An die Taufe selbst erinnere ich mich nicht mehr so gut. Das war wieder im Sommer, glaube ich. Die Chemelats waren noch da; die kamen jeden Sommer nach Alligny. Ihr Sohn Marcel wurde als Pate bestimmt. Um ihm eine Freude zu machen, gab man Jean als zweiten Vornamen Marcel.

Jeannot schlief mit mir zusammen in einem Zimmer. Als ich fortgehen mußte, behielt er es für sich allein. Das war ein ganz kleines Zimmer, aber es ging auf den Garten hinaus. Es hingen einige Bilder an der Wand; Landschaften, glaube ich. Und dann: ein Bett, ein Tisch und ein Stuhl. Das Haus war einfach eingerichtet, wie auf dem Lande üblich. Aber es gab auch einige hübsche Möbel aus Mahagoni, ein oder zwei Spiegel und schöne Gegenstände. Die kamen von dem alten belgischen Fräulein, bei der meine Mutter in Paris in Stellung gewesen war. Die hatte ihr nach ihrem Tode einige Sachen hinterlassen. Es war da auch noch die weiße Gipsbüste einer Frau aus alten Zeiten. Die thronte auf einem Möbelstück; ich weiß nicht mehr, wo.

Als ich dreizehn Jahre alt geworden war, mußte ich aus dem Haus und einige Kilometer entfernt auf einem Bauernhof arbeiten. Aber immer, wenn ich ins Dorf kam, nutzte ich die Gelegenheit, um meiner Mutter Guten Tag zu sagen. Dann sah ich auch Jeannot; er war ja häufig im Hause. Er war ein ruhiges Kind; er bewegte sich nie sehr viel. Schon als Kind steckte er die Nase dauernd in Bücher. Er sagte mir, daß er sie in der Bibliothek auslieh.

Einmal wollte ich meine Mutter besuchen, aber sie war gerade nicht da. Jeannot war aber im Haus. Wie alt er da war? Ungefähr

neun Jahre. Ich hatte das Gefühl, daß ihm etwas auf dem Herzen lag, und blieb also ein wenig. Wir schwatzten miteinander, und dann – das werde ich nie vergessen! – sagte er: ›Da ist etwas, das werde ich nie verstehen: Warum hat mich meine Mutter im Stich gelassen?‹ Wirklich, diese Geschichte hat ihn belastet! Das ließ ihn nicht in Ruhe ... Er stellte mir jede Menge Fragen, über meine Mutter und wie ich selbst im Stich gelassen worden war ... Ich konnte ihm das erklären, wie ich wollte; daß man sich damit abfinden müsse; er konnte es nicht begreifen. Er war voller Vorwürfe gegen seine Mutter. Er wollte es einfach nicht hinnehmen, daß sie etwas Derartiges hatte tun können ...
1920 wurde ich volljährig. Da wollte ich nicht mehr im Dorf bleiben. Ich träumte von Paris. Ich bin also fort. Zwei Jahre lang arbeitete ich bei den Chemelats, die damals im neunten Arrondissement wohnten, in der Rue Saint-Lazare Nummer 96. Aber in Paris habe ich auch begriffen, daß ich dort hingehörte, wo ich aufgewachsen war. Ich taugte nicht für die Stadt. Also bin ich wieder zurück, und Ende 1922 habe ich in Fétigny geheiratet. Meine Mutter Eugénie war inzwischen verstorben, aber wenn ich ins Dorf kam, schaute ich immer bei meinem Vater und bei Berthe vorbei. Jeannot habe ich wohl noch zwei- oder dreimal gesehen. Ich glaube, es klappte da nicht so richtig mit Antonin und mit Georges. Man sah schon recht deutlich, daß Georges und Jeannot sich nicht sehr mochten. Und eines muß auch gesagt werden: Georges fing damals schon ein bißchen das Trinken an ... Seine Ehe mit Ernestine hielt ja auch nicht sehr lange. Ernestine ist mit ihrem Sohn zurück nach Saulieu gegangen. Es hat da so Geschichten gegeben, wenn ich mich recht entsinne. Ernestine war auf ihren Mädchennamen sehr stolz und wollte unbedingt, daß auch ihr Sohn ihn trägt. Ich weiß nicht, wie das ausgegangen ist ...
Ob Jeannot gestohlen hat? Nein, ganz gewiß nicht! Welche Idee! Vielleicht Bonbons, Süßigkeiten ... Gewiß, ab 1920 habe ich ihn ja nicht mehr so oft zu Gesicht bekommen. Aber das glaube ich nun doch nicht! Ich kann mich noch gut daran erinnern, wie sehr Berthe vor den Kopf geschlagen war, als wir später erfuhren, daß er im Gefängnis saß, weil er etwas angestellt hatte ...

An dem Tag, als Jeannot das Dorf verlassen mußte, kam er zu mir auf den Hof, um sich zu verabschieden und sich von mir einen Koffer auszuleihen. Aber ich war gerade nicht da. Und dann: viele, viele Jahre später – ich weiß nicht mehr, wann – war ich gerade in Paris, bei einem meiner Söhne zu Besuch. Und da sehe ich in der Straße den Namen Jean Genet ganz groß auf einer Zeitung. Es war auch ein Foto dabei. Er war Schriftsteller geworden, wie Joseph Bruley. In der Zeitung war die Adresse von einem Theater angegeben. Das hieß *L'Odéon*. Und eines schönen Nachmittags mache ich mich fein und bin da nun hin. Ich frage eine Angestellte, ob ich Jean Genet sprechen könne, und sage, daß ich ihn vom Dorf her kannte. Aber sie sagt mir, daß er am Tag zuvor abgereist sei und niemand wisse, wo er sei, noch daß man seine Adresse kenne. Und ich habe ihn nie wieder gesehen.«

Marie-Louise Robert

Marie-Louise Robert, geboren 1909 in Italien, Tochter des Ehepaars Philippe und Amélie Robert, lebte mit ihren Eltern von 1913 bis 1921 im Haus der Regniers. Sie steht seither mit keiner der von uns befragten Personen mehr in Kontakt.

»Ich habe acht Jahre lang im gleichen Haus gelebt wie Jean Genet. Mein Vater war als Vorarbeiter im Bergwerk von Alligny eingestellt worden. Als er im Dorf ankam, im November 1913, mietete er bei den Regniers in der obersten Etage des Hauses drei Zimmer an, die zusammen so etwas wie eine eigenständige kleine Wohnung bildeten. Wir haben dort, mein Vater, meine Mutter, mein drei Jahre älterer Bruder Gabriel und ich, bis zum Juli 1921 gewohnt.
Einige Monate nach unserer Ankunft brach der Krieg aus. Georges Regnier und Antonin Renault wurden sofort eingezogen. Mein Vater folgte ihnen einige Zeit später nach, und so kam es, daß es etwa vier Jahre lang so gut wie nur Frauen im Haus gab.
Charles Regnier blieb natürlich. Er war zu alt fürs Soldatsein. Aber er arbeitete sehr viel. Er verbrachte seine ganze Zeit an der

Werkbank. Monsieur Regnier, das war ein unglaublich netter Mensch! Er war sehr groß und machte einen strengen Eindruck, aber in Wirklichkeit war er sehr gutmütig. Bei ihm durften wir alles machen, ... durften wir machen was wir wollten.
Mein Bruder Jean und ich gingen manchmal in seine Werkstatt und spielten da auf der Erde mit Holzstücken. Wir schauten ihm bei der Arbeit zu, wie er Möbel anfertigte und auch Särge. Er war immer sehr ausgeglichen. Die ganze Atmosphäre im Haus war von seiner Ausgeglichenheit geprägt.
Madame Regnier hatte da ein anderes Temperament. Im Haushalt war sie es, die alles bestimmte. Sie war eine richtige kleine Herrscherin, sehr energisch, immer in Bewegung und fröhlich, und hielt ihr Haus tadellos sauber. Die große Küche im Erdgeschoß, der wichtigste Raum im Hause, glänzte immer. Alles war ordentlich und aufgeräumt. Sie war eine ebenso gute Köchin wie Hausfrau. Ja, Madame Regnier, das war schon jemand! Und dabei nett wie nur einmal! Ihren Jean – sie sagte immer: ›Mein Jean!‹ – hob sie in den Himmel. Keiner hatte das Recht, ihm zu nahe zu treten; sie nahm ihn vor jedermann in Schutz, sogar vor Georges. Einmal, daran erinnere ich mich noch, war ein junger Verwandter bei uns zu Besuch. Beim Spielen muß er sich wohl mit Jean in die Haare geraten sein und hatte ihm einen Schlag verpaßt. Jean fing an zu weinen. Sobald Madame Regnier das zu Ohren gekommen war, ist sie die Treppe hinauf und zu uns in die Wohnung hinein, wo sie meinem Cousin links und rechts ein paar hinter die Ohren gab und sagte: ›Ich werde dir helfen, meinen Jean zu verprügeln!‹ Meine Tante, die daneben stand, wagte nicht, etwas zu sagen.
Nicht alle Kinder von der Fürsorge haben soviel Glück gehabt wie Jean Genet. Die meisten waren weit entfernt davon, so umsorgt zu werden wie er. Sehen Sie zum Beispiel diesen armen Culafroy! Von dem kann man wirklich sagen, daß er gelitten hat. Ich sah ihn manchmal, wenn ich auf den Hof seiner Pflegeeltern in Bazolles kam, um Milch zu holen. Er wurde da wie ein Knecht gehalten. Nie durfte er aufhören zu arbeiten. Einmal, daran erinnere ich mich noch, ging ich mit Jean zusammen hin, und wir kamen gerade zur Mittagszeit an. Die ganze Familie saß am Tisch,

nur Cullaffroy nicht, der ganz allein mit seinem Teller irgendwo in der Ecke saß, in der Nähe des Ofens. Auf dem Heimweg haben wir uns gefragt, warum er so schlecht behandelt und zur Seite gedrängt wurde. Wir konnten das einfach nicht begreifen. Wir waren sehr entsetzt.

So etwas wäre bei den Regniers undenkbar gewesen. Nicht nur, daß Jean gemeinsam mit allen anderen an einem Tisch saß; er wurde geradezu verwöhnt! Er hatte wirklich eine Kindheit aus Gold. Während des Krieges hatte er durch Madame Regnier sehr viel mehr Freiheiten als wir. Wir wurden von unserer Mutter sehr im Zaum gehalten. Er machte, was er wollte. Niemand verbot ihm etwas. Er war im Haus so etwas wie ein kleiner Fürst.

Meine ersten Erinnerungen an ihn stammen aus dieser Zeit. Wir waren da beide sechs oder sieben Jahre alt und spielten immer zusammen. Ich kann mich nicht daran erinnern, daß ich einmal Schulkameraden von Jean im Haus gesehen hätte. Ihm waren die ruhigen Spiele mit mir lieber. Zuweilen sind wir auf den Dachboden gestiegen. Da war so eine Kiste, in der große rote Bücher mit schönen Illustrationen gestapelt lagen. Wir blätterten in diesen Büchern, oder wir spielten mit Puppen.

Oft sind wir in den Garten gegangen. Eines der bevorzugten Spiele Jeans war, Taufen zu veranstalten. Wir tauften so ungefähr alles, was uns unter die Finger kam: meine Puppen, die Katzen, Hunde ... Rigadin, der Hund von Antonin und Berthe, ist mindestens zehnmal getauft worden! Beerdigungen haben wir auch viele vollzogen. Jedesmal, wenn wir einen toten Vogel fanden, wurde der in eine Schachtel gelegt und mit allen erdenklichen Ehren im Garten begraben. Zu guter Letzt standen überall kleine Kreuze herum, und niemand hatte das Recht, sie anzurühren; sie waren heilig. Madame Regnier respektierte das. Sie liebte übrigens die kirchlichen Feste. Wenn im Dorf eine Prozession stattfand, so wurde der Ruhealtar stets vor ihrem Hause aufgebaut. Wir dekorierten dann den Balkon. Die ganze Prozession, mit dem Pfarrer voran, machte vor dem Hofeingang halt. Das machte uns stets großen Eindruck ...

Ein anderes Lieblingsspiel Jeans, aber womöglich etwas später, war es, Kaffeeklatsch zu veranstalten. Wir backten dann Kuchen,

so kleine Sachen; meine Mutter und Madame Regnier gaben uns Kekse und Obst. Wir luden dazu meine Freundinnen oder Mädchen aus der Nachbarschaft ein. Solange Comte, die während des Sommers genau gegenüber wohnte, kam mit ihrer Schwester recht häufig zu uns herüber. Solange war ein kleines Mädchen mit dunklen Haaren, sehr liebenswürdig, ruhig und gescheit.
Für mich war Jean Genet damals ein Junge wie jeder andere auch, außer, natürlich, daß er von der Fürsorge kam. Aber da war er ja in Alligny nicht der einzige! Die einzige Besonderheit, an die ich mich bestens erinnere, war die Tatsache, daß er ein wenig diebische Neigungen hatte. Das war bekannt. Er stiebitzte Groschen aus der Schublade des Tabakladens, den Berthe unterhielt. Er hatte immer Geld, um sich etwas aus dem Lebensmittelladen zu holen. Wir profitierten übrigens alle davon. Alles, was er sich kaufte, verteilte er auch an uns. Meine Mutter versuchte einmal, in dieser Sache ein paar Worte mit Madame Regnier zu wechseln. Aber die wollte absolut nichts davon wissen! Derartiges durfte man ihr nicht unterbringen! Sie glaubte es einfach nicht. Sie sagte, daß ihr Jean nicht imstande wäre, so etwas zu tun. Das seien Lügengeschichten. Kurz gesagt: Sie regte sich auf. Jean muß damals etwa zehn Jahre alt gewesen sein. Aber ich denke, daß er schon früher anfing, lange Finger zu machen. Anfangs stiebitzte er für unsere kleinen Taufzeremonien Dragées aus Madame Regniers Schrank. Dann wurden es kleine Gegenstände und schließlich Geld. Aber ich glaube nicht, daß er jemals auf frischer Tat ertappt wurde oder daß es einen größeren Skandal gegeben hätte.
Doch ich muß auch dazu sagen, daß wir das Dorf am Anfang des Jahres 1921 verlassen haben. Wir erfuhren später, daß Madame Regnier verstorben sei. Das muß Jean Genet erschüttert haben. Berthe kümmerte sich um ihn; sie mochte ihn sehr gern, aber sie hatte nicht die Persönlichkeit ihrer Mutter. Sie war eher in sich gekehrt und schüchtern; und mit Antonin, der dann sein Pflegevater wurde, werden die Dinge für Jean Genet nicht so einfach gewesen sein wie zuvor.«

Joseph Bruley

Joseph Bruley, geboren 1910 in Alligny, war Klassenkamerad Jean Genets. Seine Eltern betrieben die Schuhmacherei des Dorfes. Bruley machte Karriere in verschiedenen Dienststellen der Telefoninspektion des Großraums Paris. Als Erster Vorsitzender des Pariser Freundschaftsverbandes der »Morvandiaux« veröffentlichte er mehrere Aufsätze über die Region des Morvan. Er lebt heute in Paris und Alligny.

Erster Bericht

Auszüge aus dem Artikel »Jean Genet mon camarade d'enfance« (J.G., mein Freund aus Kindeszeiten), erschienen in »Le Morvandian de Paris«, No. 732, Juni 1986, S. 4.

»Wenn ich auch seit dem Jahre 1923 nie mehr Gelegenheit hatte, Jean Genet wiederzusehen, so verbrachte ich doch zusammen mit ihm die ersten Jahre meiner Kindheit im Morvan, ja, ich kann sogar behaupten, daß wir zusammen in der Grundschule acht Jahre lang gemeinsam, wie es im Volksmund heißt, die Schulbank gedrückt haben. Wir saßen sogar häufig Seite an Seite, da wir uns beständig den Platz des Klassenbesten streitig machten! Und ich muß zugeben, daß es mir doch sehr schwerfiel, ihn von Zeit zu Zeit von diesem Platz zu verdrängen. Jean Genet gehörte zu denen, die man heute »hochbegabt« nennen würde.
Als Zögling der Öffentlichen Fürsorge wurde er keineswegs, wie behauptet, auf einem Bauernhof des Morvan großgezogen. Sein Pflegevater war Tischler im Dorf, dessen Haus sich direkt neben dem Bürgermeisteramt und der Gemeindeschule befand. Seine Pflegemutter, die ihn vergötterte, starb, als er gerade zwölf Jahre alt war. Gegenteilig zu dem, was ich zuweilen lesen mußte, hatte Jean Genet im Alter von zehn Jahren noch keinerlei Diebstahl begangen, ja nicht einmal im Alter von dreizehn Jahren.
Er war ein Junge wie jeder andere auch, vielleicht weniger frohgemut, etwas verträumt, zuweilen fast geheimnisvoll, aber in je-

nem Stadium des Lebens legte er keinerlei Neigung an den Tag, Böses zu tun. Er nahm an allen unseren Spielen und Eskapaden in der Natur teil.

Der Tod seiner Pflegemutter bedeutete zweifellos einen schweren Schock für ihn, der ein Trauma in ihm zurückließ.

Von unserer Schule waren wir fünf, die zum ›Certificat d'Études‹ zugelassen wurden, und nur Jean Genet erreichte die Bemerkung ›Gut‹. ... Als ich ins Internat kam, verlor ich den Kontakt zu ihm.

Ebenso waren wir beide Ministranten in der Kirche. Auch dort unterschied sich Jean Genet von den anderen. Weil er von allen am besten Latein lesen und aussprechen konnte, wurde er Erster Ministrant! Jean Genet als Ministrant, wer hätte das gedacht!

Seine Pflegemutter, die sehr fromm war, träumte sogar davon, aus ihm einen Pfarrer zu machen! Wir empfingen gemeinsam unsere Erstkommunion. ...

Nach dem Erfolg der *Paravents* (trotz aller Protestdemonstrationen) sandte ich einen Glückwunsch, unter der Adresse Jean-Louis Barraults, an »meinen Kindheitskameraden« Jean Genet. Er antwortete mir von London aus mit einer sehr freundlich gehaltenen Postkarte, auf der er mein Elternhaus in der Nähe der Brücke erwähnte und den Lärm der Hammerschläge auf dem Amboß des Schmieds in der Nachbarschaft ... Das hatte er nicht vergessen! Er versprach, mir eines Tages einen Besuch abzustatten ... Aber er ist nie gekommen! ...

Man kann Jean Genet mögen oder nicht. Einige Kameraden behaupteten, daß er »ein wenig verrückt« gewesen sei. ... Was mich betrifft, so werde ich mich stets an das Bild des ernsten und überlegten Gesichts meines Spiel- und Schulkameraden erinnern. (...) Lieber Jean, lieber Gefährte, du hast deine Vergehen wiedergutgemacht! Du gehörst zu den Unterdrückten dieser Erde. Du bist ein Sohn Frankreichs. Ruhe in Frieden, in der Ewigen Ruhe!«

Zweiter Bericht

Im Laufe von zwei Gesprächen, die wir mit Joseph Bruley führten, erklärte sich dieser freundlicherweise bereit, uns die folgenden Einzelheiten mitzuteilen, die, bisher unveröffentlicht, den vorhergehenden Artikel ergänzen.

»Ich muß Jean Genet wohl zum erstenmal im Alter von fünf oder sechs Jahren in der unteren Klasse begegnet sein. Ich glaube, in dem Alter unterschied er sich noch nicht wesentlich von den anderen Kindern, außer daß er eher schüchtern und etwas schwerfällig war. Das war zur Zeit des Krieges, die für uns nicht besonders traurig war. In Alligny kamen oft Schausteller vorbei. Auf diese Weise bekamen wir unsere ersten Kinofilme zu Gesicht! Eine Truppe hatte da mehr als einen Monat lang ihr Zelt auf dem zentralen Dorfplatz aufgebaut und führte jeden Tag einen anderen Film vor. Da ging jeder mindestens zwei- oder dreimal hin.
Die Pflegeeltern Jean Genets waren sehr anständige Menschen. Charles Regnier, den alle, Gott weiß warum, ›Champon‹ nannten, war ein äußerst hilfsbereiter Mann. Der Humor fehlte ihm auch nicht. Wenn er zum Beispiel ins Bistro ging, bestellte er jedesmal zwei Gläser Wein, eins für sich selbst und eins für ›Champon‹. Aber er machte keine Exzesse, im Gegensatz zu seinem Sohn Georges. Der verstand sich nicht so gut mit Jean Genet. Ich denke, er war eifersüchtig auf die außergewöhnliche Zuneigung, die seine Mutter für Jean hegte. Eugénie Regnier hing sehr an Jean Genet. Sie war geradezu stolz auf ihn. Einmal erzählte sie im Vertrauen meiner Mutter, die ihre Freundin war, daß sie Jean dabei überrascht habe, wie er ganz allein und heimlich eine Messe vor einem selbstgebauten kleinen Altar zelebrierte. Vielleicht war es das, was ihr die Idee in den Kopf setzte, daß er einmal Pfarrer werden sollte.
Jean Genet war ein aufrechter und sehr frommer Junge. Ich empfinde es als empörend, wenn ich höre, daß er ein Dieb gewesen sein soll. Da ist keine Logik drin.
Die Fürsorgezöglinge, die »Petits Paris«, wie man sie nannte, waren in Alligny sehr zahlreich. Sie wurden behandelt wie alle anderen auch. In der Schule galt jeder gleich viel; es gab da keine Un-

terschiede. Wir wußten natürlich, daß Jean Genet von der Fürsorge kam. In einem Dorf weiß man alles. Die Zöglinge hatten nicht die gleichen Familiennamen wie ihre Pflegeeltern, und die alljährlichen Visiten des Doktor Courtois fanden ja auch nicht unbemerkt statt.
Ganz amüsant ist die Tatsache, daß zwei Kinder aus Alligny ›Milliardäre‹ wurden, oder fast, und diese Kinder waren beide Fürsorgezöglinge, nämlich Jean Genet und Louis Cullaffroy. Aber sie hatten nicht viel miteinander zu tun. Sie ähnelten einander nicht. Cullaffroy war eher von sportlicher Natur und prügelte sich gern. Er sprang gern in der Gegend umher und holte die Vögel aus den Nestern ... Solche Spiele waren Genet zu wild. Er las lieber Bücher. Er war in sich gekehrt. Ich mochte ihn gern; wir hatten ein freundschaftliches Verhältnis zueinander, doch kann ich nicht sagen, daß ich sein engster Freund gewesen sei. Ich glaube, so einen hatte er gar nicht ... Aber ich erinnere mich noch gut an lange gemeinsame Spaziergänge, die ich mit ihm in den Feldern unternahm, auf dem Weg des Crotto, wo wir miteinander schwatzten, und über Gott und die Welt redeten, bis uns der Atem ausging.
Jean Genet hatte auch so seinen eigenen Kopf. Ich weiß noch, daß es da einmal so eine Geschichte gab zur Zeit, als wir beide Ministranten waren. Der Abbé Charrault hatte die Angewohnheit, den Kindern, die ihm bei der Messe halfen, eine kleine Münze als Anerkennung zu geben. Das vergaß er allerdings manchmal ... Und eines Tages regte sich Jean Genet darüber auf. Er ging davon aus, daß es sich dabei um ein Anrecht der Ministranten handele, und organisierte unter diesen einen Streik. Und der Abbé Charrault sah sich zu dem Versprechen gezwungen, nie wieder seine Münzen zu vergessen.
Nachdem ich das ›Certificat d'Études‹ erhalten hatte, kam ich ins Kolleg von Corbigny und habe Genet nur noch ein- oder zweimal während der Ferien gesehen. Jean hatte noch nicht das Alter von dreizehn Jahren erreicht und mußte noch ein Jahr im Dorf, sozusagen in Wartestellung, verbleiben. Nachdem seine Mutter gestorben war, übernahmen Berthe und Antonin seine Erziehung. Antonin war ein anständiger Mensch, aber doch etwas grob ver-

anlagt, und auch er neigte zum Trinken. Das funktionierte nicht so gut zwischen ihm und Jean. Antonin versuchte, ihn dazu zu bringen, ihm bei der Arbeit zu helfen, nämlich Eichenstämme abzuschälen; dann versuchte er es mit dem Ackerbau. Aber Jean war für körperliche Arbeiten nicht sehr geeignet. Zuletzt tat er kaum noch etwas. Er führte die Kuh der Regniers auf die Weide. Er unternahm es auch, sich selbst Englisch beizubringen. Ich erinnere mich, daß ich im Kolleg von ihm eine Postkarte bekam, die auf Englisch geschrieben war. Dann ging auch er fort. Ich erfuhr, daß er aus dem Ausbildungszentrum weggelaufen war und anschließend bei René de Buxeuil untergebracht wurde. Den bestahl er dann und fand sich schließlich in der Erziehungsanstalt von Mettray wieder.«

Jean Cortet

Jean Cortet, geboren 1914 in Alligny als Sohn von Landwirten und Grundbesitzern, war Schulkamerad Jean Genets. Er verbrachte sein ganzes Leben in Alligny, wo er heute Eigentümer des kleinen mittelalterlichen Schlosses ist.

»Jean Genet war vier Jahre älter als ich. Wir waren also nicht wirklich zusammen in einer Klasse, wenn auch der Unterricht für uns in einigen Jahren im gleichen Raum stattfand. Ich sehe noch den Platz vor mir, wo er saß, von den anderen etwas entfernt im hinteren Teil des Klassenzimmers. Er war ein Einzelgänger, nicht sehr aufgeschlossen. Er nahm auch nicht an den Spielen seiner Klassenkameraden teil. Er blieb immer für sich allein. Wir nannten ihn ›das Kaninchen‹. Ich weiß nicht, warum. Vielleicht, weil er immer ganz unbeweglich auf seiner Bank saß, ohne sich zu rühren.
Ich höre noch seine Stimme in der Kirche, wenn er als Ministrant ganz perfekt und mit allergrößtem Ernst die lateinischen Texte rezitierte. Er war auch im Kinderchor.

Ich glaube, er spielte lieber mit Mädchen als mit Jungen. Er hatte sich mit meiner Schwester Andrée angefreundet, die fast gleichaltrig mit ihm war. Er verbrachte seine Zeit mit ihr, indem sie zusammen Garderoben zeichneten, Kochrezepte austauschten und miteinander Kuchen buken.
Im Grunde hatte Jean Genet schon damals eine weibliche Mentalität. Er mochte die wilden Spiele und Raufereien nicht. Er war ganz das Gegenteil von Louis Cullaffroy. Sie waren übrigens auch nie besonders miteinander befreundet. Genet und Cullaffroy hatten nichts miteinander gemein, weder den Charakter noch die Vorlieben.
Trotz allem, was man dazu erzählt haben mag, glaube ich doch nicht, daß Genet seine Pflegeeltern bestohlen hat. Das waren sehr anständige Menschen. Sie waren arm und besaßen fast nichts. Dazu kam, daß Jean Genet von seiner Mutter sehr verwöhnt wurde. Die ließ ihn zu Hause machen, was er wollte. Höchstens mit Georges mag es einige Reibereien gegeben haben, aber das war auch unvermeidlich; eine Frage von Eifersucht, von Rivalität zwischen den beiden ...
Nachdem er das ›Certificat d'Études‹ erlangt hatte, blieb Jean Genet noch ein weiteres Jahr im Dorf. Ich ging da noch zur Schule und sah ihn häufig. Antonin versuchte, ihm das Arbeiten beizubringen, aber er mochte nichts tun. Man muß schon sagen, daß er zum Arbeiten nicht viel Elan aufbrachte. Er war eher von fauler Natur. Eine Zeit lang beschäftigte ihn Antonin in der Landwirtschaft, aber auch dabei kam nichts heraus. Er blieb schließlich bei Berthe im Haus. Er half ihr im Garten mit Unkrautjäten und Gemüseanbau. Er brachte auch die Kuh zur Weide, etwa anderthalb Kilometer entfernt auf einem der Hügel hinter Alligny. Ich sah ihn jeden Morgen an unserem Haus vorbeikommen, mit einem Buch unter dem Arm.
Eines Tages ging er fort. Wir erfuhren dann, daß er als Hausdiener bei René de Buxeuil untergebracht worden war, dem berühmten Komponisten. Er muß damals einmal auf Besuch nach Alligny zurückgekommen sein. Ich kann mich nämlich daran erinnern, daß er meiner Schwester, die Geige zu spielen lernte, Liederpartituren mitbrachte, die aus der Feder von René de

Buxeuil stammten. Darunter waren *Ich habe das Licht verloren*, *Seele der Rosen* und *Seele der Violinen*.
Später sprach sich herum, daß er René de Buxeuil bestohlen habe und bei ihm hinausgeworfen worden war. Antonin sagte: ›Er hat seinen Wohltäter bestohlen.‹«

Louis Cullaffroy

Louis Cullaffroy, geboren 1909 in Paris, Zögling der Fürsorge, war Klassenkamerad Jean Genets. Er verließ vor mehr als fünfzig Jahren Alligny und lebt heute als Leiter eines bedeutenden Industriekonzerns im Departement Aube.

»Ich wurde ein Jahr vor Jean Genet geboren, aber an genau demselben Ort, nämlich in der Tarnier-Klinik in der Rue d'Assas in Paris. Es scheint so, daß die Fürsorge damals alle unverheirateten Mütter oder mittellosen jungen Frauen zur Entbindung in dieser Klinik unterbrachte. Meine Mutter kam aus Savoyen. Ihr Arbeitgeber, der sie geschwängert hatte, warf sie hinaus, und so war sie ganz allein und ohne einen Pfennig in Paris angekommen. Sie war keine zwanzig Jahre alt, als sie mich am 16. Januar 1909 zur Welt brachte.
Ein bißchen später lernte sie einen Mann namens Cullaffroz kennen, der Mitleid mit ihr hatte, sie heiratete und auch ihr Kind als das seine anerkannte. Aber meine Mutter war damals schon krank, und eines Tages, im Jahre 1912, starb sie. Am nächsten Tag übergab mich ihr Mann der Öffentlichen Fürsorge.
Ich kam also im Alter von drei Jahren nach Alligny, wo ich bei Bauern in Bazolles untergebracht wurde, einem kleinen Weiler, anderthalb Kilometer vom Dorf entfernt. Der Sachbearbeiter der Fürsorge, der mein Dossier anlegte, schrieb den Buchstaben z wie y. Und so wurde aus meinem Namen Cullaffroy. Aber ich erfuhr das alles sehr viel später. Erst im Alter von fünfundzwanzig Jahren wurde mir die Geschichte meiner Mutter bekannt.
Meine Kindheit war, das muß ich an dieser Stelle sagen, nicht sehr glücklich. Das Leben auf den Bauernhöfen war nicht ein-

fach. Meine Pflegeeltern waren arme Leute und, als Folge davon, hartherzig. Sie gaben mir gerade genug zu essen. Um ernährt zu werden, mußte ich arbeiten. Morgens bekam ich meine Schale Milch nur, wenn ich mindestens schon eine Stunde lang gearbeitet hatte. Aber das Schlimmste war, daß mein Vater trank. An manchen Abenden, wenn er getrunken hatte, geriet er in einen fürchterlichen Zustand. Er bekam Wut- und Tobsuchtsanfälle. Ohne jeden Grund, mitten in der Nacht und manchmal im Winter, warf er mich aus dem Haus. Ich habe so oft genug im Stall schlafen müssen oder in der Vorratskammer.

Wenn ich an Jean Genet denke, sage ich mir, daß er doch ziemliches Glück gehabt hat. Im Grunde hatte er in seiner Kindheit zwei große Vorteile. Zum einen wurde er bei Handwerkern untergebracht und nicht bei Bauern. Das machte einen großen Unterschied. In den Handwerkerfamilien war sehr viel weniger Arbeit für die Kinder da, und sie wurden besser behandelt. Sie konnten sich also um ihre Schularbeiten kümmern. Sie befanden sich in einem Milieu, das aufgeschlossener und fortgeschrittener war, auch wohlhabender. Die Eltern Jean Genets zum Beispiel wohnten direkt am Ort, und sie hatten ein großes Haus. Im Vergleich zu meinen Eltern handelte es sich um bessergestellte Leute.

Sein zweiter Vorteil war, daß er direkt neben der Schule wohnte. Er versäumte nie den Unterricht und konnte die Lehrer privat besuchen, wann immer er wollte. Während des Krieges ging er oft zu Monsieur Choppart hinüber, der damals Schulleiter war und im Schulhaus über den Klassenräumen wohnte. Der brachte ihm Lesen und Schreiben bei. Um uns anderen auf den Bauernhöfen kümmerte sich kein Mensch. Gegen Ende des Krieges war uns noch so manches Wissen verschlossen geblieben.

Ich muß Jean Genet in der Klasse der Kleinen begegnet sein, so um 1916–17 herum. Aber wir sind uns gerade so über den Weg gelaufen. Ich erinnere mich, was diese Zeit betrifft, kaum an ihn. Wir lernten uns vor allem während des Jahres 1921 kennen. Wir befanden uns miteinander in der gleichen Klasse bei dem Lehrer Léon Jacob. Jean Genet war ein guter Schüler, vor allem in Französisch. Aber Klassenbester war Marc Kouscher.

Jean Genet war ein stiller Junge, eher einzelgängerisch und ein wenig abweisend. Er spielte selten mit seinen Klassenkameraden. Der Lehrer las oft seine Aufsätze in der Klasse vor, und er wurde deshalb respektiert. Wir wußten trotzdem, daß es sich um einen kleinen Halunken handelte. Warum? Weil er klaute! Wenn irgend etwas in der Klasse verschwand, wußten wir alle, wer dahintersteckte. Er ließ Federkästen mitgehen, Buntstifte und andere Kleinigkeiten. Das tat er übrigens kaum heimlich. Alles, was er mitgehen ließ, verteilte er anschließend. Ich erinnere mich, wie es ihm einmal gelungen war, das Versteck auszuräumen, wo sich der gesamte Schulbedarf befand. Er hatte sich einen kompletten Vorrat an Heften und an Stiften unter den Nagel gerissen. Das teilte er dann auf. Ich bekam eine schöne Schachtel mit Buntstiften. Ich glaube, daß er mich gern hatte; ich weiß nicht, warum. Aber wir kannten einander kaum. Ich wohnte ja nicht im Dorf und mußte nach dem Unterricht immer gleich nach Hause.
Ob er auch Geld stahl? Ich glaube nicht, aber ausgeschlossen ist das nicht. Wissen Sie, es gibt wohl keinen Fürsorgezögling, der nicht ein einziges Mal gestohlen hätte. Ich auch ... Aber das geschah, um zu essen.
Ich hatte beständig Hunger.
Was es bedeutete, ein Kind der Fürsorge zu sein, das wird Ihnen niemand begreiflich machen können. Die anderen machen sich keine Vorstellung davon. Die glauben, wir seien aufgewachsen wie alle anderen Kinder. Aber das stimmt nicht. Wir waren Außenseiter; vielleicht nicht in der Schule, unter Kameraden ... Aber im Dorf war das anders. Wir waren nicht wie die anderen Kinder gekleidet. Wenn über uns gesprochen wurde, dann sagten die Leute keineswegs ›die Zöglinge‹ oder die ›Petits Paris‹ (das ist mir überhaupt nie zu Ohren gekommen!), sondern sie sagten: die ›Culs-de-Paris‹

Etwa: ›Paris-Ärsche‹. (*Anm. d. Übers.*)

Das war der geläufige Ausdruck. Sie sagten: ›Der Kleine da, das ist ein Paris-Arsch.‹ Wenn irgend etwas in der Umgebung vorgefallen war, dann waren wir auf der Stelle verdächtig. Wenn zum Beispiel irgendwo Feuer ausbrach, und das war häufig der Fall, dann war das sofort unsere Schuld. Im morvanschen Platt nannte man uns die ›metteux-de-feu‹

Etwa: ›Feuerleger‹, Feuerteufel. (*Anm. d. Übers.*)

Selbst für die Ministranten gab es zwei Kategorien. Die erste bestand aus leiblichen Familiensöhnen, die bei Hochzeiten und Beerdigungen von bedeutenden Leuten zugegen waren, und die zweite setzte sich aus den ›culs-de-Paris‹ zusammen, die zur Stelle sein mußten, wenn es sich um arme Menschen handelte, oder wenn jemand mitten in der Nacht gestorben war. Und uns gab niemand eine kleine Belohnung, höchstens zuweilen der Pfarrer.

Verstehen Sie mich bitte richtig! Ich sage nicht, daß die Leute schuld gewesen seien. Die Menschen im Morvan sind sehr gastfreundlich. Für alle war das Leben schwer; das Land war arm. Jeder mußte sich abplagen. Das war halt so.

1922, als ich dreizehn geworden war, holte man mich von meinen Plegeeltern weg und brachte mich zur Arbeit bei anderen Bauern unter. Ich habe Jean Genet nicht wiedergesehen. Aber ich wußte, daß man ihn in Mettray eingesperrt hatte. Monsieur Roclore, der Direktor der Agentur, sagte häufig zu den Kindern, die sich nicht anpassen mochten: ›Wenn du so weitermachst, dann schicken wir dich zu Jean Genet.‹

Sie sagen, daß mein Name in einem Buch von Jean Genet vorkommt? Das überrascht mich. Aber im Grunde wundert es mich nicht besonders. Wir waren einander nicht ähnlich, aber wir standen doch auf gleicher Stufe. Wir waren beide Kinder, die man im Stich gelassen hatte. Vielleicht hat er sich deshalb an mich erinnert.«

Camille Harcq

Camille Harcq, geboren 1913 in Alligny, war Schulkamerad Jean Genets. Er verlor sehr früh seine Eltern und wurde von einem Großvater, der Lehrer war, in dem Weiler Pierre-Écrite aufgezogen. Er arbeitete fünfzehn Jahre lang als Schlachter in Paris und lebt seit 1945 wieder in Alligny.

»Ich kannte Jean Genet vor allem seit 1922, als ich wieder in Alligny zur Schule ging. Unser Haus war fünfzig Meter von dem seinen entfernt, auf der anderen Seite der Schule. Was mich betrifft, so habe ich gute Erinnerungen an ihn. Er war ein guter Kamerad; man konnte ihn um alles bitten. Ich schwatzte oft mit ihm. Er war immer sehr freundlich zu mir, und ich habe auch nie gesehen, daß er jemandem etwas Böses angetan hätte. Aber es stimmt schon, daß er nicht sehr umgänglich war. Er suchte kaum Kontakt zu seinen Mitschülern. Ich weiß noch, daß wir es als Kinder merkwürdig fanden, daß er nicht mit den anderen spielen wollte. In einem Dorf ist es eher selten, daß Kinder nicht zusammen spielen. Aber das war seine Eigenart; er war eher zurückhaltend und blieb für sich. Er hatte etwas Reserviertes, etwas Geheimnisvolles an sich. Wenn er an uns vorbeiging, blieb er nicht stehen, um zu schwatzen. Er sagte lediglich ›Guten Tag!‹ und ging seines Weges. Sein größtes Vergnügen war, sich bei schönem Wetter mit einem Buch an eine Böschung zu setzen; es war immer dieselbe, am neuen Weiher. Ich sehe ihn da noch wie heute ... Er verweilte da stundenlang mit seinem Buch, ohne sich zu rühren.
Ich kann mich gut an jene Zeit erinnern. Er muß dreizehn oder vierzehn Jahre alt gewesen sein. Er war groß und schlank; seine Haare waren kraus. Er hatte – ich weiß nicht, wie ich es sagen soll – eine Art von Eleganz an sich; immer sehr gut gekleidet, sehr sauber und gepflegt. Niemals hätte man ihn mit zerrissener Kleidung oder auch nur nachlässig angezogen sehen können. Er unterschied sich da sehr von uns anderen.
Man sah, daß er nicht vom Lande war. Er war der Typ eines Herrn aus der Stadt.
Eine andere Eigenart, die mich beeindruckte, war, daß er niemals Platt sprach. Hier in Alligny sprachen alle platt; Jean Genet nie. Selbst, wenn man ihn auf Platt ansprach, antwortete er auf Französisch.
Er war kein gewöhnlicher Mensch. Und er war sehr intelligent. Man sah, daß er lernen wollte. Er las ungemein viel. Selbst auf

dem Schulhof las er. Er stützte sich dann mit den Ellenbogen auf die kleine Mauer.
Seine Diebstähle? Oh, das waren doch Belanglosigkeiten! Das kann man nicht Diebstahl nennen! Er nahm seiner Mutter ein paar Münzen weg, um sich Bonbons zu kaufen ... Alle Kinder machen das. Das waren kindliche Stibitzereien.
Später, als sich die Nachricht im Dorf verbreitete, daß er auf Abwege geraten sei, war ich doch sehr überrascht. Das sah ihm nicht ähnlich. Das entsprach nicht seiner Art. Aber ich habe fünfzehn Jahre in Paris verbracht; das Leben ist da nicht leicht. Und er hatte keine Familie; er hatte überhaupt niemanden. Und so ... Aber er hat sich doch später wieder gefangen. Er hat gezeigt, wer er war. Er war eben kein gewöhnlicher Mensch.«

Marc Kouscher

Marc Kouscher, geboren 1909 in Paris und Fürsorgezögling, war Mitschüler Jean Genets. Er verließ Alligny endgültig im Jahre 1928. Nach verschiedenen Tätigkeiten beendete er sein Berufsleben als Personalleiter des Krankenhauses Pitié-Salpêtrière und lebt heute als Rentner im Großraum Paris.

»Wie Jean Genet bin ich ein Kind der Öffentlichen Fürsorge. Meine Mutter war gerade erst neunzehn Jahre alt, als ich geboren wurde, und sie ließ mich sofort im Stich. Ich war acht oder zehn Tage alt, als ich in Alligny ankam. Nach einer ersten katastrophalen Unterbringung, die ich wohl nur durch ein Wunder überlebte (ich wurde Tag und Nacht an einem Tisch festgebunden), wurde ich im Alter von drei Jahren da herausgeholt und bei der Familie des stellvertretenden Bürgermeisters in Pflege gegeben, wo man sich vorbildlich um mich kümmerte.
Ich wohnte in einem Weiler in der Nachbarschaft Allignys und bekam Jean Genet daher nur in der Schule zu Gesicht. Übrigens beneidete ich ihn um seine Situation, denn er wohnte direkt neben der Schule, während ich selbst morgens und abends vier Kilome-

ter hinter mich zu bringen hatte, und das ganze in Holzschuhen und oft genug bei Regen und Schnee.

Wenn ich mich recht entsinne, war Jean Genet um 1920–21 herum ein eher hübscher Junge mit zarten Gesichtszügen. Sicherlich war er von ausgeprägter Intelligenz, aber er glänzte vor allem im Französischen. Er gehörte zu den vier oder fünf Besten der Klasse. Er kam gleich nach Joseph Bruley.

Ich kann nicht behaupten, daß Jean Genet besonders sympathisch gewesen wäre. Er war ein Einzelgänger und nicht sehr freundschaftlich veranlagt. Er hielt sich immer abseits von seinen Mitschülern und verbrachte seine Zeit mit Lesen. Und wenn es mal vorkam, daß er spielte, dann handelte es sich auch nur um Spiele, die ihn allein amüsierten. Zum Beispiel legte er Reißzwecken auf die Schulbänke, so daß man sich stach beim Hinsetzen. Das fand er lustig. Er wirkte nie sehr offen. Seine Natur war eher hinterhältig. Im Grunde hatte er ein weibliches Verhalten und legte ein effeminiertes Gebaren an den Tag, das überhaupt nicht dem der Jungen aus dem Dorfe entsprach. Er unterschied sich ganz deutlich von den übrigen Kindern.

Und dann hatte er noch etwas Besonderes an sich. Er stahl. Das wußte im Dorf jeder. Ich habe sogar sagen gehört, daß er die Kasse des Tabakladens seiner Eltern gestohlen habe. Aber vielleicht sollte man nicht allen Gerüchten trauen. Was ich allerdings bestätigen kann, ist die Tatsache, daß er in der Schule alles mitgehen ließ, was ihm unter die Nägel kam: Radiergummis, Federetuis, Bleistifte ... Und einmal sogar, daran erinnere ich mich noch genau, das Schullexikon!

Allerdings muß man sagen, daß der Fall Jean Genet keine Ausnahme war, vor allem unter den Kindern der Fürsorge nicht. Wir hatten keinen guten Ruf. Viele unter uns hatten Schwierigkeiten. Wir wurden ›die Paris-Ärsche‹ genannt, und wenn man uns beschimpfte, dann wurde daraus schnell ›Hurensohn‹ oder ›Nuttenkind‹. Wir waren nicht wie die anderen. Wir fühlten uns als Außenseiter. Man sah es uns ja auch an. Wir waren sofort an unserer Kleidung auszumachen, die von der Fürsorge gestellt wurde. Für uns waren z. B. keine Schuhe vorgesehen; wir liefen alle Tage in Holzpantinen herum, sogar am Sonntag.

Die Leute im Morvan sind sehr gastfreundliche Menschen. Trotzdem kann man nicht sagen, daß wir wie die anderen aufwuchsen. Ich war zum Beispiel Klassenerster. Das kann Ihnen jeder bestätigen; in allen Fächern war ich der Beste. Ich hatte mir im Alter von fünf oder sechs Jahren vorgenommen, stärker als alle anderen zu sein. Das ›Certificat d'Études‹ erhielt ich zwei Jahre früher als vorgesehen und war dabei Bester im ganzen Kanton. Ich wollte Lehrer werden. Ja, und dann wurde ich mit dreizehn Jahren von der Schule genommen und in ein Ausbildungsheim gesteckt, um Gartenbau zu lernen. Das hat mir wehgetan, als die anderen Kinder nach Corbigny kamen, um den weiterführenden Unterricht zu besuchen! Kein Mensch machte eine Anstrengung, um mir das Schulgeld zu zahlen. Aber es stimmt natürlich: im Dorf war man nicht reich ...

Außer der Tatsache, daß ich von der Fürsorge kam, hatte ich noch eine andere Besonderheit. Bevor mich meine Mutter im Stich ließ, legte sie noch meine Religion fest. Ich bin Jude. In der ganzen Gegend gab es aber keinen weiteren Juden; ich war der einzige. Die Leute kamen von überall her, um mich zu begucken. Ich hatte auch nicht das Recht, am Religionsunterricht oder an der Messe teilzunehmen. Es war, als wenn ich bestraft werden sollte. In der Schule war ich isoliert. Ich mußte mich oft mit Klassenkameraden prügeln, weil sie mich beschimpften. Ich muß allerdings sagen, daß Jean Genet mir niemals irgendeine Schmähung an den Kopf geworfen oder mich als ›dreckigen Juden‹ bezeichnet hat. Ich stritt mich nie mit ihm. Er respektierte mich, ja er hatte sogar eine gewisse Bewunderung für mich übrig, weil ich der Beste in der Schule war. Das war etwas, das er anerkannte. Und das habe ich ihm nicht vergessen.«

Jean Pouteaux

Jean Pouteaux, 1909 in Alligny als Kind von Landwirten geboren, war Mitschüler Jean Genets. Nach einer ausgedehnten Karriere in verschiedenen Bereichen der Pariser Polizei lebt er heute als Rentner wieder in Alligny.

»Ich war ein Schulkamerad Jean Genets, aber ich gehörte nicht zu seinen Freunden. Er war kein Mensch, mit dem man sich leicht anfreunden konnte. Er war vor allem ein großer Individualist. Bestimmt war er sehr intelligent, er hatte einen gewissen Charakter, aber er war doch etwas sonderbar. Vor allem im letzten Jahr wurde jemand aus ihm; vorher fiel er nicht auf. Da war er so unscheinbar wie alle anderen auch.
Seine Pflegeeltern waren sehr anständige Leute. Charles Regnier war im Dorf sehr beliebt. Er tat den Leuten gern einen Gefallen; er war sehr hilfsbereit. Seine Frau ebenso, aber sie hatte doch einen eigensinnigeren Charakter. Alles in allem konnte sich Jean Genet nicht beklagen. Er wurde sehr gut behandelt. Ja, und trotz alledem war er ein ganz und gar aufsässiger Bursche. Ich erinnere mich gut an eine Unterhaltung, die wir miteinander hatten. Jean Genet sagte: ›Hier im Morvan halten sich viele Leute die Kinder der Fürsorge wie Dienstboten und zwingen sie zur Arbeit. Die muß man bestehlen, wo man nur kann.‹ Und er sagte auch: ›Mich werden sie jedenfalls nie zum Arbeiten bringen.‹ Dabei stellten seine Eltern wirklich keine großen Ansprüche an ihn. Alles, was man von ihm verlangte war, die einzige Kuh zur Weide zu bringen, einige hundert Meter vom Dorf entfernt, und sie abends wieder zurückzuholen. Das war nun nicht gerade viel.
Georges Regnier und er mochten sich natürlich nicht so gern. Das ist normal. Mit Jean Genet war nichts Großartiges anzufangen. Man konnte aus ihm nichts Gutes herausbringen.
Meine Erinnerung an ihn ist keine gute. Einmal haben wir uns sogar miteinander geprügelt. Damals waren wir beide Ministranten. Er wußte, daß ich mit seinen Grundsätzen nicht einverstanden war und daß ich zu den anderen Kindern der Fürsorge sagte, daß man seine Eltern nicht bestehlen dürfe. Jean Genet geht also an mir vorbei und schlägt mir ins Gesicht, einfach so, ohne etwas dabei zu sagen. Ich war ja älter als er; ich bin also auf ihn los und gab ihm eine saftige Ohrfeige. Man konnte die Abdrücke von meinen Fingern in seinem Gesicht sehen. Aber das muß ich doch

sagen: als man fragte, was vorgefallen sei, da ja die Spuren auf seiner Wange zu sehen waren, da sagte er nur ›Nichts!‹ und hat mich nicht beschuldigt.
Auf die anderen Kinder der Fürsorge hatte er einen schlechten Einfluß. Dabei wurde im Dorf keinerlei Unterschied zwischen den einen und den anderen gemacht. Alle Kinder wurden in gleicher Weise behandelt. Aber Jean Genet ermutigte die anderen zum Stehlen. Einmal, das weiß ich noch, verleitete er ein Kind dazu, hundert Francs bei der Schwester von dessen Pflegeeltern in Jarnoy zu stehlen. Das Kind versuchte, den Geldschein im Lebensmittelgeschäft Roncin zu wechseln, aber man hat es sofort dabei erwischt.
Jean Genet selbst stahl auch, wenn auch zuletzt weniger. Auf jeden Fall wurde er nie dabei ertappt. Ich kann mich an keinen bestimmten Diebstahl erinnern. Aber er verleitete die anderen dazu ...
Wirklich, Jean Genet war kein ehrlicher Bursche. Aber im Grunde tut es mir leid, Ihnen das alles erzählt zu haben. Vielleicht haben Sie sich ja eine andere Vorstellung von ihm gemacht und sind jetzt enttäuscht. Vergessen Sie am besten alles, was ich Ihnen gesagt habe.«

Felix Roncin

Félix Roncin, geboren 1909 in Alligny, wo er seither lebt, war Klassenkamerad Jean Genets. Seine Eltern betrieben das Lebensmittelgeschäft Roncin am Weg von Jarnoy, direkt gegenüber vom Haus der Regniers.

»Was ich Ihnen gleich sagen kann, ist, daß Jean Genet hier in Alligny keine guten Erinnerungen hinterlassen hat. Er gehört nicht zu denen, an die man gern zurückdenkt.
Ich war zusammen mit ihm in einer Klasse, aber ich kann nicht sagen, daß wir Kameraden gewesen wären. Jean Genet hatte keine Freunde. Er hatte überhaupt keinen Sinn für Freundschaften.

Ich habe ihn nie mit irgend jemandem gesehen, dem er wirklich verbunden gewesen wäre. Er blieb ganz und gar für sich allein. Ich verstehe nicht, wie Joseph Bruley sagen konnte, daß er sein Freund gewesen sei. Vielleicht hat er ihn ja nicht so gekannt, wie er wirklich war.

Ich jedenfalls war am richtigen Platz, um zu wissen, wen ich vor mir hatte. Ich wohnte direkt gegenüber von seinem Haus, über dem Geschäft, das meinen Eltern gehörte. Ich sah ihn von meinem Fenster aus, wenn er heimlich seine Dinger drehte. Ja, und das kann ich Ihnen sagen: das war ein Bengel, wie er ehrloser nicht sein kann! Ein richtiger kleiner Spitzbube! In der Schule klaute er Lineale und Federetuis und versteckte sie in seiner Schürze. Man hat ihn so manchesmal erwischt! Und zu Hause ließ er das Geld seiner Pflegeeltern mitgehen, vor allem von Georges. Seine Mutter sagte nichts dazu, aber Georges erwischte ihn mehrere Male dabei. Jean Genet mochte Georges übrigens nicht. Das ist kein Wunder. Und dann war er auch eifersüchtig auf ihn, weil Georges ja der angeborene Sohn der Familie war und seine Mutter natürlich trotz allem ihren natürlichen Sohn vorzog. Also, nehme ich an, bestahl Jean Genet Georges, um sich an ihm zu rächen.

Von dem Geld kaufte er sich Bonbons und Schokolade. Aber er wagte es nicht, selbst in den Laden meiner Eltern zu kommen. Er war zu sehr bekannt. Man wußte ja, mit wem man es zu tun hatte. Er holte sich zu dem Zwecke ein armseliges Mädchen, Simone oder Suzanne, die ein bißchen zurückgeblieben war und auch von der Fürsorge; der gab er das Geld, damit sie an seiner Stelle die Sachen für ihn kaufte. Er selbst wagte es nie, den Fuß in den Laden zu setzen.

Daß er an die anderen verteilte, was er gestohlen hatte, davon weiß ich nichts. Ist schon möglich. Mir hat er jedenfalls nie etwas gegeben.

Trotz allem muß man sagen, daß er gewiß ein intelligenter Junge war und eher ein guter Schüler, vor allem in Französisch. Aber in der oberen Klasse war ich nicht mehr mit ihm zusammen. Ich habe ihn vor allem im Alter von zehn bis zwölf Jahren gekannt. Vorher, als er noch kleiner war, fiel er weniger auf. Trotzdem

hatte er bereits eine eigenartige Natur. Wenn er sich zum Beispiel prügelte, dann schlug er sich nicht wie ein Junge. Er kratzte einem durchs Gesicht, wie eine Katze. Er hatte etwas – wie soll ich sagen? – Mädchenhaftes an sich. Er handelte immer von hinten herum. Er verpetzte die anderen bei seiner Mutter; die hatte nur Ohren für ihn und stauchte die anderen dann zusammen.
Das Verhalten Jean Genets war um so ungewöhnlicher, als seine Eltern sich wirklich gut um ihn kümmerten. Die Kleinen von der Fürsorge wurden hier sehr gut behandelt. Sie wurden wie die anderen Kinder betrachtet; da gab es keine Unterschiede. Der Beweis: alle kommen sie später hierher zurück oder bleiben doch in Kontakt mit ihren alten Freunden. Alle, außer Jean Genet. Seine Bücher habe ich nie gelesen. Sie sind vielleicht gut geschrieben, aber er selbst war kein guter Mensch. Sehen Sie, sogar im Fernsehen hat man ihn übrigens nie gesehen. Alle Schriftsteller treten im Fernsehen auf, nur er nicht. Das war jemand, der stand außerhalb der Gesellschaft.«

Anhang II

Gerichtsurschriften

Wir haben uns bei der Abschrift der hier folgenden offiziellen Dokumente, deren Originale zum größten Teil oder vollständig nur in handschriftlicher Form vorlagen, um größtmögliche Lesbarkeit bemüht. Die üblichen Abkürzungen wurden ausgeschrieben. Drei Punkte ... bedeuten Auslassungen unsererseits, wo in der Regel ausführlich auf Gesetzesartikel verwiesen wird, sowie in Fällen, wo Absätze in Vordrucken vom Gerichtsschreiber nicht ausgefüllt wurden.

Gericht für Kinder und Jugendliche des Departements Seine 1. Juni 1926

Archiv der Stadt Paris.

Für den Staatsanwalt
Gegen

Angeklagter: Genet Jean, fünfzehn Jahre alt, ohne Beruf, geboren in Paris, sechstes Arrondissement, am 19. Dezember 1910, Sohn unbekannten Vaters, Mutter Camille, ohne festen Wohnsitz, Zögling der öffentlichen Fürsorge, derzeit Häftling im Gefängnis für Jugendliche.

Haftbefehl am 29. April 1926.

Landstreicherei – Verstoß gegen die Eisenbahnordnung – Vertrauensmißbrauch.

Das Gericht, nach Anhörung der Erklärungen des Angeklagten bei beschränkter Zulassung der Öffentlichkeit, der Anträge der Staatsanwaltschaft, des Plädoyers der Verteidigung und nach Beratung im Sinne des Gesetzes, beschließt in öffentlicher Sitzung, in Erwägung, aus den Untersuchungen und der Verhandlung gehe der Beweis hervor, daß der Jugendliche Genet, Jean, festgenommen in Paris am sechsten März neunzehnhundertsechsundzwanzig, das Delikt der Landstreicherei begangen hat, indem er ohne legitimen Grund den Ort verließ, an dem er von den Autoritäten, denen er unterstellt bzw. anvertraut ist, untergebracht worden war, und, ohne festen Wohnsitz und Unterhaltsmöglichkeiten, da ohne regelmäßige Beschäftigung noch erlernten Beruf, umherirrend aufgegriffen wurde: strafbare Handlung gemäß Artikel ...: in der Erwägung, aus denselben Dokumenten gehe hervor, daß der Jugendliche Genet, Jean unter denselben zeitlichen wie örtlichen Umständen gegen das Gesetz und die Bestimmungen der Eisenbahnverkehrsordnung verstoßen hat, indem er einen Wagen dritter Klasse der Eisenbahngesellschaft Paris–Orléans vor der Abfahrt nach Bordeaux bestieg, ohne im Besitz einer Platzkarte zu sein: strafbare Handlung gemäß der Artikel ...: in Erwägung, aus denselben Dokumenten gehe der Beweis hervor, daß der Jugendliche Genet, Jean in Paris, im November neunzehnhundertfünfundzwanzig, zum Nachteil des Herrn Chevrier, genannt de Buxeuil, als Besitzer, den Betrag von hundertachtzig Francs, der ihm lediglich zum Zwecke der stellvertretenden und uneigennützigen Ausgabe, nämlich zu einem bestimmten Zwecke und zuvor festgelegter Dienstleistung anvertraut wurde, unterschlagen bzw. eigennützig verwendet hat: strafbare Handlung gemäß Artikel ...: in Erwägung, daß der Jugendliche Genet Jean älter als dreizehn Jahre und jünger als achtzehn Jahre ist, daß sich somit die Frage stellt, ob er mit Urteilsfähigkeit oder ohne Urteilsfähigkeit gehandelt habe; in Erwägung, daß das Gericht über die notwendigen Voraussetzungen der Begutachtung verfügt, um zu befinden, daß er ohne Urteilsfähigkeit gehandelt habe und daß es angemessen sei, ihm unter diesen Umständen die Bestimmungen des Artikels ... zu gewähren: in Erwägung der Tatsache, daß der Jugendliche Genet, Jean Reue zeigt und Besserung verspricht und somit angemessen ist, ihm gegenüber Milde walten zu lassen; in Erwägung der Tatsache, daß der Minderjährige Zögling der Öffentlichen Fürsorge ist, ist das Gericht der Meinung, daß ihm diese zu gewähren sei in Übereinstimmung mit den Bestimmungen der Artikel ...: Aus diesen Gründen: In Anwendung der Bestimmungen der Artikel ... auf den unten genannten Angeklagten:

Den Jugendlichen Genet, Jean aufgrund mangelnder Urteilsfähigkeit freizusprechen. Verfügt, daß er erneut der Öffentlichen Fürsorge überantwortet werde; daß der unten genannte Minderjährige infolgedessen augenblicklich auf freien Fuß gesetzt werde, soweit er nicht aus anderen Gründen inhaftiert ist. Erlegt dem Jugendlichen Genet, Jean nichtsdestoweniger die Erstattung der Gerichtskosten auf, die von der Staatskasse vorgestreckt und auf die Summe von hundertzweiunddreißig Francs und zehn Centimes, plus fünf Francs Porto, festgesetzt wurden. Eine ersatzweise stattzufindende Haftstrafe zur Begleichung der genannten Ausgaben wird nicht verfügt.

(Unterschriften)

Gericht erster Instanz zu Meaux
25. August 1926

Departementalarchive Seine-et-Marne.

Sitzung des Gerichts Erster Instanz zu Meaux, Mittwoch fünfundzwanzigster August neunzehnhundertsechsundzwanzig, in Sachen Vergehen gegen das Strafrecht, geleitet von den Herren Fournier, Richter in Coulommiers, anstelle des verhinderten Präsidenten, und Chiniard, Friedensrichter, bestellt durch Verfügung des Ersten Präsidenten am 20. Oktober 1924 anstelle des verhinderten planmäßigen Richters. Monsieur de la Ménardière, Sachwalter, ernannt anstelle des verhinderten planmäßigen Beamten.

In Anwesenheit der Herren Cómte, Vertreter des Staatsanwalts, und Normand, Gerichtsschreiber, wurde nachfolgendes Urteil ausgesprochen:

Zwischen dem Herrn Staatsanwalt, Antragsteller

und dem genannten Genet, Jean, sechzehn Jahre alt, geboren am 19. Dezember 1910 in Paris (6. Arr.), Sohn des ---- und der Camille Gabrielle, ohne Beruf, wohnhaft: ohne festen Wohnsitz, bereits gerichtlich verfolgt, eingestuft (unleserlich).

Der Beklagte erscheint in eigener Person

Angeklagt

der Landstreicherei

des Verstoßes gegen die Eisenbahnordnung

Inhaftiert, Haftbefehl vom 19. 7. 1926

andererseits;

Bei Aufruf der Sache führte der Herr Staatsanwalt aus, daß der

Beschuldigte aufgrund obengenannter Taten und Untersuchungshaft in heutiger Verhandlung dem Gericht vorgeführt wird, um sich zu verteidigen. Sitzung unter beschränkter Zulassung der Öffentlichkeit.

Anschließend verlas der Gerichtsschreiber das Verhörprotokoll, erstellt am 19. Juli 1926 durch den Herrn Polizeikommissar von Meaux zu Lasten des genannten Beschuldigten.

Daraufhin wurde der Beschuldigte befragt. Der Gerichtsschreiber hielt die Aussagen des Beschuldigten fest. Die Staatsanwaltschaft führte zusammenfassend die Rechtssache vor und forderte gegen den Beschuldigten die Anwendung des Strafgesetzes. Der Beschuldigte äußerte sich zu seiner Verteidigung ...

Nach gesetzmäßiger Beratung befand das Gericht wie folgt: In Erwägung, daß aus der Verhandlung sowie den Eingeständnissen Genets der Beweis gegen den Angeklagten hervorgeht, er sei auf unerlaubte Weise im Bereich von Meaux im Zustand der Landstreicherei aufgegriffen worden, da er ohne rechtmäßigen Grund den Wohnsitz verließ, an dem ihn die Autoritäten, denen er unterstellt bzw. anvertraut war, untergebracht hatten, und umherirrend gefunden wurde, ohne jeglicher regelmäßiger Beschäftigung nachzugehen, er sei ferner ohne Fahrberechtigung nach (unleserlich) Saint-Denis und von Noisy nach Meaux gereist:

Strafbare Handlung und Übertretung gemäß der Artikel ...

In Erwägung der Tatsache, daß Genet jünger als achtzehn Jahre und die Frage angemessen ist, ob er mit Urteilsfähigkeit gehandelt habe

In Erwägung der Tatsache, daß das Gericht über die Voraussetzungen verfügt, festzustellen, daß er ohne Urteilsfähigkeit gehandelt habe. Gesetz vom 22.7.1912.

Aus diesen Gründen

Spricht das Gericht Genet frei, da er ohne Urteilsfähigkeit gehandelt hat, verfügt jedoch seine Einweisung in beaufsichtigter Freiheit im Rahmen der Landwirtschaftlichen Erziehungskolonie von Mettray bis zur Erreichung der Volljährigkeit.

Ernennt einen der Verwalter der genannten Kolonie als Delegierten. Setzt das Tagegeld zum vom Gericht in Tours genehmigten Satz fest.

Verfügt die provisorische Vollstreckung des vorliegenden Urteils ungeachtet einer Berufung.
Übergibt die Zuständigkeit für die Durchführung des vorliegenden Urteils dem Gericht in Tours.
Verurteilt ihn ferner zur Erstattung der Kosten, in Höhe von (unleserlich) eingeschlossen 5 Francs Portokosten.
Bestimmt hinsichtlich der Geldbuße und der Rückerstattung der Staatskosten die Dauer der ersatzweisen Haft auf ein Minimum.
Zusammenfassend, in Anwendung der obengenannten Artikel 463 des Strafgesetzbuches, 194 der Strafprozeßordnung, des Gesetzes vom 22. Juli 1867, das vom Präsidenten verlesen wurde, die folgendermaßen abgefaßt sind: ...
In diesem Sinne wurde das vorliegende Urteil von den rechtsprechenden Richtern sowie vom Gerichtsschreiber des oben genannten Tages, Monats und Jahres gezeichnet.

(Unterschrift)

Gericht erster Instanz für Kinder und Jugendliche zu Orléans 28. Dezember 1927

Departementalarchiv des Loiret.

In öffentlicher Sondersitzung des Gerichts Erster Instanz in Orléans für Kinder und Jugendliche am achtundzwanzigsten Dezember neunzehnhundertsiebenundzwanzig in Sachen Verstöße gegen das Strafrecht durch Minderjährige von dreizehn bis achtzehn Jahren, unter Leitung der Herren Janin, Richter, anstelle des verhinderten Titularpräsidenten, Duflos, Richter, und Pouyé, Richter, stellvertretend mit beratender Funktion für die verhinderten Titularrichter.
In Anwesenheit der Herren Chevassu – (unleserlich) Stellvertreter des Staatsanwalts, und im Beisein von B. Raumier, Beauftragter des Gerichtsschreibers, wurde das folgende Urteil ausgesprochen:

Zwischen dem Staatsanwalt, Antragsteller
Und GENET Jean, siebzehn Jahre alt, geboren in Paris, 6. Arrond., am 19. Dezember 1910, Sohn des X ... und der Camille Gabrielle Genet, Tagelöhner und Zögling der Kolonie von Mettray
Angeklagt des Verstoßes gegen die beaufsichtigte Freiheit und des Diebstahls
Zur Verhandlung erschienen, inhaftiert am 6.10.1927 aufgrund einstweiliger Festnahme
Im Beisein von Maître Bergeron, Verteidiger
andererseits.
Die Rechtssache wurde gesondert behandelt in Abwesenheit der übrigen Angeklagten, ausschließlich zur Verhandlung zugelassen waren die vom zweiten Paragraphen des Artikels 19 des Gesetzes vom 22. Juli 1912 bestimmten Personen. Der Staatsanwalt führte aus, daß er Genet vor das Gericht und die heutige Verhandlung zitiert habe, um sich aufgrund obengenannter Untersuchungshaft zu verantworten.
Und der Angeklagte wurde befragt. – Der Gerichtsschreiber hielt die Aussagen des Angeklagten fest. – Die Staatsanwaltschaft führte die Rechtslage aus und forderte gegen den Angeklagten die Anwendung des Strafgesetzes. – Der Angeklagte, vertreten durch seinen Anwalt, äußerte sich als letzter zu seiner Verteidigung.
Und das Gericht befand nach vom Gesetz vorgesehener Beratung in öffentlicher Sitzung wie folgt:
In Erwägung, daß aus den Informationen sowie der Verhandlung hervorgeht, daß Genet, der durch Verfügung des Gerichts in Meaux am 26. August 1926 der Paternalistischen Gesellschaft von Mettray bis zu seiner Volljährigkeit anvertraut und am 6. November dieses Jahres aufgrund eigenen Wunsches bei dem Sieur Hérissé, Landwirt in Beaumont la Ronce (Indre-et-Loire), untergebracht wurde, sich von dort am 3. Dezember auf unerlaubte Weise entfernte und in betrügerischer Weise auf der Landstraße nach Blois eine Decke aneignete, deren Besitzer nicht ausfindig gemacht werden konnte
In Erwägung, daß er am 5. desselben Monats in Beaugency um-

herirrend angetroffen und von Gendarmen aufgegriffen wurde,
In Erwägung, daß der Leiter der Kolonie von Mettray hat wissen lassen, daß er bereit sei, ihn erneut aufzunehmen
Aufgrund dieser Beweggründe
Erklärt Genet für schuldig, in Beaugency (Loiret) am 5. Dezember 1927 versucht zu haben, 1. sich der Bewachung zu entziehen, der er durch Urteil des obengenannten Gerichts in Meaux unterstellt worden war, 2. in Blois im Dezember 1927 auf betrügerische Weise eine Decke unterschlagen zu haben zum Schaden von Unbekannt, strafbare Handlungen nach den Artikeln 23 des Gesetzes vom 22. Juli 1912, 379 und folgende des Strafgesetzbuches, befindet jedoch, daß er ohne Urteilsfähigkeit gehandelt hat, und bestimmt daher gemäß Artikel 66 des Strafgesetzbuches, geändert durch das Gesetz vom 22. Juli 1912, seine Reintegrierung in die landwirtschaftliche Kolonie von Mettray.
Verurteilt ihn darüber hinaus zur Erstattung der Gerichtskosten in der Höhe von 45 F 35, 7 F 50 Porto inbegriffen.
Zusammenfassend, in Anwendung der Artikel ...
In diesem Sinne wurde das vorliegende Urteil von den urteilenden Richtern, ebenso durch den Gerichtsschreiber an oben genanntem Tag, Monat und Jahr gezeichnet.

(Unterschriften)

Tribunal Correctionnel Seine. 13. Strafkammer 18. September 1937

Archiv der Stadt Paris.

Für den Staatsanwalt
Gegen

Flagrant Délit: Genest, Jean, 27 Jahre, ohne Beruf, geboren am 19. Dezember 1910 in Paris (?. Arrdt.) Sohn des Paul und der Marcel Gabrielle, Junggeselle, ohne festen Wohnsitz. Militärjahrgang 1930. Rekrutierungsbüro Tours.
Haftbefehl am 17. September 1937

Flagrant Délit: Le Chapelain, Jean Joseph, 21 Jahre, ohne Beruf, geboren am 29. April 1916 in Locmariaquer (Morbihan) Sohn unbekannten Vaters und der Le Chapelain Anne-Marie, Junggeselle, ohne festen Wohnsitz.
Haftbefehl am 17. September 1937
Diebstahl und Beihilfe
Das Gericht, nach Belehrung der Angeklagten durch den Präsidenten, daß ihnen ein Zeitraum von mindestens drei Tagen zusteht, um ihre Verteidigung vorzubereiten, nach der Antwort der Angeklagten, daß sie eine sofortige Verhandlung wünschen, nach Beratung im Sinne des Gesetzes, beschließt wie folgt:
In Erwägung, daß aus den Informationen und der Verhandlung hervorgeht, daß Genest in Paris am sechzehnten September neunzehnhundertsiebenunddreißig auf betrügerische Weise ein Dutzend Taschentücher im Werte von fünfunddreißig Francs zum Nachteil der Besitzer des Warenhauses La Samaritaine unterschlagen hat. Strafbare Handlung nach Artikeln 379 und 401 des Strafgesetzbuches. In Erwägung, daß Le Chapelain, am gleichen Ort und zu gleicher Gelegenheit, sich bewußt zum Komplizen der betrügerischen Handlung Genests machte, zum Nachteil des Samaritaine wie oben ausgeführt, indem er vortäuschte, Taschentücher auszuwählen, mit der alleinigen Absicht, die Aufmerksamkeit der Verkäufer oder anderer Personen von den Absichten und Handlungen Genests abzulenken, und daher im Sinne der Artikel 59 und 60 des Strafgesetzbuches angemessen ist, auf ihn den oben genannten Artikel 401 anzuwenden.
In Anwendung der vom Präsidenten verlesenen und folgendermaßen lautenden Artikel 59, 60, 379 und oben genannten 401: ... Im Sinne des Artikels 463 des Strafgesetzbuches und bei Milderung der Strafe aufgrund mildernder Umstände.
Verurteilt Genest und Le Chapelain jeweils zu einem Monat Gefängnis. Darüber hinaus, in Erwägung, daß Genest und Le Chapelain bisher noch nicht zu Haft oder Geldstrafe verurteilt wurden und die über ihre Personen eingeholten Informationen vorteilhaft ausfielen, und daher angebracht ist, auf sie die wohlwollenden Bestimmungen des Artikels 1 des Gesetzes vom 26. März wie folgt ... anzuwenden.

Aufgrund dieser Beweggründe wird verfügt, daß die oben genannte, gegen Genest und Le Chapelain ausgesprochene Haftstrafe zur Bewährung ausgesetzt wird. Verurteilt sie darüber hinaus zu gleichen Teilen zur Begleichung der vom Staatshaushalt vorgestreckten Gerichtskosten in Höhe von einem Franc und zwanzig Centimes sowie fünf Franc Porto.
Legt die ersatzweise Haftstrafe auf volle Höhe fest, falls erforderlich zur Begleichung der genannten Ausgaben im Sinne der Bestimmungen des Gesetzes vom zweiundzwanzigsten Juli achtzehnhundertsiebenundsechzig, geändert durch das Gesetz vom dreißigsten Dezember neunzehnhundertachtundzwanzig, welches die Höhe der ersatzweisen Haftstrafe festlegt.
Verfügt die sofortige Freilassung Genests und Le Chapelains, soweit sie sich nicht aufgrund weiterer Vergehen in Haft befinden.

(Unterschriften)

Tribunal Correctionnel Seine. 14. Strafkammer
25. November 1937

Archiv der Stadt Paris.

Für den Staatsanwalt
Gegen

1) Häftling Genet Jean, Marcel, 27 Jahre, ohne Beruf, geboren am 19. Dezember 1910 in Paris, 6. Arrondissement, Sohn unbekannten Vaters und der Gabrielle Camille Genet, Junggeselle, ohne festen Wohnsitz, Militärjahrgang 1930, Rekrutierung in Tours
Haftbefehl 22. September 1937
2) Häftling Cremer Joseph, 24 Jahre, Student der Chemie, geboren am 5. November 1913 in Köln, Deutschland, Sohn des Fréderic und der Pauline Preiss, Junggeselle, wohnhaft in Paris, Rue Dulong 39, bei einem Herrn Galette, Nationalität deutsch
Haftbefehl 22. September 1937
Diebstahl. Fälschung eines Ausweises und Gebrauch desselben. Unerlaubter Waffenbesitz. Nichtanmeldung einer meldepflichtigen Waffe.

Jean Genet um 1937. (Japanische Werkausgabe, Bd. II)

Das Gericht, nach Beratung im Sinne des Gesetzes, in Erwägung, daß aus den Untersuchungen und der Verhandlung hervorgeht, daß Genet im Laufe des Monats September neunzehnhundertsiebenunddreißig im Department Seine betrügerischerweise unterschlug 1) Handschriften in den Auslagen einer Buchhandlung in der Rue Bonaparte, 2) Nippesgegenstände in einem geparkten Fahrzeug, 3) einen Ausweis auf den Namen Landsmann in einem geparkten Fahrzeug, 4) Dokumente und Papiere zum Nachteil von Cremer. Strafbare Handlung gemäß Artikel 309 und 401 des Strafgesetzbuches. In Erwägung, daß aus denselben Dokumenten hervorgeht, daß Genet unter gleichen zeitlichen und örtlichen Umständen außerhalb seines Wohnsitzes in unerlaubtem Waffenbesitz angetroffen wurde. Strafbare Handlung gemäß Artikel 1 des Gesetzes vom 24. Mai 1834. In Erwägung, daß aus denselben Dokumenten hervorgeht, daß Genet unter gleichen zeitlichen wie örtlichen Umständen sich seit mehr als acht Tagen im Besitz eines Revolvers befand und es unterließ, diesen bei der Polizeipräfektur anzumelden. Strafbare Handlung gemäß Artikel 9 des Gesetzes vom 25. Oktober neunzehnhundertfünfunddreißig. In Erwägung, daß aus denselben Dokumenten hervorgeht, daß Genet 1) im Laufe des Monats Juli neunzehnhundertsechsunddreißig auf französischem Territorium einen ursprünglich authentischen Ausweis fälschte, indem er den Namen GENET durch GENJIETTI ersetzte und den derart gefälschten Ausweis an der Landesgrenze benutzte, um nach Frankreich zurückzukehren, ferner zu diversen Gelegenheiten das so gefälschte Dokument vorwies, um seine Identität nachzuweisen; daß 2) Cremer im Laufe des Monats Juli neunzehnhundertsiebenunddreißig auf französischem Territorium bewußten Gebrauch eines Ausweises machte, ursprünglich ausgestellt auf den Namen Schuster, den er derart fälschte, daß er Schusters Kennbild durch das seine ersetzte. Strafbare Handlung nach Artikel 113 des Strafgesetzbuches. Aus diesen Beweggründen, in Anwendung der oben genannten Artikel, die vom Präsidenten verlesen wurden und lauten wie folgt: ... In Beachtung des Artikels 36 der Strafprozeßordnung. Gemäß Artikel 463 des Strafgesetzbuches und einer Strafmilderung aufgrund mildernder Umstände.

Verurteilt Genet zu fünf Monaten Gefängnis, Cremer zu zwei Monaten Gefängnis. Verurteilt ferner beide zu gleichen Teilen zur Erstattung der vom Staatshaushalt vorgestreckten Gerichtskosten in Höhe von dreihundertachtundneunzig Franc und zwanzig Centimes sowie sieben Franc fünfzig Centimes Portokosten. Setzt die Höhe der ersatzweisen Haft zur Erstattung der Kosten auf fünf Tage fest. Verfügt die Einziehung der genannten Waffe und deren Zerstörung.

(Unterschriften)

Tribunal de Première Instance en Matière de Police Correctionnelle. Auxerre. 13. Juni 1939

Archiv des Departements Yonne.

Das Gericht Erster Instanz Auxerre, Abteilung für Strafsachen.
Rechtsprechend in Sachen Verstoß gegen das Strafrecht, kommt zu folgendem Urteil:
Auf Antrag des Staatsanwalts vor diesem Gericht, Antragsteller aufgrund Rückverweisung und (unleserlich) vom 8. 6. 1939.
Gegen
1) Genet Jean 28 Jahre geboren am 19. Dezember 1910 in Paris, 6. Arrdt. Vater unbekannt Mutter Camille Gabrielle, ohne Beruf und festen Wohnsitz, Mil. 1930, Rekr. Tours, (unleserlich) Junggeselle
2) Pelta Léon, 22 Jahre, geboren am 10. Februar 1917 in Paris 14. Arrdt., Eltern Herschlick und Rose Jacobovitch, ohne Beruf und festen Wohnsitz, Junggeselle, Mil. 1937 Rekr. Seine 1 R mle 3576 (unleserlich)
Angeklagt: Genet Betrug, Vergehen gegen die Eisenbahnverkehrsordnung, Landstreicherei
Pelta Vergehen gegen die Eisenbahnverkehrsordnung, Landstreicherei
Haftbefehle 9. Mai 1939
Die Beschuldigten wurden angehört. Der Gerichtsschreiber hat die Aussagen des Verhörs notiert, Monsieur (unleserlich), Vertre-

ter des Staatsanwalts, wurde mit seiner Antragstellung angehört, die Strafgesetzordnung ist anzuwenden.
Maître (unleserlich), Anwalt, plädierte als Verteidiger

FÜR RECHT BEFUNDEN

Das Gericht, nach Beratung im Sinne des Gesetzes, befindet öffentlich und in erster Instanz
In Erwägung, daß der Straftatbestand der Landstreicherei im Falle Genet und Pelta nicht in genügender Weise bewiesen ist, spricht es sie von dieser Anklage frei.
In Erwägung jedoch, daß aus der Untersuchung, der Verhandlung und dem Geständnis der Beschuldigten der Beweis hervorgeht, daß
I. Genet Jean:
a) sich am 7. Mai 1939 in Brunoy, auf jeden Fall in Frankreich, widerrechtlich von der S.N.C.F. eine Fahrkarte zum ermäßigten Militärtarif hat ausstellen lassen, indem er fälschlicherweise vorgab, Soldat zu sein und sich auf Diensturlaub zu befinden, bzw. betrügerische Manöver anwandte, um die Existenz von falschen Tatsachen zur Erlangung ungerechtfertigter Ermäßigung vorzutäuschen, und auf diese Weise die genannte Gesellschaft schädigte. Daß er
b) am 7. Mai 1939 zwischen Paris und Brunoy, Brunoy und Combes la Ville, Combes la Ville und Melun, Bois le roi und Auxerre ohne gültigen Fahrausweis die französische Eisenbahn benutzte.
II. Pelta Léon:
am 8. Mai 1939 zwischen Bois le Roi und Auxerre ohne gültigen Fahrausweis mittels der französischen Eisenbahn reiste
Aus diesen Beweggründen: Erklärt Genet für überführt und schuldig der strafbaren Handlungen gemäß der Artikel 405 des Strafgesetzbuches, 21 des Gesetzes vom 15. Juli 1845, 78 des Dekrets vom 11. November 1917; Pelta für überführt und schuldig der strafbaren Handlung gemäß Artikel 21 des Gesetzes vom 15. Juli 1845 und 78 des Dekrets vom 11. Nov. 1917.
Im Sinne des Artikels 463 des Strafgesetzbuches und 365 der Strafprozeßordnung
diese, vom Präsidenten während der Sitzung verlesen, lauten wie folgt ...

Verurteilt Genet zu einer Gefängnisstrafe von einem Monat sowie einer Geldstrafe von fünfzig Franc; Pelta zu einer Geldstrafe von fünfzig Franc

Verurteilt beide zu gleichen Teilen zur Erstattung der Gerichtskosten in Höhe von 217.35

Verfügt die Dauer einer ersatzweisen Haftstrafe auf das Höchstmaß. So wurde verhandelt und geurteilt in Auxerre am dreizehnten Juni neunzehnhundertneununddreißig.

Bei öffentlicher Verhandlung des Gerichts für Strafsachen, besetzt mit den Herren (unleserlich)

(Unterschriften)

Gericht Erster Instanz Chalon-sur-Saône
30. Juni 1939

Tribunal de Grande Instance de Chalon-sur-Saône.

Zwischen der Staatsanwaltschaft, Kläger, einerseits

Und GENET Jean, 28 Jahre, geboren am 19. Dezember 1910 in Paris (VI. Arrondissement), Sohn unbekannten Vaters und der Camille Gabrielle, Zögling der Öffentlichen Fürsorge der Seine, ohne Beruf und derzeit ohne festen Wohnsitz.

Angeklagt der Landstreicherei und des Nichtbesitzes eines anthropometrischen Ausweises.

Nach Verlesung der Anklage setzt der Präsident den Beschuldigten darüber in Kenntnis, daß ihm ein Zeitraum von drei Tagen zur Verfügung stehe, um seine Verteidigung vorzubereiten; der letztere erklärt, diesen nicht wahrnehmen zu wollen und eine sofortige Verhandlung zu wünschen.

Es wurden in Betracht gezogen

die Lektüre der Strafakte;

die Auslassungen des Angeklagten hinsichtlich seiner Verteidigung;

die Requisition der Staatsanwaltschaft;

das Plädoyer des Verteidigers, Maître Vincent.

Nach Beratung im Sinne des Gesetzes beschließt das Gericht wie folgt:

In Erwägung, daß Genet Jean der Landstreicherei und des Nichtbesitzes eines anthropometrischen Ausweises beschuldigt wird;
In Erwägung, daß aus den Akten und der Verhandlung hervorgeht, daß der Beschuldigte am sechzehnten Juni 1939 auf dem Gebiet der Gemeinde von Pierre-en-Bresse von Gendarmen der Brigade derselben Ortschaft angetroffen wurde, ohne über einen festen Wohnort oder Aufenthaltsort zu verfügen, und angab, über keinerlei Einkommen noch Möglichkeit der Verpflegung zu verfügen;
In Erwägung, daß Genet Jean jedoch drei Tage nach seiner Entlassung aus der Strafanstalt Auxerre, wo er inhaftiert war, verhaftet wurde und ihm zugestanden werden muß, daß er die nötige Zeit brauchte, um sich Arbeit zu verschaffen; daß die Zeit, die dem erst am 13. Juni 1939 entlassenen Häftling zur Verfügung stand, hierzu nicht ausreichte;
In Erwägung, daß folglich die gegen den Angeklagten erhobene Beschuldigung der Landstreicherei nicht genügend erhärtet ist und es daher angebracht ist, den entsprechenden Anklagepunkt gegen ihn fallen zu lassen;
In Erwägung, daß der Angeklagte, der im Ruf des Nomadentums im Sinne des Artikels 3 des Gesetzes vom 16. Juli 1912 steht, sich zum Zeitpunkt seiner Verhaftung nicht im Besitz eines anthropometrischen Identitätsnachweises befand;
In Erwägung, daß es sich bei diesem Vergehen um ein dauerndes und vom Angeklagten eingestandenes handelt und es folglich angemessen ist, den Artikel 271 des Strafgesetzbuches anzuwenden;
In Erwägung, daß dennoch mildernde Umstände gegeben sind;
Aus diesen Beweggründen ist das Vergehen der Landstreicherei, dessen Genet Jean beschuldigt wird, nicht gegeben;
Hieraus folgt, daß der entsprechende Anklagepunkt gegen ihn fallengelassen wird; er wird jedoch des Vergehens des Nichtbesitzes eines anthropometrischen Ausweises für überführt und schuldig befunden;
Verurteilt ihn daher zu fünfzehn Tagen Gefängnis und Erstattung der Verfahrenskosten in Höhe von siebenundachtzig Franc und fünfzig Centimes.

Verfügt die ersatzweise Haft auf einen Tag.
Gemäß der Artikel 3, Gesetz vom 16. Juli 1912; 271–463 des Strafgesetzbuches; 194 der Strafprozeßordnung und 19 des Gesetzes vom 30. Dezember 1928, die vom Präsidenten verlesen wurden und die lauten wie folgt ...
Es nahmen teil an der öffentlichen Verhandlung an obengenanntem Tag, Monat und Jahr die Herren GAUDIN, Vize-Präsident, BUFFENOIR und CHARBONNIER-LEBRETON, Richter; im Beisein von Monsieur DUBOST, Vertreter des Staatsanwalts, und J. MARTIN, Gerichtsschreiber.

(Unterschriften)

Landgericht Seine. Dritte Strafkammer
18. Oktober 1939

Archiv der Stadt Paris.

Für den Staatsanwalt
Gegen

Flagrant Délit. Häftling: Genet Jean, 28 Jahre, Tagelöhner, nach eigener Aussage geboren in Paris (6. Arr.), am 19. Dezember 1910, Vater unbekannt, Mutter Camille, Gabrielle Genet, Junggeselle, ohne festen Wohnsitz. Militärjahrgang 1930, Rekrutierung in Tours, aus der Armee entlassen.
Haftbefehl vom 17. Oktober 1939

Diebstahl – Wiederholungstäter

Das Gericht, nach Belehrung des Angeklagten durch den Vorsitzenden über sein Recht auf drei Tage, um seine Verteidigung vorzubereiten, nach Aussage des Angeklagten, daß er eine sofortige Verhandlung wünsche, nach Beratung im Sinne des Gesetzes. In Erwägung, daß aus den Erkenntnissen und der Verhandlung hervorgeht, daß Genet am sechzehnten Oktober neunzehnhundertneununddreißig in Paris auf betrügerische Weise ein Hemd und ein Seidentuch im Werte von zusammen hundertundfünfzig Francs zum Nachteil der Besitzer des Kaufhauses ›Louvre‹ unterschlug. Strafbare Handlung aufgrund der Artikel 379 und 401 des Strafgesetzbuches. In Erwägung, daß Genet aufgrund eines kon-

traditorischen Urteils des Landgerichts Brest am fünfundzwanzigsten Oktober neunzehnhundertachtunddreißig zu zwei Monaten Gefängnis wegen Diebstahls verurteilt wurde und dieser Gerichtsentscheid als rechtskräftig erklärt wurde aufgrund unfristgemäßer Berufung wie vom Gesetz vorgesehen, daß diese Verurteilung der weiter oben ausgeführten Straftat vorausging, daß er daher Wiederholungstäter vor dem Gesetz ist im Sinne des Artikels 58 des Strafgesetzbuches; in Anwendung der Artikel 401 und 58 des Strafgesetzbuches wie oben zitiert, verlesen durch den Präsidenten, mit folgendem Wortlaut: ... In Hinblick auf den Artikel 463 des Strafgesetzbuches, der die Herabsetzung der Strafe aufgrund mildernder Umstände ermöglicht.
Verurteilt Genet zu zwei Monaten Gefängnis sowie den Angeklagten zur Begleichung der von der Staatskasse vorgestreckten Gerichtskosten in Höhe von sechzig Centimes sowie fünf Francs Porto. Setzt die ersatzweise Haftstrafe fest auf ein Mindestmaß.

(Unterschriften)

Landgericht Seine. Zweite Strafkammer
23. April 1940

Archiv der Stadt Paris.

Für den Staatsanwalt
Gegen

Häftling: Genet Jean, 29 Jahre, ohne Beruf, geboren am 19. Dezember 1910 in Paris (sechstes Arrondissement), Sohn des Paul und der Gabrielle Marcel, Junggeselle, kinderlos, wohnhaft in Paris, Rue du Sommerard 22. Militärjahrgang 1930. Endgültige Armee-Entlassung.
Haftbefehl vom 31. Dezember 1939
Häftling: Auger Robert, André, 17 Jahre, Buchhaltungssekretär, geboren am 16. März 1923 in Helpsch (Belgien), Sohn des Robert und der Marie, Zoë, Clémentine Delepeleere, unverheiratet, kinderlos, Wohnsitz unbekannt, zur Zeit Häftling in Fresnes. Französischer Staatsbürger.
Haftbefehl vom 24. November 1939

Prozeßtrennung
Betrug und Diebstähle

Das Gericht nach Beratung im Sinne des Gesetzes. In Erwägung des Antrags des genannten Auger, Robert, auf Vertagung der Verhandlung in seiner Sache um acht Tage. In Zurkenntnisnahme des Antrags der Staatsanwaltschaft, die sich dem Antrag nicht widersetzt. Aus diesen Beweggründen. Das Verfahren in Sachen Auger Robert wird abgetrennt und vertagt auf den dreißigsten April neunzehnhundertvierzig. In der Hauptsache. In Erwägung, daß aus der Untersuchung sowie der Verhandlung hervorgeht, daß Genet, Jean in Paris im Laufe des Jahres neunzehnhundertneununddreißig auf betrügerische Weise und zu verschiedenen Gelegenheiten 1) ein Seidentuch sowie ein Hemd zum Nachteil der Besitzer des Kaufhauses des Louvre, 2) eine Stoffbahn zum Nachteil der Besitzer des Kaufhauses ›Bazar de l'Hotel de Ville‹, 3) einen Koffer sowie eine Brieftasche mit einer Summe in Höhe von neuntausendzweihundert Francs zum Nachteil des genannten Auger Robert unterschlagen hat. Strafbare Handlung gemäß der Artikel 379 und 401 des Strafgesetzbuches. Aus diesen Beweggründen. In Anwendung der Artikel 379 und 401, die verlesen wurden vom Präsidenten und die wie folgt lauten: ...

Verurteilt Genet Jean zu zehn Monaten Gefängnis. Verfügt, daß die am achtzehnten Oktober neunzehnhundertneununddreißig vom Landgericht Seine festgelegte Strafe aufgrund Diebstahls über zwei Monate auf die gegenwärtige Strafe angerechnet werde. Verurteilt ihn ferner zur Erstattung der von der Staatskasse ausgelegten Kosten des Verfahrens in Höhe von hundertsechzehn Francs und fünfunddreißig Centimes sowie sieben Francs und fünfzig Centimes Portokosten. Setzt des weiteren die ersatzweise Haft fest auf das Mindestmaß.

(Unterschriften)

Landgericht Seine. 14. Strafkammer
5. Dezember 1940

Archiv der Stadt Paris.

Für den Staatsanwalt
Gegen

Flagrant Délit. sieur Genet Jean, 29 Jahre alt, ohne Beruf, geboren am 19. Dezember 1910 in Paris (6. Arr.) Sohn unbekannten Vaters und der Camille Gabrielle Genet, unverheiratet, kinderlos, ohne festen Wohnsitz, Militärjahrgang 1930, Rekrutierungsbüro Tours
Haftbefehl vom 4. Dezember 1940

Diebstähle (Wiederholungstäter)

Das Gericht. Nach Belehrung des Angeklagten durch den Präsidenten über sein Recht auf mindestens drei Tage, um seine Verteidigung vorzubereiten, nach Aussage des Angeklagten, daß er eine sofortige Verhandlung wünsche, nach Beratung im Sinne des Gesetzes. In Erwägung, daß der sieur Genet aufgrund des Antrages der Staatsanwaltschaft angeklagt ist des Diebstahls im Wiederholungsfalle. In Erwägung, daß aus den Informationen und der Verhandlung hervorgeht, daß Genet in Paris am dritten Dezember neunzehnhundertvierzig auf betrügerische Weise und zum Nachteil der Besitzer der Buchhandlung ›Gibert‹ drei Bücher unterschlagen hat. Strafbare Handlung gemäß Artikel 379 und 401 des Strafgesetzbuches. In Erwägung, daß der sieur Genet aufgrund eines kontradiktorischen Urteils vom achtzehnten Oktober neunzehnhundertneununddreißig durch das Landgericht Seine zu zwei Monaten Gefängnis verurteilt wurde und dieses Urteil bestätigt wurde aufgrund unfristgemäßer Berufung wie vorgesehen vom Gesetz, daß dieses Urteil der weiter oben bezeichneten Straftat vorausging und Genet somit als Wiederholungstäter anzusehen ist im Sinne der Artikel 57 und 58 des Strafgesetzbuches. In Anwendung der Artikel 379, 401 und 58, die vom Präsidenten verlesen wurden und die wie folgt lauten: ... In Hinsicht auf den Artikel 163 des Strafgesetzbuches, der die Herabsetzung der Strafe aufgrund mildernder Umstände ermöglicht. Verurteilt den sieur Genet zu vier Monaten Gefängnis. Verurteilt ihn ferner zur Erstattung der Verfahrenskosten in Höhe von sechzig Centimes sowie fünf Francs Portokosten, die von der Staatskasse vorgestreckt wurden, ersatzweise zu fünf Tagen Haft im Sinne der Bestimmungen des Gesetzes zur Festlegung der Dauer ersatzweiser Haft.

(Unterschriften)

Appellationsgerichtshof Paris. 27. Dezember 1940

Archiv des Appellationsgerichtshofes Paris.

Öffentliche Sitzung des Appellationshofes Paris, Berufungskammer für Sachen des Landgerichts (Neue 4. Kammer), Freitag, den siebenundzwanzigsten Dezember neunzehnhundertvierzig, in Anwesenheit der Herren Guillot, Stellvertreter des Generalstaatsanwalts, Verny, Vizepräsident, die Herren Lebas & Bru, Richter in beratender Funktion, sowie Maître A. Limbert, Gerichtsschreiber.
Zwischen dem genannten GENET, Jean, 29 Jahre alt, ohne Beruf, geboren am 19. Dezember 1910 in Paris, 6. Arr., Sohn des X und der Camille Gabrielle, Wohnsitz unbekannt
Beschuldigter, Verteidiger in eigener Sache, Berufungskläger zur Verhandlung nicht erschienen
Und dem Herrn Staatsanwalt am Gericht Seine, Kläger und Berufungskläger andererseits
Im Beisein des Herrn Generalstaatsanwalt
Der genannte Genet und die Staatsanwaltschaft legten Berufung ein am 3. Mai 1940 gegen ein am 23. April 1940 ausgesprochenes Urteil der 2. Strafkammer des Landgerichts Seine aufgrund der dort dargelegten Beweggründe, wonach das Gericht Genet für schuldig erkannte des im Jahre 1939 in Paris begangenen Diebstahls, strafbare Handlung gemäß der Artikel 379 und 401 des Strafgesetzbuches, und ihn im Sinne der zitierten Artikel zu zehn Monaten Gefängnis verurteilte, in Anrechnung der am 18. Oktober 1939 vom Gericht Seine ausgesprochenen Strafe aufgrund des Diebstahls über zwei Monate, ferner der Begleichung der

Gerichtskosten in Höhe von hundertsechzehn Francs fünfunddreißig, sowie sieben Francs fünfzig für Portokosten, und der ersatzweisen Haft in voller Höhe.
Da der genannte Genet zur gegenwärtigen Verhandlung trotz ordnungsgemäßer Aufforderung und Ladung nicht erschienen ist, wurde gegen ihn entschieden und seinem Antrag nicht stattgegeben.
Angehört wurden in der Darlegung des Falles Monsieur le Conseiller Lebas, sowie Monsieur Guillot anstelle der Staatsanwaltschaft als Antragssteller
Nach Inkenntnisnahme aller Unterlagen und Beratung:
DAS GERICHT: verwirft den Antrag wegen der oben genannten Abwesenheit des Antragstellers
befindet über die durch Genet sowie den Staatsanwalt eingelegten Berufungen gegen oben genanntes Urteil gemäß des Gesetzes
Entspricht den Beweggründen des ersten Urteils. In Erwägung der Umstände des zu verhandelnden Falles und der Schwere der zur Last gelegten Fakten ist es statthaft, gegenüber dem genannten Genet eine strengere Anwendung des Gesetzes durchzuführen.
Aus diesen Beweggründen wird die gegen ihn ausgesprochene Haftstrafe auf zwei Jahre erhöht und der Rest der bereits ausgesprochenen Haftstrafe bestätigt.
Verurteilt Genet zur Erstattung der Kosten des Berufungsverfahrens in Höhe von zweihundertundfünfzehn Francs 70 plus dreizehn Francs Portokosten.
Setzt die ersatzweise Haft fest auf ein Minimum.

(Unterschriften)

Landgericht Seine. 16. Strafkammer
27. Januar 1942

Archiv der Stadt Paris.

Für den Staatsanwalt
Gegen

Häftling: Genet Jean, 31 Jahre alt, ohne Beruf, geboren am 19. Dezember 1910 in Paris, 6. Arrondissement, Sohn unbekannten Vaters und der Camille, Gabrielle Genet, unverheiratet, kinderlos, ohne festen Wohnsitz

Einstweiliger Haftbefehl vom 10. Dezember 1941

Diebstahl

Das Gericht nach Beratung im Sinne des Gesetzes. In Erwägung, daß Genet aufgrund des Antrags der Staatsanwaltschaft beschuldigt wird, in Paris zu Beginn des Monats November neunzehnhunderteinundvierzig, auf jeden Fall zu unverjährter Frist, auf betrügerische Weise und zum Nachteil des Piécone drei Meter Stoffbahn im Werte von tausendeinhundert Francs unterschlagen zu haben, doch in Erwägung, daß Genet nicht über alle seine geistigen Kräfte zu verfügen scheint und es daher statthaft ist, ein psychiatrisches Gutachten einzuholen. Aus diesen Beweggründen und vor Anwendung des Gesetzes: beauftragt den Gutachter Doktor Heuyer, vereidigt vor dem Vorsitzenden dieser Strafkammer beziehungsweise einem stellvertretenden Richter (unleserlich), den Angeklagten in Hinsicht auf seine geistige Verfassung einer Untersuchung zu unterziehen und in einem fundierten Gutachten, das bei der Gerichtskanzlei dieser Kammer hinterlegt werden wird, darzulegen, ob Genet hinsichtlich des Strafgesetzes als verantwortlich für seine Taten erachtet werden kann oder nicht. Im Falle der Verhinderung des Gutachters wird aufgrund einfachen Antrags durch den Vorsitzenden dieser Kammer ein Stellvertreter für diesen bestimmt. Die Verfahrenskosten werden gestundet, das Verfahren vertagt auf den vierundzwanzigsten Februar neunzehnhundertzweiundvierzig.

(Unterschriften)

Landgericht Seine. 16. Strafkammer
10. März 1942

Archiv der Stadt Paris.

Für den Staatsanwalt Gegen
Häftling: Genet Jean, 31 Jahre alt, ohne Beruf, geboren am 19. Dezember 1910 in Paris, sechstes Arrondissement, Sohn unbekannten Vaters und der Camille Gabrielle Genet, unverheiratet, ohne festen Wohnsitz, derzeit inhaftiert in der Santé. Militärjahrgang 1930. Rekrutierungsbüro Tours.
Einstweiliger Haftbefehl vom 10. Dezember 1941
Diebstahl im Wiederholungsfall
Das Gericht nach Beratung im Sinne des Gesetzes: In Erwägung, daß aus den Untersuchungen und der Verhandlung hervorgeht, daß Genet Jean in Paris zu Beginn des Monats November neunzehnhunderteinundvierzig auf betrügerische Weise und zum Nachteil des Piécone Joseph drei Meter Stoffbahn im Werte von tausendeinhundert Francs unterschlagen hat. Strafbare Handlung gemäß Artikel 379 und 401 des Strafgesetzbuches. In Erwägung, daß Genet Jean durch ein kontradiktorisches Urteil der Dritten Strafkammer des Landgerichts der Seine am achtzehnten Oktober 1939 zu zwei Monaten Gefängnis wegen Diebstahls verurteilt wurde und dieser Gerichtsentscheid rechtskräftig wurde aufgrund unfristgemäßer Berufung wie vom Gesetz vorgesehen, daß diese Verurteilung der ihm zur Last gelegten Tat wie oben aufgeführt vorausging und er daher als Wiederholungstäter im Sinne des Artikels 58 des Strafgesetzbuches anzusehen ist. In Anwendung der genannten Artikel, die vom Vorsitzenden des Gerichts verlesen wurden und die lauten wie folgt ... Gemäß Artikel 463 des Strafgesetzbuches, der die Herabsetzung der Strafe aufgrund mildernder Umstände ermöglicht.
Verurteilt Genet zu drei Monaten und einen Tag Gefängnis. Verurteilt ihn darüber hinaus zu allen von der Staatskasse vorgestreckten Gerichtskosten in Höhe von hundertsechs Francs fünfzig Centimes plus sieben Francs fünfzig Centimes Portokosten. Setzt die ersatzweise Haft fest auf ein Mindestmaß.

(Unterschriften)

Landgericht Seine. 10. Strafkammer
11. Mai 1942

Archiv der Stadt Paris.

Für den Staatsanwalt
Gegen

Flagrant Délit: Genet Jean, 32 Jahre, ohne Beruf, geboren am 10. Dezember 1910 in Paris, 6. Arrondissement, Zögling der Öffentlichen Fürsorge des Departements Seine, unverheiratet, kinderlos, ohne festen Wohnsitz, derzeit Häftling in der Santé. Militärjahrgang 1930. Rekrutierungsbüro Tours. Reformiert zu 70 %

Grad der Dienstuntauglichkeit u. Entlassungskategorie in der franz. Armee. (*Anm. d. Übers.*)

Vorläufiger Haftbefehl 15. April 1942

Diebstahl im Wiederholungsfall

Das Gericht nach Beratung im Sinne des Gesetzes. In Erwägung, daß der genannte Genet auf Antrag der Staatsanwaltschaft des Diebstahls beschuldigt wird. Zur Hauptsache. In Erwägung, daß aus den Informationen der Verhandlung und dem Geständnis des Beschuldigten Genet hervorgeht, daß dieser zu verschiedenen Gelegenheiten im Jahre neunzehnhundertzweiundvierzig sowie insbesondere am vierzehnten April neunzehnhundertzweiundvierzig auf betrügerische Weise eine gewisse Anzahl von Büchern zum Nachteil der Buchhandlung Stock, Rue St. Honoré 155, unterschlagen hat. Daß diese Taten eine strafbare Handlung darstellen gemäß der Artikel 379 und 401 des Strafgesetzbuches. In Erwägung, daß er bereits am fünften Dezember neunzehnhundertvierzig durch ein kontradiktorisches Urteil der Vierzehnten Strafkammer dieses Gerichts zu vier Monaten Gefängnis wegen Diebstahls verurteilt wurde und dieser Gerichtsentscheid für rechtskräftig erklärt wurde aufgrund unfristgemäßer Berufung wie vom Gesetz vorgesehen und er daher als Wiederholungstäter im Sinne des Artikels 58 des Strafgesetzbuches einzustufen ist. Aus diesen Beweggründen. Erklärt Genet des ihm zur Last gelegten Diebstahls für überführt und schuldig und dies im Wiederholungsfalle. In Anwendung der Artikel 379–401 und 58, die vom

Vorsitzenden des Gerichts verlesen wurden und lauten wie folgt ... Gemäß Artikel 463 des Strafgesetzbuches, der eine Herabsetzung der Strafe aufgrund mildernder Umstände ermöglicht.
Verurteilt Genet Jean zu acht Monaten Gefängnis und dreihundert Francs Geldstrafe ohne Zusatz. Verurteilt ihn ferner zur Begleichung der von der Staatskasse vorgestreckten Verfahrenskosten in Höhe von einem Franc und zwanzig Centimes sowie fünf Francs Portokosten. Setzt die ersatzweise Haft zur Begleichung dieser Kosten sowie der genannten Geldstrafe soweit erforderlich fest auf das Höchstmaß.

(Unterschriften)

Appellationsgerichtshof Paris. 20. Juni 1942

Archiv des Appellationsgerichtshofes Paris.

Öffentliche Sitzung des Appellationsgerichtshofes Paris, Berufungen in Sachen des Landgerichts, Zehnte Kammer, am Samstag, den zwanzigsten Juni neunzehnhundertzweiundvierzig, in Anwesenheit der Herren Milhac, Stellvertreter des Generalstaatsanwalts, Bauré, Vizepräsident, Lhuillier und Charpentier, Richter in beratender Funktion, Maître André Limbert, Gerichtsschreiber.
In Sachen des genannten GENET, Jean, geboren am 19. Dezember 1910 in Paris, 6. Arr., Sohn des X und der Camille Gabrielle, ohne bekannten Wohnsitz
Beschuldigter, Verteidiger in eigener Sache, Einspruch erhebend gegen die Anwendung der Verfügung aufgrund Nichterscheinen zur Verhandlung, von der weiter unten die Rede sein wird, zur Verhandlung nicht erschienen.
In Anwesenheit des Herrn Staatsanwalts
Der genannte Genet sowie der Staatsanwalt erhoben Einspruch am 3. Mai 1940 gegen ein Urteil der Zweiten Strafkammer des Landgerichts Seine vom 23. April 1940, aufgrund dessen und durch dort genannte Beweggründe das Gericht Genet des Diebstahls für schuldig erklärte, im Jahre 1939 in Paris begangener Straftat gemäß der Artikel 379, 401 des Strafgesetzbuches; das

genannte Gericht verurteilte Genet in Anwendung der vorgenannten Artikel zu zehn Monaten Gefängnis, verfügte die Anrechnung der vom Gericht Seine am 18. Oktober 1939 ausgesprochenen Strafe von zwei Monaten wegen Diebstahls, verurteilte ihn ferner zur Begleichung der Verfahrenskosten in Höhe von hundertsechzehn Francs 35 plus sieben Francs Porto; die ersatzweise Haft wurde auf das Höchstmaß festgesetzt.
Aufgrund Nichterscheinens erhöhte das Gericht am 27. Dezember 1940 die Gefängnisstrafe gegen Genet auf zwei Jahre, behielt die Anrechnung der Strafe bei und legte Genet die Erstattung der Verfahrenskosten auf. Dieses Urteil aufgrund Nichterscheinens wurde Genet vor Gericht am 26. Juni 1941 übermittelt, woraufhin Genet am 13. Dezember 1941 mittels eines außergerichtlichen Schriftstücks Einspruch gegen das genannte Urteil aufgrund Nichterscheinens erhob.
Da Genet zur heutigen Verhandlung der Affäre neuerlich nicht erschienen ist, obwohl er ordnungsgemäß dazu aufgefordert und geladen wurde, wurde entschieden, dem Antrag nicht stattzugeben.
Demzufolge
Es wurden angehört: Monsieur le Conseiller Lhuillier als Berichterstatter, die Staatsanwaltschaft stellvertretend durch Monsieur Milhac als Antragsteller
Nach Einsicht aller Schriftstücke des Prozesses und Beratung:

DAS GERICHT

In Erwägung der Tatsache, daß Genet zur Verteidigung seines Einspruchs nicht erschienen ist.
Gemäß Artikel 208 der Strafprozeßordnung
Wird dem genannten Einspruch nicht stattgegeben
Das ursprünglich ausgesprochene Urteil aufgrund Nichterscheinens wird in seiner Form bestätigt
Genet werden die Kosten des Berufungsverfahrens in der Höhe von achtundvierzig Francs 80 auferlegt
Die ersatzweise Haft wird auf das Höchstmaß festgesetzt

(Unterschriften)

Appellationsgerichtshof Paris. 16. Oktober 1942

Archiv des Appellationsgerichtshofes.

Öffentliche Sitzung des Appellationsgerichtshofes Paris, Appellationskammer für Sachen des Landgerichts, im Justizpalast Paris am Freitag, den sechzehnten Oktober 1942 in Anwesenheit der Herren Baurès, Vizepräsident, Lhuillier und Charpentier, Richter in beratender Funktion, des Stellvertreters des Generalstaatsanwalts Monsieur Côme, sowie Maître Dreux, Gerichtsschreiber.

Zwischen dem genannten GENET, Jean, geboren am 19. Dezember 1910 in Paris, 6. Arr., Zögling der Öffentlichen Fürsorge des Departements der Seine, ohne festen Wohnsitz.

Beschuldigter, Verteidiger in eigener Sache, zur Verhandlung geladen und nicht erschienen

Und dem Staatsanwalt am Gericht der Seine, Kläger sowie Antragsteller in Sachen Berufung andererseits.

Im Beisein des Staatsanwalts

Der genannte Genet Jean sowie der Staatsanwalt legten am 13. Mai 1942 Berufung ein gegen ein Urteil der 10. Strafkammer des Landgerichts Seine am 11. Mai 1942, wonach und aufgrund der dort genannten Beweggründe Genet des Diebstahls für schuldig erklärt wurde, aufgrund strafbarer Handlungen, die zu verschiedenen Gelegenheiten im Jahre 1942 und insbesondere am 14. April in Paris begangen wurden, gemäß der Artikel 379 und 401 des Strafgesetzbuches; der genannte Genet ist Wiederholungstäter im Sinne der Bestimmungen des Artikels 58 des Strafgesetzbuches; in Anwendung der vorgenannten Artikel, die indessen aufgrund mildernder Umstände mit dem Artikel 463 des Strafgesetzbuches in Verbindung gebracht wurden, wurde Genet Jean zu acht Monaten Gefängnis verurteilt, ferner zu dreihundert Francs Geldstrafe ohne Zusatz sowie zur Begleichung der Verfahrenskosten in Höhe von einem Franc zwanzig Centimes plus fünf Francs Porto; die ersatzweise Haft wurde auf das Höchstmaß festgelegt.

Zur Berufungsverhandlung in dieser Sache ist Genet nicht erschienen, obwohl er ordnungsgemäß dazu aufgefordert und gela-

den wurde; aus diesem Grunde wurde in seiner Abwesenheit gegen ihn entschieden und seinem Antrag nicht stattgegeben.
Angehört wurden: Monsieur le Conseiller Charpentier in seinem Bericht zur Sache, der Staatsanwalt, vertreten durch Monsieur Côme, in seiner Antragstellung
Nach Einsichtnahme aller Schriftstücke des Prozesses und Beratung:

DAS GERICHT

In Anrechnung des Nachteils für oben erwähnte Abwesenheit Genets.
Entscheidend über die von Genet und der Staatsanwaltschaft eingelegte Berufung gegen das oben erwähnte Urteil im Sinne des Gesetzes
Folgt den richterlichen Beweggründen des ersten Urteils und fügt hinzu, daß die Verurteilung, die Genet als Wiederholungstäter ausweist, durch kontradiktorischen Gerichtsentscheid zustande kam, das rechtsgültig wurde aufgrund unfristgemäßen Einspruchs im Sinne des Gesetzes; dies vor den Tatbeständen, die der gegenwärtigen Strafverfolgung zugrunde liegen. Aus diesen Beweggründen wird das zur Frage stehende Urteil bestätigt und für rechtsgültig erklärt.
Die Kosten des Berufungsverfahres in Höhe von hundertsechsundsiebzig Francs 40 Centimes sowie elf Francs Portokosten gehen zu Lasten Genets.
Die ersatzweise Haft wird auf das Höchstmaß festgesetzt.

(Unterschriften)

Landgericht Seine. 14. Strafkammer
19. Juli 1943

Archiv der Stadt Paris. Die begleitenden Dokumente werden in dem folgenden Anhang III wiedergegeben.

Für den Staatsanwalt Gegen
GENET Jean, 32 Jahre alt, Elektroingenieur, geboren am 19. Dezember 1910 in Paris, 6. Arrondissement, Sohn unbekannten

Vaters und der Camille Gabrielle Genet, unverheiratet, französischer Staatsbürger, wohnhaft in Paris, Quai Saint Michel 15
Vorläufiger Haftbefehl vom 30. Mai 1943

Diebstahl

Das Gericht, nach Beratung im Sinne des Gesetzes. In Erwägung, daß aus den Schriftstücken, dem Vorfall, den Informationen sowie der Verhandlung hervorgeht, daß der genannte Genet in Paris am neunundzwanzigsten Mai neunzehnhundertdreiundvierzig auf betrügerische Weise und zum Nachteil der Buchhandlung der Chaussée d'Antin ein Buch im Werte von viertausend Francs unterschlagen hat, daß Genet Wiederholungstäter vor dem Gesetz ist sowie der Sicherheitsverwahrung strafhalber gemäß der Artikel 379, 401 und 58 des Strafgesetzbuches unterliegt. AUS DIESEN BEWEGGRÜNDEN wird der genannte GENET des Straftatbestands DIEBSTAHL für überführt und schuldig erklärt. In Anwendung der vorgenannten Artikel, die vom Präsidenten verlesen wurden und die lauten wie folgt: ... In Hinsicht auf den Artikel 463 aufgrund mildernder Umstände.
VERURTEILT den genannten GENET Jean ZU DREI MONATEN Gefängnis. Verurteilt ihn weiterhin zur Begleichung der von der Staatskasse vorgestreckten Verfahrenskosten in Höhe von achthunderteinundneunzig Francs zwanzig Centimes plus sieben Francs fünfzig Porto. Setzt die ersatzweise Haft im Bedarfsfalle fest auf das Mindestmaß.

(Unterschriften)

Landgericht Seine. 13. Strafkammer
6. November 1943

Archiv der Stadt Paris.

Für den Staatsanwalt
Gegen

Häftling: Genet Jean, 33 Jahre alt, Schriftsteller, geboren am 19. Dezember 1910 in Paris, 6. Arrondissement, Sohn unbekannten

Vaters und unbekannter Mutter, unverheiratet, kinderlos, wohnhaft in Paris, 6. Arrondissement, Quai Saint-Michel 15, Militärjahrgang 1930, Rekrutierungsbüro Tours.

Vorläufige Haftverfügung vom 26. September 1943

Diebstahl

Das Gericht nach Beratung im Sinne des Gesetzes. In Erwägung, daß aus den Schriftstücken, der Untersuchung und der Verhandlung der Beweis hervorgeht, daß der genannte Genet im Laufe des Monats September neunzehnhundertdreiundvierzig in Paris auf betrügerische Weise und zum Nachteil eines unbekannten »Bouquinisten« ein Buch in Luxusausführung im Werte von tausendfünfhundert Francs unterschlagen hat; 2. am vierundzwanzigsten September neunzehnhundertdreiundvierzig, auf jeden Fall in unverjährter Frist, auf betrügerische Weise und zum Nachteil des Besitzers der Buchhandlung Caffin ein Buch in Luxusausführung im Werte von dreitausendachthundert Francs unterschlagen hat. Strafbare Handlungen gemäß der Artikel 379, 401 des Strafgesetzbuches. In Anwendung der vorgenannten Artikel, die vom Präsidenten verlesen wurden und die lauten wie folgt ... sowie des Artikels 463 des Strafgesetzbuches aufgrund der gegebenen mildernden Umstände im vorliegenden Fall.

Verurteilt den genannten Genet zu vier Monaten Gefängnis sowie zur Erstattung der von der Staatskasse vorgestreckten Verfahrenskosten in Höhe von dreihundertdreißig Francs zwanzig Centimes plus sieben Francs fünfzig Centimes für Portokosten. Die ersatzweise Haft wird bei Bedarf, wie vom Gesetz zur Regelung der ersatzweisen Haftstrafe vorgesehen, auf das Mindestmaß verfügt.

(Unterschriften)

Appellationsgerichtshof Paris. 24. April 1944

Archiv des Appellationsgerichtshofes Paris.

Öffentliche Verhandlung des Appellationsgerichtshofes Paris, Berufungskammer für Affären des Landgerichts, im Justizpalast Paris am Montag, den 24. April 1944 in Anwesenheit der Herren Benin, Vorsitzender, Lebas und Lamarre, Richter in beratender Funktion, Guillot Generalanwalt, schriftführend, sowie Maître Dreux, Gerichtsschreiber.

Zwischen dem genannten GENET, Jean, geboren am 19. Dezember 1910 in Paris (6. Arr.), Sohn unbekannter Eltern, Schriftsteller, wohnhaft in Paris, Quai Saint-Michel 15

Beschuldigter, Verteidiger in eigener Sache, Berufungskläger, zur Verhandlung nicht erschienen

In Anwesenheit des Generalstaatsanwalts

Der genannte Genet legte am 17. November 1943 Berufung ein gegen ein Urteil der 13. Strafkammer des Landgerichts Seine vom 6. November 1943, durch welches das Gericht aufgrund der dort dargelegten Beweggründe Genet des Diebstahls für schuldig erkannte aufgrund einer strafbaren Handlung, begangen im Laufe des Monats September 1943 in Paris, gemäß der Artikel 379 und 401 des Strafgesetzbuches, und Genet in Anwendung des Artikels 463 des Strafgesetzbuches aufgrund mildernder Umstände zu vier Monaten Gefängnis verurteilte sowie zur Erstattung der Verfahrenskosten in Höhe von dreihundertdreißig Francs 20 Centimes plus sieben Francs 50 Portokosten bei Festsetzung der ersatzweisen Haft auf ein Mindestmaß.

Da Genet zur Berufungsverhandlung, obwohl ordnungsgemäß dazu aufgefordert und geladen, nicht erschienen ist, wird entschieden, seinem Antrag nicht stattzugeben.

Es wurden angehört der Richter in beratender Funktion, Monsieur Lebas, in seiner Darlegung des Falles, sowie der Vertreter des Generalstaatsanwalts, Monsieur Guillot, Generalanwalt, als Antragsteller

Nach Inkenntnisnahme aller Schriftstücke und Beratung:

DAS GERICHT

in Anrechnung des Nachteils aufgrund Nichterscheinens zur Verhandlung wie oben ausgeführt gegen Genet

befindend über die durch Genet eingelegte Berufung gegen das oben genannte Urteil

unter Berücksichtigung der Tatsache, daß Genet gegen das genannte Urteil vom 6. November 1943, ihn betreffend, erst am 17. November 1943, somit mehr als zehn Tage nach dem Gerichtsentscheid, Berufung einlegte und sein Widerspruch somit nicht statthaft ist gemäß Artikel 203 der Strafprozeßordnung.

Aus diesen Beweggründen:

Wird die Berufung von seiten Genets für unstatthaft, da verspätet, erklärt

Verurteilt Genet zur Erstattung der Kosten des Berufungsverfahrens in Höhe von zweihundertachtzig Francs 85 Centimes sowie dreizehn Francs Portokosten.

Verfügt die ersatzweise Haft auf das Höchstmaß.

(Unterschriften)

Appellationsgerichtshof Paris. 18. Mai 1946

Archiv des Appellationsgerichtshofes Paris.

Öffentliche Sitzung des Appellationsgerichtshofes Paris, Berufungskammer in Affären der Kriminalpolizei, Justizpalast Paris, am Samstag, den 18. Mai 1946, in Anwesenheit der Herren Vendeuvre, Vorsitzender Richter, Ferrier und Marchet, Richter in beratender Funktion, des Generalanwalts Bastide, schriftführend, Maître Dreux, Gerichtsschreiber.

Zwischen dem genannten GENET Jean, geboren am 19. Dezember 1910 in Paris (6. Arr.), Sohn des X ... und der Camille, ohne Beruf, ohne bekannten Wohnsitz

Beschuldigter, auf freiem Fuß, Verteidiger in eigener Sache, Berufungskläger gegen den Gerichtentscheid aufgrund Nichterscheinens, wie unten ausgeführt, zur Verhandlung nicht erschienen.

In Anwesenheit des Generalstaatsanwalts

Der genannte Genêt sowie die Staatsanwaltschaft zu gleichem Datum haben am 3. Mai 1940 Berufung eingelegt gegen ein Urteil vom 23. April 1940, ausgesprochen von der 2. Strafkammer des Landgerichts Seine aufgrund der dort dargelegten Beweggründe, wonach das Gericht den genannten Genet des Diebstahls für schuldig erklärte aufgrund einer strafbaren Handlung gemäß der Artikel 379 und 401 des Strafgesetzbuches, begangen im Laufe des Jahres 1939 in Paris; in Anwendung der vorgenannten Artikel in Verbindung mit dem Artikel 463 des Strafgesetzbuches aufgrund mildernder Umstände wurde Genet zu zehn Monaten Gefängnis verurteilt bei Anrechnung der Strafe von zwei Monaten Gefängnis aufgrund eines Urteils des Landgerichts Seine vom 18. Oktober 1939 wegen Diebstahls, sowie der Erstattung der Verfahrenskosten in Höhe von hundertsechzehn Francs 35 Centimes plus sieben Francs 50 Porto, wobei die ersatzweise Haft auf ein Mindestmaß festgelegt wurde.

Aufgrund Nichterscheinens des Berufungsklägers zur Verhandlung wurde diese Strafe durch Gerichtsentscheid vom 27. Dezember 1940 auf zwei Jahre unter Beibehaltung der genannten Strafanrechnung erhöht. Dieser Entscheid aufgrund Nichterscheinens wurde der Staatsanwaltschaft am 26. Juni 1941 überstellt, während Genêt mittels außergerichtlichen Antrags am 13. Dezember 1943 Berufung gegen den genannten Entscheid aufgrund Nichterscheinens einlegte. Bei neuerlicher Verhandlung der Sache in Öffentlicher Sitzung am 20. Juni 1942 erschien Genet nicht vor Gericht, aufgrund dessen durch Entscheid desselben Tages dem genannten Antrag nicht entsprochen wurde. Genêt legte, mittels eines Schreibens vom 21. Juli 1942, gegen den Entscheid vom 20. Juni 1942 neuerlich Berufung ein.

Angehört wurden Monsieur le Président Vendeuvre in seiner Darlegung des Falles, sowie Monsieur Bastide, stellvertretend für den Generalstaatsanwalts, in seiner Antragsstellung

Nach Einsichtnahme aller Schriftstücke des Prozesses und nach Beratung:

DAS GERICHT

Befindend über die von Genêt eingelegte Berufung gegen den Entscheid vom 20. Juni 1942:

In der Feststellung, daß Genêt aufgrund Nichterscheinens zur Verhandlung von diesem Gericht zu zwei Jahren Gefängnis verurteilt wurde – in Anrechnung einer Gefängnisstrafe von zwei Monaten durch Urteil vom 18. Oktober 1939 des Landgerichts Seine –; daß der Beschuldigte nach eingelegter Berufung gegen den genannten Entscheid aufgrund Nichterscheinens zur Verhandlung am 20. Juni 1942 wiederum nicht erschienen ist, um sich in seiner Sache zu verteidigen, und das Gericht seinem Antrag daher nicht stattgegeben hat; daß Genêt daher die ihm zur Verfügung stehenden Möglichkeiten des Einspruchs gemäß des Artikels 208 der Strafprozeßordnung erschöpft hat und neuerlich Berufung gegen den letzten Entscheid einlegt; daß in Folge dessen diesem weiteren Einspruch nicht stattgegeben werden kann;

aus diesen Beweggründen:

erklärt den durch Genêt eingelegten Einspruch gegen den Entscheid vom 20. Juni 1942 für unzulässig.

Verurteilt Genêt zur Erstattung der Kosten des Berufungsverfahrens in Höhe von zweihundertsechs Francs 50 Centimes.

Eine ersatzweise Haft wird auf das Mindestmaß festgelegt.

(Unterschriften)

Randnotiz.

Durch Erlaß vom 12. August 1949 hat der Präsident der Republik Frankreich Jean Genet den Rest der Haftstrafe von zwei Jahren erlassen unter der Bedingung der Zahlung von 20000 f innerhalb sechs Monaten. Paris, 17-5-51.

Anhang III

Protokolle und Gutachten

Polizeiprotokolle anläßlich der Verhaftung vom 29. Mai 1943
Polizeikommissariat des Stadtviertels der Chaussée d'Antin

Archiv der Stadt Paris.

Erstes Protokoll

Polizeibeamter QUINET, Henri, Nr. 8420, an Herrn Polizeikommissar des Viertels der Chaussée d'Antin.
Verhaftung eines Diebes aufgrund Anzeige:
Ich überantworte Ihnen den genannten Genet Jean, geboren am 19. Dezember 1910 in Paris (6.), Sohn der Camille Gabrielle Genet und unbekannten Vaters, Ingenieur für Öffentliche Arbeiten, wohnhaft Quai Saint-Michel 15, Paris (5.), festgenommen um 13 Uhr 20, Boulevard des Capucines 2, aufgrund Anzeige durch Herrn Bonnet Roger, Leiter der Buchhandlung de la Chaussée d'Antin, Rue de la Chaussée d'Antin 8, der mir gegenüber angab, daß der oben Genannte ihm in seinem Geschäft ein Buch im Werte von 4000 Francs entwendet habe.
Durch sofortige Durchsuchung wurde der Gegenstand des Delikts in einer ledernen Aktentasche entdeckt, die der Beschuldigte bei sich trug.
Der benannte Bonnet [sic!] hat auf der Stelle gestanden, Urheber des Diebstahls zu sein.
Hinterlegung: Die Summe von dreihundertsieben Francs achtzig Centimes, ein Ausweis auf den Namen des Betroffenen, ausgestellt von der Bürgermeisterei in Gilley (Doubs) am 14. November 1942. Ein Zertifikat über die Entlassung aus dem Armeedienst, ausgestellt durch das Ministerium für Ehemalige Kriegsteilnehmer am 26. November 1942.
Eine Lebensmittelkarte – vom 15. Okt. 42, Rathaus des Panthéon – Nr. I.10647, eine benutzte Fleischkarte für den Monat

Mai, eine Fleischkarte für den Monat Juni, eine benutzte Fettkarte für den Monat Juni, eine Textilkarte, eine Tabakkarte, eine weiß-gelbe Metallarmbanduhr, Halskette aus Weißmetall, zwei Wohnungsschlüssel, eine Brieftasche aus rotem Leder mit verschiedenen Papieren auf seinen Namen, ein Taschentuch.

Zweites Protokoll

Vor uns, F. Roy
wird vorgeführt der genannte Genet (Jean) 31 Jahre alt, Ingenieur für Öffentliche Arbeiten, wohnhaft Quai Saint-Michel 15
festgenommen unter Umständen, die im beigefügten Bericht des Polizeibeamten Quinet (Henri) 7420 des 9. Bezirks erläutert werden
aufgrund der Anzeige des Monsieur Bonnet (Roger) 27 Jahre alt. Leiter der Buchhandlung de la Chaussée d'Antin, Rue de la Chaussée d'Antin 7.
Der sich vorstellt und folgende Angaben macht:
Kurz nachdem der Kunde, den ich Ihnen hier zugeführt habe, mein Geschäft verlassen hatte, bemerkte ich das Verschwinden eines Buches mit dem Titel *Fêtes galantes*.
Ich lief dem Mann nach und holte ihn auf der Place de l'Opéra ein.
Ich hielt ihn an und forderte ihn auf, mir zu zeigen, was er in seiner Aktentasche hatte.
Ich fand in dieser das Buch, das er in unserem Geschäft unterschlagen hatte.
Wir waren auf diesen Mann aufmerksam geworden, da uns jedesmal nach seinem Erscheinen in unserem Geschäft das Verschwinden von wertvollen Büchern auffiel.
Ich erstatte gegen ihn Anzeige.
Körperliche Durchsuchung. Wir vermerken, daß der genannte Genet keinerlei verdächtigen Gegenstand bei sich trägt.
Er ist im Besitz einer Geldsumme in Höhe von 307 Francs 80 Cent., die ihm belassen wird.

Drittes Protokoll

Wir, F. Roy, Prinzipalkommissar der Polizei der Stadt Paris, insbesondere verantwortlich für den Sektor Chaussée d'Antin, Beamter der Kriminalpolizei, im Auftrag des Herrn Staatsanwalts
Zur Ihrer Information
Vorgeladen: der genannte GENET Jean, der auf unsere verschiedenen Fragen antwortet wie folgt.
Zur Identität: Ich heiße GENET Jean geboren am 19-12-1910 in Paris Sohn unbekannten Vaters und der Camille Gabrielle GENET.
Ich bin Elektro-Ingenieur. Ich arbeite nicht. Ich schreibe Bücher.
Ich wohne am Quai Saint-Michel 15 in Paris V.
Ich bin unverheiratet. Französischer Staatsbürger. Kein Jude.
Rekrutierung in Tours Militärjahrgang 1930. Dienstentlassung wegen Untauglichkeit 1937 oder 1938. Ich wurde siebenmal wegen Diebstahls verurteilt, das letzte Mal 1942 zu vier Monaten durch das Gericht Seine.
Zum Tatbestand: Ich gebe zu, am heutigen Tage auf betrügerische Weise in der Buchhandlung der Chaussée d'Antin in der Rue de la Chaussée d'Antin 8 das Buch mit dem Titel *Fêtes galantes*, das Sie mir vorlegen, unterschlagen zu haben und bin bereit, es zurückzugeben. Ich weiß nicht, warum ich Bücher stehle.

Nach stattgefundener Lektüre
anerkannt und unterzeichnet
Der Polizeikommissar

Genêt Jean

Auf der Rückseite des dritten Protokolls

Rückerstattung: Wir rückerstatten an Monsieur BONNET Roger Leiter der Buchhandlung der Chaussée d'Antin das Buch *Fêtes galantes*, Gegenstand der Straftat, und er unterzeichnet mit uns die Bestätigung der Rückerstattung und Entlastung.

(Unterschriften)

Hausdurchsuchung: Die durch Inspektor Morelle von der Kriminalpolizei im Beisein der Besitzerin des Hotels de Suède, Quai St. Michel 15, vorgenommene Durchsuchung des von Genet bewohnten Zimmers Nr. 5 führt zur Entdeckung von sechs Büchern aus Buchhandlungen.
Interpellation Genets: Wir befragen Genet hinsichtlich der Bände, die wir ihm vorlegen. Er erklärt:
»Ich habe diese Bücher an den Quais gekauft. Ich habe sehr wenige Bücher bei mir, weil ich sie, sobald ich sie gelesen habe, entweder verschenke oder irgendwo liegenlasse oder aber wegwerfe, da ich die Literatur der anderen nicht behalten will. Aber ich bestehe darauf, daß diese Bücher nicht durch betrügerische Handlungen zu mir gelangt sind.«

(gezeichnet) Genet

Anmerkung: Wir merken an, daß Monsieur Bonnet, dem wir die betreffenden Bücher vorlegen, erklärt, daß Genet bei ihm gestern *La Cité antique* erstanden und bezahlt habe und daß die übrigen Bücher nicht aus seiner Buchhandlung stammen.
Rückerstattung: Wir erstatten an Genet die fraglichen Bücher zurück mit den Titeln *La Cité antique*, *Crime et société*, *Dictionnaire de la Rose*, *La Terre*, *La Samaritaine*, *Il y a encore des paradis*, und er unterzeichnet in unserem Beisein die Bestätigung der Rückerstattung und Entlastung.
(gezeichnet) Genet (Unterschrift)

Abschließende Beurteilung: In Hinblick auf das Vorausgehende, in Erwägung, daß GENET Jean auf betrügerische Weise einen Band in der Buchhandlung der Chaussée d'Antin unterschlagen hat.
Beschuldigen wir ihn des Diebstahls, strafbare Handlung gemäß der Artikel 379 und 401 des StGB
Führen gegen ihn Vorliegendes auf
nehmen ihn in Haft und unterstellen ihn dem Zuständigkeitsbereich des Herrn Staatsanwalts, dem wir unsere Informationen übermitteln.

Psychiatrisches Gutachten des Arztes Dr. Henri Claude, erstellt am 19. Juni 1943

Die vorliegende Abschrift erfolgte nach einer Kopie des Gutachtens in der heute im Nationalarchiv befindlichen Verteidigungsakte des Anwalts Maurice Garçon. Wir verweisen auch auf die zuvor zitierten Polizeiprotokolle sowie auf die Gerichtsschrift vom 19. Juli 1943 im Anhang II.

Unterzeichnender: Doktor Henri CLAUDE, Honorarprofessor an der Medizinischen Fakultät, Mitglied der Medizinischen Akademie, Beauftragter aufgrund der Anordnung Monsieur Lerichs, Untersuchungsrichter, datiert vom 11. Juni 1943 in Paris, lautend wie folgt:
Aufgrund des eingeleiteten Verfahrens gegen GENET Jean, 32 Jahre, Häftling in der Strafanstalt Santé, des Diebstahls beschuldigt;
In Erwägung der Notwendigkeit, gerichtlich den geistigen Zustand festzustellen, in dem sich der genannte Beschuldigte derzeit befindet, der aufgrund mentaler Störungen aus der Armee entlassen worden sei;
ORDNEN WIR AN: ein entsprechendes Gutachten durch Monsieur le Docteur CLAUDE (3, rue de la Terrasse, 13. Arr.), Doktor der Medizin, zu diesem Zwecke vereidigt. Dieser möge nach Begutachtung des Zustandes, in dem sich der Genannte befindet, darlegen, ob dessen geistiger Zustand Anomalien aufzuweisen hat, deren Gegebenheiten seine Verantwortungsfähigkeit beeinträchtigen oder gänzlich in Frage stellen.
Nach abgelegtem Eid, Inkenntnisnahme der Akte, Untersuchung des genannten Genet im Gefängnis der Santé sowie Hinterlegung des Ergebnisses meiner Untersuchungen im vorliegenden Gutachten.

GENET, Jean, 32 Jahre, angeblich Ingenieur für Öffentliche Bauarbeiten, in Wirklichkeit jedoch, nach mir gegenüber erfolgter Erklärung, ohne Beruf, wurde festgenommen aufgrund des Diebstahls eines Buches mit dem Titel *Fêtes galantes* von Verlaine, im Werte von 4000 Francs, in einer Buchhandlung. Er zögerte nicht, den Diebstahl, dessen er sich als solchen in jeder Hinsicht bewußt war, zuzugeben. Zusammenfassend legte er mir gegenüber dar, daß er besagtes Buch vor allem deshalb gestohlen habe, weil es einen Stich enthielt, welcher einen Mann von bemerkenswerter Schönheit darstellte, der ihm aufgrund seiner homosexuellen Neigungen gefallen habe, mit denen wir uns später an dieser Stelle noch beschäftigen werden.

Dieser Mann wurde bereits siebenmal aufgrund des Diebstahls verschiedenster Objekte, vor allem jedoch von Büchern, gerichtlich verurteilt; über die Umstände, die ihn zu diesen Diebstählen geführt haben, macht er allerdings keine sehr genauen Angaben.

Aufgrund derart undeutlich bleibenden Beweggründe in dieser Frage haben wir ihn gebeten, uns Aufschluß über die näheren Umstände seiner diversen Lebensstationen zu geben.

Genet ist ein uneheliches Kind und wurde nach seiner Geburt der Öffentlichen Fürsorge übergeben, die ihn in der Erziehungsanstalt von Mettray unterbrachte, wo er, wie es scheint, bis etwa zu seinem achtzehnten Lebensjahr verblieb. Er gibt vor, in der genannten Anstalt keinerlei Ausbildung erhalten zu haben und lediglich lesen, schreiben und ein wenig rechnen zu können. Er gibt allerdings recht typische Einzelheiten an bezüglich der Erziehungsmängel, die man in dieser Anstalt erfährt, wo die Zusammensetzung der Insassen einigermaßen willkürlich und ungleichförmig ist, so daß solche mit üblen Neigungen von den anderen nicht getrennt werden. Es läßt sich sogar, nach zahlreichen Fällen zu urteilen, die mir selbst zur Kenntnis gekommen sind, feststellen, daß die Umstände, in denen solche Kinder leben, auf diese eher schädlich wirken.

Es ist ferner anzumerken, daß er sich anschließend an Mettray in der École d'Alembert befunden habe.

Im Alter von achtzehn Jahren habe sich Genet in der Armee dienstverpflichtet und sei dort, nach eigener Aussage, durch wiederholte Neuverpflichtungen acht Jahre verblieben, da er in der Armee eine gewisse Sicherheit gefunden habe und nicht am allgemeinen Lebenskampf habe teilnehmen müssen. Er wurde aus der Armee aufgrund der Bestimmung Nr. 2 entlassen, die ihm eine Neuverpflichtungsprämie zusicherte sowie eine Pension in Höhe von 9000 Francs.

Während seiner Dienstzeit in der Armee habe er sich in Syrien und in Marokko aufgehalten und während dieser Zeit nur unbedeutende Strafen erhalten.
Ich habe keine weiteren Einzelheiten über sein Leben in dieser Zeit in Erfahrung bringen können und bin daher nicht in der Lage, darzulegen, aus welchem Grunde die Diagnose des von Dr. Barrau im März 1938 erstellten Zertifikats zur Dienstentlassung die folgende Kategorie enthält: »gestörtes seelisches Gleichgewicht, Unbeständigkeit, Fluchtverhalten, Amoralität, etc. ...«. Er lief im übrigen als Kind mehrfach weg und wurde aus diesem Grunde im Jahre 1925 für die Dauer von etwa drei Monaten im Hôpital Henri-Rousselle unter Beobachtung gestellt. Versuche, ihn in Paris in verschiedenen Pflegeverhältnissen unterzubringen, endeten stets mit Ausreißen. Er gibt zu, daß es ihm unmöglich ist, länger am gleichen Ort zu verharren. Infolgedessen unterwarf er sich seiner besagten Unbeständigkeit und unternahm, ohne Beschäftigung und unter den ärmlichsten Bedingungen, ganz allein eine Fußreise nach Spanien, wo er ganz Andalusien durchquerte. Anschließend kehrte er nach Paris zurück, wo er sich aufgrund seiner Mittellosigkeit allen möglichen Machenschaften hingab, um zu überleben. Auf diese Weise beging er eine Reihe von Diebstählen von Büchern und anderen Gegenständen, die ihm mehr oder weniger nützlich waren.
Es ist anzumerken, daß er trotz seiner ungeregelten Lebensweise viel gelesen hat. Er ist im Besitz ausführlicher Kenntnisse bezüglich der modernen Literatur und unterhält insbesondere Beziehungen zu Milieus, die als relativ herausragend unter den literarischen Erneuerern gelten. Er rühmt sich in dieser Hinsicht der Bekanntschaft sowie Freundschaft mit zahlreichen jungen Literaten, deren Namen er angeben kann. Er selbst habe literarische Versuche unternommen, die im avantgardistischen Milieu positiv aufgenommen worden seien.
Nach eigener Angabe habe er in dem Literaten Jean Cocteau einen wohlwollenden und einsichtigen Beschützer gefunden. Dieser habe ihn zur Publikation eines langen Gedichts mit dem vielsagenden Titel *Le Condamné à mort* veranlaßt, das ihm ein Autorenhonorar von 30000 Francs eingebracht habe.

Dies sind die Einzelheiten, die wir über den Lebenslauf Genets in Erfahrung bringen konnten.
Die Ausdrucksweise des zweiunddreißigjährigen GENET spiegelt recht anschaulich seine bewegte und einigermaßen haltlose Existenz wider. Seine Physiognomie ist die eines intelligenten Menschen, doch wenig gefällig. In der Unterhaltung zeigt er sich lebhaft und verteidigt mit Nachdruck gewisse Denkgebäude, die er sich zu künstlerischen Fragen entworfen hat.
Er anerkennt all seine Irrtümer, die er im gesellschaftlichen Leben begangen hat, und versucht nicht, seine Diebstähle zu entschuldigen, wohl aber ihre Bedeutung herabzuspielen, indem er davon ausgeht, daß sein Interesse an den in diesen Büchern behandelten Fragen ihn über andere Bedenken hinwegsehen ließ.
Er geht davon aus, daß es der Sinn des Lebens sei, sich die Voraussetzungen von Glück anzueignen, daß Glück sei, was sich für ihn in Reichweite befinde, und keineswegs, was er mittels Arbeit von einer ferneren Zukunft erhoffen könne. Wohlbefinden verschaffe ihm die Anschauung der Natur und die Reflexion, die diese in ihm auslöse. Aus eben diesem Grunde sei er unendlich glücklicher als manch anderer Vagabund auf den großen Landstraßen gewesen und unberührt von Unannehmlichkeiten und Entbehrungen, ja von den Härten des Klimas geblieben, wenn er einen Ausgleich in der Träumerei, in der Anschauung, im Leben in Freiheit und unter freiem Himmel fand.
Im Laufe dieses Wanderlebens habe er sich so manche Erkenntnis angeeignet, die aus seinem eigenen Innern oder aber aus seiner umfangreichen Lektüre hervorgegangen sei, und er glaubt, auf diese Weise Verhaltensregeln gefunden zu haben, die ihn, ohne ihn immer zu schwerwiegenden Missetaten im gesellschaftlichen Sinne zu führen, doch verhältnismäßig häufig in die Randzonen des gewöhnlichen Lebens versetzten. Unter den zufälligen jeweiligen Umständen ging er Freundschaften mit vielen derart Unbehausten ein, mit solchen Fantasten und »Realitätsfernen«, die man gemeinhin Poeten nennt, und fand durch den beständigen Umgang mit ihnen und durch die damit entstehenden intellektuellen Anregungen im Laufe der Zeit eine Haltung, die seinem Leben eine Orientierung verschaffte.

Die ihm vertrauten Autoren waren zunächst Villon und bald im zunehmenden Maße die Avantgardisten. Er habe durch sie künstlerische Bestätigungen erfahren, die sehr viel wertvoller seien als jene intellektuellen einer geregelteren Lebensführung, ja selbst ertragreicher, als irgendein Reichtum den Menschen verschaffen könne. Seine Vorbilder bleiben Verlaine, Baudelaire und Mallarmé sowie einige andere, deren Talent, wenn nicht gar Genie er preist.

Wenn wir uns lediglich an die psychiatrischen Gesichtspunkte halten, so können wir festellen, daß die Gespräche mit GENET den Eindruck einer vorhandenen Urteilsfähigkeit sowie einer starken Ausdrucksfähigkeit bei uns hinterlassen haben, vorausgesetzt, daß wir uns nicht allzusehr durch gewisse realitätsferne Konzepte stören lassen. Er rühmt die poetischen und aus dem Rahmen fallenden Eigenschaften derjenigen, die neue Formen des Ausdrucks suchen für die Dinge, die das Leben jeden Tag hervorbringt.
Es liegt in seinem Falle keine tief verwurzelte Amoralität vor, doch vernachlässigt er gewisse Verhaltensregeln oder mißt denselben keine besondere Bedeutung zu, wie andere Menschen, die sie als die Grundmauern aller Vernunft begreifen. Versucht man ihm deutlich zu machen, wie sehr seine abenteuerliche Lebensweise zu einem beständigen Konflikt mit der Gesellschaft führt und welche strafrechtlichen Konsequenzen sie nach sich zieht, so wendet er alle ihm zur Verfügung stehenden dialektischen Fähigkeiten an, um verständlich zu machen, daß man sich in die Lage der betreffenden Menschen versetzen müsse, um die Schwierigkeiten begreifen zu können, die diese Menschen ihr ganzes Leben lang erfahren, das sie ohne moralische oder finanzielle Hilfe, ohne wohlwollende Vorbilder und ohne vernünftige Ratgeber durchqueren müssen, von denen viele normale Menschen natürlicherweise umgeben seien, ohne dies stets auch verdient zu haben. Die mehr oder weniger leidenschaftlich geprägten Antriebe, denen die Menschen seiner Kategorie begegnen, seien entschuldbar, wie er sagt, weil sie keine anderen erfahren als solche, die ihnen der Zufall über den Weg führt.

Diese Antriebe begegneten ihnen oft gerade dann, wenn sie nicht in der Lage seien, mit ihnen auf vernünftige Weise umgehen zu können und die eventuellen Gefahren eines jeden Tages zu begreifen; die Versuchung so sei sehr viel größer, dem nachzugeben, was interessante und aufregende Erlebnisse verspricht, als auf den monotonen Wegen einer geordneten Existenz zu bleiben.

GENET legt seine Ansichten, die wir hier lediglich skizzieren konnten, im einzelnen mit einer gewissen Überzeugung und einem gewissen Talent dar, die beide auf einer von ihm gewohnheitsmäßig vollzogenen Reflexion und einer Urteilsfähigkeit beruhen, die ein von Kunst und Poesie beeinflußtes Temperament kennzeichnet.

Aus diesem Grunde ist man versucht, ihm mancherlei nachzusehen, selbst was gewisse Aspekte passionierter Vorgänge betrifft, die in verschiedenen Perioden seines Lebens stattgefunden haben.

Man kann ihn weder als ein von Grund auf sündhaftes Individuum betrachten, noch als ein perverses Wesen, das nach ausgefallenen Befriedigungen seines Triebes sucht. Wenn er auch gewisse Orientierungen verherrlicht, die allgemein als amoralische Neigungen angesehen werden, so sieht er sie doch selbst nicht in diesem Licht. Er lebt mit seinen Neigungen, ohne diesen kritisch gegenüberzustehen. Aus seinen Äußerungen geht hervor, daß er in seinem Leben gewisse Handlungen außerhalb der Norm begeht, ohne diesen den gleichen Charakter beizumessen, wie es die Mehrzahl der Menschen aufgrund gewisser Prinzipien tut. Er hat sich nie Verhaltensmaßregeln unterworfen, die aus einer moralischen Unterweisung im Sinne des allgemeinen gesellschaftlichen Lebens und des guten Tons herrühren; im Gegenteil, er durchquert das Leben eher wie ein von der Idee der Freiheit überzeugter Wilder, wenn auch ohne dabei die allgemein anerkannten Lebensregeln in gefährlicher Weise zu verletzen, stets auf der Suche nach gewissen Gütern, die man ihm aufgrund einer gewissen Erziehung nicht verweigert hat.

Insofern erscheint uns dieser Mann weder als ein Wahnsinniger, was soviel hieße wie: in jeder Hinsicht außerhalb aller intellektuellen Wahrnehmungsfähigkeiten befindlich, noch als Schizophrener oder als Besessener, und ebensowenig als ein von gemeingefährlichen und wahnhaften Neigungen befangener Mensch, sondern lediglich als ein Individuum von eingleisiger, naiver und leicht zu beeindruckender Intelligenz, das zu großer Begeisterung fähig ist, die in ihrer Tragweite auch dann nicht erfaßt wird, wenn sie für ihn bedauerliche und selbst schmerzhafte Konsequenzen nach sich zieht. Seine Freiheit des Denkens und der Ausdruck seiner Gedanken geht ihm, soweit *ihm* diese gefallen, über alles andere. Jedoch bedeutet ihm die Notwendigkeit, eine Handlung zu hinterfragen, ja auch nur abzuschätzen, eine übermäßige Anstrengung, zu der er sich nicht in der Lage sieht. Eher nimmt er Unannehmlichkeiten und körperlichen Schmerz auf sich, als eine Annehmlichkeit, die mit der Einschränkung von Freiheit einhergeht oder mit der Notwendigkeit, einer Regel gemäß zu denken.

Insofern geht aus meinen Gesprächen mit Genet sowie aus den Untersuchungen, die ich durchgeführt habe, hervor, daß er schwerlich einer geläufigen Kategorie der Psychiatrie zuzuordnen ist. Derartige Klassifizierungen sind im übrigen immer als im Grunde künstlich anzusehen, doch brauchen wir sie, da es notwendig bleibt, sich kontinuierlich im Bereich der Realität aufzuhalten. Wir würden also – im Sinne dieses Brauchens – Genet innerhalb jener Kategorie von Individuen sehen, die zwar nicht geistesgestört sind, da sie hinreichend über alle notwendigen intellektuellen Kapazitäten verfügen, die jedoch der unendlich häufiger und vielgestaltiger auftretenden Eigentümlichkeit der »moralischen Verwirrung« zuzuordnen sind. »Verwirrung« ist hierbei nur ein ungenauer Ausdruck, denn es handelt sich nicht um einen Verlust des Verstands; vielmehr haben wir es mit Individuen zu tun, die sämtlich mit einer moralischen Blindheit geschlagen sind, die sie in der Finsternis fernab der tatsächlichen Gegebenheiten des Lebens existieren läßt. Solange sie nicht die Grenzen überschreiten, die wie ein Geländer vor dem Abgrund den Menschen vor dem Absturz bewahren, kann man für sie Entschuldigungen finden und ihnen verzeihen, ja sie sogar wegen ihrer zuweilen brillanten Erscheinungsweise wertschätzen, sofern

sie es verdient haben. Aber es bleibt doch wünschenswert, daß sie stets von solchen Geländern umgeben bleiben mögen ...
Diese »moralisch Verwirrten« werden mit ihrer mangelnden Urteils- und Vernunftfähigkeit, mit ihrem mangelnden inneren Gleichgewicht geboren; diese Mängel machen gerade die Besonderheiten ihrer Natur aus, allerdings auch deren Gefahr. Aus diesem Grunde ist es die Pflicht der Justiz, sich ihnen von Zeit zu Zeit mit der gebotenen Strenge entgegenzustellen, welche jedoch nicht allzu hart ausfallen sollte, solange sie gewisse Grenzen nicht erheblich verletzt haben. *Wenn* sie diese allerdings verletzt haben, sollte man sie im Namen des Rechts der Allgemeinheit daran hindern, weiterhin Schaden anzurichten.
Das Strafmaß sollte gegenüber diesen oft bedauernswerten Geschöpfen nicht allzu streng ausfallen und sich vor allem aus der Gefahr ableiten, die sie für die Gesellschaft darstellen.
Daher bieten wir nach unserer Untersuchung des Falles folgende Schlußfolgerungen an:

SCHLUSSFOLGERUNGEN

1) GENET ist nicht geistesgestört. Seine intellektuellen Fähigkeiten sind durch keine der schwerwiegenden Abweichungen beeinträchtigt, die einschneidende Maßnahmen erfordern würden.
2) Als er die ihm vorgeworfenen Taten beging, befand er sich nicht im Zustand der Geistesverwirrung. Er muß sich daher vor der Justiz verantworten, kann aber aufgrund der dargelegten Umstände in die Kategorie der Menschen mit seelisch gestörtem Gleichgewicht sowie in die der schwer erziehbaren und von moralischer Verwirrung befallenen Individuen eingeordnet werden, das heißt also solcher Menschen, die debil sind in der Willensfähigkeit und im moralischen Sinne, also unfähig zur Selbstkontrolle, die ein normaler Mensch gemeinhin anzuwenden imstande ist.
Dieses ist in dem Strafmaß, das man hinsichtlich seiner festlegen wird, zu berücksichtigen.
3) GENET ist in seiner Verantwortungsfähigkeit als leicht eingeschränkt zu betrachten.

Paris, am 19. Juni 1943
Prof. Henri Claude

Anhang IV

Zeitungsartikel, auf die Bezug genommen wird

Überfahrene Hunde

Er suchte Bildung: ein Fall für den Untersuchungsrichter!

Erschienen in ›*Aujourd'hui*‹ vom 5.12.1940, Verfasser ist »Monsieur Bombyx«, vgl. S. 192.

Aus den Auslagen eines Buchhändlers im Quartier Latin entwendete gestern ein Mann drei Bücher: eine Geschichte Frankreichs, eine Geschichte der Konsulherrschaft und des Ersten Kaiserreiches sowie eine philosophische Abhandlung. Gesunde Lektüren!
Auf dem Kommissariat von Saint-Germain-des-Prés gab der Bibliophile anschließend zu Protokoll, Jean Genet zu heißen und einunddreißig Jahre alt zu sein; dies wurde noch ohne weiteres zur Kenntnis genommen.
Man erlaubte sich allerdings zu lächeln, als er im folgenden die Beweggründe darlegte, die hinter seinen Diebereien stünden.
›Wäre ich kein Dieb geworden‹, sagte er, ›so wäre ich ein Ignorant geblieben, und alle Schönheiten der Literatur wären mir unbekannt geblieben. Denn mein erstes Buch habe ich gestohlen, um das ABC zu lernen. Darauf folgte ein zweites und ein drittes.
Auf diese Weise habe ich Geschmack an geistiger Nahrung gefunden. Ich las gewiß nicht alles, was mir unter die Hand geriet, sondern ich wählte nur Autoren von Qualität.
Die zehn Juroren der Académie Goncourt besaßen mein ganzes Vertrauen. Jedes Jahr besorgte ich mir den von ihnen preisgekrönten Roman.
Mit Ausnahme weniger Fälle war ich stets mit der Entscheidung der Herren einverstanden.
Die Preisträger, von Antoine Nau bis hin zu Philippe Hériat, kann ich Ihnen alle nennen.
Das könnten nur wenige Literaturkritiker von sich behaupten.
Anfangs verkaufte ich die Bücher weiter, nachdem ich aus ihnen das mich interessierende Mark herausgesogen hatte; ich empfand dabei jedoch bald eine bittere Reue.

Und deshalb lege ich die Bücher, die ich mich leider Gottes gezwungen sehe mir anzueignen, diskret in die Auslagen zurück oder aber in die Kisten der Bouquinisten, sobald ich mir ihren Inhalt zu eigen gemacht habe.
Anschließend schleiche ich mich auf Zehenspitzen davon, wobei sich mein Herz erwärmt, da ich eine gute Tat vollbracht habe. Denn die Diskretion, meine Herren, hat stets alle meine Taten bestimmt.‹
Genet, der in Haft genommen wurde, wird dort höchstwahrscheinlich seiner Lieblingsbeschäftigung beraubt sein, doch bleibt ihm die Einsicht in seine Strafakten, – eine Lektüre, so scheint es, die überaus reichhaltig und erbaulich sein soll.

Maurice Pilorge »beglich seine Schuld« mit einem Lächeln ...

Anonymer Artikel in *L'Oeuvre* vom 5. Februar 1939, S. 2, den Jean Genet in seinem Maurice Pilorge gewidmeten Gedicht *Der zum Tode Verurteilte* zitiert (BLFC).

Maurice Pilorge, der am 5. August letzten Jahres in Dinard den Mexikaner Escudero ermordete, starb gestern in Rennes unter dem Fallbeil; heiter, gelassen und mit einer gewissen Gleichgültigkeit ...
Doch muß man ihm zuerkennen, daß er es bis zuletzt verstand, seinen Kopf zu bewahren ...
... Exakt bis zu jenem fatalen Augenblick, wo Monsieur Desfourneaux, ehemaliger Assistent des verstorbenen Monsieur Deibler, ihm denselben abtrennte.
Der Mörder, der bis morgens um eins in seiner Zelle gelesen hatte, lag in tiefem Schlaf, als der Staatsanwalt, sein Verteidiger, der Anstaltsgeistliche und der Oberaufseher des Gefängnisses ihn weckten, um ihm die offizielle Verweigerung seiner Begnadigung mitzuteilen. Pilorge hatte übrigens selbst an den Präsidenten der Republik geschrieben, um auf die schnellstmögliche Vollstreckung seines Todesurteils zu drängen. Da ein solcher Fall relativ selten ist, lohnt es sich, ihn hervorzuheben.
Maurice Pilorge nahm also die Nachricht von seiner bevorstehen-

den Hinrichtung entgegen und kommentierte sie mit der folgenden Lebensphilosophie:
»Alles in allem stirbt man nur einmal ... «
Anschließend verwunderte er sich über die vielen Menschen, die in seine Zelle gekommen waren.
»Wie zahlreich Sie sind! Ich hätte mir nie träumen lassen, so viele Menschen beim ›petit lever‹ zu Diensten zu haben ...«
Daraufhin verrichtete der Verurteilte sorgsam seine Morgentoilette und bat um sein Frühstück.
Der Anstaltsgeistliche fragte ihn, ob er zu kommmunizieren wünsche, was der Mörder bejahte.
Für seinen Gang zur Kapelle setzte er sich einen Papierhut auf, den er am Vortage gebastelt hatte: eine Gendarmenmütze ...
Wie man sieht, nahm Pilorge, für den sich der Tag eher schlecht ankündigte, die Dinge von der leichten Seite.
Nachdem er der Messe beigewohnt und ernsthaft kommuniziert hatte, wurde der Verurteilte zum Amtsschreiber geführt, den er um ein zweites Frühstück bat:
»Eine große Schale Milch mit Rum.«
Wir müssen an dieser Stelle hinzufügen, daß Maurice Pilorge in den letzten Tagen an einer Grippe laboriert und man ihm am Vortage die Brust mit einer Jodtinktur bestrichen hatte; das erklärt sein Verlangen, Milch mit Rum zu trinken, um seinen Zustand zu lindern ...
»Sehr gut!« bemerkte der Mörder, nachdem er seine Milch in kleinen Schlucken getrunken hatte.
Da der Henker ungeduldig wurde, gab Pilorge ihm zur Antwort:
»Wenn Sie es eilig haben, gehen Sie doch bitte anstelle meiner!«
Hätte der Henker auch nur ein kleines Fünkchen Humor besessen, so hätte er Pilorge beim Wort nehmen können. Doch im allgemeinen haben Henker keinerlei Sinn für Humor. Anderweitig wären sie ja keine Henker ...
Monsieur Desfourneaux schlug also das Angebot Pilorges aus, und dieser rauchte noch einige Zigaretten, während die Gehilfen des Henkers dem Verurteilten mit Hilfe einer Schere das Hemd aufschnitten, um ihn anschließend, ihrer Pflicht gemäß, zu fesseln.

Maurice Pilorge a « payé sa dette » avec le sourire...

Maurice Pilorge, meurtrier du Mexicain Escudero, le 5 août dernier, à Dinard, est mort hier, à Rennes, avec humour, sérénité et un certain détachement.

Mais on doit reconnaître qu'il a su garder sa tête jusqu'au bout...

...Exactement jusqu'au moment fatal où M. Desfourneaux, l'habituel collaborateur de feu Deibler, la lui a tranchée.

L'assassin, qui avait lu dans sa cellule jusqu'à une heure du matin, dormait profondément lorsque l'avocat général, son défenseur, l'aumônier et le gardien-chef de la prison vinrent le réveiller pour lui annoncer le rejet de sa grâce. Pilorge avait d'ailleurs écrit lui-même au président de la République, insistant auprès de lui pour être exécuté le plus rapidement possible. Le fait étant assez rare vaut d'être signalé.

Maurice Pilorge accueillit donc la nouvelle de son exécution imminente en déclarant avec philosophie :

— *Après tout, on ne meurt qu'une fois...*

Il s'étonna ensuite du nombre de personnes qui avait envahi sa cellule

— *Comme vous êtes nombreux ! Jamais je n'aurais pensé avoir tant de monde à mon service pour mon petit lever...*

Après quoi, le condamné fit soigneusement sa toilette et réclama son petit déjeuner.

L'aumônier lui ayant demandé s'il désirait communier, le criminel acquiesça.

Pour se rendre à la chapelle il se coiffa d'un chapeau en papier qu'il avait confectionné la veille.

Un chapeau de gendarme...

Pilorge, bien que la journée s'annonçât plutôt mal pour lui, prenait, comme on voit, les choses du bon côté.

Après avoir entendu la messe et communié, sérieusement, le condamné fut conduit au greffe où il demanda une seconde fois son petit déjeuner :

— *Un grand bol de lait chaud*, précisa-t-il, *avec du rhum.*

Il convient de noter que Maurice Pilorge était grippé, ces jours derniers, et qu'on lui avait badigeonné la poitrine de teinture d'iode la veille. De là son désir de boire du lait au rhum qui convenait à son état.

— *Il est bon*, remarqua le meurtrier après avoir dégusté son bol de lait à petites gorgées.

Et comme le bourreau le pressait, il lui répliqua :

— *Si vous êtes pressé, prenez ma place, voulez-vous ?*

Si le bourreau avait eu le moindre sens de l'humour, il aurait pu prendre Pilorge au mot, mais les bourreaux, en général, n'ont aucun sens de l'humour.

Autrement, ils ne seraient pas bourreaux...

M. Desfourneaux ayant donc décliné l'offre de Maurice Pilorge, celui-ci fuma quelques cigarettes cependant que les aides, à coups de ciseaux, échancraient la chemise du condamné qu'ils se mirent en devoir de garrotter.

— *Mais vous me faites mal, voyons*, se plaignit-il, *vous allez me casser les bras si vous continuez...*

Le condamné fut alors dirigé vers l'échafaud, mais au moment de franchir la porte de la maison d'arrêt il

.. L'heure est venue...
.. Minute ! laissez-moi finir mon mots-croisés !

fit arrêter le cortège et demanda à dire quelques mots au gardien-chef qui se présenta :

— *Je vous remercie de vos soins*, lui dit-il ; *je tiens à vous dire que la montre-bracelet que j'ai déposée au greffe à mon arrivée ici est pour mon avocat.*

Puis, se tournant vers Me Bourdon :

— *Maître, je vous la donne. Vous pouvez la porter sans crainte d'être contaminé et merci pour tout ce que vous avez fait pour moi. Vous méritiez un meilleur client.*

La tête haute, Maurice Pilorge s'avança vers l'échafaud sans dire un mot.

A 6 h. 45 exactement, sa tête roulait dans le panier.

Qu'il s'agisse de crânerie, de forfanterie ou d'inconscience, Maurice Pilorge a fait preuve, de toute évidence, devant la mort, d'une certaine élégance et d'un humour que nous ne nous défendons pas d'admirer.

Il a su donner au châtiment suprême un petit ton léger, gai, spirituel, enjoué, auquel on n'était pas habitué.

L'homme, certainement, valait mieux que sa destinée.

Dommage...

Enfin... c'est la vie...

»Aber Sie tun mir weh!« beklagte sich dieser. »Sie werden mir noch die Arme brechen, wenn Sie so weitermachen!«
Dann wurde der Verurteilte zum Schafott geführt. Aber im Augenblick des Durchschreitens des Gefängnistors hielt er sein Gefolge auf und bat darum, einige Worte an den Oberaufseher richten zu dürfen, welcher daraufhin vortrat:
»Ich danke Ihnen für Ihre Dienste« sagte er zu diesem. »Ich möchte Ihnen noch sagen, daß die Armbanduhr, die ich bei meiner Ankunft dem Anstaltsschreiber überantwortet habe, für meinen Anwalt bestimmt ist.«
Um sich daraufhin an Maître Bourdon zu wenden:
»Maître, ich schenke sie Ihnen. Sie können sie ruhig tragen; sie ist nicht ansteckend. Ich danke Ihnen noch einmal für alles, was Sie für mich getan haben. Sie hätten einen besseren Kunden verdient.«
Mit hocherhobenem Kopf ging Maurice Pilorge anschließend auf das Schafott zu, ohne noch etwas zu sagen.
Um sechs Uhr fünfundvierzig fiel sein Kopf in den Korb.
Mag es sich um Eitelkeit, Prahlerei oder schlicht um mangelndes Bewußtsein seiner tatsächlichen Situation gehandelt haben, auf jeden Fall bewies Maurice Pilorge angesichts des Todes eine gewisse Haltung und einen Humor, die wir uns nicht zu bewundern verbieten.
Er hat es verstanden, der höchsten aller Strafen einen leichten und fröhlichen, ja heiteren und geistreichen Aspekt zu geben, an den man nicht gewöhnt war.
Dieser Mensch selbst taugte gewiß mehr als sein Schicksal. Schade …
Aber: So ist das Leben …

Il faut bien que Genet se passe!

Anonymer Artikel in *Notre combat pour la nouvelle France socialiste*, 31. 7. .1943, S. 3 und 4, vgl. Faksimile S. 226.
Der Titel unternimmt hier ein (kaum originelles) Wort- und Sinnspiel, das sich auf die volkstümliche Weisheit »Il faut bien que jeunesse se passe« (etwa: »Man muß halt einmal jung [und dumm] gewesen sein«) bezieht. (*Anm. d. Übers.*)

All das ist nichts, verglichen mit der Odyssee des wohlgeborenen Herrn Jean Genet. Aber ja! Jean Genet, n-e-t, net. Ach, Sie kannten ihn gar nicht? Dann heulen Sie bitte, erröten Sie vor Scham und Verzweiflung, wälzen Sie sich im Staub und lassen Sie sich, als Zeichen Ihrer Beschämung, zwei Wochen lang Fläumchen am Kinn wachsen, denn Jean Genet, das ist der größte Schriftsteller unserer Epoche!

Monsieur Jean Cocteau dixit. Und wenn das keine Referenz wäre, keine Garantiebescheinigung! Darauf können Sie bauen. Da können Sie sicher sein, daß Ihnen kein Besen verkauft wird. Das ist was Wahres, was Süßes, was Solides, was von der besten Sorte.

Auf geht's also, arme Bauerntölpel, die Ihr keinesfalls den berühmten Jean Genet kennt, kommt geschlichen, damit wir Euch unterweisen können! Monsieur Jean Genet ist ein Philosoph. Er ist auch noch etwas anderes, aber das, wenn es ihm auch gewisse Sympathien, vor allem die des ›enfant terrible‹ unserer Literatur eintragen mag, wird er sicher nicht auf seine Visitenkarte schreiben!

Die Philosophie des Herrn Jean Genet – n,e,t – ist übrigens sehr einfach und praktisch, aber urteilen Sie bitte selbst:

»Ziel des Lebens ist es, die Bedingungen zum Glück herzustellen, und Glück ist, was man unter der Hand hat.«

Wir wissen nicht, ob Monsieur Jean Genet – n,e,t – das Glück in Reichweite seiner Hand gefunden hat, auf jeden Fall hat er sieben oder acht wiederholte Male verschiedene Dinge gefunden, die, infolge seiner Philosophie, sich anzueignen ihm gerecht erschien. Was ihm ebensoviele Male eine Verurteilung von seiten der Gerichte eintrug, die seiner Philosophie offensichtlich nicht gewogen waren.

Der berühmte Jean Genet – n,e,t – beruft sich allerdings auf nicht weniger berühmte Vorbilder. In seiner ganz und gar candidischen Bescheidenheit ordnet er sich selbst zwischen Villon und Rimbaud ein. Gewiß: hinsichtlich seines liederlichen und wenig von Gewissensbissen belasteten Lebens hat er etwas von dem einen ebenso wie von dem anderen. Aber es reicht wohl kaum, mit Verlaine in dunklen Ecken zu spielen; immerhin müßte noch das Genie Rimbauds hinzukommen. Die *Franches repues* erneuern zu wollen ist gewiß ein schönes Ziel. Aber erst einmal muß man sie ja wohl geschrieben haben!

Je suis pécheur, je le scay bien;
Pourtant ne veult pas Dieu ma mort . . .

Vor der vierzehnten Strafkammer verteidigte Maître Maurice Garçon seinen liebenswerten Klienten. Was den Richter betrifft, den die einen Patouilloud und die anderen Patouillard nennen

Patouillard – schwerfälliges Schiff; »lahmer Kahn«, oder: »lahmer Pott« (*Anm. d. Übers.*).

– wir für unser Teil haben dieser Frage nicht weiter nachgehen mögen –, der Richter also zeigte sich huldvoll und die Relegation wurde nicht verhängt.

So betet denn zu Gott, daß uns allen vergeben werde!

Vom Heiligenschein satanischer Poesie umgeben, mit candidischem Höllenblick und gesträubtem Haar, verließ Jean Cocteau, der es allerdings nicht gewagt hatte, den Brief selbst vorzulesen, den er dem Gericht geschrieben hat, um seinen . . ., sagen wir: um sein Idol zu verteidigen; jenen Brief mit den erstaunlichen Zeilen: ›Es handelt sich um den größten Schriftsteller der Epoche. Und Sie können mir glauben, ich kenne mich darin aus . . .‹ Jean Cocteau also verließ den Gerichtssaal so stolz wie ein Brigadegeneral nach Beendigung eines Manövers, umgeben von einem Schwarm junger Gecken, allesamt darauf aus, die . . . sagen wir: Aufmerksamkeit des Meisters zu erregen und für sich zu erheischen.

Aber beten wir zu Gott, daß er ihnen allen vergeben möge!

An den Präsidenten der Republik

Jean Cocteau und Jean Paul Sartre haben die Initiative eines an den Präsidenten der Republik gerichteten Gnadengesuchs für Jean Genet ergriffen, der aufgrund seiner letzten Verurteilung von der Relegation bedroht ist.
Die Literaturredaktion des *Combat* schließt sich dem Aufruf Jean Cocteaus und Jean Paul Sartres an.

Herr Präsident,
wir haben uns entschlossen, unsere Zuflucht zu Ihrer hohen Autorität zu nehmen, um einen Gnadenerlaß zugunsten eines Schriftstellers zu erbitten, den wir alle bewundern und verehren: Jean Genet.
Wir verkennen nicht, daß sein Werk am Rande der Literatur angesiedelt und nicht für den Mann auf der Straße bestimmt ist; aber das Beispiel von Villon und Verlaine veranlaßt uns, Sie um Ihre Unterstützung für einen sehr großen Dichter anzugehen.
Ohnehin haben wir erfahren – ohne daß Jean Genet selbst davon gesprochen hat –, daß es zu seiner letzten und definitiven Verurteilung gekommen ist, weil er sich entschlossen hat, ein Vergehen von Jean de Carnin, gefallen auf den Barrikaden der Befreiung, auf sich zu nehmen, damit dessen Name nicht beschmutzt werde.
Das ist ein weiterer Grund für unsere Hochachtung, der uns nachdrücklich zu unserem Schritt gedrängt hat.
Das ganze Werk Jean Genets entrückt ihn einer Vergangenheit flagranter Vergehen. Und eine definitive Verurteilung würde ihn wieder in das Böse stürzen, von dem ihn sein Werk befreit hat.
Wir bitten Sie inständig, Herr Präsident, wenn möglich eine schnelle Entscheidung zu treffen, um einen Mann zu retten, dessen ganzes Leben nur noch Arbeit ist.
Genehmigen Sie, Herr Präsident, die Versicherung unserer Dankbarkeit und unsere Gefühle tiefsten Respekts.

gez. Jean Cocteau.
gez. Jean-Paul Sartre.

Zusammenfassende Chronologie 1910 – 1944

1888	18. Juli	Geburt der Mutter Jean Genets, Camille Gabrielle Genet, in Lyon.
1910	19. Dezember	Geburt Jean Genets um 19 Uhr 45 in der Entbindungsklinik Tarnier, einem Krankenhaus der Öffentlichen Fürsorge in der Pariser Rue d'Assas, Nummer 89.
1911	28. Juli	Übergabe des Kindes durch die Mutter an das Hospiz für Fürsorgezöglinge in Paris.
	30. Juli	Ankunft in Alligny-en-Morvan. Unterbringung als Pflegekind bei Eugénie und Charles Regnier.
	10. September	Taufe in der Kirche von Alligny.
1916	September	Eintritt in die Gemeindeschule von Alligny.
1919	24. Februar	Tod der Mutter Camille Genet in Paris.
1922	4. April	Tod der Pflegemutter Eugénie Regnier. Deren Tochter Berthe, verheiratet mit Antonin Renault, übernimmt die Pflege.
	4. Juni	Feierliche Kommunion in der Kirche von Alligny.
1923	30. Juni	Prüfungen für das ›Certificat d'Études Primaires‹, den Hauptschulabschluß für weiterführenden Schulbesuch. Er besteht diese als bester Schüler der Gemeinde mit der Bemerkung ›Gut‹.
1924	17. Oktober	Abschied von Alligny. Eintritt in die ›École d'Alembert‹, ein Ausbildungszentrum der Öffentlichen Fürsorge im Departement Seine-et-Marne.
	3. November	Flucht aus der Schule. Wird eine Woche später in Nizza aufgegriffen und der Öffentlichen Fürsorge übergeben.
1925	April	Wird von der Öffentlichen Fürsorge bei dem blinden Komponisten René de Buxeuil untergebracht.
	Oktober/ November	Wird aus dem Haushalt René de Buxeuils entlassen und unter psychiatrische Beobachtung im ›Hôpital Henri-Rousselle‹ in der Pariser Klinik Sainte-Anne gestellt.
	11. Dezember	Wird dem »Patronat für Kinder und Jugendliche« in der Rue Vaugirard 379 in Paris anvertraut.
1926	9. Februar	Flucht aus dem Heim. Zwei Tage später wird er in Marseille aufgegriffen und der Agentur der Öffentlichen Fürsorge des Departements Bouche-du-Rhône übergeben, von dort nach Paris zurückgeschickt, wo ihn die Dienststelle für Fürsorgezöglinge wieder in ihre Obhut nimmt.
	6. März	Nach erneuter Flucht wird er in Paris in einem Zug kurz vor der Abfahrt nach Bordeaux verhaftet. Zwei Tage später Inhaftierung im Gefängnis ›Petite Roquette‹.
	1. Juni	Gerichtsverhandlung. Freispruch.

1926	19. Juli	Nach der Flucht aus einem Heim in der Gegend von Abbeville (Somme) wird er ohne Fahrschein in einem Zug zwischen Paris und Meaux aufgegriffen.
	25. August	Gerichtsverhandlung. Freispruch und Einweisung in die Kolonie von Mettray.
	2. September	Ankunft in der Kolonie von Mettray (Indre-et-Loire).
1927	6. November	Wird versuchsweise als Landwirtschaftsgehilfe auf dem Gehöft ›Sevandrière‹ in Beaumont-la-Ronce (Indre-et-Loire) untergebracht.
	3. Dezember	Entweicht von der ›Sevandrière‹. Wird zwei Tage später in Beaugency aufgegriffen und in der Strafanstalt Orléans inhaftiert.
	28. Dezember	Gerichtsverhandlung. Freispruch und Wiedereingliederung in die Kolonie von Mettray.
1929	1. März	Verläßt Mettray. Verpflichtet sich in Tours für eine militärische Dienstzeit von zwei Jahren. Wird dem 2. Pionierregiment in Montpellier zugeteilt, später dem 7. Pionierregiment in Avignon.
	18. Oktober	Beförderung zum Gefreiten.
1930	4. Februar	Nach freiwilliger Meldung zu den Truppen der Levante kommt er nach Beirut und wird einer Minengräberkompanie in Damaskus zugeteilt.
	25. Dezember	Verläßt die Levante und kehrt zu seinem Regiment in Avignon zurück.
1931	1. Januar – 16. Juni	Urlaub, anschließend Befreiung von seinen dienstlichen Pflichten. Hält sich vermutlich in Spanien auf.
	16. Juni	Geht in Bayonne eine weitere militärische Verpflichtung ein. Wird dem 7. Marokkanischen Schützenregiment in Meknès (Marokko) zugeteilt.
	26. Juni	Ankunft in Casablanca. Dient drei Monate lang dem General Goudot in Midelt als Sekretär.
	7. Oktober – 30. Jan. 1933	In der Garnison von Meknès.
1933	7. Februar	Verläßt Marokko. Erreicht einige Tage später Toul (Meurthe-et-Moselle), wo er in sein neues Truppenkorps, das 22. Algerische Schützenregiment, eingegliedert wird.
	16. Juni	Ende seiner zweiten militärischen Verpflichtung.
	Juni – Juli	Aufenthalt in Paris. Besuch bei André Gide. Kündigt diesem eine Reise nach Nordafrika an.
	Mitte Dezember	Hält sich in Barcelona auf. Brief an André Gide, in dem er sagt, daß er »von einer schmutzigen Spelunke zur nächsten« ziehe. Verläßt Barcelona am 16. Dezember. Durchquert höchstwahrscheinlich Spanien.
1934	24. April	Geht in Montpellier eine neue militärische Verpflichtung für drei Jahre ein. Wird seinem früheren Regiment in Toul zugeteilt.
1935	18. Oktober	Versetzung zum Marokkanisch-Kolonialen Infanterie-

		regiment in Aix-en-Provence.
1936	18. Juni	Fehlt beim Morgenappell und wird als Deserteur gemeldet.
	Juli	Arbeitet in Nizza in einem Transportunternehmen. Fälscht seinen Ausweis und übertritt die italienische Grenze.
	Juli – Mai 1937	Reisen und Irrfahrten. Durchquert Italien, Albanien, Jugoslawien und Österreich. Aufenthalt in Brünn.
1937	Juni – Juli	Reisen durch Polen, Deutschland und Belgien. Kehrt im Juli nach Frankreich zurück.
	16. September	Verhaftung in Paris aufgrund eines Diebstahls von Taschentüchern. Zwei Tage später Verurteilung zu einem Monat Gefängnis mit Bewährungsfrist. Am 18. September auf freiem Fuß.
	21. September	Verhaftung in Paris wegen Diebstahls, Ausweisfälschung und unerlaubten Waffenbesitzes. Wird im folgenden Monat zu fünf Monaten Gefängnis verurteilt.
1938	13. Januar	Überstellung nach Marseille, um wegen Desertion vor ein Militärgericht gestellt zu werden. Wird während der Haft psychiatrisch untersucht. Am 13. März auf freiem Fuß. Wird wegen Untauglichkeit aus der Armee entlassen.
	15. Oktober	Illegale Dienstverpflichtung in einem Infanterieregiment in Brest. Verhaftung aufgrund eines Diebstahls von vier Flaschen Apéritif. Verurteilung zu zwei Monaten Gefängnis. Entlassung am 17. Januar 1939.
1939	7. Mai	Verhaftung in einem Zug zwischen Paris und Auxerre wegen gefälschter Fahrausweise. Verurteilung zu einem Monat und fünf Tagen Gefängnis. Am 13. Juni auf freiem Fuß.
	16. Juni	Verhaftung in Chalon-sur-Saône wegen Landstreicherei und Nichtbesitzes eines anthropometrischen Ausweises. Verurteilung zu fünfzehn Tagen Gefängnis. Entlassung am 2. Juli.
	16. Oktober	Verhaftung in Paris aufgrund des Diebstahls eines Hemdes und eines Seidentuches. Verurteilung zu zwei Monaten Gefängnis. Entlassung am 17. Dezember.
	31. Dezember	Anklage aufgrund Diebstahls und Betruges. Zehn Monate Gefängnis. Entlassung am 14. Juni 1940.
1940	3. Dezember	Verhaftung in Paris aufgrund Diebstahls von Büchern. Vier Monate Gefängnis. Entlassung am 4. März 1941.
1941	10. Dezember	Angeklagt wegen Diebstahls eines Stoffballens. Wird einer psychiatrischen Untersuchung unterzogen. Drei Monate und einen Tag Gefängnis. Entlassung am 10. März 1942.
1942	März – April?	Bouquinist am Seineufer. Bekanntschaft Jean Turlais' und Roland Laudenbachs.
	14. April	Verhaftung wegen Diebstahls von Büchern. Verurteilt

		zu acht Monaten Gefängnis und dreihundert Francs Geldstrafe. Entlassung am 15. Oktober.
	Oktober – November	Heimliche Drucklegung des Gedichts *Le Condamné à Mort*.
1943	15. Februar	Erste Begegnung mit Jean Cocteau.
	1. März	Unterzeichnung des ersten Vertrags als Schriftsteller mit Paul Morihien.
	Ende März	Robert Denoël erklärt sich einverstanden, zusammen mit Paul Morihien die erste Ausgabe von *Notre-Dame-des-Fleurs* zu edieren.
	29. Mai	Verhaftung in Paris wegen Diebstahls eines Buches in luxuriöser Ausstattung. Maurice Garçon übernimmt die Verteidigung. Psychiatrisches Gutachten durch den Arzt Dr. Claude. Verurteilung zu drei Monaten Gefängnis. Entlassung am 30. August.
	24. September	Verhaftung in Paris wegen des Diebstahls von Büchern. Verurteilung zu vier Monaten Gefängnis.
	November	Marc Barbezat bietet die Publikation von *Miracle de la Rose* in seinem Verlag L'Arbalète an.
	Dezember	Drucklegung der ersten Exemplare von *Notre-Dame-des-Fleurs*.
	27. Dezember	»Administrative Internierung« Genets für unbestimmte Zeit im ›Camp des Tourelles‹ in Paris. Entlassung am 14. März 1944.
1944	April	Offizieller Abdruck eines Auszuges aus *Notre-Dame-des-Fleurs* in der Zeitschrift ›L'Arbalète‹.

Verurteilungen Jean Genets

Festnahme	*Haftbefehl*	*Urteilsverkündung*
6. März 1926 Paris	29. April 1926	1. Juni 1926 Jugendgericht Paris
19. Juli 1926 (Meaux)	19. Juli 1926	25. August 1926 Meaux
5. Dezember 1927 Beaugency	6. Dezember 1927	28. Dezember 1927 Orléans
16. September 1937 Paris	17. September 1937	18. September 1937 Paris, 13. Kammer
21. September 1937 Paris	22. September 1937	25. November 1937 Paris, 14. Kammer
Überstellung		13. Mai 1938 Militärgericht Marseille
15. Oktober 1938 Brest	15. Oktober 1938	25. Oktober 1938 Brest
7. Mai 1939 Auxerre	9. Mai 1939	13. Juni 1939 Auxerre
16. Juni 1939 Chalon sur Saône	17. Juni 1939	30. Juni 1939 Chalon sur Saône
16. Oktober 1939 Paris	17. Oktober 1939	18. Oktober 1939 Paris, 3. Kammer
? Paris	31. Dezember 1939	23. April 1940 Paris, 2. Kammer
3. Dezember 1940 Paris	4. Dezember 1940	5. Dezember 1940 Paris, 14. Kammer
9. Dezember 1941 Paris	10. Dezember 1941	10. März 1942 Paris, 16. Kammer
14. April 1942 Paris	15. April 1942	11. Mai 1942 Paris, 10. Kammer
29. Mai 1943 Paris	30. Mai 1943	19. Juli 1943 Paris, 14. Kammer
24. September 1943 Paris	26. September 1943	6. November 1943 Paris, 13. Kammer

Strafverbüßungen Jean Genets

Ausgesprochene Strafe	*Haftanstalt*	*Haftentlassung*
Freispruch	Petite Roquette Paris	1. Juni 1926
Freispruch Einweisung nach Mettray	Meaux	2. September 1926 (nach Mettray)
Rückkehr nach Mettray	Orléans	28. Dezember 1927 (nach Mettray)
1 Monat Ausgesetzt zur Bewährung	Polizeigewahrsam Paris	18. September 1937
5 Monate	Bis 8. Dezember Santé Paris, danach Fresnes	13. Januar 1938
2 Monate	Marseille	13. Mai 1938
2 Monate	Bis 17. November Kaserne Fautras, danach Brest	17. Januar 1939
1 Monat	Auxerre	13. Juni 1939
15 Tage	Chalon sur Saône	2. Juli 1939
2 Monate	Fresnes	17. Dezember 1939 (?)
10 Monate (in Verbindung mit der vorangegangenen)	Fresnes	14. Juni 1940
4 Monate	Bis 15. Mai Santé Paris, danach Fresnes	4. März 1941
3 Monate und 1 Tag	Santé Paris	10. März 1942
8 Monate	Bis 15. Mai Santé Paris, danach Fresnes	15. Oktober 1942
3 Monate	Bis 2. August Santé Paris, danach Tourelles	30. August 1943
4 Monate	Bis 25. Dezember Santé Paris, danach Tourelles	14. März 1944

Register

Inhalt

Titel des französischen Originals: Jean Genet, Essai de chronologie

Übersetzung ins Deutsche: Rolf Stürmer
Umschlagentwurf: Horst Feiler
Satz und Druck: Druckerei Carstens, Schneverdingen
Einband: Peter Labove, Uelzen
1. Auflage, im 36. Jahr des Merlin Verlages
Gifkendorf 1993
ISBN 3-926112-22-0